कर्ममीमांसा-दर्शन

श्रीमहर्षि भारद्वाजकृत

कर्ममीमांसा-दर्शन

मूल संस्कृत का भाषानुवाद और भाषाभाष्य सहित

स्वामी दयानन्द

BKP

भारतीय कला प्रकाशन

दिल्ली (भारत)

प्रकाशक :

भारतीय कला प्रकाशन

3421, द्वितीय तल, नारंग कालोनी

त्रिनगर, दिल्ली-110035,

फोन : 32967505, टेलीफैक्स : 011-27393083

E-mail: bkp3421@yahoo.co.in

संशोधित संस्करण : 2007

ISBN : 978-81-8090-111-9

अक्षर संयोजक :

ए-वन ग्राफिक्स

पीतमपुरा, दिल्ली-110007

मुद्रक :

बीडीएच प्रिंटर, दिल्ली

अकुण्ठं सर्व कार्येषु धर्मकार्य्यार्थमुद्यतम्।
वैकुण्ठस्य हि यद्रूपं तस्मै कार्यात्मने नमः।।

अनुक्रमणिका

संस्कारपाद

निवेदन

अनन्त विषय-वासनाबद्ध जीवों की दु:खनिवृत्ति और चिर शान्ति की प्राप्ति के लिये अध्यात्मज्ञान के विचार के सिवाय और कोई उपाय नहीं है। वेद तथा शास्त्र ने भी इसी यथार्थ सत्य की घोषणा करते हुए कहा–"ऋतु ज्ञानान्न मुक्तिः" बिना ज्ञान के मुक्ति नहीं मिल सकती है और बिना मुक्ति के यथार्थ आनन्द भी नहीं मिल सकता है; परन्तु वह पद सूक्ष्मातिसूक्ष्म और अतीन्द्रिय होने के कारण बिना दर्शनशास्त्र के सहारे के कोई भी तत्त्व को अच्छी तरह नहीं समझ सकता है। स्थूल राज्य से अतीत अत्यन्त वैचित्र्यपूर्ण सूक्ष्म राज्यरूप अनन्त पारावार के लिये दर्शन शास्त्र ही एकमात्र ध्रुवतारा के स्वरूप है। आजकल भारतवासियों में स्वधर्म में अविश्वास, परधर्म ग्रहण में इच्छा, सदाचार-वर्जन, वेद और पुराणों पर अश्रद्धा, वर्ण धर्म की उपेक्षा, परलोक, देव देवी ऋषि-पितरों के अस्तित्व में सन्देह आदि जो प्रबल दोष उत्पन्न हुए हैं, यह केवल वैदिक दर्शनों के अभाव और दार्शनिक शिक्षा के लोप हो जाने से ही हुए हैं। इसमें कुछ भी सन्देह नहीं है।

दो मंजिल मकान के ऊपर चढ़ने के लिए जिस प्रकार नीचे के स्तरों का अतिक्रम करके जाना पड़ता है, उसी प्रकार तत्त्वज्ञान के उच्चतम स्तर में आरोहण करने के लिए ज्ञानदा, संन्यासदा आदि सप्तस्तर विद्यमान हैं और तदनुसार सप्तदर्शन होना भी स्वत: सिद्ध है। दूसरी ओर वेद के जब तीन काण्ड हैं, यथा:–कर्मकाण्ड, उपासनाकाण्ड और ज्ञानकाण्ड, तो वैदिक दर्शन शास्त्रों में तीन मीमांसा शास्त्रों का होना भी स्वत: सिद्ध है। यह सर्ववादिसम्मत सिद्धान्त है कि सप्त ज्ञान भूमि के अनुसार सातवैदिक दर्शन का होना युक्तियुक्त और वेद के तीन काण्ड के अनुसार तीन मीमांसा-दर्शन होना भी विज्ञान सिद्ध है।

कई सहस्र वर्षों से कराल काल के प्रभाव से वैदिक सप्त दर्शनों में से

दैवीमीमांसा दर्शन और वैदिक कर्मकाण्ड की मीमांसा का पूर्वार्द्ध यह कर्ममीमांसा दर्शन लुप्त हो गया था। इन दोनों दर्शनों के अतिरिक्त और सब दर्शन सूत्र मिलते थे। भारतवासियों का दुर्भाग्य है कि इन दोनों लुप्त रत्नों के लिए अभी तक किसी ने कुछ भी अनुसन्धान नहीं किया; परन्तु साथ ही साथ आनन्द का भी विषय है कि किसी ऐशशक्ति सम्पन्न महापुरुष ने उपासना की सहायता से इन ग्रन्थरत्नों को उपलब्ध कर भारत धर्म सिण्डिकेट के जरिये से प्रकाशित करके जगत् का सुमहान् स्थायी कल्याणसाधन कर दिया है। देवीमीमांसा का प्रथम खण्ड पहले ही निकल चुका है, अवशिष्टांश भी शीघ्र ही प्रकाशित हो जाएगा और भगवान् को असीम कृपा से इस दर्शन का भी प्रथम खण्ड जगत् के सामने उपस्थित हो गया और आगे का भी सब कुछ शीघ्र ही प्रकाशित करने का प्रबन्ध हो गया है। केवल देवी प्रेरणा से ही ये कार्य हुए हैं और जिन ऋषियों की कृपा से ग्रन्थ प्राप्त हुए हैं उन्हीं के नाम से वे प्रकाशित किए गए हैं। इस कार्य में ग्रन्थ प्रकाशक का कोई भी कर्त्तृत्व नहीं है। हां, अवश्य इसके भाष्य के प्रणयन करने में और शुद्धाशुद्ध निर्णय में सुप्रसिद्ध विद्वानों की सहायता ली गई है। इन दोनों दार्शनिक सिद्धान्त ग्रन्थों के प्रकाशित होने से वर्तमान काल के श्रद्धा रहित स्रोत का अवरोध होगा और सनातन धर्म के अन्तर्गत साम्प्रदायिक विरोधों का निराकरण होकर उसके मौलिक सिद्धान्तों की पूर्ण दृढ़ता सम्पादन होगी, इसमें सन्देह नहीं।

जिनके द्वारा इन सूत्रों की प्राप्ति हुई है उनका अनुभव यह है कि मन्त्र शक्ति, तप:शक्ति, योगशक्ति और देवीशक्ति जिनका वर्णन शास्त्रों में आया है सब सत्य हैं। अब भी मनुष्य सदाचार और उपासना द्वारा नित्य पितरों की कृपा सुगमता से प्राप्त कर सकता है। शरीर और मन की पवित्रता, चित्त का तीव्र संवेग, स्थिर धारणा और ध्यान-सिद्धि तथा द्रव्य शुद्धि, क्रिया शुद्धि और मन्त्र शुद्धि द्वारा साधक देवताओं का दर्शन अवश्य कर सकता है और अपने नाम रूप के अभिनिवेश को त्याग देने और एकतत्त्व के अभ्यास पूर्वक शरणापन्न होने से नित्य ऋषियों के दर्शन करके कृतकृत्य हो सकता है इस कारण सनातन धर्मियों को निराश नहीं होना चाहिए।

यदि कहीं पूज्यपाद महर्षि जैमिनिकृत एक कर्ममीमांसा दर्शन मिलता है, परन्तु वह उत्तरार्द्ध है, सम्पूर्ण नहीं है; क्योंकि उसमें केवल वैदिक यज्ञों की मीमांसा है और इस समय के लिए उसकी आवश्यकता अधिक नहीं है। इस समय कर्म के गम्भीर रहस्यों को वर्णन करने वाले कर्ममीमांसा दर्शन के पूर्वार्द्ध

दर्शन की जिसके आविष्कारकर्त्ता पूज्यपाद महर्षि भारद्वाज हैं और जो दर्शनसिद्धान्त बहुकाल से काल के कराल ग्रास में छिपा हुआ था, बहुत ही आवश्यकता है। इस दर्शन के चार पाद हैं, उक्त चार पादों में कर्मकाण्ड के कैसे गंभीर रहस्य समूह की दार्शनिक मीमांसा की गई है, उसका संक्षेप दिग्दर्शन कराया जाता है।

इसके प्रथम धर्म पाद में–धर्म का लक्षण, धर्म का फल, अधर्म का लक्षण, धर्मकर्म निर्णयक विज्ञान, भक्ष्याभक्ष्य–स्पृश्यास्पृश्य–शुद्धाशुद्ध-मीमांसा, धर्म का स्वरूप, कारण और कार्यब्रह्म का स्वरूप, मानव धर्म का रहस्य, साधारण विशेष असाधारण और आपद्धर्म्म का लक्षण और उपयोगिता सङ्कल्प की आवश्यकता, कर्म का भेद, नित्य नैमित्तिक और काम्य कर्म का लक्षण, त्रिविध भावानुसार कर्म का त्रिविध भाव और उसका लक्षण, उपासना और ज्ञानयज्ञ का भेद, तप का लक्षण और भेद, ज्ञान का लक्षण और भेद, साधारण धर्म का विस्तृत स्वरूप वर्णन, विशेष धर्म का महत्त्व, पुरुष धर्म का लक्षण, नारी धर्म का लक्षण और विज्ञान, शक्ति का भेद, नारी महिमा, आचार विज्ञान मानसिक धर्म, गुण का स्वरूप, भाव का स्वरूप, धर्म का महत्त्व, जाति धर्म निर्णय, वर्ण धर्म निर्णय, वर्णशुद्धि का उपाय, ब्राह्मणों के भेद का विज्ञान, क्षत्रिय धर्म शुद्र–धर्म वैश्य–धर्म और ब्राह्मण धर्म विज्ञान, चक्र के सम्बन्ध से पितृमाहात्म्य वर्णन, दायभाग का विज्ञान, आधिभौतिक शुद्धि का प्राधान्य और महात्मा, वर्णाश्रमधर्ममहिमा, स्त्रियों का विवाहकाल निर्णय, नारीधर्म प्राधान्य, नारी धर्म विज्ञान, सती का भेद, सर्वोत्तम सती का लक्षण, उत्तम मध्यम और साधारण सती का लक्षण, विवाह विज्ञान विधवा विवाहखण्डन, स्वधर्मत्याग से पतन होना, आश्रमधर्मविज्ञान, प्रवृत्ति धर्म, ब्रह्मचर्य्याश्रम के प्रधान कर्त्तव्य, गृहस्थाश्रम वानप्रस्थाश्रम और संन्यासाश्रम के विज्ञान और उपयोगिता, चारों आश्रमों का मौलिक सिद्धान्त, वर्ण और आश्रम और आश्रम धर्म की विशेष महिमा, निवृत्ति की उत्पत्ति के विषय में मतभेद, वेद की महिमा, श्रुति और स्मृति के विरोध में श्रेष्ठता का विचार, अर्थशास्त्र और धर्मशास्त्र के विरोध में श्रेष्ठता का विचार, आप्त प्रमाण का महत्त्व आप्त पुरुषों की महिमा, वैदिक विज्ञान का सर्वश्रेष्ठ महत्त्व इत्यादि विषयों पर दार्शनिक मीमांसा की गई है।

संस्कार नामक द्वितीय पाद में–कर्मबीज का स्वरूप, सृष्टि का कारण निर्णय, जीव के बन्धन और मुक्ति का कारण, त्रिविध शुद्धि और उसकी विशेषता, स्वाभाविक और अस्वाभाविक संस्कार का स्वरूप, चक्रगतिरहस्य, वैदिक संस्कारों की सिद्धि, गर्भाधान, पुंसवन, सीमन्तोन्नयन, जातकर्म, नामकरण अन्नप्राशन, चौलकरण, उपनयन, ब्रह्मव्रत, वेदव्रत, समावर्त्तन, विवाह, अग्न्याधान,

दीक्षा, महाव्रत और संन्यास, इन षोडश संस्कारों का विज्ञान और विशेष-विशेष फल, संस्कार शुद्धि की विलक्षणता, पंचकोष के विकास का रहस्य, उद्भिज्जादि योनियों के जीवों का आश्रय-स्थल निर्णय, चित्कला विज्ञान, उद्भिज्जादि योनियों में कलाओं के विकास का तारतम्य, पूर्णकला विकास का रहस्य, आनन्दमय कोष की पूर्णता का रहस्य, कला विकास का भेद, विलोम विवाह का निषेध, किस प्रकार की कन्या के साथ वर का विवाह होना चाहिये, वर्ण संकरता से क्या दोष है, उसका वैज्ञानिक और शास्त्रीय रहस्य, विविध शुद्धि की प्रयोजनीयता, आर्य और अनार्य जाति का लक्षण, जाति भेद प्रसङ्ग से मानवभेद प्रसङ्ग और उनकी प्रवृत्ति। आर्य जाति की प्रतिष्ठा का हेतु, अनार्य जाति से आर्य जाति का विशेषत्व, जाति तत्त्व का विज्ञान, नारी जाति में स्वाभाविक संस्कार की क्रमाभिव्यक्ति, जीव प्रवाह से अनादि और अनन्तत्व की सिद्धि, संस्कार के क्षीण होने का फल, संस्कारोत्पत्ति का मूल कारण, जीवोत्पत्ति के साथ संस्कार का सम्बन्ध, लिंग शरीर के साथ जीव का सम्बन्ध, भोग के साथ सूक्ष्म शरीर का सम्बन्ध, स्थूल शरीरोत्पत्ति का रहस्य, भोग कि लिए स्थूल शरीर की विशेषता, मनुष्येतर योनियों में जीव का गमनागमन, आतिवाहिक देह का विज्ञान, आवागमनचक्रोत्पत्ति रहस्य, त्रिविध पिण्ड का रहस्य और विज्ञान, सहज और मानव-पिण्ड का लक्षण, संस्कार का फल लोकान्तरगति वर्णन, प्रेतश्राद्ध की आवश्यकता, श्राद्ध का विज्ञान, संकार वैचित्र्य, संस्कार परिणाम का रहस्य, संस्कार से मुक्ति का रहस्य, देश का रहस्य, महत्तत्त्व का स्वरूप, अहंकार तत्त्व का स्वरूप, ब्रह्माण्ड की उत्पत्ति और विनाश का हेतु निर्णय, गोलोक का रहस्य, ब्रह्मा-विष्णु-महेशरूपी त्रिमूर्ति-विज्ञान, शब्दमयी सृष्टि का रहस्य, रूप सृष्टि का विशेषत्व, जगत् में नाम और रूप की प्रधानता का कारण इत्यादि गम्भीर विषयों की मीमांसा इस पाद में की गई है।

क्रियापाद नामक तृतीय पाद में–क्रिया का नैसर्गिक हेतु, उसके विस्तार और विकास का रहस्य, कर्म का साक्षात् फल, क्रिया का भेद और विज्ञान, कर्म का महत्त्व और स्वरूप, क्रिया का अधिष्ठान निर्णय, गुणों का अन्योन्याश्रयत्व, गुण के सम्बन्ध से कर्म का स्वरूप, कर्म की नैसर्गिक गति का विज्ञान, कर्म का प्राकट्य और रहस्य, कर्म का नित्यत्व, कर्म का जगत् कारणत्व, कर्म का विविध स्वरूप वर्णन, प्रकृति विज्ञान के सम्बन्ध से वर्णाश्रम की आवश्यकता, अधिकार भेद की आवश्यकता, जैव और ऐश कर्म का महत्त्व, चित्ताकाश, चिदाकाश और महाकाश के सम्बन्ध से कर्म संग्रह का विज्ञान, प्रारब्ध

संचित-क्रियमाण भेद से संस्कार का त्रैविध्य और प्रत्येक का, लक्षण, चित्ताकाश, चिदाकाश और महाकाश का स्वरूप, जीव के तीनों शरीर के त्रिविध सम्बन्ध रहस्य, किन-किन कर्मों के द्वारा कौन देवता तृप्त होते हैं; इसका रहस्य, कर्मप्रवाही विशेष-विशेष गति, चेतन और जड़ से कर्म का सम्बन्ध, प्राकृतिक और स्वतन्त्र रूप से जीव के द्विविध प्रवाह, दोनों का कार्यक्रम, सहज कर्म का सम्बन्ध, सृष्टि और लय का होना, स्थूल और सूक्ष्म प्रपञ्च में कर्म का सम्बन्ध, सृष्टि और लय का नैसर्गिकत्व, सत्त्वगुण के उदय का विज्ञान, उसका फल और धर्म के साथ उसका सम्बन्ध, कर्म का ब्रह्मस्वरूप होना, महायज्ञ का लक्षण और उसके अधिकारी, यज्ञ की विशेष महिमा, कर्म के शुभ और अशुभ रूप से द्विविध भेद, सृष्टि की द्विविध गति, शुभाशुभ गति का फल, सुख और दुःख का स्वरूप तथा व्यापकत्व, लौकिक और अलौकिक रूप से मनुष्य की द्विविध शक्ति का विकास, द्वन्द्व-क्रिया विज्ञान, मनुष्य योनि की सुरक्षा का विज्ञान, बुद्धि का त्रिविध भेद, क्रिया का नियामक कौन है? कर्म का सादिसान्तत्व, देश और काल का स्वरूप और विष्णु की तरह अनादि अनन्तत्व, देशकालानुसार क्रिया का तारतम्य, क्रिया का परिणाम और उसका त्रिविधि तथा सप्तविध का भेद, भोग का स्वरूप तथा भेद जन्मान्तर गति और उसकी विशेषता, स्थूल और सूक्ष्म शरीर का सम्बन्ध, भोग की उत्पत्ति और स्थिति का रहस्य, भोग का अन्त कैसे होता है? व्यष्टि-सृष्टि निर्णय, कर्मविपाक का रहस्य और क्रम, समष्टि सृष्टि और उसका त्रिविध तथा सप्तविध विभाग, चतुर्दशलोक समीक्षा, भूलोक का विस्तृत विवरण, उसका भेद और महत्त्व, मृत्युलोक महिमा, आर्यावर्त्तमहिमा, तीर्थमहिमा, ऋषियों की महिमा, त्रिविध अधिकारी और त्रिविध भाव, प्रायश्चित्त के द्वारा कर्मनाश का रहस्य, ज्ञाताज्ञात पाप और पुण्य का विचार, कर्मलोक और भूलोक, धर्मयुद्ध की आवश्यकता, देवासुरसंग्राम, वेदाधिकार निर्णय, साधारण और विशेष नियम, युक्तायुक्त कर्म विपाक का स्वरूप निर्णय, तपोवन का महत्त्व, वर्णाश्रम का महत्त्व, अवतार विज्ञान और कर्म का सर्वश्रेष्ठत्व आदि कर्म रहस्यों की दार्शनिक मीमांसा की गई है।

मोक्ष नामक अन्तिम अर्थात् चतुर्थ पाद में–सृष्टि का मौलिक रहस्य, ईश्वर का स्वरूप कथन, जीव का लक्षण, मोक्ष का स्वरूप, बन्धन और मोक्ष दोनों का हेतु, मुक्ति के प्रसङ्ग से सृष्टि का रहस्य वर्णन, सृष्टि का स्तर, काम का प्रभाव, कामजय का महत्त्व, स्वाभाविक वृत्तियों का विश्लेषण, कामजनित दृश्य का गुरुत्व, काम को नष्ट करने का उपाय, अपवर्ग का विज्ञान और उसका मूलतत्त्व,

व्युत्थानका हेतु क्लेश हेतु और उससे बचने का उपाय तथा चरमफल, संस्कार का भेद और उस हानोपायनिर्देश, जीवन्मुक्त पुरुषों में कर्म की स्थिति, चित्ताकाश के साथ प्रारब्धकर्म का और चिदाकाश के साथ क्रियमाण कर्म का सम्बन्ध, क्रियामाण कर्म की विशेष गति और उसके भोग का स्वरूप, महाकाश के साथ संचित कर्म का सम्बन्ध और उसकी गति, चतुर्विध भूतसङ्घ के साथ आकाश का सम्बन्ध, कर्म के लय का विज्ञान, कर्म के भोग से मुक्ति समीक्षा, प्रवृत्ति धर्म से निवृत्तधर्म की प्रधानता, मुक्ति का उपाय, यज्ञ और महायज्ञ इन दोनों का फल और यज्ञ शेष का महत्त्व प्रतिपादन, मुक्तिपद का स्वरूप, प्रसंगोपात्त कर्म का विभाग, ईश्वर का ईश्वरत्व, ब्रह्माण्ड के विचार से देवता और ऋषियों का असर्वज्ञत्व और केवल ईश्वर का ही सर्वज्ञत्व निर्णय, कार्य और कारण ब्रह्मनिरूपण, अव्यक्त से व्यक्त की उत्पत्ति, इस दर्शन के आविर्भाव का कारण और इसका माहात्म्य, दृश्यप्रपञ्च का हेतु, प्रलय का रहस्य, काल की अवस्थाओं का स्वरूप, देश का रहस्य, देश और काल से प्रणव का सम्बन्ध, प्रणव का विस्तृत माहात्म्य, ज्ञानी और अज्ञानियों का भेद, निर्विकल्प समाधि, काल तथा समष्टि कर्म की प्रतिकूलता में चलने पर बाधाओं की उत्पत्ति का विज्ञान, स्वास्थ्य सिद्धि और तत्त्व ज्ञान लाभ करने का उपाय, आतिवाहिक देह की गति का द्विविध भेद, शुक्ला गति और उसका त्रिविध भेद, सप्तमलोक से सूर्यमण्डल भेद करने का उपाय, कृष्ण गति का स्वरूप और उसका धारणानुसार त्रिविधभेद, जीवन्मुक्त गति, संस्कार शुद्धि से क्रियाशुद्धि और उससे मोक्ष की उत्पत्ति, काल-क्रिया-द्रव्य के द्वारा क्रिया शुद्धि, दान की त्रिविध शुद्धि, कर्मयोग का स्वरूप, सङ्गीत से मोक्ष का सम्बन्ध, चतुर्विध अवस्था, आत्मा के साथ तुरीयावस्था का सम्बन्ध, त्रिविध कर्मों के द्वारा त्रिविधमुक्ति, जीवों की छः प्रकार की वृत्तियां, जीवन्मुक्त की वृत्तियां, सप्तभेद के अनुसार कर्मों की सप्त अवस्थायें, चतुर्दश प्रकार जीवों का अज्ञान और ज्ञानाधिकार निर्णय, सप्तज्ञान और अज्ञान-भूमियों का विकासक्रम, अधिकार भेद की आवश्यकता, जीवन्मुक्त के त्रिविध अनुभव वर्णन, कर्मयोग का विज्ञान ज्ञान की असम्पूर्णता होने पर जन्मान्तर की प्राप्ति; तत्त्वज्ञान के उदय से मोक्ष की उपलब्धि, मोक्ष की अवस्था का वर्णन, कर्म का हेतु निर्णय, विश्व का विज्ञान, काल का लय, कर्म योग से वासना का लय, ज्ञान का रहस्य, मुक्ति प्राप्ति के अनन्तर कर्म के वेग का स्वरूप, कर्मयोग से पतन की असम्भावना, उससे स्वार्थ नाश और भगवत् कार्य की सिद्धि इत्यादि तत्त्वज्ञानात्मक विषयों की मीमांसा की गई है।

पूज्यपाद महर्षि जैमिनिप्रणीत दर्शन और यह दर्शन मिलाकर कर्ममीमांसा दर्शन की पूर्ति हुई है। इसके प्रथम पाद में धर्म के यावत् रहस्य, दूसरे पाद में संस्कार के यावत् रहस्य, तीसरे पाद में कर्म के यावत् रहस्य और अन्तिम चतुर्थपाद में संस्कार शुद्धि से क्रिया शुद्धि से मोक्षमार्ग के यावत् रहस्यों की पूर्ण रूप से मीमांसा की गई है अत: इसके अध्ययन से वर्णाश्रम धर्मावलम्बियों के शास्त्रीय सिद्धान्तों में से किसी पर भी सन्देह रह ही नहीं सकता है। वर्णाश्रमधर्मावलम्बी सिद्धान्तों की दृढ़ता, वेद शास्त्र और वर्णाश्रम धर्म के आचारों पर जो-जो शंकायें होती हैं उनका निराकरण, ईश्वराज्ञारूप धर्म का यथार्थ स्वरूप निर्णय, वर्ण और आश्रमधर्म की सर्वाङ्गीण पुष्टि और सर्वसम्मत कर्मराज्य के गम्भीर रहस्यों की मीमांसा होकर तत्वज्ञान के विकास में विशेष सहायता इन सूत्रों के द्वारा होगी इसमें सन्देह नहीं। कर्म के अस्तित्व को पृथिवी के सब धर्म वाले ही किसी न किसी रूप में मानते हैं, केवल उसके विस्तारित स्वरूप से विषय में सनातन धर्मावलम्बी वैदिक-मार्ग-प्रवर्त्तक पूज्यवाद महर्षियों ने ही सब जीवों के कल्याण के लिये विस्तारित रूप से कहा है। सुतरां इन सूत्रों के द्वारा सब धर्मों के जिज्ञासुओं को बहुत कुछ सहायता मिलेगी इसमें कुछ भी सन्देह नहीं है।

चाहे वैदिक सिद्धान्त समूह हो से चाहे स्मार्त्त, पौराणिक और तान्त्रिकसिद्धान्त समूह हों, बिना दार्शनिक मीमांसा के उनकी पुष्टि नहीं हो सकती और न विरोधीदलों के आक्रमण का निराकरण ही हो सकता है। यहो कारण है कि इस समय सनातनधर्म के आचारों और सिद्धान्तों के ऊपर चारों ओर से आक्रमण की बौछार हुआ करती है। ऐसे समय में ऐसे दार्शनिक ग्रन्थ का प्रकाशन होना श्रीभगवान् की असीम कृपा का फल है ऐसा मानना ही पड़ेगा। यह ग्रन्थ लगभग नौ सौ सूत्रों में पूर्ण हुआ है। इस प्रथम पाद से अन्य पादों में सूत्रसंख्या अधिक है प्रत्येक पाद का एक-एक खण्ड अलग-अलग प्रकाशित करके इस ग्रन्थ को पूर्ण करने का विचार है।

श्रीभारतधर्म महामण्डल के संचालक साधु-महात्माओं और विद्वानों की सहायता से दर्शनशास्त्र के प्रचार में किस प्रकार की सहायता हुई है और हो रही है, उसका दिग्दर्शन कराया जा रहा है।

(क) वैदिक उपासना काण्ड का दैवीमीमांसा नामक मीमांसा दर्शन जिसमें लगभग इतने ही सूत्र हैं, उस पर विस्तृत संस्कृत भाष्य, हिन्दी भाष्य और बंगला भाष्य प्रस्तुत हुए हैं। हिन्दी भाष्य सहित वह ग्रन्थ पूर्णरूप से प्रकाशित

होकर हिन्दी भाषा की पुष्टि करने वाला है। उसका कुछ अंश छपकर प्रकाशित भी हो चुका है।

(ख) इस कर्ममीमांसा दर्शन का संस्कृत भाष्य प्रस्तुत है, हिन्दी भाष्य क्रमशः प्रकाशित हो रहा है और बंगला भाष्य प्रस्तुत हो रहा है।

(ग) योग दर्शन पर यद्यपि आर्षभाष्य मिलता था, परन्तु वह भाष्य आजकल के देश, कालपात्र के लिये यथेष्ट नहीं था, इस कारण योगदर्शन पर वर्तमान देश काल पात्रोपयोगी संस्कृत भाष्य प्रणीत हुआ है और उसके हिन्दी भाष्य और बंगला भाष्य अलग-अलग छप भी चुके हैं।

(घ) सांख्यदर्शन जो परम आस्तिक दर्शन है उस पर आर्षभाष्य न मिलने से और केवल जैन अथवा बौद्धधर्मावलम्बियों का भाष्य मिलने से आज तक उसको नास्तिक दर्शन करके लोग मानते आये हैं। इस कारण सूत्रकार पूज्यपाद महर्षि-अनुमोदित आस्तिक तथा विस्तृत संस्कृत भाष्य और उसका हिन्दी अनुवाद प्रणीत हुआ है और हिन्दी भाष्य शीघ्र ही प्रकाशित होगा। उक्त भाष्य के प्रकाशित होने से अन्य धर्मावलम्बियों ने जो सांख्य दर्शन पर मिथ्या कलंक लगाया था, सो अवश्य ही दूर होगा और सांख्यदर्शन की उपयोगिता बहुत कुछ बढ़ जाएगी। कई सहस्त्र वर्षों से सांख्य दर्शन रूपी ज्ञानसूर्य को जो प्रमाद के बादलों ने ढक रखा था सो दूर होकर वैदिक दर्शन की महिमा जगत् में घोषित होगी।

(ङ) वेद के तीन काण्ड होने से तीनों मीमांसा दर्शनों पर ही वर्तमान देशकालोपयोगी भाष्य होना उचित है। इस कारण ब्रह्म मीमांसा रूपी वेदान्त दर्शन पर भी समन्वय भाष्य नामक भाष्य प्रस्तुत हो रहा है। जिसमें नीचे की छः ज्ञान-भूमियों और दर्शनों के सिद्धान्तों के साथ सप्तम ज्ञानभूमि और वेदान्त दर्शन के मतों का समन्वय यथाक्रम किया जायेगा; जिससे आशा है कि दर्शनशास्त्रों में मतभेद की जो भ्रम प्रतीति होती है सो दूर होगी। साथ ही साथ न्याय और वैशेषिक दर्शनों पर भी विस्तृत भाष्य प्रणीत हो रहे हैं जो क्रमशः प्रकाशित होंगे।

नित्य सिद्ध सात ज्ञानभूमियों के अनुसार वैदिक दर्शन भी सात हैं, यथा-न्याय और वैशेषिक रूपी दो पदार्थवाद दर्शन, योग और सांख्य रूपी दो सांख्य प्रवचन दर्शन और वैदिक काण्डत्रय के अनुसार तीन मीमांसादर्शन। ये ही वैदिक सप्त दर्शन शास्त्र तथा युक्ति अनुमोदित हैं। इन सातों के अपने-अपने पूर्ण स्वरूप में जगत् में प्रकाशित रहने से स्मृति और पुराणदि शास्त्रों पर विरुद्ध वादीगण शंका करके उनको कदापि हानि नहीं पहुँचा सकते हैं। इसी विचार से दर्शन शास्त्रों के प्रचार में इतना

गुरुतर प्रयत्न किया गया है। ये सब अपूर्व दर्शनग्रन्थ समूह भारतीय अन्यान्य प्रान्तीय भाषा तथा जगत्व्यापी अंग्रेजी भाषा में भी प्रकाशित करने का विचार भारत धर्म सिण्डिकेट लिमिटेड के ग्रन्थ प्रकाशन विभाग ने किया है जिससे वैदिक ज्ञानज्योति का विस्तार सर्वत्र हो सकेगा। इस प्रकार से वैदिक दर्शनों के प्रचार में कितना विराट् उद्योग हो रहा है, सो विद्वान् सज्जन समझ सकेंगे।

ऊपर लिखित उद्देश्य जब कार्य में परिणत होंगे तो धार्मिक जगत् का कितना उपकार होगा सो चिन्तनशील व्यक्ति मात्र ही जान सकते हैं। दार्शनिक शिक्षा से लाभ उठाने के लिये जितने मार्ग हैं उनमें से दो मार्ग परमावश्यकीय हैं। एक तो वेदार्थ समझने का प्रयत्न और दूसरा शास्त्रीय रहस्यों का तात्पर्य निर्णय। इन दोनों उद्देश्यों की पूर्ति के लिये भी बड़े-बड़े प्रयत्न किये गये हैं जो सफल भी हुए हैं। वेदार्थ समझने के लिये उपनिषद् भाष्य ऐसे प्रस्तुत हो रहे हैं कि जो वर्तमान देशकाल पात्र के उपयोगी हों। ये भाष्य समूह कैसे प्राञ्जल और जगत्-हितकर हैं सो बिना उनके पाठ किये समझ में नहीं आ सकता। वृहदारण्योपनिषद् का भाष्य शीघ्र ही प्रकाशित होने वाला है क्योंकि यह उपनिषद् सबसे कठिन है। दूसरी ओर शास्त्रों के सब गम्भीर सिद्धान्तों के निर्णय के लिये धर्म कल्पद्रुम नामक वृहद् ग्रन्थ कई बड़े-बड़े खण्डों में प्रकाशित हो रहा है।

यथानियम इस पुस्तक का स्वत्वाधिकार दीन दरिद्रों की सेवा के निमित्त श्री विश्वनाथ अन्नपूर्णा दानभण्डार का ही रखा गया है।

–गोविन्दशास्त्री दुगवेकर

संस्कारपाद

अनन्त कोटि ब्रह्माण्ड-भाण्डोदरी अघटन-घटनापटीयसी अज्ञानजाल-विमोचनी ज्ञान-जननी परम कल्याणमयी धर्म कर्म रूपिणी सर्व शक्तिमयी जगद्धात्री की अपार कृपा से कर्ममीमांसा दर्शन का संस्कारपाद अनेक बाधा विपत्तियों को अतिक्रम करके छपकर प्रकाशित हुआ। इस दर्शन शास्त्र के चार पादों में से धर्मपाद नामक प्रथमपाद सभाष्य पहले ही प्रकाशित हो चुका है।

उस भाग के प्रारम्भ में शास्त्र सम्बन्धीय अनेकानेक पुरुषार्थों तथा इस दर्शन सम्बन्ध में बहुत कुछ निवेदन किया गया है।

वर्तमान कराल-काल, धर्म-रहस्य-प्रकाशन, सद्धर्ममार्ग का पुनः प्रवर्त्तन और तत्त्वज्ञान प्रचार के लिए बहुत ही विपरीत है। अन्तर्जगत् में देवासुर-संग्राम प्रवल वेग से होते रहने के कारण उसका प्रभाव इस मृत्युलोक पर अवश्य ही दृढ़ रूप से पड़ता है। इस कारण ऐसे सन्मार्ग प्रवर्तनकार्यों में अनेक बाधा विपत्तियों का होना स्वतः सिद्ध है। परन्तु असुर-विजयिनी ब्रह्मशक्ति जगजननी की असीम कृपा से सब बाधा विपत्तियाँ दूर होकर इस लुप्त शास्त्र के शेष अन्य दोनों पाद सभाष्य शीघ्र ही प्रकाशित हो जायेंगे, ऐसी आशा है।

जब मनुष्य समाज की बुद्धि बहिर्मुखी होकर केवल इहलोक के सुख और इन्द्रिय लोलुपता में फंसी रहती है, तब मनुष्य समाज तत्त्वज्ञान और आत्मानुसन्धान को भूलकर केवल शिल्प (कला) और पदार्थ विद्या (विज्ञान) की उन्नति में ही लगा रहता है, और इन दोनों की उन्नति करना परम पुरुषार्थ समझता है। आज दिन पृथ्वी भर की सब मनुष्य जातियां इसी प्रकार से विपथ-गामिनी हो रही हैं।। आजकल की सभ्यता का मानो लक्षण ही यह है कि ईश्वर को भूल जाना, ईश्वरोपासना की परम आवश्यकता को न समझना, अर्न्तजगत् और दैवराज्य की शृङ्खला पर विश्वास न रखना, धर्माधर्म मानने की आवश्यकता और धर्म पथ पर

चलने की विशेषता के रहस्य को अनुभव नहीं करना, यह संसार केवल स्त्री पुरुष शृंगार जनित काम प्रस्तुत है, ऐसा समझ कर निरंकुश हो एकाकार के मार्ग में चलना, स्त्री और पुरुष के विशेष विशेष अधिकार और धर्मों को भूलकर दोनों को एक ही पथ में चलाना, पिता, माता और गुरुजन की भक्ति को जलाञ्जली देकर शास्त्र विधि पर पदाघात करते हुए अनाचारी और यथेच्छाचारी बनना, ध र्म और मोक्ष को एक बार ही भूलकर केवल अर्थ और काम के लिये पुरुषार्थ करना इत्यादि। इस आसुरी युग में सब ओर सब मनुष्य समाज में ऐसे ही लक्षण प्रायः दिखाई देते हैं।

जिस प्रकार केवल शिल्प पदार्थ विद्या की उन्नति करने से मनुष्य जाति बहिर्मुखी हो जाती है, वैसे ही उदार हृदय होकर भगवद्भक्ति और दर्शन शास्त्र के अनुशीलन से मनुष्य जाति आत्मोन्मुखी और अन्तर्मुखी होती है। कुछ दिनों से दार्शनिक चर्चा के कुछ लक्षण कहीं कही दिखाई पड़ने लगे हैं। अनेक योजनव्यापी मरुभूमि में चलने वाले पथिक को जब दूसरे सजली भूमि दिखाई देती है, घोर वन में पथ भूले हुए पथिक को जब दूर से दीपज्योति दिखाई पड़ने लगती है और जलप्लावन के समय प्रवल वेग से नदी प्रवाह में बहते हुए जीवन के आशारहित मनुष्य को जब कोई अवलम्बन मिल जाता है, उस समय जैसे घोर निराशा में आशा का संचार होकर हृदय बल से बलीयान हो उठता है, ठीक उसी प्रकार इस घोर समय में जब कि चारों ओर अज्ञान मेघजाल ने आत्मज्ञान दिवाकर को अच्छादित कर रखा, ऐसे तमाश्रित समय में दैवकृपा से लुप्त वैदिक दर्शनों को उद्धार तथा अन्यान्य दर्शनों के सुगम भाष्य प्रकाशन जैसे कार्य होते हुए दिखाई पड़ने से विचारवान व्यक्तियों के हृदय में अवश्य ही कुछ न कुछ आशा का सञ्चार होता है।

श्री भारत धर्ममहामण्डल के द्वारा कर्ममीमांसा दर्शन और उपासनामीमांसा दर्शन इन दोनों लुप्त दर्शनों का उद्धार हुआ है। न्याय दर्शन, वैशेषिकदर्शन, योगदर्शन, सांख्य दर्शन, कर्ममीमांसादर्शन, उपासना-मीमांसा-दर्शन और ब्रह्ममीमांसादर्शन अर्थात् वेदान्त दर्शन, इस प्रकार से दो पदार्थवाददर्शन, दो सांख्य प्रवचन दर्शन और वेद के तीन काण्डों के अनुसार तीन मीमांसा दर्शनों पर वर्तमान देश काल पात्रोपयोगी स्वतन्त्र भाष्य तथा टीकाएं प्रणीत हुए हैं। और कई भाषाओं में उनका अनुवाद ही हुआ है, वे सब क्रमशः प्रकाशित होंगे। भगवद्गीता, दुर्गा सप्तशती गीता आदि कलियुग के उपयोगी प्रधान प्रधान ग्रन्थों पर त्रिभावात्मक भाष्य बने है। उपनिषदों पर भी विस्तृत भाष्य प्रणीत हुए हैं। उपासना मार्ग के सहायक

पञ्चोपासना की पांच गीता तथा गुरुगीता और चार योगमार्ग की चार संहिताएं अनुवाद सहित प्रकाशित हुई हैं। ये सब ग्रन्थ अभी तक अप्रकाशित थे। संन्यास आश्रम जो सबसे बड़ा आश्रम है; उसका अनुशासन ग्रन्थ और पद्धति ग्रन्थ मिलता नहीं था।, इस गुरुतर अभाव को दूर करने के लिये संन्यास गीता अनुवाद सहित कई भाषाओं में प्रकाशित हुई है। और संन्यासियों के लिये कूटिचर, बहूदक, हेस और परमहंस की विस्तृत पद्धति शीघ्र प्रकाशित होने वाली है। धर्म शिक्षा के लिये अनेक नवीन ग्रंथ कई भाषाओं में प्रकाशित हुए हैं। सब प्रकार के जिज्ञासुओं की तृप्ति के लिये धर्मकल्पद्रुम नामक धर्म कोष ग्रंथ आठ बड़े-बड़े खण्डों में प्रकाशित हो चुके हैं। इस प्रकार से अध्यात्म शास्त्र प्रकाशन, लुप्त दर्शन शास्त्रों का उद्धार, नाना भाषाओं में सब वैदिक दर्शन भाष्यों का निकलना और दर्शन शास्त्रचर्चा एवं प्रचार का विशेष उद्योग देखने से यह विश्वास होता है कि, घोर नास्तिकतामय कलियुग में पुनः कुछ काल के लिये शिक्षित मनुष्य समाज में धर्मज्ञान-विस्तार, तत्त्व-ज्ञान-प्रचार और आत्मानुसन्धान की प्रवृति होगी, जिससे यह नाशवती पृथिवी पुनः धन्य होगी।श्रीजगदम्बा की कृपा से लुप्त शास्त्रों का उद्धार और इसके सभाष्य प्रकाशन के द्वारा केवल वर्णाश्रमधर्मी नर नारी का ही कल्याण नहीं होगा, बल्कि पृथिवी की सब सभ्य मनुष्य जातियों में जहां जहां दार्शनिक चर्चा की सद्वासना है और जहां के विद्वज्जन अन्तर्जगत् और कर्म राज्य की कुछ खोज करना चाहते हों, सबको यथेष्ट लाभ पहुंचेगा।

—श्रीगुरुचरणकमलाश्रित

स्वामी दयानन्द

भूमिका

दशों दिशाएँ जिनका शरीर है, रोमावली रूप से अनन्त ग्रह नक्षत्र तथा सूर्यचन्द्र आदि जिनके शरीर को शोभा बढ़ाते हैं और कर्म जिनके देह में प्राणरूप से विराजमान है ऐसे विराट् पुरुष को नमस्कार है।

जो एक अद्वितीय सर्वव्यापक और पूर्ण सच्चिदानन्दमय होते हुए ब्रह्म ईश और विराट् रूप से भक्त को दर्शन देते हैं ऐसे परमात्मा को नमस्कार है।

त्रिकालदर्शी परमपूज्य पाद महर्षि भरद्वाज जिनके तप:प्रभाव ने अब भी ब्राह्मण जाति को जीवित कर रखा है, जिनके ज्ञानराशि का एक बिन्दुमात्र जिज्ञासुगण को कृतकृत्य करने में समर्थ होता है उनको प्रणाम करके यह भाष्य प्रारम्भ किया जाता है।

जिस प्रकार परमात्मा एक और अद्वितीय होने पर भी ब्रह्म, ईश और विराट् रूप में जाने जाते हैं, उसी प्रकार अध्यात्म, अधिदैव, अधिभूत, इन भावत्रय से सम्बन्ध युक्त होने के कारण अपौरुषेय नित्य-स्थित वेद भी कर्म, उपासना और ज्ञानकाण्ड में विभक्त होते हैं। काण्डत्रय और भावत्रय के द्वारा ही वेदों की महिमा अधिक से अधिक जानी जाती है। वेदों में कर्म ही प्रथम प्रतिपादनीय विषय है इसी से श्रीमहाभारत में कहा है कि:-

कर्मणाऽमी भान्ति देवा: परत्र
कर्मणैवेह प्लवते मातरिश्वा।।
अहोरात्रं विदधत् कर्मणैव
अतन्द्रित: शश्वदुदेति सूर्य:।।
मासार्द्धमासानथ नक्षत्रयोगा,
नतन्द्रितश्चन्द्रमाश्चाभ्युपैति।।
अतन्द्रितो ददते जातवेदा:,

समिध्यमानः कर्म कुर्वन् प्रजाभ्यः।।
अतन्द्रिता भारमिमं महान्तं,
बिभर्त्ति देवी पृथिवी बलेन।
अतन्द्रिताः शीघ्रमपो वहन्ति,
सन्तर्पयन्त्यः सर्वभूतानि नद्यः।।
हित्वा सुखं मनसश्च प्रियाणि,
देवः शक्रः कर्मणा श्रैष्ठ्यमाप।।
बृहस्पतिर्ब्रह्मचर्यं चचार,
समाहितः संशितात्मा यथावत्।।
हित्वा सुखं प्रतिरुद्ध्येन्द्रियाणि,
तेन देवानामगमद्गौरवं सः।।
तथा नक्षत्राणि कर्मणाऽमुत्र भान्ति,
रुद्रादित्या वसवोऽथापि विश्वे।।

कर्म के द्वारा ही ये देवता लोग स्वर्ग में प्रकाशमान हैं। कर्म के द्वारा ही इस संसार में वायु बहता है और कर्म के द्वारा ही अतीन्द्रिय भाव से दिन और रात्रि को सम्पादन करता हुआ सूर्य निरन्तर उदय होता है और चन्द्रमा निरालस्य होता हुआ मास, पक्ष, नक्षत्र एवं योगादि को प्राप्त करता है। अग्नि देव आलस्य को छोड़कर कर्म करते हुए मनुष्यों के द्वारा हवन किये जाने पर प्रजाओं को फल प्रदान करते हैं। पृथिवी देवी आलस्यरहित हो सामर्थ्य से इस गुरुभार को धारण करती है, तथा नदियां अतीन्द्रित भाव से शीघ्र-शीघ्र बहती हुई निखिल प्राणियों को संतृप्त करती हैं। देवताओं को राजा इन्द्र ने अपने मन की प्रिय वस्तु तथा सुख को त्याग करके कर्म ही के बल से श्रेष्ठत्व को प्राप्त किया है। बृहस्पति जी ने संयतचित्त हो सुख को छोड़ इन्द्रियों को रोक ब्रह्मचर्य का पालन किया इससे देवों के मध्य में गौरव को प्राप्त किया और नक्षत्र, विश्वेदेवा, रुद्र, आदित्य, वस्तु आदि सब ही कर्म के द्वारा प्रकाशित होते हैं।

कर्म ही जगत् का मूल है। कर्म से ही ब्रह्माण्ड की उत्पत्ति, स्थिति और लय हुआ करता है। "एकोहं बहुस्यां प्रजायेय" इत्यादि श्रुति की चरितार्थता में कर्म ही कारण है। कारणवारि कर्म ही का रूपान्तर है।

नासदासीन्नो सदासीत्तदानीं नासीद्रजो ना व्योम परो यत्।
किमावरीवः कुहकस्य शर्म्मन्नभः किमासीद्गहनं गभीरम्।

न मन्युरासीदभृतं न तर्हि न रात्र्यन्ह आसीत्प्रकेतः।
आसीदवातं स्वधया तदेकं तस्मादन्यानपरः किञ्चनास॥
कामस्तदग्रे समवर्त्तताधिमनसोरेतः प्रथम यदासीत्।
सतो बन्धुमसति निरविन्द न हृदि प्रतिष्या कवयो मनीषा।

इति श्रुतिः

श्रुति का तात्पर्य यह है कि, सृष्टि के पहले सत् भी नहीं था, असत् भी नहीं था, रजोगुण भी नहीं था, आकाश भी नहीं था, शोक भी नहीं था, अमृत भी नहीं था, रात्रि या दिवा कुछ भी न था परन्तु एक गहन, गम्भीर पदार्थ था जिससे अतिरिक्त दूसरा कोई भी पदार्थ नहीं था। तदनन्तर उनमें वासना हुई, और उससे जगत की सृष्टि हुई।

इस श्रुति की चरितार्थता का कारण भी कर्म है, ईश्वर रजोगुण अधिष्ठाता ब्रह्मा, सत्त्वगुण अधिष्ठाता विष्णु और तमोगुण अधिष्ठाता रुद्र होकर प्रत्येक ब्रह्माण्ड की उत्पत्ति स्थिति और लय क्रिया करते हैं इसका भी कारण कर्म ही है। अनन्त कोटि ब्रह्माण्डों की सृष्टि स्थिति और लय भी कर्म ही के द्वारा होता है। ब्रह्माण्ड की स्थिति दशा में कर्म धर्म रूपी होकर ब्रह्माण्ड की रक्षा करता है। कर्म ही जीव को उद्भिज, स्वेदज, अण्डज और जरायुज योनियों में क्रमोन्नति कराकर देवदुर्लभ मनुष्य योनि प्राप्त कराता है और कर्म ही मनुष्य को अभ्युदय और निःश्रेयस का अधिकारी कराता है। कर्म ही मुक्ति का कारण होने से कर्म की महिमा वेदों में सर्वप्रधान करके वर्णन की गई है।

जीवदशा का विकास सर्वप्रथम होते समय कर्म ही जीव का साथी होता है और पूर्णज्ञानयुक्त मानव जब जीवन्मुक्त दशा को प्राप्त करके शरीर के अन्त होने पर विदेहलय को प्राप्त करता है उस समय भी कर्म ही अन्तपर्यन्त साथी बना रहता है, इसी कारण कर्म का प्राधान्य मानने वाले मुनियों में दो मत देखने में आते हैं। प्रथम दशा में रहनेवाले मुनि ईश्वर का अस्तित्व स्वीकार करने की आवश्यकता नहीं समझते, क्योंकि वे प्रथम से अन्तपर्यन्त कर्म की ही शक्ति उपलब्ध कर रहे हैं, इसी सिद्धान्त को आश्रय करके पृथिवी में जैन, बौद्धादि अनेक सम्प्रदाय प्रकट हुए हैं और भविष्य में होंगे। ऐसा होना स्वतः सिद्ध है। कर्म के प्राधान्य मानने वाले मुनियों में जो दूसरा मत है वह सर्ववादिसम्मत है। वेदानुकूल तथा सर्वहितकारी पूर्ण सिद्धान्त युक्त मत जिसको पूज्यपाद महर्षियों ने एकमत होकर स्वीकार किया है वही कर्ममीमांसा दर्शन द्वारा प्रतिपादित है। कर्म पूर्णगति, कर्म की

सूक्ष्मातिसूक्ष्म अवस्था, कर्म के बीज संस्कार की उत्पत्ति, स्थिति और लय, कर्म की जड़क्रिया में चेतनत्व की आवश्यकता इत्यादि समाधिगम्य भावों के समझने वाले मुनि बिना वाद के ईश्वर का अस्तित्व स्वीकार करते हैं, क्योंकि पूर्णदर्शन पूर्णज्ञान का सहायक है। पूर्णज्ञान में भ्रम की संभावना नहीं रहती।

वेद के कर्म काण्ड का सहायकारी और कर्म की मीमांसा का प्रतिपादक ऐसे दो सिद्धान्त प्रचलित हैं, क्योंकि वेदों में भी क्रिया शुद्धि और संस्कार शुद्धि के लक्ष्य से दो शैली निर्दिष्ट है। एक के द्वारा साक्षात् रूप से बहि:शुद्धि होती है और बहि:शुद्धि होकर अन्तः शुद्धि होती है, दूसरे के द्वारा साथ ही साथ बहि:शुद्धि और अन्त:शुद्धि दोनों होती हैं। एक सिद्धान्त बहिर्याग का सहायक है और दूसरा अन्तर्याग का सहायक है। एक में क्रिया सम्बन्ध अधिक है और दूसरे में विज्ञान का सम्बन्ध अधिक है। एक के आचार्य महर्षि जैमिनी, क्रतु, दक्षु, मैत्रेय आदि हैं और दूसरे सिद्धान्त के प्रकाशक महर्षि भरद्वाज, कश्यप, वशिष्ठ, बृहस्पति आदि हैं। चतुर्विंशतिमत विज्ञानभाष्य आदि शास्त्रों में इसका प्रमाण मिलता है।

आचार्य प्रथम धर्म है, क्योंकि आचार के साथ स्थूलातिस्थूल शारीरिक क्रिया का सम्बन्ध है और आचार से ही परम्परा रूप से ब्रह्मसद्भाव रूपी मुक्तिपद प्राप्त होता है, कैसे वह होता है सो पूज्यपाद महर्षियों ने कहा है, यथा:-

"आचारमूला जातिः स्यादाचारः शास्त्रमूलकः।
वेदवाक्यं शास्त्रमूलं वेदः साधकमूलकः॥
क्रियामूलः साधकश्च क्रियाऽपि फलमूलिका।
फलमूलं सुखं देव सुखमानन्दमूलकम्॥
आनन्दो ज्ञानमूलं च ज्ञानं वै ज्ञेयमूलकम्।
तत्त्वमूलं ज्ञेयमात्रं तत्त्वं हि ब्रह्ममूलकम्॥
ब्रह्मज्ञानं त्वैक्यमूलमैक्यं स्यात् सर्वमूलकम्।
ऐक्यं हि परमेशान भावातीतं सुनिश्चितम्।
भावातीतमिदं सर्व प्रकाशभावमात्रकम्॥"

अर्थात् जाति का मूल आचार है, आचार का मूल शास्त्र है, शास्त्रों का मूल वेद है, वेदों का मूल साधक है, साधकों का मूल क्रिया है, क्रियाओं का मूल फल है, फल का मूल सुख है, सुखों का मूल आनन्द है, आनन्द का कारण ज्ञान है, ज्ञान का मूल ज्ञेय है, ज्ञेय वस्तु का मूल तत्त्वानुभव है, समस्त तत्त्वों का मूल ब्रह्म है, ब्रह्म ज्ञान का मूल ऐक्यभाव है, और इस तरह का ऐक्य ही सब तरह

की साधनाओं का मूल है। वह ऐक्यभाव भावातीत होकर निखिल चराचर विश्व का भाव प्रकाशक होता है।

सदाचार से लेकर ब्रह्म सद्भावपर्यन्त जो मीमांसा दर्शन प्रतिपादन कर सके उसी का महत्त्व अधिक है इसमें सन्देह नहीं है। सदाचार का मूलतत्त्व, संस्कार रहस्य, संस्कार के प्रधान भेद, वर्णाश्रम धर्म का विज्ञान, स्त्री धर्म और पुरुष धर्म का अधिकार निर्णय और उक्त दोनों की मूल भित्ति, नित्य नैमित्तिक और काम्य कर्म्मों का रहस्य, युक्त कर्म और अयुक्त कर्म के भेद, धर्मा धर्म का रहस्य, धर्म और धर्माङ्ग के लक्षण, सामान्य धर्म और विशेष धर्म का तात्पर्य, कर्म से सृष्टि का साक्षात् सम्बन्ध, जीव की क्रमोन्नति, कर्म द्वारा जीव को अधः और उर्द्ध्वगति, परलोकवाद, जीव की आतिवाहिक गति, संस्कार शुद्धि से क्रिया शुद्धि और क्रिया शुद्धि से मोक्ष इत्यादि प्रधान-प्रधान विषयों का सम्बन्ध कर्ममीमांसा-दर्शन के साथ है। वर्णाश्रम धर्म की भित्ति को दृढ़ करने के लिये कर्ममीमांसा दर्शन परम आश्रय है। ईश्वरभक्ति और आस्तिकता प्रदान करने के अर्थ कर्म मीमांसा-दर्शन परम हितकर है। नास्तिक आदि मार्ग का निराकरण करके जन्मान्तरवाद सिद्ध करने के अर्थ कर्ममीमांसा दर्शन एकमात्र अवलम्बन है। बिना कर्ममीमांसा दर्शन के हृदयङ्गम किये दैवी मीमांसा दर्शन और ब्रह्ममीमांसा दर्शन का सिद्धान्त उपलब्ध नहीं हो सकता। इसी कारण कर्म मीमांसा दर्शन परम आवश्यक और सर्वहितकर है।

जैसे राजानुशासन के साथ राजा का सम्बन्ध है, उसी प्रकार कर्म के साथ ब्रह्म का सम्बन्ध है। ब्रह्म और ब्रह्मशक्ति में जिस प्रकार भेद नहीं है, उसी प्रकार कारण ब्रह्म और कार्य ब्रह्म में भेद नहीं है। अस्तु यदि कोई व्यक्ति राजा को साक्षात् रूप से न भी माने, परन्तु राजा के राजानुशासन को यथावत् मानता है, जिस प्रकार राजा उस प्रजा पर अप्रसन्न नहीं होते और यदि कोई प्रजा राजा के सामने सिर झुकाने पर भी उसके राजानुशासन की अवज्ञा करे, तो राज-दण्ड की अधिकारिणी होती है। इसी विज्ञान के अनुसार जो लोग ईश्वर को कदाचित् भ्रम से न भी मानते हों वे कर्म के विज्ञान को यथावत् मानने पर ईश्वर की कृपा प्राप्त करके उन्नत हो सकते हैं। ऐसे ही विज्ञान की सहायता से अपने-अपने दर्शन-ग्रन्थ प्रणयन पूर्वक और अपनी साधन शैली प्रवर्त्तित करके जैन आदि धर्म सम्प्रदाय अभ्युदय को प्राप्त करते हैं। परन्तु जो प्रजा राजानुशासन और राजा दोनों का समान आदर करती है वह प्रजा जिस प्रकार शिक्षित और सर्व योग्य प्रजा

कहलाती है वह प्रजा जिस प्रकार शिक्षित और सर्वयोग्य प्रजा कहलाती है, उसी प्रकार जिस दर्शन-शास्त्र में कर्म और ईश्वर दोनों का ही समानरूप से विज्ञान निर्णीत है, वही दर्शन शास्त्र अभ्रान्त और पूर्ण है इसमें सन्देह नहीं।

प्रकृति त्रिगुणात्मक होने के कारण कर्त्ता और कर्म त्रिविध होता है, यथा:- श्रीगीतोपनिषद् में कथित है-

"मुक्तसङ्गोऽनहंवादी धृत्युत्साहसमन्वितः।
सिद्ध्यसिद्ध्योर्निर्विकारः कर्त्ता सात्त्विक उच्यते॥
रागी कर्मफलप्रेप्सुर्लुब्धो हिंसात्मकको शुचिः।
हर्षशोकान्वितः कर्त्ता राजसः परिकीर्तितः॥
अयुक्तः प्राकृतः स्तब्ध शठो नैष्कृतिकोऽलसः।
विषादी दीघसूत्री च कर्ता तामस उच्यते॥
नियतं सङ्गरहितमरागद्वेषतः कृतम्।
अफलप्रेप्सुना कर्म यत्तत्सात्त्विकमुच्यते॥
यत्तु कामेप्सुना कर्म साहङ्कारेण वा पुनः।
क्रियते बहुलायासं तद्राजसमुदाहृतम्॥
अनुबन्धं क्षयं हिंसामनपेक्ष्य च पौरुषम्।
मोहादारभ्यते कर्म यत्तत्तामसमुच्यते॥"

जो पुरुष फल की इच्छा और अहंकार को छोड़कर धीरता और उत्साह से कर्म करता है और कर्म की सिद्धि और असिद्धि के विकार का ध्यान नहीं करता, ऐसा कर्ता सात्विक कहलाता है। राग करने वाला, कर्म के फल को चाहने वाला, लोभी और हिंसा करनेवाला अपवित्र हर्ष और शोक से युक्त ऐसा कर्त्ता राजसी कहलाता है। जिसका चित्त सावधान नहीं है, जो विद्याहीन है, नम्रता नहीं रखता, मूर्ख है, कपटी है, आलसी है, शाक से काम करने वाला है और बहुत देर में काम को करता है ऐसा कर्ता तमोगुणी कहलाता है। जो नियत अर्थात् जिसका करना आवश्यक है, कर्म फल की इच्छा राग द्वेष और ममता को छोड़कर किया जाता है, वह कर्म सत्त्व गुणी है। जो कर्म कामना से, अहङ्कार से और अत्यन्त कष्ट के साथ किया जाता है वह कर्म रजोगुणी कहा है। जो कर्म अपने को अन्त में बन्धन करने वाला है और हानि को देने वाला है, जिसमें हिंसा होती है, अपने पुरुषार्थ को विचार न करके मोह के वश होकर किया जाता है, वह तमोगुणी कहलाता है। इसी कारण अधिकार त्रिविध होने के कारण वेदों में त्रिविध कर्म

का वर्णन है। इसी विज्ञान के अनुसार वेदोक्त वैधी हिंसा भी धर्मानुकूल निर्णीत होगी।

जिस प्रकार त्रिविध कर्ता और त्रिविध कर्म होने से ये तीनों सात्त्विक राजसिक और तामसिक अधिकार स्वतन्त्र-स्वतन्त्र माने जाएंगे, उसी प्रकार यज्ञधर्म भी अवस्था और अधिकार भेद से त्रिविध होते हैं, यथा–गीतोपनिषद् में कहा है कि–

अफलाकांक्षिभिर्यज्ञ विधिदृष्टो य इज्यते।
यष्टव्यमेवेतिमनः समाधाय स सात्त्विकः॥
अभिसंधाय तु फलं दम्भार्थमपि चैव यत्।
इज्यते भरतश्रेष्ठ! तं यज्ञं विद्धि राजसम्॥
विधिहीनमसृष्टान्नं मन्त्रहीनमदक्षिणम्।
श्रद्धाविरहितं यज्ञं तामसं परिचक्षते॥

बिना फल की इच्छा किये मन का समाधान कर और अपना अनिवार्य कर्तव्य समझकर जो यज्ञ किया जाता है वह सात्त्विक है। पर हे भरतश्रेष्ठ! जो यज्ञ फल की आशा से और दम्भ के लिये अर्थात् नाम के लिये किया जाता है वह राजस है। अशास्त्रीय रीति से किया हुआ, मंत्ररहित, अन्नदानरहित और श्रद्धारहित जो यज्ञ वह तामस कहलाता है।

इन लक्षणों से यही सिद्ध होता है कि, यद्यपि सात्त्विक यज्ञ आदर्श स्थानीय और निःश्रेयस्कर है, परन्तु राजसिक यज्ञ भी अभ्युदयकर है। यद्यपि हिंसा रहित सात्विक कर्त्ता के लिये परमधर्म और निःश्रेयस्कर है, परन्तु राजसिक कर्ता के लिये वह प्रकृति और अधिकार विरुद्ध होने से उपयोगी नहीं होगा। राजसिक कर्त्ता के लिये राजसिक कर्त्ता के लिये हिंसात्मक राजसिक यज्ञ अभ्युदय कारी होने के कारण वह यज्ञ उस कर्त्ता को मुक्तिपद में अग्रसर करने वाला है, इसी कारण ऐसा यज्ञ उस कर्त्ता के लिये परमधर्म माना गया है। सिद्धान्त यह है कि, यद्यपि राजसिक पशुयाग में हिंसा कार्य का अशुभ फल कर्त्ता को अवश्य मिलता है, परन्तु तदतिरिक्त यज्ञ की साधारण प्रक्रिया द्वारा उस कर्त्ता को अपेक्षाकृत बहुत अधिक शुभ फल की प्राप्ति होती है और भावशुद्धि द्वारा कर्त्ता को मंगल की प्राप्ति होती ही है। इसा कारण धर्मबहुल होने के हेतु हिंसात्मक राजसिक याग ही राजसिक कर्त्ता के लिये साक्षात् रूप से अभ्युदयकर और परम्परा रूप से निःश्रेयसकर है। इसी कारण वेदों ने वैदिक हिंसा को हिंसा करके नहीं माना है।

धर्म का स्वरूप निर्णय करते समय पूज्यपाद महर्षि कणाद ने कहा है

"यतोऽभ्युदय-निःश्रेयससिद्धिः स धर्मः" अर्थात् जिससे अभ्युदय और मुक्ति की प्राप्ति होती है उसको धर्म कहते हैं। सुतरां पूर्वकथित विचारानुसार यह सिद्ध होता है कि, श्येनयागादि हिंसात्मक निकृष्ट योग द्वारा इहलौकिक सुख और अश्व मेघादि स्वल्प हिंसात्मक उन्नत राजसिक याग द्वारा स्वर्ग सुख आदि पारलोकिक सुख होता है। सुख भोगने के अनन्तर जो परिणाम होना सम्भव है सो दोनों में ही होगा। केवल स्थायी सुख परमानन्द लाभ सात्त्विक कर्म से होता है। सात्त्विक कर्त्ता ही उसके अधिकारी हैं।

निष्काम कर्म योग का अधिकार कुछ और ही है। कर्म योगी निष्काम व्रत परायण मुनि गण चाहे कोई कर्म करें वह उनके मुक्ति का कारण होता है; क्योंकि निष्काम कर्म योग में संस्कार शुद्धि पहले से ही हो जाती है, कारण यह है कि वासना नाश हो जाने से संस्कार शुद्धि हो जाना स्वतः सिद्ध है और कर्म योगी सदा मुक्त रहते हैं इस कारण क्रिया शुद्धि भी साथ ही साथ होती जाती है। यथा, गीतोपनिषत् में :-

कर्मण्य कर्म यः पश्येद कर्मणि च कर्म यः।
स बुद्धिमान् मनुष्येषु स युक्तः कृत्स्न कर्मकृत्॥
यत्स सर्वे समारम्भाः कामसंकल्पवर्जिताः।
ज्ञानाग्निदग्धकर्म्माणं तमाहुः पण्डितं बुधाः॥
त्यक्त्वा कर्म फलासंगं नित्यतृप्तो निराश्रयः।
कर्मण्यभिप्रवृत्तोऽपि नैव किंचित् करोति सः॥
गतसंगस्य मुक्तस्य ज्ञानावस्थितचेतसः।
यज्ञायाचरतः कर्म समग्रं प्रविलीयते॥

अर्थात् जो पुरुष कर्म में अकर्म और अकर्म में कर्म को देखता है वह मनुष्यों में बुद्धिमान् है, योगी और सम्पूर्ण कर्म्मों का करने वाला है। जो मनुष्य बिना फल की इच्छा के कर्म्मो को आरम्भ करता है और जिसके कर्म ज्ञानरूपी अग्नि से जल गये हैं। अर्थात् भस्म हो गये हैं, विद्वान् लोग ऐसे पुरुष को पण्डित कहते हैं। कर्म्मों के फल में आसक्त न होकर नित्यतुप्त और निराश्रय रहता हुआ पुरुष कर्म करता हुआ भी कुछ नहीं करता है। जिसकी कामना दूर हो गई है, जो रागद्वेष से रहित है और जिसका चित्त ज्ञान में स्थित है, ऐसा पुरुष जो यज्ञ के निमित्त कर्म करता है उसके सम्पूर्ण काम लय हो जाते हैं अर्थात् उसके कर्म्मों का फल नष्ट हो जाता है।

अतः श्रीगातोपनिषद् में कहा है-

"यज्ञदानतपः कर्म न त्याज्यं कार्यमेव तत्।
यज्ञो दानं तपश्चैव पावनानि मनीषिणाम्॥
योगस्थः कुरु कर्माणि संगं त्यक्त्वा धनञ्जय!।
सिद्ध्यसिद्ध्योः समो भूत्वा समत्वं योग उच्यते॥
न कर्मणामनारम्भान्नैष्कर्म्यं पुरुषोऽश्नुते।
न च संन्यसनादेव सिद्धिं समधिगच्छति॥
नहि कश्चित् क्षणमपि जातु तिष्ठत्यकर्मकृत्।
कार्यते ह्यवशः कर्म सर्वैः प्रकृतिजैर्गुणैः॥
नियतं कुरु कर्म त्वं कर्मज्यायो ह्यकर्मणः।
शरीरयात्राऽपि च ते न प्रसिध्येदकर्मणः।
कर्मणैव हिं संसिद्धिमास्थिता जनकादयः।
लोकसंग्रहमेवापि सम्पश्यन् कर्तुमर्हसि॥
यद्यदाचरति श्रेष्ठस्तत्तदेवेतरो जनः।
स यत्प्रमाणं कुरुते लोकस्तदनुवर्त्तते।
सक्ताः कर्मण्यविद्वांसो यथा कुर्वन्ति भारत!।
कुर्याद्विद्वांस्तथाऽसक्ताश्चिकीर्षुर्लोकसंग्रहम्॥
काम्यानां कर्मणां न्यासं संन्यासं कवयो विदुः।
सर्वकर्मफलत्यागं प्राहुस्त्यागं विचक्षणाः॥
त्याज्यं दोषवदित्येके कर्म प्राहुर्मनीषिणः।
यज्ञदानतपः कर्म त्याज्यमिति चापरे॥
एतान्यपि तु कर्माणि सङ्गं त्यक्त्वा फलानि च।
कर्तव्यानीति मे पार्थ निश्चित मतमुत्तमम्॥
नियतस्य तु संन्यासः कर्मणो नोपपद्यते।
मोहात्तस्य परित्यागस्तामसः परिकीर्तितः॥
दुःखमित्येव यत्कर्म कायक्लेश भयात्त्यजेत्।
स कृत्वा राजसं त्यागं नैव त्यागफलं लभेत्॥
कार्यमित्येव यत्कर्म नियतं क्रियतेऽर्जुन।
सङ्गं त्यक्त्वा फलं चैव स त्यागः सात्त्विको मतः॥
संन्यासः कर्मयोगश्च निःश्रेयसकरावुभौ।
तयोस्तु कर्मसंन्यासात् कर्मयोगो विशिष्यते॥
ब्रह्मण्याधाय कर्माणि संगं त्यक्त्वा करोति यः।

लिप्यते न स पापेन पद्मपत्रमिवाम्भसा॥

कर्मण्येवाधिकारस्ते मा फलेषु कदाचन।

मा कर्मफलहेतुर्भूर्मा ते सङ्गोऽस्त्वकर्मणि॥"

इत्यादि।

अर्थात् यज्ञ, दान और तप कर्म नहीं त्यागना चाहिये, करना ही उचित है, क्योंकि यज्ञ, दान और तप ज्ञानियों को भी पवित्र करने वाले हैं। हे अर्जुन! सिद्धि और असिद्धि में समभाव हो जाओ और फल की इच्छा को त्यागकर निष्काम कर्म करो, इसी को योग कहते हैं। कर्म को आरम्भ न करने से या कर्म को छोड़ देने से निष्काम कर्म की सिद्धि को प्राप्त नहीं कर सकता है। कभी कोई एक क्षण मात्र भी बिना कर्म किये नहीं रह सकता है, क्योंकि प्रकृति के गुण बेवश सबसे कर्म कराते हैं। कर्तव्य बुद्धि से अवश्य कर्मों को तुम करो, क्योंकि कर्म के न करने से कर्म करना श्रेष्ठ है, यदि कर्तव्य का आचरण न करोगे, तो तुम्हारे शरीर का निर्वाह भी नहीं होगा। कर्म करके ही जनकादि राजर्षि.अन्तःकरण की शुद्धि को प्राप्त हुए हैं। लोग संग्रह अर्थात् औरों के उपदेश और शिक्षा के निमित्त तुमको भी कर्म करना चाहिए। जैसे-जैसे कर्म श्रेष्ठ पुरुष करते हैं, वैसे-वैसे ही कर्म और मनुष्य करते हैं और जिस प्रमाण को श्रेष्ठ पुरुष मानते हैं, और मनुष्य भी उसी प्रमाण को मानते हैं। हे भारत! जैसे अज्ञानी पुरुष फल की इच्छा से कर्म करते हैं, वैसे ही ज्ञानी पुरुष को फल की इच्छा त्यागकर और लोगों की की प्रवृत्ति के निमित्त कर्म करना चाहिये। पण्डित लोग सकाम कर्मों के त्याग को संन्यास जानते हैं, ज्ञानी लोग सब कर्मों के फल त्याग को संन्यास कहते हैं। कोई ज्ञानी पुरुष कहते हैं कि, दोष युक्त कर्मों को नहीं करना चाहिये और कोई कहते हैं कि, यज्ञ, दान और तप के कर्मों को त्याग न करना चाहिये, हे अर्जुन! उन यज्ञादिक कर्मों को कर्तव्य बुद्धि से अवश्य करना चाहिये, परन्तु उनमें आसक्त नहीं होना चाहिये और न उनके फल की इच्छा करनी चाहिये, यह मेरा निश्चय किया हुआ सिद्धान्त है। नियत कर्म अर्थात् सन्ध्या और पञ्च यज्ञ आदि कर्म तुमको त्यागने योग्य नहीं है और जो मूर्खता के वश होकर उनका त्याग करता है, वह तमोगुणी कहलाता है। जो दुःख मानकर अथवा शरीर के क्लेश के भय से कर्मों का त्याग करता है, वह त्याग रजोगुणी है, त्याग का फल उसको कुछ नहीं प्राप्त होता है। हे अर्जुन! जो पुरुष नियत कर्मों को इस विचार से करता है कि उनका करना आवश्यक है, परन्तु उनमें आसक्त नहीं होता और न फल

की इच्छा करता है ऐसा त्याग सत्त्वगुणी है। कर्म्मों का त्याग और कर्म्मों का अनुष्ठान दोनों कल्याण कारक हैं, परन्तु कर्म के त्याग से कर्म करना श्रेष्ठ है। जो फल की इच्छा को त्याग कर कर्म्मों को ब्रह्म में अर्पण करके कर्म करता है, वह पाप से लिप्त नहीं होता है, जैसा जल से कमल पत्र नहीं लिप्त होता है। तुमको कर्म करने का ही अधिकार है, उसके फल की इच्छा करने का कोई अधिकार नहीं है, तुम फल की इच्छा को लेकर कर्म करने वाले मत बनो और कर्मों के न करने की भी इच्छा न करो।

पूज्यपाद महर्षि भरद्वाज कथित कर्ममीमांसा विज्ञान में कर्म का पूर्णस्वरूप, कर्म का विस्तारित विज्ञान, कर्म की विभिन्न गति आदि विस्तृत रूप से दिखाई गई है। परन्तु पूज्यपाद महर्षि जैमिनिकथित कर्ममीमांसा विज्ञान में कर्म के सर्वदेशी विज्ञान नहीं दर्शाये गये हैं। इसका कारण यह है कि, पूज्यपाद महर्षि जैमिनि ने अपने गुरु की आज्ञा से केवल वेदोक्त कर्म काण्ड के क्रिया पक्ष की पुष्टि के लिये विशेष रूप से पुरुषार्थ किया था, ऐसा शास्त्रों से प्रतिपादित है। फलतः यह श्रीभरद्वाज कृत दर्शनशास्त्र परमावश्यकीय है; क्योंकि इसके अध्ययन बिना कर्मविज्ञान में जिज्ञासु का प्रवेश नहीं हो सकता है। इसी सिद्धान्त के अनुसार कर्म मीमांसा शास्त्र का यह दर्शन पूवार्द्ध और श्रीजैमिनी कृत कर्ममीमांसा उत्तरार्द्ध माना गया है। अस्तु, उक्त दोनों प्रकार के कर्म मीमांसा की विज्ञानशैली को हृदयङ्गम करने से जिज्ञासु को वेदोक्त कर्ममीमांसा का पूर्ण रहस्य परिज्ञात हो सकता है, अन्यथा नहीं हो सकता। इस कारण दोनों विज्ञान अध्ययन करना आवश्यक है।

वेद अपौरुषेय हैं, वेद अभ्रान्त विज्ञानयुक्त हैं, इसका कारण यह है कि वेद नित्य हैं। प्रलयावस्था में वेद ज्ञानरूप से परमात्मा में स्थित रहते हैं और पुनः सृष्टि दशा में अलग-अलग ब्रह्माण्ड, अलग-अलग लोक, अलग-अलग कल्प और अलग-अलग देशकालपात्र में यथा आवश्यक आविर्भूत होते हैं। जो महर्षिगण तप की पूर्णता सम्पादन करके योग की विशेष सिद्धि को प्राप्त करते हैं, उन्हीं के समाधियुक्त अन्तःकरण में श्रुति रूप से वेदों का आविर्भाव होता है, इस कारण वेदों में भ्रम की सम्भावना नहीं है। केवल मनुष्यों में वैज्ञानिक बुद्धि की न्यूनता होने के कारण और अन्तर्दृष्टि का अभाव होने के कारण प्रत्येक श्रुति का अध्यात्म, अधिदैव, अधिभूतरूपी त्रिविध अर्थ मनुष्य समझ नहीं सकता। ज्ञान की पूर्णता होने से और समाधिगम्य बुद्धि की प्राप्ति होने से श्रुतियां

अपने तीनों स्वरूप उस मुनि के सम्मुख प्रकट करती हैं। वेदों में जो परस्पर विरोधी उपदेश पाये जाते हैं, वेदों में जो सत्त्व, रज, तम, तीनों गुण की क्रियायें मिलती हैं, वेदों में जो त्रिभावात्मक अधिकार वर्णित हैं, यह सब मनुष्यों के स्वतंत्र-स्वतंत्र अधिकार के कारण ही है। सर्वाधिकार की पूर्णता होने के कारण उक्त लक्षणों से वेद की पूर्णता ही सिद्ध होती है। सुतरां वैदिक कर्म काण्ड और वेदोक्त धर्माधर्म निर्णय के विषय में वेद का ही स्वत: प्रामाण्य है। जिस प्रकार ब्रह्म, ईश, विराट्-रूप त्रिविध भाव में परमात्मा देखे जाते हैं, उसी प्रकार कर्म, उपासना और ज्ञान रूप काण्डत्रय में वेद विभक्त हैं। धर्म के अन्यान्य सब अङ्ग सर्व प्रधान हैं और वेद के काण्डत्रय होने का ही भी यही कारण है। वेद के तीन काण्ड ही अपने-अपने अधिकारनुसार मुक्तिप्रद हैं। विशेषत: कर्म की प्रधानता होने के कारण कर्मकाण्ड का विस्तार और कर्म का महात्म्य वेदों में अधिक पाया जाता है। उक्त वैदिक कर्मविज्ञान के उदय में सहायता देने के अर्थ कर्ममीमांसा प्रधान सहायक है।

जिस प्रकार वायु की सहायता से जलाशय में तरङ्ग उठती रहती है, उसी प्रकार अनादि वासना से प्रकृति राज्य में कर्म की उत्पत्ति अनादि सिद्ध है। जिस प्रकार घात-प्रतिघात से तरङ्गों का स्वरूप अनन्त होता है, उसी प्रकार त्रिगुण के वैषम्य से कर्म की गति अनन्त हुआ करती है। वैषम्यावस्था प्रकृति के साथ कर्म का स्वाभाविक सम्बन्ध है। कार्यब्रह्मरूपी इस ब्रह्माण्ड का एक परमाणु भी कर्म सम्बन्ध से रहित नहीं है, इस ब्रह्माण्ड का एक तृण भी कर्म सम्बन्ध से रहित होकर न स्थित रह सकता है और न अवस्थान्तर को प्राप्त हो सकता है। इस कारण कर्म की शक्ति सर्वोपरि है। जिस प्रकार महासमुद्र के बीच बहता हुआ एक तृण यदि अनुकूल तरङ्गों की सहायता प्राप्त करे, तो वह तृण समुद्रतट को पहुँच सकता है, अन्यथा उसका कुछ भी पता नहीं रहता, उसी प्रकार मनुष्य यदि अनुकूल कर्मों का संग्रह करे, तो उसकी क्रमोन्नति होकर अन्त में मुक्ति होना अवश्यम्भावी है, और यदि ऐसा न हो, तो उसका पता नहीं रहता। सुतरां अनुकूल कर्म और प्रतिकूल कर्म के रहस्य को जानकर जो पुरुषार्थ में प्रवृत्त रहते हैं, वे ही अभ्युदय को प्राप्त होते हैं और जो तत्त्व ज्ञान द्वारा कर्म, अकर्म और विकर्म की दशा को अनुभव करने में समर्थ होते हैं, वे ही कर्म के बन्धन से बचकर नि:श्रेयस् को प्राप्त करते हैं।

प्रकृति स्वभाव से अनुकूल और प्रतिकूलरूपी धर्माधर्म रहस्य, जीव के

अभ्युदय और नि:श्रेयस्कारी धर्म के अङ्गों का वर्णन, धर्म की सूक्ष्मातिसूक्ष्म गति आदि इस दर्शन के प्रथम पाद में वर्णित हैं। इस कारण प्रथम पाद का नाम धर्म पाद रखा गया है। दूसरे पाद में संस्कार का विज्ञान, संस्कार के भेद और संस्कार शुद्धि के उपाय आदि वर्णित हैं। इस कारण दूसरे पाद का नाम संस्कार पाद है। तीसरे पाद में संस्कार शुद्धि से क्रिया शुद्धि और क्रिया शुद्धि के उपाय तथा भेद वर्णित हैं, इस कारण तृतीय पाद का नाम क्रियापाद है और चतुर्थ पाद में क्रिया शुद्धि के फल और मोक्ष का वर्णन है, इस कारण चतुर्थ पाद का नाम मोक्षपाद है।

वेद के तीन काण्ड हैं–यथा कर्मकाण्ड, उपासनाकाण्ड, और ज्ञानकाण्ड, उनमें से प्रथम कर्मकाण्ड का यह मीमांसा शास्त्र है। कर्मविज्ञान के प्रधानत: दो भेद हैं, एक सत् कर्म और दूसरा असत् कर्म अर्थात् पाप और पुण्य। पाप और पुण्य अधर्म और धर्ममूलक हैं। अधर्म का त्याग और धर्म का ग्रहण यही अभ्युदय औ नि:श्रेयस्कारी होने के कारण धर्म विज्ञान प्रतिपादनार्थ प्रथम पाद प्रारम्भ किया जाता है।

धर्मपाद

अथातो धर्मजिज्ञासा॥१॥

अनुवाद–अब धर्मजिज्ञासा का वर्णन करते हैं॥१॥

भाष्य–'अथ' मंगलार्थ व्यवहृत होता है, तथा वह मंगलार्थ मन्त्ररूप है। प्राचीन काल से शुभ कार्यारम्भ से मंगलाचरण करना सदाचार माना गया है। "अथ" शब्द के प्रयोग से ही मन शुद्ध होकर ब्रह्म में युक्त हो जाता है। ब्रह्म में युक्त मन से जो कार्य प्रारम्भ होता है, उस कार्य में न विघ्न की सम्भावना है और न विफलता की सम्भावना रहती है। सब कार्यों के प्रारम्भ में मंगलाचरण की शैली इसी कारण वेद और शास्त्रविहित है। अथ शब्द का दूसरा अर्थ अनन्तर है, अर्थात् प्रथम ज्ञानदा, द्वितीय संन्यासदा, तृतीय योगदा और चतुर्थ लीलोमुक्ति, इन चार ज्ञान भूमि के अनुसार न्याय, वैशेषिक, योग, सांख्य इन चार दर्शनशास्त्रों का वर्णन करके अब पञ्चम सत्पदा नाम्नी ज्ञान भूमि के अनुसार कर्म मीमांसा दर्शन का वर्णन लोक कल्याणार्थ पूज्यपाद महर्षि कर रहे हैं। इस कारण यह अथ शब्द ऐसा व्यहृत किया गया है कि, जो मङ्गलवाचक भी और शास्त्र वर्णन शैली के अनुकूल भी है। अस्तु ऐसा मङ्गलमय शब्द शास्त्र के प्रारम्भ में व्यवहृत हुआ है। और वेद विज्ञान में प्रवेश बिना धर्म जिज्ञासा के नहीं हो सकता। इसी हेतु धर्म जिज्ञासा कर्तव्य है, इसी अभिप्राय को लेकर महषि ने इस सूत्र में "अत:" शब्द का प्रयोग किया है। क्योंकि पूर्व कथित चार ज्ञानभूमियों के विज्ञान में अन्यान्य सिद्धान्तों का निर्णय करके, उनके अनन्तर अब धर्म विज्ञान वर्णन करने में प्रवृत्त हुए हैं। अनुकूल और प्रतिकूल कर्म अधर्म कहलाते हैं। मीमांसादर्शन केवल अनुकूल कर्म के भेद, उसके अङ्गों का वर्णन और अनुकूल कर्म से उत्तरोत्तर अभ्युदय और अन्त में मुक्ति का विज्ञान वर्णन करता है, इस कारण प्रथम

सूत्र में 'धर्म' और 'जिज्ञासा' शब्द व्यवहृत हुए हैं। जिस प्रकार दाहिकाशक्ति न रहने से अग्नि का अस्तित्व नहीं रहता, इसी प्रकार इस ब्रह्माण्ड के अस्तित्व के साथ धर्म का सम्बन्ध है। धर्माधर्म के अतिरिक्त इस ब्रह्माण्ड की अथवा ब्रह्माण्ड के किसी अङ्ग की कोई सत्ता नहीं रह सकती। धर्म की सहायता से ब्रह्माण्ड की उत्पत्ति, स्थिति और लय यथावत् सम्पादित होता है, अधर्म की सहायता से जीव अधिकाधिक अधोगति को प्राप्त होता है, परन्तु धर्म की ही सहायता से जीव क्रमश: उन्नत होता हुआ अन्त में दुर्लभ मुक्तिपद को प्राप्त कर लेता है। अत: धर्म जिज्ञासा से ही सब कुछ ज्ञात हो सकता है।

शास्त्र का प्रारम्भ करके अब प्रधान विषय प्रतिपादन करते हैं:–

धार को धर्मः॥२॥

अनुवाद–धारण करता है इस कारण धर्म कहलाता है॥२॥

भाष्य–अब महर्षि सूत्रकार धर्म का लक्षण कह रहे हैं। समष्टि व्यष्टि रूपी ब्रह्माण्ड पिण्डमय सम्पूर्ण सृष्टि क्रिया को धर्म ने धारण कर रखा है, इस कारण धर्म नाम दिया गया है। यथा, श्रुति स्मृति में:–

धारणाद्धर्म्ममित्याहुर्धर्मो धारयते प्रजाः।
यत्स्याद्धारणसंयुक्तं स धर्म इति निश्चयः॥

इति स्मृतिः।

धर्मोविश्वस्य जगतः प्रतिष्ठा लोके धर्मिष्ठं प्रजाऽपसर्पन्ति।
धर्मेण पापमपनुदति धर्मे सर्व्वं प्रतिष्ठितं तस्माद्धर्म्मं
परमं वदन्ति। इति श्रुतिः।

अर्थात् धारण करने के कारण धर्म कहते हैं, धर्म ने ही प्रजा को धारण कर रखा है। धारण शक्ति युक्त है इस कारण धर्म कहते हैं। धर्म में समस्त संसार की स्थिति है। धर्म्मिष्ठ मनुष्यों का ही लोग अनुसरण करते हैं। धर्म के द्वारा पाप दूर होता है, धर्म में ही सब कुछ प्रतिष्ठित है। इस कारण धर्म ही श्रेष्ठतम पदार्थ है। पूर्व संस्कारानुसार अनन्त पिण्ड ब्रह्माण्डात्मक सृष्टि क्रिया की उत्पत्ति, स्थिति और लय यथावत् होता है, इसके यथावत् होने की क्रिया को धर्म हीन के धारण कर रखा है। प्रत्येक ब्रह्माण्ड के अन्तर्गत अनेक ग्रह उपग्रह आदि अपने स्थान में उत्पन्न होकर अपने ही स्थान में रहते हुए पिण्ड रूपी अनन्त जीव देहों को धारण करते हुए महाकाश में यथावत् स्थित हैं, इसका कारण धर्म ही है। धर्म

ही जीवदेहरूपी पिण्ड की उत्पत्ति, स्थिति और लय को धारण करता है। जीव प्रथम उद्‌भिज्ज तदनन्तर स्वेदज तदनन्तर अण्डज तदनन्तर जरायुज योनियों के अगणितस्वरूपों को धारण करता हुआ क्रमशः उन्नति प्राप्त करके मनुष्य योनि को प्राप्त करता है, इसका कारण धर्म ही है। मनुष्य क्रमशः इहलौकिक और पारलौकिक अभ्युदय प्राप्त करके क्रमशः वन्य पशुवत् भिल्ल आदि से अन्त्यज, अनार्य, आर्य, शूद्र, वैश्य, क्षत्रिय, ब्राह्मण, वेदज्ञ, तत्त्व वेत्ता, वानप्रस्थ, सन्यास, कुटीचक, बहूदक, हंस, परमहंस आदि दशा को प्राप्त होकर क्रमशः धर्म की सहायता से मुक्ति पद को प्राप्त कर लेता है। मनुष्य को प्रथम दशा में अभ्युदय और अन्त में मुक्ति पद प्राप्त कराने का कारण एक मात्र धर्म ही है। धर्म दो प्रकार के हैं–साधारण धर्म और विशेष धर्म। ब्रह्माण्ड और पिण्ड की उत्पत्ति, स्थिति और लय की साधारण क्रिया को जो धारण करे, वह साधारण धर्म कहलाता है और सृष्टि के विशेष-विशेष अङ्ग की विशेष-विशेष अवस्था आदि को जो धारण करे, वह विशेष धर्म, प्राकृतिक धर्म आदि को समझ सकते हैं और विशेष धर्म के उदाहरण में आर्य धर्म, अनार्य धर्म, वर्णाश्रम धर्म, पुरुष धर्म, नारीधर्म आदि समझ सकते हैं।।२।।

अब जीव धर्म की विशेषशक्ति का कारण अन्वेषण कर रहे हैं:-

अभ्युदयकरः सत्त्वप्राधान्यात्।।३।।

अनुवाद–वह सत्त्वगुण मूलक है इस कारण अभ्युदयकर है।।३।।

भाष्य– जड़ पदार्थ क्रमशः रजोगुण की सहायता से तमोगुण की ओर अग्रसर होकर अपने-अपने कारण में लय हुआ करता है। यथाः–उद्‌भिज्जदेहरूपी एक काष्ठ अथवा मनुष्य का मृत देह क्रमशः तमोऽधिकता को प्राप्त करने से उक्त काष्ठ अथवा मृतशरीर के पञ्चभूतात्मक पंचश्रेणी के परमाणु क्रमशः पंचमहाभूतो में मिल जाते हैं। दोनों यदि अग्नि में दाह न किये जायँ अथवा वैसे ही छोड़ दिये जायँ तो कालान्तर में उनमें यथावत् परिणाम होकर पूर्ण लय हो जायेगा; परन्तु चेतन जीव का लय उस प्रकार से नहीं होता, चेतन जीव का लय सत्त्वगुणसापेक्ष है। अर्थात् क्रमशः सत्त्वगुण की वृद्धि से जीव यथाक्रम उद्‌भिज्ज, स्वेदज, अण्डज और जरायुज योनियों को प्राप्त करके मनुष्य योनि को प्राप्त करता है। उक्त योनियों में सत्त्व गुण का क्रम विकास है। और मनुष्य योनि में भी प्रथम दशा में ऐहलौकिक अभ्युदय और दूसरी दशा में पारलौकिक अभ्युदय

जो कुछ होता है, सो क्रमशः सत्त्वगुण की उत्तरोत्तर वृद्धि से ही होता है। इस कारण महर्षि सूत्रकार कहते हैं, जीव धर्म की गति सत्त्वप्राधान्य-मूलक होने के कारण धर्म अभ्युदयकर है। धर्म से कदापि अधःपात नहीं होता, उससे क्रमशः जीव की उन्नति ही होती है। इसी कारण स्मृति में कहा है:-

प्रकाशकत्वात्तत्त्वस्य ज्ञानहेतुत्वमीर्यते।
लघुत्वादूर्द्धनेतृत्वं सत्त्वाद्धर्म्मोहि निर्बभौ॥

अर्थात् धर्म सत्त्वगुण का प्रकाशक होने के कारण ज्ञान का हेतु है और सूक्ष्म होने से सत्त्व गुण के ही हेतु पह उन्नति का कारण है।।३।।

अब धर्म की शक्ति की पूर्णता का वर्णन करते हैं:-

निःश्रेयसकरः शक्तिमत्त्वात्॥४॥

अनुवाद-वह शक्ति-विशिष्ट है इस कारण निःश्रेयस्कर है।।४।।

भाष्य-धर्म में शक्ति की पूर्णता है, धर्म ही श्रीभगवान् की पूर्ण शक्ति को धारण करता है। धर्म के बल से ही धर्म का आश्रय लेकर ही जीव अनन्त योनियों में भ्रमण करता हुआ मनुष्य योनि को प्राप्त करता है। माता जिस प्रकार अज्ञान बालक की रक्षा और पालन-पोषण करती है, उसी प्रकार अज्ञान जीव दशा में धर्म ही जीव को क्रमशः उन्नत करके मनुष्य योनि में पहुँचा देता है। मनुष्य योनि को प्राप्त होकर जीव कर्तव्याकर्तव्य ज्ञान-लाभ करता है। तब यह जीव अपने पिण्डका अधीश्वर हो जाता है। सुतरां उस समय वह माता, पिता, आचार्य आदि गुरुजन अथवा शास्त्र और वेद की सहायता से धर्म और अधर्म का भेद समझने में समर्थ होता है। उस दशा में प्रथम राजानुशासन और समाजानुशासन, द्वितीय में आचार्यानुशासन और वेदानुशासन तथा अन्तिम उन्नत दशा में योगानुशासन आदि अनुशासनों की सहायता से अधर्म मार्ग को छोड़कर केवल धर्म मार्ग पर ही चलता है। धर्म मार्ग पर चलने से धर्म की सहायता से वह क्रमशः अभ्युदय प्राप्त करता हुआ अनेक जन्मों में उन्नत होता है। यथा-श्रीगीतोपनिषद् में कहा है।

प्रयत्नाद्यतमानस्तु योगी संशुद्धकिल्विषः।
अनेकजन्मसंसिद्धस्ततो याति परांगतिम्॥

प्रयत्न और परिश्रमपूर्वक जो योगाभ्यास करता है, वह सब पापों से मुक्त होकर अनेक जन्मों के लिये योग का फल रूप उत्तम ज्ञान प्राप्त कर उत्तम गति को प्राप्त करता है। मनुष्य की यह क्रमोन्नति धर्म के अवलम्बन से ही होती है,

और अन्त में सत्त्वगुण की पूर्णता के परिणाम में दुर्लभ मुक्तिपद प्राप्त कर लेता है। अतः स्मृतिशास्त्र में कहा है–

उन्नतिं निखिला जीवा धर्म्मेणैव क्रमादिह।
विदधानाः सावधाना लभन्तेऽन्ते परंपदम्॥

अर्थात् धर्म के द्वारा ही निखिल जीव क्रमशः उन्नति को प्राप्त करते हुए अन्त में सर्वोत्तम मुक्ति पद को प्राप्त कर लेते हैं। जीव के साथ प्रथम दशा से ही उसका कर्म साथी हो जाता है, उत्तरोत्तर संस्कार शुद्धि से क्रिया शुद्धि होती जाती है। उत्तरोत्तर जीव धर्म के उन्नततर अधिकारों को प्राप्त करता हुआ क्रिया शुद्धि के अधिकारों को प्राप्त करता जाता है। मनुष्यों में जितना सत्त्वगुण बढ़ता जाता है उतना ही मनुष्य तत्त्व ज्ञान लाभ करता जाता है। पूर्ण तत्त्व ज्ञान के उदय होने पर क्रिया का अवसान हो जाता है, तब वह जीवन्मुक्त कर्म बन्धन से छूट जाता है। कर्म बन्धन छूटते ही वे महात्मा मुक्ति पद लाभ कर लेते हैं। इन सब जीवों का क्रमोन्नति और मुक्ति का कारण पूर्ण शक्ति युक्त धर्म ही है॥४॥

प्रसंग से अधर्म का वर्णन कर रहे हैं:–

प्रतीपकर्म्माऽधर्मः॥५॥

अनुवाद–विरुद्ध क्रिया को अधर्म कहते हैं॥५॥

भाष्य–बिना अन्धकार के देखे उजाले का महत्त्व पूर्ण रीति से समझ में नहीं आता, बिना दुःख के पाए सुख का महात्म्य ज्ञान पूर्णरीत्या नहीं हो सकता, अतः उसी नियम के अनुसार पूज्यपाद महर्षि अधर्म का स्वरूप कह रहे हैं कि, विरुद्ध क्रिया को अधर्म कहते हैं। यहाँ यह शङ्का हो सकती है कि, धर्म वर्णन कारी शास्त्र में अधर्म की चर्चा क्यों की गई? इसका समाधान यही है कि, बिना विरुद्ध विषय के स्वरूप समझाये प्रतिपाद्य विषय की दृढ़ता कदापि नहीं हो सकती। इस कारण इस सूत्र का आविर्भाव हुआ है, जैसे सत्त्व गुण वृद्धि कारी कर्म को धर्म कहते हैं, वैसे ही तमोगुण वृद्धिकारी कर्म को अधर्म कहते हैं। जिस-जिस शारीरिक, वाचिक और मानसिक कर्म द्वारा तमोगुण की वृद्धि हो, उसी को अधर्म कहते हैं। इसी विज्ञान को जानकर पूज्यपाद महर्षियों ने अधर्म कार्यों का निर्णय करके अधर्म से मनुष्यों को शास्त्र की आज्ञा द्वारा बचाया है, अधर्म के लक्षण के विषय में स्मृति-शास्त्र में कहा है:–

श्रुतिस्मृत्यदितोधर्मस्त्वधर्मद्विपर्ययः।

अर्थात् जिसका उदय श्रुतिस्मृति से हुआ है वह धर्म है, उसके विपरीत अधर्म है।।५।।

अब उन दोनों का शक्ति सम्बन्ध से विचार कर रहे हैं:-

समौ शक्तिवैशिष्ट्यात।।६।।

अनुवाद-शक्ति के विचार से दोनों एक ही है।।६।।

भाष्य-धर्म और अधर्म दोनों की शक्ति एक ही है, अर्थात् जिस प्रकार जीव को अभ्युदय और निःश्रेयस् कराने में धर्म पूर्ण शक्ति विशिष्ट है, उसी प्रकार अधर्म जीव को अधोगति कराता हुआ जड़ भूमि में पहुँचा सकता है। धर्म की सहायता से मनुष्य शरीर, ब्राह्मण शरीर, देवशरीर, ऋषि शरीर आदि प्राप्त करके मनुष्य मुक्त हो सकता है। उसी प्रकार से अधर्म के द्वारा मनुष्य नरक, प्रेतत्व, पशुत्व, तिर्यकत्व यहाँ तक कि, स्थावरत्व भी प्राप्त कर सकता है।६।।

अधर्म की अधोगतिकारिणी पूर्ण शक्ति से सदा डरना उचित है, इसलिए कहते हैं:-

अहितत्वाद्भयः।।७।

अनुवाद-अहितकर होने से अधर्म त्याग करने योग्य है।।७।।

भाष्य-मनुष्य जब भी शरीर द्वारा अथवा मन द्वारा अधर्म-संचय करता है तभी उसकी अधोगति हो जाती है। शारीरिक अधर्म द्वारा आधिभौतिक अधोगति, मानसिक अधर्म द्वारा आधिदैविक अवनति और बुद्धिकृत अधर्म द्वारा आध्यात्मिक द्वारा अवनति साथ ही साथ होती है। इस कारण मुमुक्षुओं को अधर्म से प्रति-मुहूर्त भयभीत रहकर उसको त्याग करना उचित है।।७।।

अब धर्माधर्म निर्णय का विज्ञान कहा जाता है:-

सत्त्वतमोभ्यां धर्म्माधर्मनिर्णयः।।८।।

अनुवाद-सत्त्व और तमोगुण के द्वारा धर्म्माधर्म निर्णय होता है।।८।।

भाष्य-धर्म और अधर्म दोनों का लक्षण जानकर तथा अधर्म का हेयत्व अनुभव करके जिज्ञासुओं के चित्त में ऐसी जिज्ञासा स्वतः ही होती है कि धर्म तथा अधर्म इन दोनों को सब देश, काल, पात्र में तथा सब विषयों और क्रियाओं में किस प्रकार से अलग-अलग पहचान सकते हैं? ऐसा सुगम उपाय क्या है

जिससे क्या धर्म है क्या अधर्म है इसका विचार कर सके? इस प्रकार की शंकाओं के समाधान में पूज्यपाद महर्षि सूत्रकार ने इस सूत्र का आविर्भाव किया है। सुगमता के साथ यह निर्णय होता है कि, जिन कर्मों के करने से सत्त्व गुण की वृद्धि हो, वे धर्म कहलाते हैं और जिन कर्मों के करने से तमोगुण की वृद्धि हो, उन्हें अधर्म कहते हैं। जिन पदार्थों के सेवन से सत्त्व गुण बढ़ता है उन पदार्थों का सेवन धर्म, और जिनके सेवन से तमोगुण बढ़ता है उनका सेवन अधर्म उत्पन्न करने वाला है। इसी व्यापक और सहज लक्षण के अनुसार सब कार्य, सब पदार्थ आदि का धर्मत्व, अधर्मत्व निर्णय किया जा सकता है। स्मृति-शास्त्रों में भी कहा है:-

देवा:। उद्भावकं सत्त्वतमसोः कर्म कथ्यते।
धर्मः सत्त्वप्रधानत्वादधर्मस्तद्विपर्ययः।।
गूढ़ं रहस्यं धर्मस्याऽधर्मस्याप्येतदेव हि।।

अर्थात् कर्म ही सत्व और तम का उद्भावक होने से सत्त्व प्रधानता से धर्म और तमः प्रधानता से अधर्म कहलाता है। धर्म और अधर्म का यही गूढ़ रहस्य है।।८।।

विज्ञान की पुष्टि की जाती है:-

सर्वत्रैवं दर्शनात्।।९।।

अनुवाद-सर्वत्र ऐसा दर्शन होने से।।९।।

भाष्य-विज्ञान कहकर तदनन्तर वेद और शास्त्र की साक्षी देकर स्वविज्ञान की पुष्टि की जा रही है। वस्तुतः वेद, शास्त्र, सदाचार सर्वत्र ही इसी विज्ञान के अनुसार धर्माधर्म निर्णय की व्यवस्था देखी जाती है। वेद और शास्त्र के अनुसार धर्म और अधर्म का सम्बन्ध मनुष्य के चलने, फिरने, उठने, बैठने, खाने, पीने आदि सब शारीरिक वाचनिक और मानसिक क्रियाओं के साथ रखा गया है। वेदोक्त दार्शनिक दृष्टि के अनुसार ऐसा देश, काल, पात्र और न कोई ऐसा क्रिया या वस्तु है, जिसका सम्बन्ध धर्म अथवा अधर्म से न हो; क्योंकि धर्म ईश्वरीय नियम है। यथा स्मृति शास्त्र में कहा गया है:-

या बिभर्ति जगत् सर्वमीश्वरेच्छा ह्यलौकिकी।
सैव धर्मो हि सुभगे नेह कश्चन संशयः।।

अर्थात् जो ईश्वरीय अलौकिकी इच्छा जगत् को धारण और भरण करती है वही धर्म है। इसमें कोई सन्देह नहीं है।।९।।

प्रथम उदाहरण दिया जाता है:-

भक्ष्याऽभक्ष्ये।।१०।।

अनुवाद—भक्ष्य और अभक्ष्य में ।।१०।।

भाष्य—वैदिक विज्ञान के अनुसार द्रव्यशुद्धि का विचार सत्त्व और तमो गुण के अनुसार हुआ करता है। पदार्थ के वहिः स्वरूप के अनुसार नहीं हुआ करता। जिस पदार्थ से सत्त्वगुण का सम्बन्ध है, वह पदार्थ शुद्ध और जिस पदार्थ से तमोगुण का सम्बन्ध है, वह अशुद्ध समझा जाता है। स्मृति शास्त्रों में जो भक्ष्य और अभक्ष्य पदार्थों का निर्णय किया गया है, वह सब इसी विज्ञापन के अनुसार किया गया है। पूज्यपाद महर्षियों ने अपनी योग युक्त बुद्धि द्वारा जिन पदार्थों को सत्त्व गुण वर्धक समझा है, उनको भक्ष्य श्रेणी में और जिन पदार्थों को तमो गुण वर्धक समझा है, उनको अभक्ष्य श्रेणी में परिगणित किया है। उदाहरण स्वरूप से स्मृति शास्त्र से कुछ प्रमाण नीचे दिये जाते हैं:-

लशुनं गृञ्जनं चैव पलाण्डुकवकानि च।
अभक्ष्याणि द्विजातीनाममेध्यप्रभवानि च।।
लोहितान्वृक्षनिर्यासान् वृश्चनप्रभवांस्तथा।
शेलुं गव्यं च पेयूषं प्रयत्नेन विवर्जयेत्।।
वृथाकृसरसंयावं पायसापूपमेवच।
अनूपाकृतमांसानि देवान्नानि हवींषि च।।
आरण्यानां च सर्वेषां मृगाणां माहिषं बिना।
स्त्रीक्षीरं चैव वर्ज्याणि सर्वशुक्तानि चैव हि।
यत् किंचित् स्नेहसंयुक्तं भक्ष्यं भोज्यमगर्हितम्।
तत् पर्युषितमप्याद्यं हविः शेषं च यद्भवेत्।।
चिरस्थितमपि त्वाद्यमस्नेहाक्तं द्विजातिभिः।
यवगोधूमजं सर्वं पयसश्चैव विक्रिया।।

अर्थात् लहसुन, गाजर, प्याज, छाता, (कुकुरमुत्ता) और विष्ठादिजात जो पदार्थ हैं, वे सब द्विजातियों से अभक्ष्य हैं। लाल रङ्ग का जो वृक्षरस है, छेदन करने से वृक्ष से जो रस निकलता है, शेलू, सद्यप्रसूता गौ का प्रथम दश दिन का

दुग्ध यत्नपूर्वक छोड़ देना चाहिए। विकृत खिचड़ी, पायस, पीठा और संयाव, (सीरा, गुड़, गेहूँ के चूरण से जो बनता है) असंस्कृत पशु का मांस और देवताओं के लिये जो नैवेद्य दिया जाता है उसको निवेदन के पहले नहीं खाना चाहिये। महिषी को छोड़कर किसी प्रकार के वन पशुओं का दुग्ध और शुक्तादि (विकृत मधुर रस) नहीं खाना चाहिए। घृतादि पक्व भोज्यद्रव्य और चरु शेष दूसरे दिन का बना हुआ होने पर भी खा सकते हैं। यव, गोधूम चूरण, और दुग्ध के विकार से जो कुछ बनता है, वह बहुत दिनों का बना हुआ होने पर भी खा सकते हैं।।१०।।

दूसरा उदाहरण दिया जाता है:–

स्पृश्यास्पृश्ये।।११।।

अनुवाद–स्पृश्य और अस्पृश्य में।।११।।

भाष्य–सर्वव्यापक महाप्राण क्रियाशील है। प्राण शक्ति की आकर्षण विकर्षण क्रिया तथा आगम निगम क्रिया भी सर्वव्यापक है। इस कारण जिस व्यक्ति अथवा जिस पदार्थ में जैसा गुण विद्यमान है, उसके संस्पर्श से उसी गुण के साथ सम्बन्ध हो जाता है। यही कारण है कि एक तामसिक व्यक्ति तथा एक तामसिक पदार्थ को स्पर्श करने से उसके तमोगुण का सम्बन्ध कर्ता के साथ होना निश्चित है। और उसी प्रकार सात्त्विक व्यक्ति तथा सात्त्विक पदार्थ स्पर्श के द्वारा स्पर्श कर्ता में सत्त्व गुण का आविर्भाव होना भी निश्चित है। अस्तु इसी विज्ञान को आश्रय करके पूज्यपाद धर्माचार्य्यों ने स्पृश्यास्पृश्य का विचार शास्त्रों में किया है। स्मृति शास्त्र से दिग्दर्शन रूप से कुछ उदाहरण नीचे दिये जाते हैं:–

प्रायश्चित्तीयतां प्राप्य दैवात् पूर्वकृतेन वा।
न संसर्गं व्रजेत्सद्भिः प्रायश्चित्तेऽकृते द्विजः।।
ब्रह्महत्या सुरापानं स्तेयं गुर्वङ्गनागमः।
महान्ति पातकान्याहुः संसर्गश्चापि तैः सह।
स संवसेच्च पतितैर्न चाण्डालैर्नपुंसकैः।
न मूर्खैर्नावलिप्तैश्च नान्त्यैर्नान्त्यावसायिभिः।
मक्षिका विप्रुषश्छाया गौरश्वसूर्यरश्मयः।
रज्जो भूर्वायुरग्निश्च स्पर्शे मेध्यानि निर्दिशेत्।।

अर्थात् पूर्व जन्म कृत पापों से जो कि इस जन्म में प्रायश्चित्त के योग्य हैं,

जैसे क्षय रोगी, कुष्ठ रोगी आदि, वे यदि प्रायश्चित्त न करें, तो इनके साथ संसर्ग नहीं करना चाहिए। ब्रह्महत्या, सुरापान, चोरी, गुरुस्त्रीगमन ये सब महापातक हैं, जो कि इन पापों से पापी हैं, उसके साथ संसर्ग नहीं करना चाहिये। पतित, चाण्डाल, पुल्कस (निषाद से शूद्रा गर्भजात) मूर्ख, धनादि मदगर्वित, धोबी और निषाद स्त्रियों के साथ संसर्ग नहीं करना चाहिये। मक्षिका, थूंक, देह की छाया, गौ, अश्व, सूर्य किरणों, धूलि, पृथिवी, वायु, अग्नि, आदि को सर्वदा पवित्र समझना चाहिये।।११।।

तीसरा उदाहरण दिया जाता है:-

शुद्धाशुद्धे।।१२।।

अनुवाद-शुद्ध और अशुद्ध में।।१२।।

भाष्य-इसी विज्ञान के अनुसार ही पदार्थों का शुद्धाशुद्ध होने का भी विचार किया जाता है। शतशत जीव हत्या करके पदार्थ प्राप्त करने पर भी मधु अति पवित्र समझा गया है। इसी प्रकार गोरोचन आदि पदार्थ के विषय में भी समझना उचित है, ये सब पदार्थ अति सत्त्व गुणवर्धक होने के कारण अत्यन्त शुद्ध माने गये हैं। दूसरी ओर पलाण्डु आदि पदार्थ पवित्र फलमूल श्रेणी के होने पर भी तमो गुणवर्धक होने के कारण अशुद्ध माने गये हैं। इसी विज्ञान के अनुसार आचार्यों ने सब शुद्ध अशुद्ध पदार्थों का निर्णय किया है। १२।।

चौथा उदाहरण दिया जाता है:-

पूजोपचारे।।१३।।

अनुवाद-पूजा के उपचार में ।।१३।।

भाष्य-उपसाना काण्ड और कर्मकाण्ड के पूजा द्रव्य और उपचार द्रव्य आदि का जो विचार है वह भी इसी वैज्ञानिक भित्ति पर स्थित होकर किया गया है। पूजा उपचार के धूप, दीप, नैवेद्य आदि पदार्थों का विचार और कर्म काण्ड के उपचार द्रव्य कुश, तिल, यव, घृत आदि और यहां तक कि समिधा आदि का भी, सब सत्त्वगुण वृद्धि को लक्ष्य करके ही निर्णय किये गये हैं। यदि कोई शंका करे कि, किसी विशेष उपासना प्रणाली में तामसिक द्रव्यों का व्यवहार होता है और इसी प्रकार मारण, वशीकरण आदि तान्त्रिकयाग तथा श्येन यागादि वैदिकयाग में तामसिक द्रव्यों का सम्बन्ध भी होता है, इसका कारण क्या है? ऐसी शंकाओं का समाधान सुगम ही है। आत्मोन्नति और जगत का कल्याण तथा

दैवराज्य का सम्बर्द्धन जिन-जिन उपासना कार्यों अथवा यज्ञ कार्यों के साथ रहते हैं वे सब सात्त्विक हैं। उनमें सात्त्विक उपचारों का सम्बन्ध अवश्य ही रहेगा। और जिन उपासना प्रणाली अथवा यज्ञ प्रणाली के साथ अन्य जीव के अकल्याण का सम्बन्ध रहेगा, वे सब कार्य तामसिक हैं और ऐसे तामसिक कार्यों के साथ तामसिक उपचारों का सम्बन्ध रहना भी स्वतः सिद्ध है।।१३।।

अब पांचवां उदाहरण दिया जाता है।

वासोवसाने।।१४।।

अनुवाद–वस्त्र के परिधान में।।१४।।

भाष्य–पूज्यपाद महर्षि सूत में धर्माधर्म की व्यापकता सिद्ध करने के लिये यह पंचम उदारहण दे रहे हैं। वस्त्र का पहनना एक बहुत साधारण बात है। धर्म और अधर्म का सम्बन्ध सर्वव्यापक होने से ऐसे साधारण कार्यों के साथ भी धर्म और अधर्म का सम्बन्ध है, इस विषय को समझाने के लिये ही इस सूत्र का आविर्भाव किया जाता है। प्रवृत्ति के अधिकारी गृहस्थ और निवृत्ति के अधिकारी सन्यासी होने से दोनों आश्रमधारी व्यक्तियों के लिये वस्त्र स्वतन्त्र-स्वतन्त्र होना उचित है। यदि यदि सन्यासी गेरुआ वस्त्र न पहनकर सुन्दर मूल्यवान् वस्त्र पहने, तो सन्यासी के लिये अधर्म होगा। उसी प्रकार ब्राह्मण, क्षत्रिय आदि गृहस्थ जब अपने-अपने अधिकार के अनुसर वस्त्र पहनेंगे, तो उनके लिये धर्म होगा। उसी प्रकार नवीन वस्त्र धारण करते समय इष्ट देव को स्मरण करके शास्त्र विधि के अनुसार वस्त्र धारण करने से धर्म होगा। यही इस सूत्र का संक्षिप्त भाव है।।१४।।

अब धर्म की पुष्टि के अर्थ धर्म के अधिष्ठाता का स्वरूप कह रहे हैं:–

सिच्चदेकं तत्।।१५।।

अनुवाद–वह सच्चिन्मय एक है।।१५।।

भाष्य–धर्म विश्वधारक है; परन्तु विश्वात्मा विश्व की उत्पत्ति-स्थिति लयकार, विश्व को विराट् रूप से अपने में धारण करने वाले परमात्मा का स्वरूप कहा जाता है कि, वे सत् रूप हैं चित् रूप हैं और एक हैं। क्योंकि श्रीगीतोपनिषद् में कहा है:–

ब्रह्मणो हि प्रतिष्ठाहममृतस्याव्ययस्य च।
शाश्वतस्य च धर्मस्य सुखस्यैकान्तिकस्य च।।

अर्थात् अविनाशी और अव्यय रूप ब्रह्म का प्रतिष्ठा स्थान में हूँ। शाश्वत धर्म और ऐकान्तिक सुख का स्थान भी मैं ही हूँ। अस्ति रूप से वे सत् हैं, इसी कारण वे नित्य और ज्ञानसत्ता रूप से वे चित् स्वरूप हैं; क्योंकि चित् सत्ता के बिना विश्व के अस्तित्व की प्रतीति हो ही नहीं सकती। वे एक और अद्वितीय हैं। परमात्मा के विषय में श्रुति यह कहती है:–

"सच्चिदानन्दमव्यम्"
"सच्चिदानन्दमद्वैतं सच्चिदानन्दमव्ययम्"
"सच्चिदानन्दमात्रं हि सच्चिदानन्दमन्यकम्"

अर्थात् परमात्मा सच्चिदानन्दमय, अव्यय, अद्वैत और आनन्द स्वरूप हैं॥१५॥

वे एक और अद्वितीय होने पर भी द्वैत का भान क्यों होता है, इस शंका का समाधान करते हैं:–

भेदप्रतीतिरौपाधिकत्वात्॥ १६॥

अनुवाद–उपाधि के कारण वे द्वैतरूप से प्रतीत होते हैं॥१६॥

भाष्य–कारण ब्रह्म के साथ कार्य ब्रह्म की द्वैत प्रतीति, पुनः कार्य ब्रह्म के अवस्थान्तर में द्वैत प्रतीति, इस प्रकार सब प्रकार के द्वैत भान का कारण उपाधि है। मायारूप उपाधि से ही अज्ञान के कारण ऐसी द्वैत प्रतीति होती है। सत् का पूण विकास उनके विराट् रूप से होता है, चित् का पूर्ण विकास उनके ब्रह्म रूप में है। वास्तव में कार्य ब्रह्म और कारण ब्रह्म एक ही है। जीव के जीवभाव प्राप्ति के साथ ही साथ रजस्तमो गुण के तारतम्य से अज्ञान के अवस्थान्तर में भेदभाव की प्रतीति होती है। भेद प्रतीति का कारण अज्ञानजनित उपाधि ही है, इस कारण स्मृतिशास्त्र में कहा है:–

ईश्वरस्य च जीवस्य भेदो ब्रह्मणि कल्प्यते॥
मायाविद्यात्मकान्नूनं क्रमादावरणाद्द्विजाः।
ब्रह्मणः प्रतिबिम्बं हि जीवोदेहाभिमानकः॥
स्वस्मात् स्वभावतो भिन्न ईश्वरस्तेन मन्यते।
ईश्वरस्य च जीवस्य भेदोयावदुपाधितः॥
तिष्ठेत् तावत् क्षणं विप्राः! कथञ्चिच्च कदाचन्
जन्ममृत्यु प्रवाहोऽसौ संसारो न निवर्त्तते॥

ईश्वरे चैव जीवे च भेदबुद्धिः कदाप्यतः।
न कर्तव्या द्विजश्रेष्ठाःतत्वज्ञैरात्मवेदिभिः॥

हे ब्राह्मणों! ब्रह्म में ही अविद्या और मायारूप आवरण के द्वारा जीव और ईश्वर की भेद कल्पना की गई है। शरीर का अभिमान रखने वाला जीव ब्रह्म का प्रतिबिम्ब है, वह जीव स्वभाव से ईश्वर को अपने से भिन्न समझता है। हे विप्रो! उपाधि के भेद से जीव और ईश्वर जब तक भेद दृष्टि रहती है, तब तक जन्म मरण प्रवाह रूप यह संसार कभी और किसी प्रकार निवृत्त नहीं होता है, इस कारण से हे द्विजश्रेष्ठ! जीव और ईश्वर में भेद दृष्टि तत्त्वज्ञ आत्मज्ञानियों को कदापि नहीं करनी चाहिये।।१६।।

अज्ञान दूर होने से क्या प्रतीति होती है सो कह रहे हैं:–

कार्यकारणयोरनन्यत्वम्॥१७॥

अनुवाद–कार्य और कारण सम्बन्ध से दोनों एक ही हैं।।१७।।

भाष्य–अज्ञान दशा में जीव कारण ब्रह्म रूपी आत्मा और कार्य ब्रह्म रूपी परिदृश्य मान जगत् को अलग-अलग देखता है। परन्तु आत्मज्ञान लाभ करने के अनन्तर ज्ञानी व्यक्ति यही समझ लेता है कि कारण और कार्य रूप होने से आत्मा और जगत् दोनों एक ही हैं। अज्ञान जननी अविद्या और ज्ञान जननी विद्या है। तमोगुण से अज्ञान और सत्त्व गुण के प्रभाव से ज्ञान का विकास होता है। अज्ञान ही द्वैत प्रतीति और बन्धन का कारण है, तथा ज्ञान ही से अद्वैत ब्रह्म सद्भाव के उदय होने पर जीव मुक्ति पद को प्राप्त कर लेता है। इस विषय को भी समझ सकते हैं कि, धर्म की सहायता से संस्कार शुद्धि और क्रिया शुद्धि करता हुआ साधक क्रमशः चित्त शुद्धि लाभ करके आत्म ज्ञान की प्राप्ति कर लेता है। और उसी आत्मज्ञान की दशा में जीवन्मुक्त व्यक्ति को अभेद प्रतीति होने लगती है, जब वह अनुभव करता है कि, कारण ब्रह्म और कार्य ब्रह्म दोनों एक ही हैं। अज्ञानी व्यक्ति जब घट को देखा करता है, तो वह यही समझता है कि, घट एक स्वतन्त्र वस्तु है, परन्तु पदार्थ ज्ञान लाभ करने पर वह व्युत्पन्न व्यक्ति जब यह समझ लेता है कि, मृत्तिका क्या है और मृत्तिका से घट किस प्रकार बनता है, तब वह ज्ञानी जान जाता है कि, मृत्तिका और घट दोनों एक ही व्रस्तु हैं। इसी दृष्टान्त के अनरूप तत्त्व ज्ञानी जीवन्मुक्त कारण ब्रह्म और कार्य ब्रह्म को अभेद दृष्टि से देखने में समर्थ होते हैं यथा श्रुति में:–

सर्वं ब्रह्ममयं प्रोक्तं सर्वं ब्रह्ममयं जगत्।
सर्वमात्मैव शुद्धात्मा सर्वं चिन्मात्रमद्वयम्॥
नित्यनिर्मलरूपात्मा ह्यात्मनोऽन्यन्न किंचन।
अणुमात्रलसद्रूपमणुमात्रमिदं जगत्॥
अणुमात्र शरीर वा ह्यणुमात्रमसत्यकम्।
अणुमात्रमचिन्त्यं वा चिन्त्यं वा ह्यणुमात्रकम्॥
ब्रह्मैव सर्वं चिन्मात्रं ब्रह्ममात्रं जगत्त्रयम्।
आनन्दं परमानन्दमन्यत्किं चिन्नकिंचन॥
चैतन्यमात्रमोंकारं ब्रह्मैव सकलं स्वयम्॥
आत्मनोऽन्यत्तुषं नास्ति सर्वमात्ममयं जगत्॥
ब्रह्ममात्रमिदं सर्वं ब्रह्ममात्रमसन्न हि।
ब्रह्मणोऽन्यतरन्नास्ति ब्रह्मणोऽन्यज्जगन्न च।
ब्रह्मणोऽन्यत्तृणं नास्ति ब्रह्मणोऽन्यत्पदं न हि।

अर्थात् समस्त जगत् ही ब्रह्ममय है। सभी आत्मा, शुद्धात्मा, चिन्मय, अद्वैत, नित्य और निर्मल स्वरूप परमात्मा है। वह अणु स्वरूप है और समस्त जगत् ही अणु मात्र है। शरीर भी अणुमात्र और असत्य है। वह अणुमात्र और अचिन्त्य है अथवा चिन्तनीय होने पर भी अणु मात्र ही है। सभी चिन्मात्र ब्रह्म है। त्रिजगत् ब्रह्ममय है। परमानन्दस्वरूप परमात्मा के सिवाय और कुछ भी नहीं है। ओंकार चैतन्य के स्वरूप और ब्रह्म हैं। आत्मा से सर्वश्रेष्ठ और कुछ भी नहीं है। सभी ब्रह्ममय है, ब्रह्म से अलग और कोई जगत् नहीं है, ब्रह्म से अतिरिक्त तृण भी नहीं है, सभी ब्रह्ममय है॥१७॥

अब कार्य ब्रह्म का स्वरूप कह रहे हैं।

कार्य कार्यत्वात्॥१८॥

अनुवाद—कार्य सम्बन्ध से कार्य ब्रह्म कहलाता है॥१८॥

भाष्य—व्यक्तावस्था प्राप्त यह परिदृश्यमान जगत् ही कार्य ब्रह्म है। तत्त्व ज्ञानी की दृष्टि में कारण दशा का सत् चित् और आनन्द भाव कार्य दशा में भी अनुस्यूतरूप से अनुभूत होता है। भेद इतना ही है कि, कारण ब्रह्म में एक ही भाव में सच्चिदानन्द की समान स्थिति रहती है और कार्य ब्रह्म में उन तीनों भावों का तारतम्य अविद्या के प्रभाव से प्रतीयमान होता है। सुतरां सच्चिदानन्द रूपी त्रिभाव कारण रूप से कारण ब्रह्म में जिस प्रकार है। कार्य ब्रह्म रूप जगत् में भी

भाव तारतम्य रूप से विद्यमान होने के कारण वह कार्य ब्रह्म कहलाता है। कारण ब्रह्म में सत् चित् और आनन्द रूपी त्रिभाव सम भाव में सम और अद्वैत रूप से स्थित हैं; परन्तु कार्य ब्रह्म में यद्यपि समष्टि विचार द्वारा उन तीनों भावों का अस्तित्व वैसा ही है, किन्तु व्यष्टि रूप से व्यष्टि दृश्य में उनका वैसा सम और अद्वैत भाव माया के प्रभाव से प्रतीत न होने के कारण कारण ब्रह्म और कार्य ब्रह्म में भेद प्रतीति होती है। वास्तव में तत्त्व ज्ञान की दशा में अज्ञान का नाश हो जाने से दोनों में ही सत् चित् आनन्द भाव का अनुभव जीवन्मुक्त को अनुभूत होता है।।१८।।

अब कार्य ब्रह्मनियामिका शक्ति का वर्णन करते हैं:-

नियन्तृत्वात्तत्त्वं धर्मस्य।।१९।।

अनुवाद—धर्म नियामक है इस कारण वह भगवद्रूप है।।१९।।

भाष्य—धर्म विश्वधारक है। विश्व के सृष्टि स्थितिलय के यथावत् क्रम की रक्षा एक मात्र धर्म के द्वारा ही होती है। महाप्रलय के अनन्तर कारण वारि में जो ब्रह्माण्ड गोल की उत्पत्ति होती है, उस समय ब्रह्मा, विष्णु महेश के आविर्भाव से जो इस विश्व का प्राकट्य होता है, तदनन्तर प्रजापतियों की मानस सृष्टि, तत्पश्चात् जीव की वैसी सृष्टि, यह सब कार्य कारण वारि में अन्तर्निहित समष्टि संस्कार की धर्म शक्ति के द्वारा ही हुआ करता है। तदनन्तर सृष्टि से प्रलय पर्यन्त उसकी सुरक्षा और ब्रह्माण्ड तथा पिण्ड की स्थिति के सब कार्य धर्म से ही सम्पादित होते हैं। प्रत्येक ब्रह्माण्डरूपी और जगत् में सूर्य का माध्याकर्षण और सब ग्रह उपग्रहों तथा सूर्यलोक के आकर्षण और विकर्षण इन द्विविध शक्ति की समता, ये सब कार्य के ही बल से सुसिद्ध आकर्षण और विकषर्ण और विकर्षण शक्ति कहलाती है। यदि आकर्षण शक्ति का प्राधान्य हो, तो एक ग्रह दूसरे ग्रह में प्रविष्ट होकर नष्ट हो जा सकता है, उसी प्रकार यदि विकर्षण शक्ति का प्राधान्य हो जाय, तो ग्रहगण अपनी-अपनी कक्षा से च्युत होकर नष्ट हो जायेंगे, यह धर्म की समता उत्पन्न करने वाली शक्ति ही का कारण है कि, ऐसा नहीं होने पाता और ब्रह्माण्ड का स्थिति क्रम यथावत् यथानियम चल रहा है। जिस प्रकार समष्टि रूपी ब्रह्माण्ड में स्वधर्म रक्षा के बल से ही ऋषि देवता और पितरों के द्वारा ब्रह्माण्ड की सुरक्षा हो रही है। उसी प्रकार व्यष्टि रूप पिण्ड में (जीव देह में) जीव की क्रमोन्नति और मुक्ति धर्म के द्वारा ही हुआ करती है। ब्रह्माण्ड के स्वाभाविक नियम द्वारा सृष्टि धर्म के अनुसार

उद्भिज्ज की उत्पत्ति, उद्भिज्ज से स्वदेजयोनि में जीव की क्रमोन्नति, स्वेदजयोनि से अण्डजयोनि में जीव की क्रमोन्नति, अण्डजयोनि से जरायुज योनि में जीव की क्रमोन्नति और उन्नत पशुयोनि से मनुष्य योनि में जीव की क्रमोन्नति एकमात्र समष्टि सृष्टि धर्म के प्रभाव से स्वतः ही हुआ करती है। धर्म सत्त्वगुणवर्द्धक होने के कारण जीव की इन सब क्रमोन्नतियों के साथ सत्त्वगुण का उत्तरोत्तर विकास हुआ करता है। पुनः मनुष्य योनि में उत्तरोत्तर अन्त्यज, शूद्र, वैश्य, क्षत्रिय, ब्राह्मण, कुटीचक, बहूदक, हंस परमहंस आदि दशाओं की क्रमोन्नति एकमात्र धर्म के पालन से ही होती है। एकमात्र धर्म ही समष्टि सृष्टि और व्यष्टि सृष्टि दोनों के ही नियन्ता होने के कारण वह धर्म भगवत्स्वरूप है। कार्य ब्रह्मरूपी यह जगत् जब भगवद्रूप है तो उसका नियामक धर्म भी अवश्य ही भगवद्रूप होगा।।१९।।

ब्रह्माण्ड-पिण्ड कारक धर्म के उदय का विज्ञान बताया जाता है:-

तमोरजस्याम्ये तद्विकाशः स्थितिमूलकत्वात्।।२०।।

अनुवाद-स्थितिमूलक होने से रज और तम के समन्वय में उसका विकास होता है।।२०।।

भाष्य-यह पहले ही सिद्ध हो चुका है कि, धर्म सत्त्व गुणमूलक है। सुतरां जब रज और तमोगुण समभावापन्न होकर दब जाते हैं, तभी सत्त्व गुण मूलक धर्म का उदय होता है। इस विषय में स्मृति शास्त्र में ऐसा कहा है:-

आकर्षणविशिष्टा या सा शक्ती राजसी मता।
विकर्षणेन सम्पृक्ता शक्तिर्मे तामसी तथा।।
सामञ्जस्यं प्रकुर्वाणा तयोः शक्त्योर्द्वयोरिह।
सात्त्विकी सैव धर्मोऽस्ति शक्तिर्मे नात्रसंशयः।।

आकर्षण विशिष्ट जो शक्ति है वह राजसिक शक्ति कहाती है और विकर्षण विशिष्ट शक्ति तामसिक कहलाती है और उन दोनों शक्तियों का इस संसार में समन्वय करने वाली मेरी जो सात्त्विक शक्ति है वही धर्म है, इस में सन्देह नहीं।।२०।।

विज्ञान की पुष्टि की जाती है:-

तस्माद्ब्रह्माण्डधारकः।।२१।।

अनुवाद-इस कारण वह ब्रह्माण्ड को धारण करने वाला है।।२१।।

भाष्य–पूर्व कथित विज्ञान के अनुसार एक परमाणु से लेकर और ब्रह्माण्ड पर्यन्त धर्म की नियामिका शक्ति के द्वारा ही सब कुछ स्थित रहते हैं। परमाणु से परमाणु का सम्बन्ध होकर सृष्टि की अस्तित्व रक्षा और क्या ब्रह्माण्ड क्या पिण्ड सब की यथावत् स्थिति और सब की क्रमोन्नति यह धर्म के द्वारा सम्पादित होना स्वतः सिद्ध है। इस विषय में स्मृति शास्त्र का मत नीचे उद्धृत किया जाता है:–

ब्राह्मणाः नयते नूनं सर्वलोकहितप्रदः।
ब्रह्माण्डपिण्डरूपायाः सृष्टेश्च धारको महान्॥
मानवान् धर्म एवाऽयं कैवल्याभ्युदयप्रदः।
संरक्ष्याज्ञानभूमिभ्यो ज्ञानभूमीर्निरन्तरम्॥
ददच्चाभ्युदयं सम्यक् सम्प्रापय्यान्तिमां क्रमात्।
ज्ञानभूमिं ततो दत्ते निःश्रेयसमहो परम्॥
अहमेवास्मि धर्मस्य स्थितिस्थानं द्विजर्षभाः।
धर्माकृतिर्ममैवास्ते शक्तिरेव सनातनी॥
विराट्सृष्टेः प्रवाहस्य धारणं कृतवत्यहो।

हे ब्राह्मणो! सर्वलोकहितकर ब्रह्माण्ड पिण्डात्मक सृष्टि का धारक और अभ्युदय और मुक्ति विधायक यह महान् धर्म ही मनुष्यों को अज्ञान भूमियों से बचाकर ज्ञानभूमियों में निरन्तर ही पहुँचा देता है और क्रमशः अभ्युदय को सम्यक् प्रदान करता हुआ अन्तिम ज्ञानभूमि में पहुँचाकर, अहो! तदनन्तर कैवल्य प्रदान करता है। हे विप्रो! धर्म का मैं ही स्थिति स्थान हूँ और धर्म रूपा मेरी ही सनातनी शक्ति, अहो! विराट् सृष्टि के प्रवाह को निश्चय ही धारण किये हुए हैं।

परिव्याप्नोति धर्मस्य शक्तिरेषैव धारिका।
परमाणुभ्य आ नूनं पूर्णां ब्रह्माण्ड-विस्तृतिम्॥
शक्तेः संधारिकाया मे धर्मस्यैव प्रभावतः।
सूर्य्येन्द्वादिग्रहाः सर्वे तथा नक्षत्रमण्डलम्॥
उपग्रहादयोप्येवं विराट् देहे ममानिशम्।
स्वस्वकक्षामुपाश्रित्य भ्रमन्ते हि समन्ततः॥
सृष्टेः रक्षाञ्च कुर्वन्ति साहाय्यं ददतो मिथः।
देवासुरेण युद्धेन दैव्याः सृष्टेः पवित्रताम्।
सम्पादयन्ती धर्मस्य धारिका शक्तिरुत्तमा।

प्रतिष्ठापयते देवान् स्वस्वलोकेऽसुरांस्तथा॥
निश्चितं मातृभावेन विज्ञाः! धर्ममयेण मे।
प्रकृतेः पालिता जीवाः पोषिताश्च निरन्तरम्॥
उद्भिज्जात्स्वेदजं गत्वा स्वेदजादण्डजं तथा।
ततो गच्छन्त्यहो विप्राः! अण्डजाच्च जरायुजं॥
जरायुजाद्योनितो हि मर्त्ययोनिं गताः पुनः।
भवन्ति मोक्षमार्गस्य नूनमेतेऽधिकारिणः॥

यही धर्म की धारिका शक्ति परमाणु से लेकर ब्रह्माण्ड के विस्तार पर्यन्त में परिव्याप्त है, धर्म की धारिका शक्ति के प्रभाव से ही सब सूर्य चन्द्रादि, ग्रह उपग्रहादि और नक्षत्रमण्डल मेरी विराट् देह में चारों तरफ अपनी-अपनी कक्षा में निरन्तर परिभ्रमण करते हैं और परस्पर को सहायता देकर सृष्टि की रक्षा करते हैं। धर्म की उत्तम धारिका शक्ति देवासुर संग्राम के द्वारा दैवी सृष्टि की पवित्रता सम्पादन करती हुई देवता और असुरों को अपने-अपने लोकों में सुप्रतिष्ठित रखती है। हे विज्ञों! मेरी प्रकृति के धर्ममय मातृभाव के द्वारा ही निरन्तर पालित पोषित होकर जीव, हे विप्रों! उद्भिज्ज से स्वेदज, स्वेदज से अण्डज, अण्डज से जरायुज और जरायुज योनि से मनुष्यो योनि में पहुँचकर अवश्य ही वे कैवल्य मार्ग अर्थात् मोक्षमार्ग के अधिकारी बन जाते हैं।

धारिका शक्तिरेवासौ धर्मस्य विप्रपुंगवाः।
क्रमादुन्नमयन्ती वै मानवानुत्तरोत्तरम्॥
कृत्वाधिकारिणो ज्ञानभूमेरन्ते च तानहो।
कैवल्यपदवीं तेभ्य' प्रदत्ते च शनैः शनैः॥
सर्वेषां रक्षको धर्मः सर्वजीवहितप्रदः।
निखिलव्यापकश्चास्ति सर्वेभ्योऽभ्युदयप्रदः॥

हे विप्र श्रेष्ठो! यह धर्म की धारिका शक्ति ही मनुष्यों की क्रमशः उत्तरोत्तर उन्नति कराकर ही और अहो! अन्त में उनको ज्ञानभूमि का अधिकारी बनाकर शनैः शनैः कैवल्य पद प्रदान करती है। धर्म सर्वव्यापक सर्वजीव हितकारी सर्व-रक्षक सब को अभ्युदयप्रद और सब के हृदय में मेरे स्वरूप का प्रकाश करने वाला एवं साधक जीवों को शिवत्व प्रदान कारक है॥२१॥

धर्म के विश्वधारक स्वरूप के अनन्तर अब प्रतिपाद्य मानव-धर्म का रहस्य वर्णन किया जाता है:-

मानवधर्मश्चतुर्विधो विशेषाऽसाधारणाऽऽपत्साधारणभेदात्॥२२॥

अनुवाद—विशेष, असाधारण, साधारण और आपद् भेद से मानव धर्म चतुर्विध है॥२२॥

भाष्य—विश्वधारक धर्म शक्ति की साधारण गति के अनुसार क्या उद्भिज्जादि सहजपिण्डसमूह और क्या अनन्त ग्रह नक्षत्र पूर्ण अनन्त ब्रह्माण्ड समूह सब ही सुरक्षित होते हैं। उक्त विश्वधारक धर्म विज्ञान का पूर्व सूत्रों में वर्णन करके अब पूज्यपाद महर्षि सूत्रकार मनुष्य के पिण्ड के उपयोगी धर्म शैली का वर्णन कर रहे हैं। और कहते हैं कि, मानव धर्म चतुर्विध है, यथा—विशेष धर्म, असाधारण धर्म, आपद्धर्म्म और साधारण धर्म। स्मृति-शास्त्र में भी कहा है:—

तत्सनातनधर्मस्य पादाश्चत्वार आसते।
साधारणविशेषौ हि तथाऽसाधारणापदौ।

अर्थात् उस सनातन धर्म के चार पाद हैं, यथा—साधारण धर्म, विशेष धर्म, असाधारण धर्म और आपदद्धर्म्म॥२२॥

प्रथम का वर्णन कर रहे हैं:—

अधिकारप्राधान्यहेतुको विशेषधर्मः॥२३॥

अनुवाद—अधिकारप्राधान्यनहेतु विशेषधर्म है॥२३॥

भाष्य—पूर्व कथित धर्म विज्ञान की भित्ति पर स्थित रहकर जब विशेष-विशेष अधिकारी के लिए धर्म का निर्णय किया जाता है, उसके विशेष धर्म कहते हैं। आर्य जाति का धर्म और अनार्य जाति का धर्म ये विशेष धर्म हैं। वर्णाश्रम धर्म के त्रिलोक पवित्रकर आचार समूह विशेष धर्म के विज्ञान के अनुसार ही निर्णय किये गये हैं। नारी धर्म, पुरुष धर्म, प्रवृत्ति धर्म, निवृत्ति धर्म आदि सब विशेष धर्म के ही अंग हैं। इस विषय में स्मृति शास्त्र में कहा है—

ब्रह्मचर्यञ्च दाम्पत्यं निवासो निर्जने वने।
त्यागो ह्यध्यापनञ्चैव पाठनञ्च प्रतिग्रहः॥
धर्मयुद्धं प्रजारक्षा वाणिज्यं सेवनादयः।
विशेषस्यापि धर्मस्य सन्तीमाः खलु वृत्तयः॥

अर्थात् ब्रह्मचर्य, दाम्पत्य, निर्जन वनवास, त्याग, पाठन, पठन प्रतिग्रह, प्रजापालन, धर्मयुद्ध, वाणित्य सेवा आदि में विशेष धर्म की ही वृत्तियाँ हैं। विशेष

धर्म का रहस्य इतना ही है कि, विशेष धर्म सब के लिये हितकर नहीं होता है। संन्यास धर्म का कामिनी कांचन त्याग गृहस्थ के लिये अधर्म है। उसी प्रकार गृहस्थ धर्म संन्यासी के लिये अधर्म होगा।।२३।।

दूसरे का वर्णन किया जाता है:-

शक्तिप्राधान्यनिमित्तोऽसाधारणधर्मः।।२४

अनुवाद–शक्तिप्राधान्यहेतु असाधारणधर्म है।।२४।।

भाष्य–पूर्व जन्म के संस्कार से अथवा असाधारण तप अथवा योग बल आदि के द्वारा असाधारण शक्ति को लाभ करके तक कोई व्यक्ति असाधारण धर्म का अधिकारी हो सकता है। इसके उदाहरण में महर्षि विश्वामित्र का होना और द्रौपदी के पंचपति होकर सतीत्व रक्षा करना समझा जाय। असाधारण तपः शक्ति द्वारा महर्षि विश्वामित्र का एक ही जन्म में क्षत्रिय धर्म से ब्राह्मणधर्म को प्राप्त कर लेना और असाधारण योग शक्ति द्वारा रानी द्रौपदी के पांच पति होने पर भी मनोबल द्वारा सतीत्व धर्म की रक्षा करने में समर्थ होना, ये सब असाधारण धर्म के विज्ञान के प्रकाशक हैं। इस धर्म की विशेषता यह है कि, इसमें दैवी शक्ति की आवश्यकता होती है। स्मृति शास्त्रों में भी कहा है:-

यदा कश्चिद्विशेषस्तु धर्मः शक्तिमवाप्नुयात्।
अधिकां भावसंशुद्ध्या कोटिं साधारणस्य सः।।
असाधारणधर्मस्याधिकारं लभते वहन्।।

अर्थात् जब कोई विशेष धर्म भाव शुद्धि के द्वारा अधिक शक्ति लाभ करें तब वह साधारण धर्म की कोटि में पहुँच कर असाधारण धर्म के अधिकार को प्राप्त करता है।।२४।।

तीसरा कहा जाता है:-

आपन्मूलक आपद्धर्म्मः।।२५।।

अनुवाद–आपत्तिमूलक आपद्धर्म्म है।।२५।।

भाष्य–आपत्काल उपस्थित होने पर जो अधर्म कार्य धर्म कार्य रूप में करने में आता है उसको आपद्धर्म कहते हैं। भाव शुद्धि के द्वारा ही इस धर्म की सिद्धि होती है। केवल आपत्काल के लिए ही यह धर्म विहित है। इसका विज्ञान तथा उदाहरण स्मृति शास्त्र से नीचे दिया जाता है:-

आपत्कल्पेन यो धर्मं कुरुतेऽनापदि द्विजः।
स नाप्नोति फलं तस्य परत्रेति विचारितम्॥
देशभंगे प्रवासे वा व्याधिषु व्यसनेष्वपि।
रक्षेदेव स्वदेहम्वै पश्चात धर्मं समाचरेत्॥
येन केन च धर्मेण मृदुना दारुणेन च।
उद्धरेद्दीनमात्मानं समर्थो धर्ममाचरेत्।
आपत्कालेतु संप्राप्ते शौचाचारं न चिन्तयेत्।
स्वयं समुद्धरेत् पश्चात् स्वस्थोधर्मं समाचरेत्॥

जो द्विज अनापत् काल में आपद् धर्म का आचरण करते हैं, वे परलोक में उस कर्म का फल नहीं पाते हैं। देश में विप्लव या दुर्भिक्ष आदि उत्पन्न होने से अथवा महामारी या अन्य किसी प्रकार आपत् की उत्पत्ति होने से पहले शरीर की रक्षा करके पश्चात् धर्मानुष्ठान करे। जिस किसी तरह के धर्म से हो अपनी रक्षा करके फिर समर्थ होकर धर्मानुष्ठान करे। आपत् काल में शौच, आचार आदि के विषय में कुछ भी चिन्ता न करे और आपत् से अपने को बचाकर धर्म साधन किया करे। आपत् काल का जो धर्म है उसी को आपद्धर्म कहा जाता है॥२५॥

प्रसंग से शंका का समाधान कर रहे हैं:-

तत्राऽधर्मोऽपि धर्मो भावशुद्धिमत्वात्॥२६॥

अनुवाद–आपद्धर्म में भाव शुद्धि के कारण अधर्म भी धर्म हो जाता है॥२६॥

भाष्य–आपद्धर्म बहिः स्वरूप से अधर्मवत् ही प्रतीत होता है अतः अधर्मवत् प्रतीत होने वाला जो आपद्धर्म्म है उसकी धर्म-संज्ञा कैसे हो सकती है? इस प्रकार की शंकाओं के समाधान में पूज्यपाद महर्षि सूत्रकार ने इस सूत्र का आविर्भाव किया है। इस विषय का विज्ञान स्मृति-शास्त्र में ऐसा कहा है:-

भावतत्त्वस्य विज्ञानं पूर्णरूपेण वेदितुम्।
अन्तः करणविज्ञानस्वरूपं वच्मि वोऽग्रतः॥
मनोबुद्धिरहंकारश्चित्तमेतच्चतुर्विधम्।
अन्तःकरणमस्तीति वित्त यूयं पितृव्रजाः॥
मनसोऽन्तर्विभागोऽस्ति चित्तं चाऽहंकृतिर्धियः।
मायापाशैर्दृढ़ैर्बद्ध्वा योषित् संसारगोचरम्॥

तथा संसारिभिर्जीवैः कार्यं कारयतेऽनिशम्।
तथा चित्तं मनोबुद्धिमहंकारो नियम्य च॥
कार्य्यं कारयते शश्वन्नानावैचित्र्यसंकुलम्।
संस्कारानुचरा जीवाः वर्त्तन्ते सर्वथा खलु॥
वासनोत्पन्नसंस्कारा अभिबध्नन्ति प्राणिनः।
आसक्तिरेव मूलञ्च बन्धनस्यास्य कारणम्॥
संस्कारो वासनाजन्यः संस्कारात् कर्म जायते।
वासनोत्पद्यते भूयः कर्मणो नात्र संशयः॥
वासनायाः पुनर्विज्ञाः संस्कारो जायते ध्रुवम्।
सदैवं वासनाचक्रं जीवानाञ्च गतागतम्॥
घूर्णायमानमस्तीह चक्रनेमिर्यथा रथे।
पूर्वजन्मार्जिता यादृक् कर्मसंस्कारसन्ततिः॥
एतज्जन्मकृतानां वा कर्मणां यादृशी स्मृतिः।
अंकिता जीवचित्ते स्यादासक्तिः स्याद्धि तादृशी॥
तदासक्त्यनुरूप्येषु विषयेषु निरन्तरम्।
प्रसज्जन्तेऽभितो जीवाः तदासक्त्यनुसारतः॥
आसक्तिश्चित्तसाहाय्यान्मनस्युत्पद्यते ध्रुवम्।
दम्पत्योः संगमाल्लोके मनश्चित्तस्वरूपयोः।
आसक्तेर्जायते जन्म नात्र कार्या विचारणा।
प्रजातन्तुं यथा पुत्र संरक्षँल्लभते पितुः॥
तस्याधिकारमासक्तिर्विभ्राणा विषयांस्तथा।
सृष्टिं वर्द्धयते शश्वदिह दैवीश्च मानवीम्॥
बुद्धिराज्यस्य सिद्धान्तमपरं वित्त किन्त्वहो।
बुद्ध्यहंकारसंयोगात् भावतत्त्वोदयो भवेत्॥
भावोऽपि द्विविधो ज्ञेयः शुद्धाऽशुद्धप्रभेदतः।
भावोऽशुद्धस्तयोर्बुद्धिं विधत्ते विषयाकृतिम्॥
शुद्धो भावः क्रमाच्चित्तं कुर्वाणो निर्मलं तथा।
बुद्धिं ब्रह्मपदं नूनं नयच्छान्तिं प्रयच्छति॥
नन्वासक्तेर्वशा जीवा अथवा भावनोदिताः।
एतत्तत्त्वद्वयस्यैव साहाय्यात् कर्म कुर्वते॥
कायिकं वाचिकं चैव तथा मानसमेव च।

आसक्तौ किन्तु वैवश्यं भावे स्वातन्त्र्यमस्ति ह॥
आनन्त्याद्विषयाणान्तु बहुशाखा समन्विता।
आसक्तिर्विद्यते नूनं शुद्धो भावो न तादृशः॥
एकाद्वैतदशां नेतुमीष्टेऽसौ नात्र संशयः।
यतो ब्रह्मपदं विज्ञाः विद्यतेऽद्वैतमेव हि॥
आसक्त्या कार्यकर्त्तारो जीवाः प्रारब्धयोगतः।
श्रीगुरोर्देवतानां वा प्रसादादेव सर्वथा॥
पाशतुल्याद्धि विषयात् स्वान्निवर्त्तयितुं क्षमाः।
अन्यथा विषये तेषां प्रसक्तिस्तत्र निश्चिता॥
किन्तु शुद्धस्य भावस्य साहाय्यात् कार्यकारिणः।
भाग्यवन्तो न सज्जन्ते विषयेषु कदाचन॥
उत्तरोत्तरमेतेषां सर्वथोर्ध्वगतिर्भवेत्।
संगृहीता हि संस्काराः पूर्वजन्मनि यादृशाः॥
आसक्तिस्तादृशी जीवे प्रादुरेष्यति निश्चितम्।
तस्या एवानुसारेण जीववर्गे जनिष्यते॥
हेयोपादनताज्ञानं नास्ति कोऽप्यत्र संशयः।
असत्यमपि सत्यं स्यात् प्रोक्तं जीवहिताय वै।
अधर्मो जायते धर्मः पशुहिंसा यथाऽध्वरे॥
यात्येवं भावसम्बन्धाच्चैतन्यं जड़तामिह।
सत्यं मिथ्या भवेद्धर्मो जायतेऽधर्मरूपभाक्॥
भावशुद्धिसमायुक्तमसत्कर्म्माप्यतो ध्रुवम्।
आपद्धर्मे भजत्येव सद्धर्म्मत्वं न संशयः॥
विधत्तेऽदश्च जीवानां मंगलं परमं सदा।
गतिः सूक्ष्माऽस्ति धर्मस्य भवन्तोऽतः पितृव्रजाः॥
कुर्य्युश्चेत् कर्म मच्चित्ता भावशुद्धिपुरःसरम्।
अधिकुर्य्युस्तदावश्यं पूर्णं धर्म सनातनम्।
मन्त्राणां प्रणवः सेतुर्यथामन्त्रच्युतिं किल।
अपनोद्याशु सम्पूर्णां दत्ते मन्त्राधिकारिताम्॥
तथैव भावसंशुद्ध्या शक्तिधर्मस्य धारिका।
संतिष्ठते सदाऽक्षुण्णा नितरामूर्द्ध्वगामिनी॥
कदाचिदत एवालमापद्धर्मस्य निर्णये।
अधर्म्मेणापि धर्मस्य स्वरूपे परिणाम्यते॥

भाव तत्त्व के विज्ञान के पूर्ण रूप से स्पष्ट करने के अर्थ अन्तःकरण विज्ञान का स्वरूप आप लोगों के समीप कहता हूं। हे पितृगण! अन्तःकरण के चार भेद हैं, ऐसा आप लोग जानें, जैसे—मन, बुद्धि, चित्त और अहंकार। चित्त मन का अन्तर्विभाग है और अहंकार बुद्धि का अन्तर्विभाग है। संसारी जीवों को जिस प्रकार स्त्री दृढ़ मायारज्जुओं से बांधकर उनके अहर्निश संसार का कार्य कराती है, उसी प्रकार चित्त मन को और अहंकार बुद्धि को नियमन करके निरन्तर नाना वैचित्र्य पूर्ण काम कराया करते हैं। जीव सर्वथा ही संस्कारों के दास हैं। वासना से उत्पन्न संस्कार जीवों को जकड़ रखते हैं। आसक्ति ही इस बन्धन का मूल कारण है। वासना से संस्कार होता है, संस्कार से कर्म होता है, कर्म से पुनः वासना उत्पन्न होती है, हे विज्ञो! वासना से पुनः संस्कार ही उत्पन्न होता है। इस संसार में इस प्रकार से वासना का चक्र और जीव का आवागमन रथ में चक्रनेमि के समान सदा घूर्णायमान रहता है। पूर्वजन्मार्जित कर्म संस्कार समूह अथवा इस जन्म के कर्म की स्मृति जैसी जीव के चित्त में अंकित रहती है, उसी प्रकार की आसक्ति हुआ करती है, उसी आसक्ति के अनुसार जीव उसी आसक्तिसम्बन्धीय विषयों में निरन्तर चारों ओर से जकड़े रहते हैं। आसक्ति चित्त की सहायता से मन में ही उत्पन्न होती है। मन और चित्त रूपी स्त्री-पुरुष के संगम से संसार में आसक्ति जन्म होता है। इसमें विचार नहीं करना चाहिये। पुत्र जिस प्रकार पिता के प्रजा तन्तु की रक्षा करके पिता के अधिकार को प्राप्त होता है, उसी प्रकार आसक्ति इस संसार में विषयों को धारण करती हुई दैवी और मानवी सृष्टि को विशेष रूप से अग्रसर करती है। अहो! किन्तु बुद्धि राज्य का सिद्धान्त और है, ऐसा जानो। अहंकार और बुद्धि के संगम से भाव तत्त्व का उदय होता है। शुद्ध और अशुद्ध भेद से भाव भी द्विविध है सो जानो। उनमें से अशुद्ध भाव बुद्धि को विषयवत् कर देता है और शुद्धभाव क्रमशः अन्तःकरण को मलरहित करता हुआ बुद्धि को ब्रह्मपद में पहुँचा कर ही शान्ति प्रदान करता है। जीव या तो आसक्ति के वशीभूत हो या भावप्रणोदित होकर ही इन्हीं दो तत्त्वों की सहायता से ही शारीरिक, वाचनिक, और मानसिक कर्म करते हैं। आसक्ति में विवशता है, परन्तु भाव में स्वाधीनता है। आसक्ति बहुशाखा युक्त ही है, क्योंकि विषय अनन्त हैं: परन्तु शुद्ध भाव वैसा नहीं है, वह एक अद्वैत दशा को प्राप्त करा सकता है, इसमें सन्देह नहीं। क्योंकि हे विज्ञो! ब्रह्मपद अद्वैत ही है। आसक्ति से काम करने वाले जीव सर्वथा प्रारब्ध की सहायता, श्री गुरु देव की कृपा या देवताओं की कृपा से ही पाशु तुल्य विषयों से अपने को बचा सकते हैं, नहीं तो उसमें उनका

फँसना निश्चित है: परन्तु शुद्धभाव की सहायता से कर्म करने वाले भाग्यवान् विषयों में कदापि नहीं फँसते हैं। उत्तरोत्तर उनकी सर्वथा ऊद्ध्र्वगति होती रहती है। जीव ने पूर्व जन्म में जैसे संस्कार संग्रह किये हैं, उसी के अनुसार उस में आसक्ति प्रकट होगी और उसी आसक्ति के अनुसार जीवों में हेय और उपादेय का विचार उत्पन्न होगा इसमें कुछ सन्देह नहीं है। कभी मिथ्या भी सत्य हो जाता है, जो कि जीवों के हित के लिए ही कहा गया है। अधर्म धर्म हो जाता है, यथा–यज्ञ में पशुहिंसा। इस प्रकार इस संसार में भाव के सम्बन्ध से चैतन्य जड़, सत्य-असत्य और धर्म अधर्म हो जाता है। इसी कारण भावशुद्धि युक्त असत् कर्म भी आपद्धर्म में निःसन्देह सद्धर्म रूप से परिणत होकर ही जीवों के लिए सदा परम मंगल विधायक होता है। धर्म की गति सूक्ष्म है, अतः हे पितृगण! आप सब भाव शुद्धि पूर्वक मद्गत चित्त होकर यदि कर्म करोगे, तो अवश्य सनातन धर्म के पूर्णाधिकार को प्राप्त कर सकोगे। जिस प्रकार प्रणव मन्त्रों का सेतु है, वह मन्त्रों में किसी प्रकार कोई त्रुटि रहने से उसको शीघ्र ही दूर करके मन्त्र को पूर्णाधिकार प्रदान करता है, उसी प्रकार भावशुद्धि द्वारा सदा धर्म की उद्ध्र्वगामिनी धारिकाशक्ति सम्पूर्ण रूप से अक्षुण्ण बनी रहती है। इसी कारण आपद् धर्म के निर्णय करने में कभी-कभी अधर्म भी धर्म रूप में परिणत हो जाता है।।२६।।

इस धर्म की उपयोगिता कही जाती है:–

अयमाश्रयः कोलाऽन्यथाभावे।।२७।।

अनुवाद–विरुद्धकाल में यह आश्रय है।।२७।।

भाष्य–जब आपद्धर्म में अधर्म ही धर्म होता है, ऐसा विचार निश्चय हुआ, तो यह शंका हो सकती है कि, इस प्रकार के विचित्र धर्म सिद्धान्त की आवश्यकता क्यों होती है? और कैसे होती है? जिज्ञासुओं की इस शंका के निवारणार्थ इस सूत्र का आविर्भाव हुआ है। आपत्काल उपस्थित होने पर जब विशेष धर्म का साधन असम्भव हो जाता है, उस समय इस धर्म के साधन का उपयोग समझना उचित है। अन्य समय इस धर्म के साधन की कोई भी आवश्यकता नहीं रहती है। केवल आपत्काल में इसका उपयोग होता है, इस कारण इसको आपद्धर्म कहते हैं। अनुकूल देश और अनुकूल काल में तो सब प्रकार के विशेष धर्म सुसिद्ध हो सकते हैं; परन्तु जब विरुद्ध देश काल और विशेषतः विरुद्ध काल उपस्थित होता है, उस समय साधक की अवस्था

आपत्पूर्ण हो जाती है, तब धर्म प्राण साधक धर्म का त्याग करने में असमर्थ होने से बाध्य होकर इस धर्म का आश्रय लेता है, और कैसे लेता है सो पहले विस्तारित रूप से कहा गया है।

इस सूत्रोक्त विज्ञान की पुष्टि में स्मृति शास्त्र से निम्न लिखित दृष्टान्त उद्धृत किया जता है:–

तस्मिन् प्रतिभये काले क्षते धर्मे युधिष्ठिर!
बभ्रमुः क्षुधिता मर्त्याः खादमानाः परस्परम्॥
विश्वामित्रोऽथ भगवान् महर्षिरनिकेतनः।
क्षुधापरिगतो धीमान् समन्तात्पर्यधावत॥
स कदाचित् परिपतन् श्वपचानां निवेशनम्।
हिस्राणां प्राणिघातानामाससाद वने क्वचित्॥
अहो कृच्छ्रं मया प्राप्तमिति निश्चित्य कौशिकः।
पपात भूमौ दौर्बल्यात् तस्मिंश्चाण्डालपक्वणे॥
स चिन्तयामास मुनिः किन्नु मे सुकृतं भवेत्।
कथं वृथा न मृत्युः स्यादिति पार्थिवसत्तम॥
स ददर्श श्वमांसस्य कुतन्त्रीं विवतां मुनिः।
चाण्डालस्य गृहे राजन्! सद्यः सस्त्रहतस्य वै॥
स चिन्तयामास तदा स्तैन्यं कार्यमितो मया।
न हीदानीमुपायो मे विद्यते प्राणधारणे॥
आपत्सु विहितं स्तैन्ये विशिष्टश्च महीयसः।
विप्रेणा प्राणरक्षार्थं कर्त्तव्यमिति निश्चयः॥
हीनादादेयमादौ स्यात् समानात्तदनन्तरम्।
असम्भवे वाददीत विशिष्टादपि धार्मिकात्।
सोऽहमन्त्यावसानायां हराम्येनां प्रतिग्रहात्।
न स्तैन्यदोषं पश्यामि हरिष्यामि श्वजाघनीम्॥

धर्म का नाश हो जाने से प्रजा क्षुधार्त और अत्याचारी होकर परस्पर में खाने लग गयी थी। इस प्रकार भयानक दुर्भिक्ष काल में महातपा महर्षि विश्वामित्र भी किसी समय अत्यन्त क्षुधातुर होकर घर छोड़कर अन्न के अन्वेषण में इतस्ततः भ्रमण करने लगे। इस प्रकार से खाद्य अन्वेषण करते हुए किसी समय महर्षि विश्वामित्र ने एक अरण्य में प्राणिघातक हिंस्र चण्डालों का ग्राम अवलोकन करके

उसी में प्रवेश किया; परन्तु उस ग्राम में भी जब कहीं कुछ खाने को न प्राप्त हुआ, तो 'हा कष्ट' ऐसा कहकर दुर्बलेन्द्रिय होने से किसी चण्डाल के मकान में गिर पड़े और किस उपाय से प्राण रक्षा हो यह सोचने लगे। थोड़ी देर में उस चाण्डाल के गृह में विश्वामित्र को सद्यो निहत किसी कुक्कुर का मांसखण्ड देखने में आया, उसको देखकर बहुत ही आनन्दित हो सोचने लगे कि, मैं किसी न किसी तरह से मांसखण्ड को अवश्य ही अपहरण करूँगा। इसके सिवाय इस समय प्राणरक्षा का और किसी तरह का उपाय नहीं दीखता है। आपात् काल में चौर्य वृत्ति का आचरण करने पर भी गौरव की हानि नहीं होती है, और शास्त्र में भी कहा है कि, आपत् काल में प्राण रक्षार्थ ब्राह्मण चोरी कर सकता है। पहले नीच का द्रव्य, पश्चात् समान जातीय का द्रव्य और यदि उससे भी कुछ प्राप्त न हो तो अपने से उत्तम धार्मिक व्यक्ति का भी धन अपहरण कर सकता है। अत: पहले मैं इस नीच का द्रव्य अपहरण करूँगा। इस प्रकार अपहरण से मुझे चोरी का पाप स्पर्श नहीं करेगा।

इस प्रकार विचार करके महर्षि विश्वामित्र वहीं सोये रहे। तदनन्तर रात्रि अधिक होने पर जब सब लोग निद्रित हो गये, तो धीरे-धीरे विश्वामित्र उस चाण्डाल की कुटी में मांस अपहरणार्थ प्रवेश करने लगे, उस समय वह चाण्डाल जागता था। सो कुटीर में किसी पुरुष को प्रवेश करते हुए देखकर कर्कश स्वर से कहा, कौन आया है मेरे घर में मांस चोरी करने को? आज अवश्य ही मेरे हाथ से उसका प्राण जायेगा। इस बात को सुनकर महर्षि विश्वामित्र अतिभीत और लज्जित होकर कहने लगे,-"मैं विश्वामित्र हूँ, अधिक क्षुधा से व्याकुल होकर तुम्हारे घर में आया हूँ। यदि तुम साधु दर्शी हो तो मेरा वध न करो।" विश्वामित्र की बात सुनते ही चाण्डाल त्रस्तचित्त हो शय्या से उठा और आँसू बहाते हुए वह हाथ जोड़कर कहने लगा। भगवन्! इस गम्भीर रात्रि में आप क्यों यहां आये हैं? चाण्डाल का वाक्य सुनकर विश्वामित्र ने कहा-

क्षुधितोऽहं गतप्राणो हरिष्यामि श्वजाघनीम्।
क्षुधितः कलुषं जातो नास्ति ह्रीरशनार्थिनः॥
अटन्भैक्ष्यं न विन्दामि यदा युष्माकमालये।
तदा बुद्धिः कृता पापे हरिष्यामि श्वजाघनीम्॥
अग्निर्मुखं पुरोधाश्च देवानां शुचिसाऽविभूः।
यथावत् सर्वभुग् ब्रह्मा तथा मां विद्धि धर्मतः॥

मैं क्षुधा से कातर व मृतप्राय होकर तुम्हारा यह कुक्कुरमांस अपहरण करने के लिये आया हूँ। बुभुक्षित व्यक्ति के लिये लज्जा कैसे संम्भव हो सकती है? मैं तुम्हारे ग्राम में बहुत घूमने पर भी कहीं कुछ न पाकर इस पाक कार्य के लिये सन्नद्ध हुआ हूं। देखो अग्नि, देवताओं का मुख और पुरोहित रूप है इसलिए पवित्र वस्तु के सिवाय दूसरी वस्तु लेना अग्नि के लिये कदापि कर्त्तव्य नहीं है; तथापि जिस प्रकार अग्नि को सभी प्रकार की वस्तु अगत्या लेनी पड़ती है, उसी प्रकार प्राणरक्षार्थ मुझे भी खाद्याखाद्य विचार शून्य होना पड़ा है। विश्वामित्र जी का वाक्य सुनकर चाण्डाल ने कहा कि–

श्रृगालादधमं श्वानं प्रवदन्ति मनीषिणः।
तस्याप्यधम उद्देश्यः शरीरस्य श्वजाघनीम्॥
नेदं सम्यग् व्यवसितं महर्षे धर्मगर्हितम्।
चाण्डालस्य स्वहरणमभक्ष्यस्य विशेषतः॥
साध्वन्यमनुपश्य त्वमुपायं प्राणधारणे।
न मांसलोभात्तपसो नाशस्ते स्यान्महामुने॥
जानता विहितं धर्मं न कार्यो धर्मसंकरः।
मा स्म धर्मं परित्याक्षीस्त्वं हि धर्मभृतांवर॥

पण्डितगण कहते हैं कि,श्रृगाल के मांस से श्वानमांस अपकृष्ट है और उसकी जंघा का मांस अत्यन्त हेय है, विशेषतः अयोग्य चाण्डाल का धन अपहरण करना अत्यन्त ही धर्म गर्हित है। इसलिये ऐसे कार्य में उद्योग करना आपने लिये उचित नहीं है अतः जीवन धारण के लिये दूसरा कोई उत्तम उपाय अवलम्बन कीजिये। मांस के लोभ से तपस्या को विनष्ट न करें। शास्त्रोक्त धर्म अवगत होकर भी धर्मसंकर-विधान में प्रवृत्त नहीं होना चाहिये। आप धार्मिक लोगों में प्रधान हैं, आपको धर्मत्याग करना कभी उचित नहीं है। उसका इस प्रकार वाक्य सुनकर विश्वामित्र जी ने कहा–

निराहारस्य सुमहान् मम कालोऽभिधावतः।
न विद्यतेऽप्युपायश्च कश्चिन्मे प्राणधारणे॥
येन येन विशेषेण कर्मणा येन केनचित्।
अभ्युज्जीवेत् साद्यमानः समर्थो धर्ममाचरेत्॥
ऐन्द्रो धर्म क्षत्रियाणां ब्राह्मणानामथाग्निकः।
ब्रह्मवन्हिर्मम बलं भक्ष्यामि शमयन् क्षुधाम्॥

यथा तथैव जीवेद्धि तत् कर्त्तव्यमहेलया।
जीवितं मरणाच्छ्रेयो जीवन् धर्ममवाप्नुयात्॥
सोऽहं जीवितमाकाङ्क्षन्नभक्ष्यस्यापि भक्षणम्।
व्यवस्ये बुद्धिपूर्वं वै तद्भवाननुमन्यताम्॥
बलवन्तं करिष्यामि प्रणोत्स्याम्यशुभानि तु।
तपोभिर्विद्यया चैव ज्योतींषीव महत्तमः॥

मैं अनाहारी होकर बहुत दिनों से इतस्ततः भ्रमण कर रहा हूँ, परन्तु प्राणरक्षार्थ कहीं कुछ नहीं प्राप्त हुआ। शास्त्र की आज्ञा है कि, अवसन्न होने पर किसी न किसी प्रकार से प्राण धारण करना चाहिये, तदनन्तर समर्थ होने पर धर्माचरण करना चाहिए। क्षत्रियगण को इन्द्र की तरह और ब्राह्मणगण को अग्नि की तरह धर्म अवलम्बन करना उचित है इसलिये सर्वभुक् अग्नि की तरह क्षुधाशान्ति के लिये मैं कुक्कुरमांस भोजन कर लूंगा। जिससे जीवन की रक्षा हो सकती है, ऐसा उपाय विचार रहित होकर सर्वथा करना चाहिए। मृत्यु की अपेक्षा प्राणरक्षा करना श्रेयस्कर है, क्योंकि जीवित रहने पर धर्मानुष्ठान अनायास ही किया जा सकता है। इसलिये प्राणरक्षा की इच्छा से मैंने अभक्ष्य भक्षण का विचार किया है। तुम उसका अनुमोदन करो। मैं जीवित रहने पर धर्मानुष्ठान कर सकूँगा और तप व विद्या के प्रभाव से समस्त अशुभों का नाश कर दूंगा। इस बात को सुनकर चाण्डाल ने कहा–

नैतत् खादन् प्राप्नुते दीर्घमायु–
र्नैव प्राणान्नामृतस्येव तृप्तिः।
भिक्षामन्यां भिक्ष मा ते मनोऽस्तु
श्वभक्षणे श्वा ह्यभक्ष्यो द्विजानाम्॥

इस कुक्कुरमांस भोजन द्वारा आपको सुदीर्घ आयु या अमृत पान के तुल्य तृप्ति लाभ नहीं होगा अतः आप अन्य वस्तु के लिये भिक्षाटन कीजिए, श्वानमांस नितान्त अभक्ष्य लिखा है। विश्वामित्र जी ने कहा–

न दुर्भिक्षे सुलभं मांसमन्यत्
श्वपाक मन्ये न च मेऽस्ति वित्तम्।
क्षुधार्त्तश्चाहमगतिर्निराशः
श्वमांसे चास्मिन् षड्रसान साधु मन्ये॥
स्थाने भवेत् स यशः प्रेत्यभावे

निःसंशयः कर्मणां वै विनाशः।
अहं पुन र्व्रतनित्यः शमात्मा
मूल्यं रक्ष्यं भक्षयिष्याम्यभक्ष्यम्॥
बुद्धात्म के व्यक्तमस्तीति पुण्यम्
मोहात्मके यत्र यथा श्वभक्ष्ये।
यद्यप्येतत्संशयात्मा चरामि
नाऽहं भविष्यामि यथा त्वमेव॥

इस दुर्भिक्ष के समय अन्य मांस सुलक्ष नहीं है और मेरे पास अर्थ भी नहीं है, विशेषतः अधिक क्षुधातुर होने से प्राणरक्षार्थ निरुपायता के कारण मुझे इस समय श्वानमांस ही मधुर षड्रस युक्त प्रतीत हो रहा है। प्रायोपवेशन द्वारा प्राणत्याग करना श्रेयस्कर है तो सही, परन्तु जिसको जीने की इच्छा है, उसके लिये अनाहार द्वारा शरीर शुष्क करना अत्यन्त गर्हित है, उससे अवश्य ही धर्म लोप होता है। फलतः देह की रक्षा विशेष कर्त्तव्य है। यदि श्वानमांस भोजन द्वारा मुझे सामान्य पाप में लिप्त होना भी पड़े, तो भी मैं व्रतादि द्वारा उस पाप का निराकरण कर सकूंगा। सूक्ष्म बुद्धि द्वारा विचार कर देखने से आपत्काल में श्वानमांस भोजन निर्दोष प्रतिपन्न होता है और मोहबुद्धि द्वारा विचार करने से ऐसा कार्य दोषयुक्त प्रतीत होता है। यों कुछ हो यदि मेरा श्वान मांस भोजन कुछ दोषयुक्त भी हो, तथापि उससे मुझे तुम्हारे ऐसा चाण्डाल बनना नहीं पड़ेगा, क्योंकि उस पाप को निराकृत करने की शक्ति मुझ में विशेष फल से विद्यमान है।

अथास्य बुद्धिरभवत् विधिनाहं श्वजाघनीम्।
भक्षयामि यथाकामं पूर्वं सन्तर्प्य देवताः॥
ततोऽग्निमुपसंहृत्य ब्राह्मेण विधिना मुनिः।
ऐन्द्राग्नेयेन विधिना चरुं श्रपयत स्वयम्॥
ततः समारभत्कर्म दैवं पित्र्यञ्च भारत्
आहूय देवान् इन्द्रादीन् भागं भागं विधिक्रमात्॥
एतस्मिन्नेव काले तु प्रववर्ष स वासवः।
सञ्जीवयन् प्रजाः सर्वा जनयामास चौषधीः॥
विश्वामित्रोऽपि भगवांस्तपसा दग्धकिल्विषः।
कालेन महता सिद्धिमवाप परमाद्भुताम्॥
स संहृत्य च तत्कर्म अनास्वाद्य च तद्धविः।
तोषयामास देवाँश्च पितृंश्च द्विजसत्तम॥

इस प्रकार बातचीत होने के बाद महर्षि विश्वामित्र जी ने उस श्वानमांस को ले लिया और वन में जाकर दैव और पितृकार्य करने लगे। मांस अपहरण के बाद उनकी यह इच्छा हुई कि, विधिपूर्वक प्रथम देवताओं को समर्पण करके पश्चात् मांस भोजन करेंगे। इस प्रकार चिन्ता करके महातपा विश्वामित्र जी ने ब्राह्म विधि से अनुसार अग्नि आहरण करके ऐन्द्राग्नेय विधि के अनुसार स्वयं उसका चरु प्रस्तुत कर लिया। तदनन्तर उस मांस द्वारा प्रस्तुत चरु को अंश-अंश करके इन्द्रादि देवताओं को आह्वान कर देव और पितृ कार्य विधि के अनुसार समर्पण करने लगे। इतने में महर्षि विश्वामित्र तपः प्रभाव से द्वादश वर्ष के बाद इन्द्र देव ने प्रचुर वारि वर्षण कर दिया और प्रजाओं को सञ्जीवित करके औषधी व धनधान्य की उत्पत्ति कर दी। महर्षि विश्वामित्र जी ने तपस्या के द्वारा चाण्डाल-मांस-ग्रहण-जन्य पाप से मुक्त होकर परम सिद्धि प्राप्त की। उन्होंने पूर्वकृत पाप कर्म को संहार करके उस मांस युक्त हवि का भोजन न करने पर भी देवता और पितरों को सन्तुष्ट कर दिया।।२७।।

अब चौथा वर्णन कर रहे हैं:-

सर्व्वकल्याणसाधकः साधारणधर्मः।।२८।।

अनुवाद-साधारण धर्म सब का कल्याण करने वाला है।।२८।।

भाष्य-मानव धर्म के चार भेदों में से साधारण धर्म चतुर्थ है, जो सर्व कल्याण साधक है। साधारण धर्म वह कहलाता है कि जिसको क्या आर्य जाति, क्या अनार्य जाति, क्या पुरुष, क्या स्त्री, क्या गृहस्थ, क्या संन्यासी, चाहे किसी वर्ण, चाहे किसी आश्रम, अथवा किसी अधिकार का व्यक्ति हो उसको समान रूप से पालन कर सकता है। साधारण धर्मों के विषय में स्मृति शास्त्र में ऐसा कहा है:-

"धीर्विद्या सत्यमक्रोध औदार्य्यं समदर्शिता।
परोपकारनिष्कामभावप्रभृतयः शुभा।।
साधारणस्य धर्मस्य विद्यन्ते वृत्तयो ध्रुवम्।।"
"धृतिः क्षमा दमोऽस्तेयं शौचमिन्द्रियनिग्रहः।
धीर्विद्या सत्यमक्रोधो दशकं धर्मलक्षणम्।।"

धृति, क्षमा, दम, अस्तेय, शौच, इन्द्रियनिग्रह, धी, विद्या, सत्य, अक्रोध

तथा परोपकार, निष्कामभाव, उदारता, समदर्शिता इत्यादि साधारण धर्म की शुभ वृत्तियाँ हैं।।२८।।

उसके अङ्ग कहे जाते हैं:–

तदङ्गत्रैविध्यं त्रिभेदवत्।।२९।।

अनुवदा–सृष्टि के त्रिभेद के समान उसके तीन अङ्ग हैं।।२९।।

भाष्य–जैसे सृष्टि के स्वाभाविक तीन भेद देखने में आते हैं, यथा:–त्रिगुण त्रिभाव, त्रिदेव आदि। इसी प्रकार साधारण धर्म के भी तीन भेद हैं, यथा-दान तप और यज्ञ। इस विषय में उपनिषद् तथा स्मृति-शास्त्र में भी कहा है:–

यज्ञदानतपः कर्म न त्याज्यं कार्यमेव तत्।
यज्ञो दानं तपश्चैव पावनानि मनीषिणाम्।।
एतान्यपि तु कर्माणि संगं त्यक्त्वा फलानि च।
कर्त्तव्यानीति मे पार्थ! निश्चितं मतमुत्तमम्।।
अङ्गानां त्रिविधं रूपं युष्माभिरवधार्यताम्।
यज्ञो दानं तपस्त्रीणि धर्माङ्गानि प्रधानतः।।

यज्ञ, दान और तप इन कर्मों को त्यागना नहीं चाहिये, क्योंकि यज्ञ, दान और तप श्रेष्ठ व्यक्तियों को पवित्र करने वाले हैं। आसक्ति हित होकर कर्त्तव्य बुद्धि से इन कर्मों को करना चाहिये। धर्माङ्गों के त्रिविध रूप आप लोग श्रवण करें। यज्ञ, दान और तप ये ही तीन प्रधान धर्माङ्ग हैं।

इस विषय को यों भी समझ सकते हैं कि, सृष्टि के तीन विभाग हैं, यथा–अध्यात्म, अधिदैव और अधिभूत। सृष्टि के ज्ञान सम्बन्धीय विभाग को अध्यात्म, क्रिया सम्बन्धीय विभाग को अधिदैव और स्थूल पांच भौतिक विभाग को अधिभूत कहते हैं। अध्यात्म विभाग के चालक ऋषि, अधिदैव विभाग के संचालक देवता और अधिभूत विभाग के संचालक पितृगण हैं। जिस प्रकार कार्य ब्रह्मरूपी सृष्टि के तीन विभाग हैं, उसी प्रकार सृष्टि का नियन्ता रूपी धर्म भी तीन अङ्गों में विभक्त हैं।।२९।।

प्रथम अङ्ग यज्ञ का लक्षण कहा जा रहा है:–

अभ्युदयनिःश्रेयस्करो व्यापारविशेषो यज्ञः।।३०।।

अनुवाद–अभ्युदय और निःश्रेयस्कर व्यापार विशेष को यज्ञ कहते हैं।।३०।।

भाष्य—मानव धर्म के तीन अंगों में से सब से प्रधान यज्ञ है। वह यज्ञ धर्म प्रधान आवश्यकीय है, क्योंकि उसके भेद के अनुसार ही वेद के काण्डत्रय का विभाग है। मनुष्य को अभ्युदय और निःश्रेयस देनेवाले वेद और शास्त्रोक्त व्यापार विशेष को यज्ञ कहते हैं। यज्ञ का लक्षण इतना विस्तृत है कि, किसी शास्त्र में धर्म मात्र को यज्ञ कहते हैं, यथा—श्री गीतोपनिषद् में:—

द्रव्ययज्ञास्तपोयज्ञा योगयज्ञास्तथापरे।
स्वाध्यायज्ञानयज्ञाश्च यतयः संशितव्रताः॥

इत्यादि।

कोई-कोई द्रव्ययज्ञ, तपोयज्ञ और योग यज्ञ का अनुष्ठान करते हैं और दृढ़व्रत यतिगण स्वाध्याय और ज्ञान यज्ञ का अनुष्ठान करते हैं।

परन्तु इस सूत्र में पूज्यपाद महर्षि सूत्रकार का केवल यज्ञ नामक प्रधान धर्माङ्ग से ही तात्पर्य है, अर्थात् पूर्व सूत्र में जो साधारण धर्म के तीन अङ्ग कहे गये हैं उनमें से केवल प्रथम अङ्ग को ही यज्ञ शब्द वाच्य समझना उचित है॥३०॥

उसका भेद कह रहे हैं:—

स त्रिविधः काण्डत्रय-बोध्यत्वात्॥३१॥

अनुवाद—काण्डत्रय-बोध्य होने से वह तीन प्रकार का है॥३१॥

भाष्य—वेद के तीन काण्ड हैं, यथाः—कर्म, उपासना और ज्ञान। उसी वैदिक त्रिकाण्ड के अनुसार यज्ञ भी कर्म यज्ञ, उपसाना यज्ञ और ज्ञान यज्ञ रूप से तीन भागों में विभक्त है। यथा—स्मृति में:—

तेषु यज्ञः प्रधानः स्यात्तस्य भेदास्त्रिधाः मताः।
ज्ञानोपासनकर्माणि यदुक्तानि मनीषिभिः॥
यज्ञधर्म विभेदास्तु मुनीनां बहवो मताः॥
कर्मज्ञानोपासनाख्या भेदा मुख्यास्त्रयः स्मृताः॥

धर्म के प्रधान अङ्ग यज्ञ के तीन भेद हैं, यथा, ज्ञान-यज्ञ, उपासना यज्ञ और कर्म यज्ञ॥३१॥

यज्ञ में प्रधानत्व निर्णय किया जाता है:—

मानसो गरीयान् संस्कारप्राधान्यात्॥३२॥

अनुवाद–संस्कार प्रधानता होने से मानस यज्ञ श्रेष्ठ हैं॥ ३२॥

भाष्य–स्मृति शास्त्र में भी लिखा है:–

उत्तमो मानसो यागो मध्यमं बहिरर्चनम्।

मानस याग उत्तम और बहिर्याग मध्यम है।

इस संसार की सृष्टि, स्थिति और लय का कारण मन है और दूसरी ओर संस्कार ही सबका आदि कारण है और संस्कार सबसे बलवान् भी है। अस्तु संस्कार में मन के सम्बन्ध की अधिकता होने के कारण मानस याग की सर्वश्रेष्ठता मानी गयी है॥३२॥

प्रसंग से संकल्प की प्रधानता बताई जाती है:–

अतो धर्म्मे प्राधान्यं संकल्पस्य॥३३॥

अनुवाद–इस कारण धर्म में संकल्प का प्राधान्य है॥३३॥

भाष्य–पूर्व सूत्र में मानस याग के विज्ञान द्वारा मानस याग की प्रधानता सिद्ध होने से यह भी स्वतः सिद्ध हुआ कि, संस्कार का उत्पन्न करने वाला संकल्प ही है। इस कारण सब प्रकार के धर्म में संकल्प की प्रधानता है, ऐसा समझना उचित है। चाहे कर्म यज्ञ हो, चाहे उपासना यज्ञ हो, चाहे ज्ञान यज्ञ हो अथवा धर्म के दानादि और कोई अङ्ग हो, उसके कर्त्ता का जैसा संकल्प होगा वैसा ही उसको फल मिलेगा। कर्त्ता का संकल्प यदि सात्त्विक हो तो सात्त्विक फल मिलेगा, यदि राजसिक हो तो राजसिक फल मिलेगा, यदि तामसिक हो तो तामसिक फल मिलेगा और यदि निष्काम हो तो सर्वोच्च फल निःश्रेयस मिलेगा। वैदिक, तान्त्रिक आदि यज्ञों में इसी कारण संकल्पमन्त्र को ही प्रधान रखकर कार्य आरम्भ किया जाता है॥३३॥

प्रसंग से कहा जाता है:–

शपथोपयोगित्वमतः॥३४॥

अनुवाद–इसी कारण शपथ की उपयोगिता मानी गयी है॥३४॥

भाष्य–धर्म के जितने प्रधान संस्कार देखने में आते हैं, यथा:–यज्ञोपवीत धारण के अनन्तर ब्रह्मचर्य, उद्वाह, वानप्रस्थ, कुटीचक, बहूदक आदि सन्यास भेद अथवा गुरु दीक्षा के नाना भेद सब में प्रथम प्रतिज्ञा कराकर तब अधिकार दिया जाता है। संकल्प की प्रधानता सब धर्माङ्गों में होने के कारण संस्कार-उत्पादक

शपथ की उपयोगिता सब प्रकार के संस्कार के आरम्भ में विज्ञान सिद्ध है। शपथ के द्वारा जो संस्कार अन्तःकरण में अङ्कित हो जाता है, वही बीज रूप रहकर साधक के धर्मोन्नति रूप फलोत्पत्ति का कारण बनता है।।३४।।

कर्मयज्ञ के प्रथम भेद कह रहे हैं:–

नित्य-नैमित्तिक-काम्यभेदात् त्रिविधं कर्म।।३५।।

अनुवाद–नित्य नैमित्तिक और काम्य भेद से कर्म त्रिविध होते हैं।।३५।।

भाष्य–जिन विहित कर्म्मों के करने से विशेष पुण्य नहीं होता, परन्तु न करने से पाप होता है, ऐसे कर्म को नित्य कर्म कहते हैं, यथा– सन्ध्योपासनादि। जिन विहित कर्मों के न करने से पाप नहीं होता परन्तु करने से विशेष पुण्य होता है ऐसे कर्म यज्ञ को नैमित्तिक कर्म कहते हैं, यथा–देवमन्दिर प्रतिष्ठादि। जिन विहित कर्मों के करने से साधक को विशेष कामना फलीभूत होती है, उस कर्म यज्ञ को काम्य कर्म कहते हैं, यथा–पुत्रेष्टि यागादि। नित्य नैमित्तिक और काम्य कर्मों का अनेक विस्तार वेद और वेदसम्मत स्मृति पुराण तन्त्रापि शास्त्रों में वर्णित है, यथा–स्मृति शास्त्र में कहा है:–

निरूपितास्त्रयो भेदाः शास्त्रेष्वेतस्य कर्मणः।
नित्यं नैमित्तिकं काम्यमिति वच्म्यथ लक्षणम्।।
विशिष्टं यदनुष्ठाने पुण्यं नाप्नोति मानवः।
तन्नित्यं प्रत्यवायश्चाऽकरणे यस्य निश्चितः।।
यथा सन्ध्योपासनादावकृते प्रत्यवायिता।
कृतेऽपि नियमेनैव पुण्यं किञ्चिन्न लभ्यते।।
कृते यस्मिन् फलप्राप्तिरकृते तु न पातकम्।
एतन्नैमित्तिकं प्रोक्तं यथा तीर्थादिसेवनम्।।
काम्यं तत् कार्यसिद्ध्यर्थं सकामो विदधाति यत्।
यथाऽनपत्यः पुत्रेष्टियागाद्यत्रानुतिष्ठति।।

शास्त्र में ऐसे कर्म के तीन भेद कहे हैं, यथा–नित्य, नैमित्तिक और काम्य। मैं इन तीनों के लक्षण-भेद कहता हूँ। जिस कर्म का अनुष्ठान करने से मनुष्यों को कोई विशेष पुण्य नहीं होता और न करने से प्रत्यवाय होता है, उसे नित्य कर्म कहते हैं, जैसे सन्ध्या न करने से प्रत्यवाय होता है और नियमपूर्वक करने से कोई विशेष पुण्य नहीं होता है। जिसको करने से फल होता है और न करने से पातक नहीं लगता है, उसे नैमित्तिक कर्म कहते हैं, जैसे–तीर्थ यात्रा सेवन

आदि। काम्य कर्म उसे कहते हैं जो कोई कामना मन में रखकर उस कार्य की सिद्धि के लिये किया जाता है:—जैसे पुत्रहीन मनुष्य पुत्रेष्टि आदि यागों का अनुष्ठान करते हैं।।३५।।

अब दूसरे विभाग कहे जाते हैं।

भावत्रय-सम्बन्धाच्च।।३६।।

अनुवाद—त्रिभाव भेद से भी त्रिविध हैं।।३६।।

भाष्य—सृष्टि के सब पदार्थ तीन भाव में विभक्त हैं, उन्हीं को अध्यात्म, अधिदैव और अधिभूत कहते हैं। इनका विस्तारित विवरण दैवी मीमांसा (मध्यमीमांसा) दर्शन में वर्णित है। इन्हीं भावत्रय के अनुसार कर्म यज्ञ पुनः तीन भागों में विभक्त है। आत्मा का ज्ञान प्रकाश जो विशेष कर्म है, उसको अध्यात्म यज्ञ कहते हैं, यथा—पुस्तक प्रणयनादि। विशेष अधिदैव शक्ति उत्पादक, शास्त्र और आचार्य्यानुमोदित जो कर्म हैं, उनको अधिदैव यज्ञ कहते हैं, यथा—रोग शान्ति के अर्थ अनुष्ठानादिक। दूसरे भूतों की तृप्ति द्वारा जो अपूर्व फल की उत्पत्ति करने वाले विहित कर्म हैं उनको अधिभूत यज्ञ कहते हैं, यथा—ब्राह्मण भोजनादि। स्मृति शास्त्र में कहा है:—

आध्यात्मिकं तथा चाधिदैविकञ्चाधिभौतिकम्।
क्रियते यत् स्वधर्मस्य स्वदेशस्योपकारकम्।।
ज्ञानानुशीलनं यत्र ज्ञेयमाध्यात्मिकं हि तत्।
देवानां कार्यमुद्दिश्य यत्र यागादिकं भवेत्।
तादृशं सकलं कर्म विज्ञेयं ह्याधिदैविकम्।।
तच्चाधिभौतिकं कर्म सर्वभूतार्थमेव यत्।।
दीयतेऽत्रातिथिभ्योऽन्नं भोज्यन्ते ब्राह्मणादयः।

स्वधर्म और स्वदेश के उपकार के लिये ज्ञान का जो अनुशीलन किया जाता है, उसे आध्यात्मिक कर्म जानना चाहिये। देवताओं के कार्य का उद्देश्य रखकर जो याग आदि कर्म किये जाते हैं, वे आधिदैविक कर्म समझने चाहियें और प्राणि मात्र के लिये जो कर्म किया जाता है, जैसे अतिथि को अन्न देना या ब्राह्मणों को भोजन करना आदि, ये सब आधिभौतिक कर्म हैं।।३६।।

अब यज्ञ के कर्म यज्ञ से अतिरिक्त अन्य अङ्गों का वर्णन किया जाता है।

बहुविधे ज्ञानोपासने।।३७।।

अनुवाद—उपासना-यज्ञ और ज्ञान-यज्ञ के बहु भेद हैं।।३७।।

भाष्य–इस दर्शन के साथ कर्म का विशेष सम्बन्ध होने के कारण कर्म यज्ञ के सब अङ्गों का वर्णन पूर्व सूत्रों में करके अब इस सूत्र द्वारा उपासना- यज्ञ और ज्ञान यज्ञ का केवल दिग्दर्शन कराया गया है। दैवी मीमांसा अर्थात् मध्य मीमांसा के अनुसार उपासना यज्ञ के अनेक भेद हैं। उनमें से क्रिया सिद्धांश के अनुसार मन्त्रयोग, हठयोग, लययोग और राजयोग, ये चार भेद हैं और उपास्य भेद के अनुसार आसुरी शक्ति की उपासना, ऋषि, देवता और पितृ-उपासना, लीला विग्रहोपासना (अवतारोपासना) सगुणपञ्चोपासना और निर्गुण ब्रह्मोपासना, इस प्रकार पांच भेद हैं और ब्रह्म मीमांसा अर्थात् उत्तर मीमांसा के अनुसार ज्ञान यज्ञ के तीन प्रधान अङ्ग हैं। यथा–श्रवण, मनन और निदिध्यासन।।३७।।

अब साधारण धर्म के दूसरे अङ्ग का वर्णन करते हैं:–

द्वन्द्वराहित्यहेतुर्व्यापारविशेषस्तपः।।३८।।

अनुवाद–द्वन्द्वराहित्यहेतु व्यापार विशेष को तप कहते हैं।।३८।।

भाष्य–सुख दुःख तथा शीत उष्ण आदि जो द्वन्द्व हैं, उनकी उपेक्षा न करके उनको समान रूप से सहकर जो विशेष शक्ति की प्राप्ति की जाती है उसको तप कहते हैं। सुख दुःख आदि मानसिक द्वन्द्व युक्त वृत्तियां तथा बोलना न बोलना आदि वाचनिक द्वन्द्व के कार्य तथा शीत उष्ण सहना आदि शारीरिक द्वन्द्व के कार्यों को समान रूप से सहकर साधक जो एक विशेष संस्कार और शक्ति की प्राप्ति करता है उसको तप कहते हैं। उदाहरण रूप से समझना उचित है कि, प्रत्येक श्वान में मृगया करने की शक्ति नहीं होती है, उसको बाँध रखने से उसमें वह शक्ति उत्पन्न होती है। उसी प्रकार द्वंद्वों के भोग द्वारा जो शक्ति का नाश होता है, उनको सह लेने से वे शक्तियां नष्ट न होकर साधक में एकत्रित हो जाती हैं। वे ही तपः शक्ति कहलाती हैं। ऐसी तपः शक्ति संग्रह की क्रिया को तप कहते हैं। स्मृति शास्त्र में भी कहा है:–

शरीरचित्तयोः सर्वसौख्यं त्यक्त्वा शनैः शनैः।
तयोर्निर्द्वन्द्वधर्मित्वापादानं तप उच्यते।।

शरीर और मन का सब सुख धीरे-धीरे त्याग करके दोनों की निर्द्वन्द्व दशा प्राप्ति को तप कहते हैं।

यथैकत्र दृढैः पाशैः पशोर्बद्धस्य सन्ततम्।
प्रवर्द्धन्तेऽधिकं कायवेगविक्रमशक्तयः।।

एवं कायमनोऽक्षाणां वर्द्धते नितरां बलम्।
तपसि स्थापनादेव सुखभोगविवर्जनात्॥

एक ही स्थान में दृढ़ रज्जु से निरन्तर बँधे हुए पशु के जिस प्रकार कायवेग और पराक्रम आदि की शक्तियां अधिक प्रबल हो जाती हैं, उसी प्रकार काया, मन और इन्द्रियों को तप में लगा देने से और उनके सुख भोग को त्याग कर देने से उनका बल अत्यन्त बढ़ जाता है॥३८॥

तप का भेद वर्णन कर रहे हैं।

त्रिविधं तत्॥३९॥

अनुवाद–तप के तीन भेद हैं॥३९॥

भाष्य–धर्म के पूर्व कथित यज्ञ रूपी अङ्गों का वर्णन पूर्व सूत्रों में करके अब धर्म के द्वितीय अङ्ग तप का वर्णन करके इस सूत्र द्वारा जगत् पवित्र कर तप धर्म के भेद कह रहे हैं। तप की महिमा वेदों में बहुत कुछ कही गई है। तप के द्वारा ब्रह्मा, विष्णु, महेश सृष्टि स्थितिलय कार्य करते हैं। तप के प्रभाव से ही ऋषि देवता पितृगण अपने-अपने दैवीकार्य सम्पादन करने में समर्थ होते हैं। जगत् में सब अलौकिक कार्य तप के द्वारा सम्पादित हो सकता है। तप धर्म के तीन प्रधान भेद हैं, यथा–शारीरिक तप, वाचनिक तप और मानसिक तप। साधारण मानसिक तप, वाचनिक तप और शारीरिक तप के विषय में श्रीगीतोपनिषद् में कहा है कि:–

देवद्विजगुरुप्राज्ञपूजनं शौचमार्जवम्।
ब्रह्मचर्यमहिंसा च शारीरं तप उच्यते॥
अनुद्वेगकरं वाक्यं सत्यं प्रियहितं च यत्।
स्वाध्यायाभ्यसनं चैव वाङ्मय तप उच्यते॥
मनः प्रसादः सौम्यत्वं मौनमात्मविनिग्रहः।
भावसंशुद्धिरित्येतत्तपो मानसमुच्यते॥

देवता, ब्राह्मण, गुरु और विद्वान् की पूजा करना, पवित्र रहना, सरलता, ब्रह्मचर्य रखना और अहिंसा ये शारीरिक तप कहलाते हैं। सत्य प्रिय और अनुद्वेगप्रद और हितकर वाक्य बोलना और स्वाध्याय ये वाचनिक तप कहलाते हैं। मन की प्रसन्नता और सौम्य भाव, मौन भाव, आत्म विनिग्रह, भावशुद्धि ये मानसिक तप कहलाते हैं॥३९॥

अब साधारण धर्म के तीसरे अङ्ग का वर्णन किया जाता है:–

परस्वत्वजनको व्यापार-विशेषो दानम्॥४०॥

अनुवाद–परस्वत्व को उत्पन्न करने वाले व्यापार विशेष को दान कहते हैं॥४०॥

भाष्य–दान धर्म साधारण धर्म का तीसरा अङ्ग है। अपनी वस्तु को सब प्रकार का अपना स्वत्व न रखकर अन्य व्यक्ति को दे देने को दान कहते हैं। वस्तुतः दान-धर्म बाह्य रूप से सब अङ्गों की अपेक्षा सहज है, क्योंकि इसमें यज्ञ और तप के समान साधन की कठिनाई नहीं है। केवल स्वत्व त्याग ही इसका विज्ञान है। स्मृति में कहा है:–

स्वसम्बन्धमपाकृत्य यदन्यस्मै प्रदीयते।
दद्दानमिति सामान्यलक्षणं मुनयो विदुः॥
तत्रापि दत्तवस्तुभ्यः सम्बन्धं मानसं स्वतः।
सर्वथा क्षपयेद्योऽसौ स वदान्यशिरोमणिः॥
अतीव दुष्करन्त्वेतत् कर्म प्रोक्तं मनीषिभिः।
यदपाक्रियते चित्तसम्बन्धश्चिरसम्भृतः॥

अपना सम्बन्ध छोड़कर जो कुछ दूसरे को दिया जाता है, उसे दान कहते हैं। पुनः दी हुई वस्तु से जो अपना मानस सम्बन्ध त्याग देता है वह दानियों में श्रेष्ठ है। परन्तु चिरकाल से संलग्न चित्त के सम्बन्ध को छोड़ देना, यह कर्म अत्यन्त कठिन है ऐसा विद्वानों का मत है॥४०॥

उसे भेद कह रहे हैं:–

तत् त्रिविधम्॥४१॥

अनुवाद–उसके तीन भेद हैं॥४१॥

भाष्य–महर्षियों ने दान यज्ञ के तीन मुख्य भेद कहे हैं, यथा–अभयदान, ब्रह्मदान और अर्थदान। इष्टोपासना की पद्धति अथवा तत्त्व ज्ञान के दान के द्वारा गुरुदेव अथवा ज्ञानी व्यक्तिगण जो शिष्य अथवा जिज्ञासु को भयरहित मुक्ति पद के पथ का प्रदर्शन कराते हैं उसको अभयदान कहा जाता है। विद्या दान को ब्रह्मदान कहते हैं। और अन्न, वस्त्र, भूमि, कन्या, धन, रत्न, ऐश्वर्य आदि के दान को अर्थदान कहते हैं। धर्म के यज्ञ, तप और दानरूपी त्रिविध अंगों में से दानधर्म के भेद के विषय में स्मृति शास्त्र में कहा है:–

दानमर्थस्य विद्याया अभयस्येति च द्विजाः।
इत्येवं त्रिविधं दानं मया पूर्वमुदीरितम्॥
भवत्यभयदानं तद् गुरुणा करुणावशात्।
संसारभयनाशाय सम्यग् यदुपदिश्यते॥
संसारभयसंत्रस्तजीवानामबिभीषताम्।
शक्ताः सद्गुरवस्तत्र भयं मुख्यं व्यपोहितुम्॥
यस्मात् सर्वेऽभयं दातुं नैव शक्ताः क्षितौ जनाः।
तस्मादनुपयोगित्वाद्दानमेतदुपेक्ष्यते॥
विद्यादानञ्चार्थदानमालोच्येते ततोऽधुना।
तत्र पूर्वं ब्रह्मदानापरपर्य्यायमुच्यते॥
कायेन मनसार्थेन विद्यावृद्धिमिहेच्छता।
यद्दानं दीयते सम्यग् ब्रह्मदानं तदीर्यते।
स्थापनं पाठशालानां महाविद्यालयस्य च।
दुर्लभप्राक्तनानर्घ्यपुस्तकानां प्रकाशनम्॥
तथा विरचनं नव्यग्रन्थानामुपयोगिनाम्।
दानञ्च पुस्तकदीनां विद्यार्थिभ्योऽथ पाठनम्॥
एवं लेखनशैलीनां हितबुद्ध्या प्रवर्तनम्।
ज्ञेयान्येतान्यपि ब्रह्मदानान्तर्भावितानि वै॥
हस्त्यश्वरथवस्त्रान्नकन्यारत्नावनीगृहम्।
दीयते श्रद्धया यत्र चेतनाचेतनात्मकम्॥
धनैश्वर्यादिकं सर्वं दीयमानमथार्थिने।
ऋषिभिः प्रोच्यते सम्यगर्थदानमिति स्फुटम्॥

हे द्विजों! अर्थ दान, विद्यादान और अभयदान इस प्रकार से त्रिविध दान होता है, यह मैं पहले ही कह चुका हूं। जब सद्गुरु करुणायुक्त होकर संसार का भयनाश करने के लिये उत्तम उपदेश करते हैं। तब उसे अभयदान कहते हैं। संसार भय से व्याकुल और अभय चाहने वाले जीवों के मुख्य भय का नाश करने के लिये सद्गुरु ही समर्थ हैं। परन्तु पृथ्वी पर सभी लोग अभयदान देने में समर्थ नहीं हैं, अतः सर्वसाधारण के पक्ष में इसकी विशेष उपयोगिता न होने के कारण इस दान के विषय में साधारणतः उपेक्षा की जाती है। विद्यादान, एवं धनदान की यहां पर आलोचना की जाती है। दोनों में प्रथम विद्यादान है और इसी को ब्रह्मदान

भी कहते हैं। काया, मन और धन द्वारा विद्यावृद्धि की इच्छा से जो दान दिया जाता है, उसे उत्तम ब्रह्मदान कहते हैं। पाठशाला और महाविद्यालयों की स्थापना करना, दुर्लभ और बहुमूल्य प्राचीन पुस्तकों को प्रकाश करना, नवीन उपयोगी ग्रन्थों का निर्माण करना, विद्यार्थियों को पुस्तकों का दान करना, पढ़ाना, सार्वजनिक कल्याण की बुद्धि से लेखन शैलियों का प्रचार करना ये सभी बातें ब्रह्मदान के अन्तर्गत हैं, ऐसा जानना चाहिए। हाथी, घोड़ा, गाड़ी, वस्त्र, अन्न, कन्या, रत्न, भूमि, घर आदि जो श्रद्धा से दिया जाता है, अर्थात् चेतन या अचेतन धन ऐश्वर्य आदि जो कुछ याचक को दिया गया हो, उसे ऋषिगण स्पष्टतया उत्तम अर्थदना कहते हैं।।४१।।

अब प्रसंग से साधारण धर्म के विस्तृत स्वरूप का वर्णन किया जाता है:—

स चतुर्विंशतिविधः प्रकृतितत्त्ववत्।।४२।।

अनुवाद—प्रकृति तत्त्व की तरह वह चौबीस भागों में विभक्त है।।४२।।

भाष्य—धर्म ब्रह्मशक्ति महामाया का स्वरूप है। इस कारण प्रकृति के चौबीस भेद के अनुरूप जगत् हितकर साधारण धर्म के भी चौबीस भेद कहे गये हैं, अतः स्मृति शास्त्र में ऐसे वचन मिलते हैं:—

साधारणस्य धर्मस्य वर्णयेऽङ्गानि साम्प्रतम्।
आकर्ण्यन्तां भवद्भिश्च सावधानेन चेतसा।।
चतुर्विंशतितत्त्वानां नूनं सन्त्यनुरूपतः।
अङ्गानि पूर्णधर्मस्य चतुर्विंशतिरेव भो।।

इस समय साधारण धर्म का अङ्ग वर्णन करता हूँ ध्यान देकर सुनो, चौबीस तत्त्वों के अनुसार पूर्णावयव साधारण धर्म के चौबीस अंग है। इस संख्या का विवरण इस प्रकार से है, यथा—दान के तीन, तप के तीन, कर्म यज्ञ के छः, उपसाना के नौ और ज्ञानयज्ञ के तीन भेद माने गये हैं।।४२।।

और भी कहा जाता है:—

प्रत्येकं त्रिविधं त्रिगुणात्मकत्वात्।।४३।।

अनुवाद—त्रिगुणात्मक होने से प्रत्येक त्रिविध है।।४३।।

भाष्य—समस्त द्वैत प्रपंच त्रिगुणात्मक है; क्योंकि सबकी मूलरूपा मूल प्रकृति त्रिगुणात्मिका है। इस कारण सृष्टि धारक धर्म के सब अङ्गों का

त्रिगुणात्मक होना स्वतः सिद्ध है। अस्तु, पूर्व कथित साधारण धर्म के चौबीस अंगों में से प्रत्येक अङ्ग सात्त्विक, राजसिक तामसिक भेद से त्रिविध होते हैं। इस प्रकार से साधारण धर्म के बहत्तर भेद माने गये हैं। अतः इन बहत्तर अंगों का यदि विचार किया जाय तो, यह सुस्पष्ट प्रतीत होगा कि–पृथ्वी के सब धर्मपंथ और उपधर्म इन्हीं बहत्तर अङ्गों में से किसी न किसी के अवलम्बन से अपने स्वरूप को धारण किया करते हैं। स्मृतिशास्त्र में भी कहा है:–

सर्वत्र व्यापकादस्मात् सर्वजीवहितैषिणः।
धर्मात् सनातनादेव सर्वे धर्माः समुत्थिताः॥
अङ्गानि त्रीणि धर्मस्य दानं यज्ञस्तपस्तथा॥
स्कन्धरूपाणि धर्मस्य शाखिनः पावनानि हि॥
दानञ्चाऽपि त्रिधा प्रोक्तं विद्याऽर्थाऽभयदानतः।
तत्राऽपि गुणभेदेन नवधा दानमीर्यते॥
एवं तपस्त्रिधा ज्ञेयं कायिकं वाचिकं तथा।
मानसञ्चाथ गुणतः प्रत्येकं त्रिविधं पुनः॥
यज्ञधर्मविभेदास्तु मुनीनां बहवो मताः।
कर्मज्ञानोपासनाख्या भेदा मुख्यास्त्रयः स्मृताः॥
कर्मयज्ञस्य षड् भेदा नित्यं नैमित्तिकं तथा।
काम्यमाध्यात्मिकं चैवाऽऽधिदैवञ्चाधिभौतिकम्॥
सत्त्वादिगुणयोगेन भेदास्तत्रापि पूर्ववत्।
अतोऽष्टादशधा कर्म प्रत्येकं गुणयोगतः।
तथैवोपासनायज्ञो मुनिभिर्बहुधा मतः।
पर मुख्यप्रभेदास्तूपासनापद्धतेरिमे॥
उपास्तिर्ब्रह्मणस्त्वाद्या द्वितीया सगुणस्य च।
तृतीया स्मर्यते लीलाविग्रहोपासना बुधैः॥
चतुर्थी पितृदेवर्षिगणानामस्त्युपासना।
अन्तिमा क्षुद्रदेवानां प्रेतादीनां विधीयते॥
अन्येऽपि तस्याश्चत्वारो भेदाः साधनपद्धतेः।
तत्रादिमो मन्त्रयोगः स्थूलध्यानैकसाधनः॥
द्वितीयो हठयोगः स्याज्ज्योतिर्ध्यानैकसाधनः।
लययोगस्तृतीयोऽसौ बिन्दुध्यानविधानकः।
राजयोगोऽन्तिमस्तत्र ब्रह्मध्यानं विधीयते।

भेदा नवानाप्येषां गुणतः सप्तविंशतिः॥
श्रवणं मननञ्चैव निदिध्यासनमेव च।
त्रिधैवं ज्ञानयज्ञोऽपि नवधा स्याद्गुणाश्रयात्॥
इत्यन्वशासुर्धर्मस्य मुख्यान् भेदानशेषतः।
चतुर्विंशतिसंख्याकान् मुनयस्तत्त्वदर्शिनः॥
एतेषामपि धर्माङ्गभेदानां गुणभेदतः।
भेदा द्विसप्ततिर्भूयो भवन्तीति विभाव्यताम्॥

सनातन धर्म सर्व जीव हितकारी और सर्वव्यापक होने के कारण इसी से संसार के सब धर्म निकले हैं। धर्म रूपी वृक्ष के पवित्र स्कन्ध-स्वरूप दान, यज्ञ और तप इस प्रकार से तीन अङ्ग हैं। दान भी तीन प्रकार के होते हैं। विद्यादान, अर्थदान और अभयदान। इनमें से हर एक की सात्त्विक, राजसिक और तामसिक गुण भेदानुसार गणना करने से दान, सब मिलाकर नौ प्रकार का होता है। इस प्रकार से तप भी त्रिविध होता है, यथा–कायिक, वाचिक और मानसिक। इनमें से हर एक सात्त्विकादि गुण भेदानुसार त्रिविध होने के कारण सब मिलाकर तप भी नौ प्रकार का होता है। यज्ञ धर्म के भेद मुनियों के मत से अनेक हैं, किन्तु उनमें कर्मयज्ञ, उपासना यज्ञ और ज्ञानयज्ञ ये ही तीन मुख्य कहे गये हैं। कर्मयज्ञ के छः भेद हैं, यथा–नित्य, नैमित्तिक काम्य, आध्यात्मिक, आधिदैविक और आधिभौतिक। पूर्ववत् सात्त्विकादि गुण भेदानुसार हर एक कर्म तीन-तीन प्रकार के होने से सब कर्म अठारह प्रकार के हैं। इसी तरह मुनियों ने उपासना यज्ञ भी अनेक प्रकार के कहे हैं; परन्तु उपासनापद्धति के मुख्य भेद निम्नलिखित हैं। पहिली ब्रह्मोपासना, दूसरी सगुनोपासना, तीसरी अवतारोपासना, चौथी पितृगण, देवगण और ऋषिगण की उपासना एवं पांचवीं प्रेतादि क्षुद्र देवों की उपासना विज्ञु पुरुषों ने कही है। इनके अतिरिक्त उपासना की साधन पद्धति के और भी चार भेद हैं। उनमें प्रथम मन्त्रयोग है, जिसका साधन स्थूल-ध्यान से होता है। दूसरा हठयोग है, जिसका साधन ज्योति के ध्यान से होता है। तीसरा लययोग है, जिसमें बिन्दु ध्यान करने की विधि है है और चौथा राजयोग है, जिसमें ब्रह्म का ध्यान किया जाता है। इस प्रकार की नवविध उपासना के सात्त्विकादि गुणानुसार २७ भेद हैं। ज्ञानयज्ञ भी श्रवण, मनन और निदिध्यासन इस प्रकार से त्रिविध है। और हर एक सात्त्विकादि गुण भेदानुसार त्रिविध होने से ज्ञानयज्ञ नौ प्रकार का कहा जाता है। तत्त्वदर्शी मुनियों ने इस प्रकार के धर्म के संपूर्ण भेदों में से मुख्य २४ भेद बताये हैं। धर्माङ्गों के इन २४ भेदों के सात्त्विकादि गुणानुसार ७२ भेद होते हैं, यह समझ लेना चाहिये।

अहमेवास्मि भो देवाः! धर्मकल्पद्रुमस्य च।
बीजं मूल तथाधारो नात्र कश्चन संशयः॥
स्कन्धस्तस्य द्रुमस्यास्ते धर्मो वै विश्वधारकः।
मुख्यं शाखात्रयञ्चास्य यज्ञोदानं तपस्तथा॥
ब्रह्मार्थाभयदानानि देवाः त्रैगुण्ययोगतः।
दानस्य प्रतिशाखाः स्युर्नवधा नात्र संशयः॥
तपोऽपि त्रिविधं ज्ञेयं कायवाणीमनोभवम्।
त्रैगुण्ययोगेनास्यापि प्रतिशाखा नवासते॥
प्रतिशाखा अनेकाः स्युः यज्ञशाखासमुद्भवाः।
काम्याऽध्यात्माधिदैवाधिभूतनैमित्यनित्यकाः॥
कर्मयज्ञप्रशाखाया भेदास्त्रैगुण्ययोगतः।
त एवाष्टादशास्या हि प्रतिशाखा मनोहराः॥
पितृदेवर्षिवृन्दानामवतारगणस्य च।
पञ्चानां सगुणब्रह्मरूपाणां निर्गुणस्य च॥
ब्रह्मणश्चासुरौघाणामुपास्तेः पञ्च भक्तितः।
मन्त्रो हठो लयो राज एते योगेन च ध्रुवम्॥
अस्या भेदाश्च चत्वारो भेदा एवं नवाऽऽसते।
एते भेदा नवैवाहो देवाः? त्रैगुण्ययोगतः॥
उपास्ते प्रतिशाखाः स्युः संख्यया सप्तविंशतिः।
श्रवणं मननं चैव निदिध्यासनमेव च।
त्रयोऽमी ज्ञानयज्ञस्य भेदास्त्रगुण्ययोगतः।
नवधा सम्विभक्ता हि प्रतिशाखा नवासते॥
द्विसप्तत्या प्रशाखाभिः शाखाभिश्चैवमेव भोः।
निजानां ज्ञानिभक्तानां धर्मकल्पद्रुमात्मना॥
विराजे स्वान्तदेशेऽहं निर्जराः नात्र संशयः।

मैं ही धर्म कल्पद्रुम का बीज भी हूँ मूल भी हूँ और आधार भी हूँ इसमें कुछ सन्देह नहीं। उस वृक्ष का स्कन्ध विश्वधारक धर्म ही है, उसकी प्रधानता तीन शाखाएं हैं, यथा–यज्ञ, तप, और दान। अर्थदान, ब्रह्मदान और अभयदान के त्रिगुणात्मक होने से दान की नौ प्रतिशाखाएं हैं इसमें सन्देह नहीं है। शारीरिक तप, वाचनिक तप और मानसिक तप के त्रिगुणात्मक होने से तप धर्म की नौ प्रति शाखाएं हैं। यज्ञ शाखा से उत्पन्न प्रति शाखाएं अनेक हैं। नित्य, नैमित्तिक, काम्य

और अध्यात्म्य, अधिभूत और अधिदैव ये कर्म यज्ञ रूपी प्रशाखाओं के भेद हैं। इनके त्रिगुणात्मक होने से कर्मयज्ञ की मनोहर अठारह प्रतिशाखाएं हैं। उपासना यज्ञ के आसुरी उपासना, ऋषि देवता और पितरों की उपासना, अवतारों की उपासना, पञ्च सगुण ब्रह्म रूपों की उपासना और निर्गुण ब्रह्मोपासना ये पांच भक्ति सम्बन्धी भेद हैं। और योग के अनुसार उपासना के मन्त्र, हठ, लय और राज यह चार भेद हैं इस प्रकार से इन्हीं नौ भेदों के त्रिगुणात्मक होने से उपासना की सत्ताईस प्रति शाखाएं हैं। ज्ञान यज्ञ के श्रवण, मनन, निदिध्यासन ये तीन भेद त्रिगुण सम्बन्ध से नवधा विभक्त होकर नौ प्रति शाखाएं होती हैं। हे देवगण इस प्रकार से मैं ही बहत्तर शाखा और प्रति शाखाओं में धर्म कल्पद्रुम रूप से अपने ज्ञानी भक्तों के हृदय-देश में निःसन्देह विराजमान हूँ।।४३।।

अब विशेष भेद कहे जाते हैं,

उपाङ्गानन्त्यं प्रकृतिपरियामानन्तभावात्।।४४।।

अननुवाद–प्रकृति-परिणाम के अनन्त होने से उपाङ्ग अनन्त हैं।।४४।।

भाष्य–साधारण धर्म के बहत्तर अंगों का वर्णन करके अब पूज्यपाद महर्षि सूत्रकार उसका और भी विस्तृत स्वरूप वर्णन कर रहे हैं। त्रिगुणामयी प्रकृति वैषम्य के कारण अनन्त रूप को धारण किया करती है। उसी प्रकार त्रिगुण वैषम्य हेतु पूर्व अंगों से अनन्त उपांग हो सकते हैं। साधारण धर्म के उपांगों के सम्बन्ध में कुछ उदाहरण स्मृतिशास्त्र से नीचे दिये जाता हैं:–

धर्म कल्पद्रुमस्यास्य पत्रपुष्पात्मकान्यहो।
उपाङ्गानि न संख्यातुमर्ह्याणि कैरपि क्वचित्।।
विचित्राणि मनोज्ञानि सन्ति तानि ध्रुवं सुराः।।

इस धर्म कल्पद्रुम के पुष्पात्मक उपाङ्गों की तो संख्या ही किसी से नहीं हो सकती है। वे अतिमनोहर और विचित्र हैं।।४४।।

और भी कहा जाता है:–

त्रिगुणात्मकान्येतानि।।४५।।

अनुवाद–ये सब त्रिगुणात्मक हैं।।४५।।

भाष्य–सर्व व्यापक साधारण धर्म की अनन्तता पूर्व सूत्र में वर्णन की ही गई है। अब उसका और भी अलौकिक विस्तार दिखाया जाता है। दृश्य प्रपञ्च सब ही त्रिगुणात्मक होने के कारण यह स्वतः ही विज्ञान सिद्ध है कि, साधारण धर्म

के अनन्त उपांगों में से यब ही अवश्य त्रिगुण भेद से तीन प्रकार के हुआ करते हैं।।४५।।

और विस्तार कहा जाता है–

उपाङ्गमेकमङ्गभङ्गस्याङ्गनाम्वा भावानन्त्यात्।।४६।।

अनुवाद–भाव के अनन्त होने के कारण एक उपाङ्ग अन्य किसी एक उपाङ्ग हो सकता है या अनेक का भी उपाङ्ग हो सकता है।।४६।।

भाष्य–त्रिगुण भेद से अनन्त उपाङ्गों की अनन्त सत्ता पूर्व सूत्र में वर्णन करके अब भाव के अवलम्बन से उसकी और भी अनन्त सत्ता का वर्णन कर रहे हैं। सर्वव्यापक सर्व जीव-हितकारी साधारण धर्म भाव के अनन्त विभागों के अबलम्बन के कारण उसका एक उपांग दूसरे का भी उपांग हो सकता है और इसी प्रकार एक उपाङ्ग अनेक अंगों का उपाङ्ग हो सकता है। भाव का रहस्य पहले विस्तारित रूप से वर्णन हो चुका है। उसके अवलंबन से इस प्रकार महान् रूप को उपाङ्गों का प्राप्त होना स्वतः सिद्ध है। इस विषय में स्मृति शास्त्र में कहा है:–

उपाङ्गान्यपि धर्मस्य वर्त्तन्ते भूरिशो ध्रुवम्।
देशकालादिवैचित्र्यादुपाङ्गं ह्येकमेव च।।
अङ्गानां नन्दनेकेषामुपाङ्गं स्यादसंशयम्।
अत्यन्तं वर्तते विज्ञाः! धर्मस्य गहना गतिः।।

धर्म के उपाङ्ग भी अनेक हैं, और देश, काल, पात्र की विचित्रता से एक ही उपाङ्ग अनेक अंङ्गों का निःसन्देह उपाङ्ग हो सकता है। धर्म की गति अतिगहन है।।४६।।

प्रसंग से उनकी शक्ति का वर्णन किया जाता है:–

शक्तिमन्त्यग्निस्फुलिङ्गवत्।।४७।।

अनुवाद–अग्नि के स्फुलिंग के समान ये सब पूर्णशक्तिविशिष्ट हैं।।४७।।

भाष्य–अब यह शंका हो सकती है कि, साधारण धर्म जब अंग उपांग आदि से अनेक रूप धारण करता है, तो उन भेदों में शक्ति का तारतम्य है या नहीं? इस प्रकार की शंकाओं के समाधान में पूज्यपाद महर्षि-सूत्रकार ने इस सूत्र का आविर्भाव किया है। जिस प्रकार अग्नि का एक स्फुलिंग यदि देश, काल और पदार्थ को सहायता पावे तो वही अग्निस्फुलिंग क्रमशः महान् अग्नि में

परिणत होकर सब कुछ दग्ध करने में समर्थ होता है। इसी प्रकार धर्म का कोई अंग हो या उपांग हो वह यदि अनुकूल देश, काल, पात्र में सेवित हो, तो पूर्णशक्ति को प्रकट करके, अभ्युदय की तो बात ही क्या, निःश्रेयस तक प्रदान करने में समर्थ होता है। इस विज्ञान के अनुसार धर्म का प्रत्येक अंग या उपांग पूर्णशक्ति विशिष्ट है इसमें संदेह नहीं।।४७।।

अब दूसरी शंका का समाधान किया जाता है:-

विशेषशक्यमशक्यं साधारणेन।।४८।।

अनुवाद-विशेष के द्वारा जो होता है, साधारण के द्वारा वह नहीं हो सकता है।।४८।।

भाष्य-यह भी शंका हो सकती है कि, विशेष धर्म और साधारण धर्म जब अलग-अलग हैं और धर्म के अङ्ग और उपाङ्गों की शक्ति तुल्य है, तो क्या दोनों का कार्य भी समान हो सकता है? यदि ऐसा हो तो दोनों में विशेषता क्या है? इत्यादि शंकाओं के समाधान में पूज्यपाद महर्षि सूत्रकार कहते हैं कि, विशेष धर्म की विशेषता अवश्य ही है; क्योंकि विशेष धर्म के द्वारा जो फल हो सकता है, साधारण धर्म के द्वारा वह नहीं ही सकता है। उदाहरण स्थल पर समझ सकते हैं कि, ब्राह्मण का ब्राह्मणत्व, सन्यासी का सन्यासीपन, वर्ण धर्म की रजोवीर्य शुद्धि ये केवल विशेष धर्म के द्वारा ही प्राप्त हो सकती हैं। मनुष्य साधारण धर्म द्वारा चाहे कितना ही उन्नत हो जाय इन विशेष अधिकारों को नहीं प्राप्त कर सकता है। इसी प्रकार सती धर्म का उदाहरण ले सकते हैं। सती धर्म के द्वारा सती स्त्री पंचम लोक में पहुंच कर पापी पति को भी पंचमलोक का सुख दिला सकती है। वही स्त्रीरूपी जीव सतीधर्म का पालन न करने पर भी योगिनी, तपस्विनी, अथवा आत्मज्ञानी बनकर मुक्ति भूमि में पहुंच सकता है, परन्तु सतीत्व को विशेष शक्ति नहीं प्राप्त कर सकती है। इस प्रकार के उदाहरण द्वारा यह सिद्ध हुआ कि, वर्ण धर्म, आश्रमधर्म, सतीधर्म आदि विशेष धर्म की विशेषता कुछ और ही है।।४८।।

प्रसंगतः विशेष धर्म का महत्त्व प्रतिपादन किया जाता है:-

गरीयस्त्वमतो विशेषधर्मस्य।।४९।।

अनुवाद-इसलिये विशेष धर्म का प्राधान्य है।।४९।।

भाष्य-मानव धर्म के चार अङ्गों में आपद्धर्म तो केवल आपत्काल में

सहायक होता है, न तो उसकी सार्वभौम उपयोगिता है और न उसकी सार्वजनिक उपयोगिता है। उसी प्रकार असाधारण धर्म केवल असाधारण और अलौकिक शक्ति सम्पन्न व्यक्ति के लिये ही उपयोगी हो सकता है, उसकी भी सार्वजनिक और सार्वभौम उपयोगिता नहीं है। साधारण धर्म और विशेष धर्म इन दोनों की समान रूप से सार्वजनिक और सार्वभौम उपयोगिता है, इसमें सन्देह नहीं। परन्तु साधारण धर्म कर सकता है, वह विशेष धर्म अपने-अपने अधिकारी के लिये ही कर सकता है, किन्तु विशेष धर्म जिस अधिकारी को प्राप्त कर सकता है, साधारण धर्म उस अधिकार को प्राप्त नहीं कर सकता है। जैसा कि पहले सूत्र में आ चुका है। इस कारण विशेष धर्म का प्राधान्य स्वतः ही सिद्ध हुआ है। यही कारण है कि, भेद और शास्त्र विशेष धर्म के ही वर्णन से पूर्ण हैं।।४९।।

दोनों के शक्ति विषय की शंका का समाधान किया जाता है:-

पूर्णशक्तित्वमुभयोः।।५०।।

अनुवाद–दोनों पूर्ण-शक्ति विशिष्ट हैं।।५०।।

भाष्य–विशेष धर्म के महत्त्व को समझकर जिज्ञासु के हृदय में यह शंका हो सकती है कि, जब विशेष धर्म का इस प्रकार से प्राधान्य है, तो क्या साधारण धर्म अल्प शक्ति विशिष्ट है? विशेष धर्म को ही जब वेद और शास्त्र अधिक वर्णन करते हैं तो क्या साधारण धर्म इस प्रकार सर्व जीव हितकारी और सर्वव्यापक होने की शक्ति प्राप्त कर सकता है? इत्यादि शंकाओं के समाधान में पूज्यपाद महर्षि सूत्रकार ने इस सूत्र का अविर्भाव किया है। अभ्युदय और निःश्रेयस प्रदान कारित्व के विषय में साधारण और विशेष धर्म दोनों ही पूर्ण शक्ति विशिष्ट हैं। कैसा ही अधिकारी हो साधारण धर्म के पालन करने से वह अभ्युदय को प्राप्त करेगा और निःश्रेयस भूमि में अग्रसर होगा। दूसरी ओर विशेष धर्म को यदि उसका अधिकारी पालन करेगा तो उसका क्रमशः अभ्युदय और अन्त में निःश्रेयस अवश्यसम्भावी है। इस कारण सार्वजनिक उपकारित्च-शक्ति के विचार में दोनों ही समान शक्ति-विशिष्ट हैं।।५०।।

अब मानव धर्म के वर्णन् के अनन्तर पुरुष धर्म का लक्षण वर्णन किया जा रहा है:-

यागप्रधानो धर्मः पुरुषस्य कैवल्योपयोगित्वात्।।५१।।

अनुवाद–कैवल्योपयोगी होने से पुरुष धर्म यागप्रधान है।।५१।।

भाष्य–पुरुष धर्म एक विशेष धर्म है। मनुष्य सृष्टि में पुरुष और स्त्री ये ही दो विभाग हैं। उन दोनों विभागों में से पुरुष विभाग का धर्म, अर्थात् जिस विशेष धर्म के द्वारा पुरुष जाति अभ्युदय और निःश्रेयस को प्राप्त कर सकती है, उसका वर्णन किया जा रहा है। सृष्टि के स्त्री-विभाग और पुरुषविभाग इन दोनों में से यद्यपि स्त्रीविभाग कैवल्य प्राप्ति के लिये पुरुष होने की अपेक्षा रखता है, परन्तु पुरुषविभाग किसी की अपेक्षा न रखकर कैवल्योपयोगी होने से उसका धर्म यज्ञ प्रधान है। साधारण धर्म के जो तीन प्रधान अङ्ग हैं, उनमें से केवल यज्ञ धर्म को आश्रय करके धर्माचार्यों ने पुरुष धर्म का विधान किया है। पुरुष जाति का कैवल्य से अपेक्षाकृत निकट सम्बन्ध है। दूसरी ओर साधारण धर्म के दान और तप अङ्गों के साथ ज्ञान का साक्षात् सम्बन्ध नहीं है; किन्तु कैवल्यप्रदाता ज्ञान का साक्षात् संबंध यज्ञ धर्म के साथ स्वाभाविक रीति पर है। क्योंकि यज्ञ धर्म, कर्म, उपासना और ज्ञानरूप काण्डत्रय में विभक्त है यह पहले ही कहा गया है। सुतरां यज्ञ के साथ ज्ञान का और पुरुष के साथ कैवल्य का घनिष्ठ सम्बन्ध होने से कैवल्य प्रदायक यज्ञ के साथ पुरुष धर्म का साक्षात् सम्बन्ध है। इसी कारण कैवल्योपयोगी होने से पुरुष धर्म यज्ञ प्रधान है। इसमें सन्देह ही नहीं। इस विषय में स्मृति शास्त्र में कहा है कि:–

यज्ञ प्रधानतामेव नृणां धर्म इतिश्रुतिः।

अर्थात् पुरुष धर्म यज्ञ प्रधान है। यही श्रुति है।।५१।।

अब नारी धर्म का लक्षण वर्णन किया जाता है:–

तपः प्रधानो नार्य्याः कैवल्यानुपयोगित्वात्।।५२।।

अनुवाद–कैवल्य के अनुपयोगी होने से नारी धर्म तपः प्रधान है।।५२।।

भाष्य–नारी धर्म भी एक विशेष धर्म है। सृष्टि के स्वाभाविक प्रवाह में दो स्वतन्त्र धारायें दिखायी देती हैं। एक पुरुष धारा और एक स्त्री धारा। जिसका वर्णन आगे के सूत्रों में आवेगा। जड़ प्रधान उद्भिज्ज जीवों में उन दोनों धाराओं का प्रथम विकास दिखाई देता है। क्योंकि आदि सृष्टि जब आदि पुरुष परमात्मा और प्रकृति महामाया के सम्बन्ध से प्रारम्भ होती है, तो जीव की प्रथमोत्पत्ति में भी वे भी ही दो सत्तायें विद्यमान रहेंगी इसमें सन्देह ही क्या है। यह देखने में ही आता है कि, उद्भिज्ज जीव में प्रायः पुष्प में ही पुरुष और नारी की दो स्वतन्त्र शक्तियां विद्यमान रहती हैं, प्रायः बीज में भी दो दल विद्यमान रहते हैं। कहीं वृक्षों

में भी दो विभाग दिखाई देते हैं। उन दोनों विभागों की सत्ता रहने पर ही उद्भिज्ज का सृष्टि प्रवाह प्रवाहित होता रहता है। ये ही दोनों पुरुष और स्त्रीधारा क्रमशः प्रवाहित होकर स्वतन्त्र रूप से स्वेदज सृष्टि में और स्वदेज सृष्टि से अण्डज सृष्टि में और अण्डज से जरायुज सृष्टि में और साधारण जरायुज से मनुष्य सृष्टि में अपनी स्वतन्त्रता रक्षा करती हुई पहुँच जाती है। इसी कारण उक्त दोनों स्वतन्त्र धारा में पड़े हुए जीव अपनी-अपनी स्वाभाविक जाति के अनुसार स्वभावसिद्ध संस्कारों के द्वारा अपनी-अपनी धारा के अनुसार ही अभ्युदय को प्राप्त होते हुए अग्रसर होते हैं। संस्कार विरुद्ध कार्य नहीं हो सकता है। जब तक मनुष्य योनि में पहुँचकर जीव स्वाधीनता नहीं प्राप्त करता तब तक नवीन संस्कार भी नहीं संग्रह कर सकता है। और सहज कर्म परिवर्त्तित नहीं होता है। इस कारण स्त्री, स्त्री होकर अग्रसर होती रहती है और पुरुष, पुरुष होकर अग्रसर होता रहता है। दूसरी ओर अद्वैत भाव के बिना कैवल्य की प्राप्ति नहीं हो सकती है। अद्वैत भाव की स्थिति परम पुरुष के स्वरूप में ही विद्यमान है। इस कारण कैवल्याधिगम के लिये पुरुषधारा के जीव को आत्मज्ञान के अवलम्बन से स्वरूप को प्राप्त करना होता है और स्त्रीधारा के जीव को प्रथम पुरुष में तन्मयता प्राप्त करते हुए पुरुष धारा में पहुँच कर तदनन्तर आत्म ज्ञान के अवलम्बन से अद्वैत भावमय स्वस्वरूप में पहुंचना होता है। इस विज्ञान के द्वारा दोनों स्वतन्त्र-स्वतन्त्र धाराओं का रहस्य प्रकट हुआ और यह भी कि, साक्षात् रूप से नारी जाति कैवल्याधिगम के अनुपयोगिनी है; क्योंकि उसको स्वस्वरूप की उपलब्धि के लिये पुरुष धारा का आश्रय लेना पड़ता है। जब उसको अपनी धारा को छोड़कर दूसरी सृष्टि धारा का आश्रय लेना अवश्यसम्भावी है, तब उसको तपोधर्म का आश्रय लेना अवश्य ही पड़ेगा। तपोधर्म का विज्ञान पहले ही कहा गया है, जो इस प्रकार असाधारण कार्य सम्पादन के लिये नारी जाति के उपयोगी ही है। अतः कैवल्य के अनुपयोगी होने से नारी धर्म तपः प्रधान है यह सिद्ध हुआ। स्मृति शास्त्र में भी कहा है:-

"तपः प्रधानता मेति नारी-धर्मो यतः सदा"

नारीधर्म तपः प्रधान है।।५२।।

इस विज्ञान से क्या सिद्धान्त निकला सो कहा जाता है:-

ततः स्त्री पारतन्त्र्यम्।।५३।।

अनुवाद-इस कारण स्त्री का पारतन्त्र्य है।।५३।।

भाष्य–पूर्व विज्ञान के अनुसार यह सिद्ध हुआ कि, आदि सृष्टि से ही स्वाभाविक संस्कार और सहज कर्म के अनुसार पुरुष धारा और स्त्रीधारा दोनों पृथक्-पृथक् प्रवाहित हुआ करती हैं। इस कारण सृष्टि प्रकृति पुरुषात्मक होने से इन दोनों प्रवाहों में पुरुष और प्रकृति दोनों का सम्बन्ध होने पर भी स्वभावत: पुरुषधारा में पुरुष भाव का प्राधान्य और स्त्री धारा में प्रकृति भाव का प्राधान्य बना रहना स्वत: सिद्ध है। दूसरी ओर नारी-धर्म तप: प्रधान्य बना रहना स्वत: सिद्ध है। दूसरी ओर नारी-धर्म तप: प्रधान होने से नारी का शरीर और मन पति के अधीन होना धर्मानुकूल है। इन सब कारणों से नारी में स्वाधीनता स्वधर्म विरुद्ध होगी। आदि सृष्टि का कारण अन्वेषण करने पर यही सिद्ध होता है कि, परम पुरुष स्वाधीन और निस्संग तथा चेतनस्वरूप हैं। और मूल प्रकृति जड़, संग की अपेक्षा रखनेवाली और पराधीना है। इसी कारण कार्यरूपी सृष्टिप्रवाह में ये ही गुण विद्यमान रहने से नारी का पराधीन होना विज्ञानसिद्ध है। स्मृतिशास्त्र में भी कहा है:–

अस्वतन्त्राः स्त्रियः कार्य्याः पुरुषैः स्वैर्दिवानिशम्।
विषयेषु च सज्जन्त्यः संस्थाप्याश्चात्मनोवशे॥
पिता रक्षति कौमारे भर्त्ता रक्षति यौवने।
रक्षन्ति स्थविरे पुत्रा न स्त्री स्वातन्त्र्यमर्हति॥
बाल्ये पितुर्वशे तिष्ठेत् पाणिग्राहस्य यौवने।
पुत्राणां भर्त्तरि प्रेते न भजेत् स्त्री स्वतन्त्रताम्॥

पुरुषों को चाहिये कि, स्त्रियों को स्वतन्त्र न होने देवें, उनको गृहकार्य में नियुक्त रखकर अपने वश में रखें। स्त्री कन्यावस्था में पिता के अधीन, यौवनकाल में पति के अधीन और वृद्धावस्था में पुत्र के अधीन रहे। स्त्री को कदापि स्वतन्त्र नहीं होना चाहिये। स्त्रियां बाल्य काल में पिता के वश में, यौवन में पति के वश में और पति के लोकान्तरगमन के बाद पुत्रों के अधीन रहें। स्त्री स्वतन्त्र न हो।।५३।।

प्रसंगत: पुरुषसम्बन्ध से सिद्धान्त कहते हैं:–

स्त्रैणयस्य पापसम्बन्धित्वमतः।।५४।।

अनुवाद–इस कारण स्त्रैण्य पापी होता है।।५४।।

भाष्य–प्राकृति नियम के अनुसार जब यह सिद्ध हुआ कि, पुरुष स्वाधीन-धर्मी है और नारी पराधीन-धर्मिणी है, तो स्वभावतया धर्मानुकूल यही

होगा कि, पुरुष स्वयं स्वाधीन और स्त्री को अपने अधीन रक्खे। यदि ऐसा न होकर पुरुष पराधीन होता हुआ स्त्रैण्य हो जाय, तो अवश्य ही वह अधार्मिक होगा। क्योंकि पुरुष जिस धर्म के पालन करने से अभ्युदय प्राप्त करता था, उस धर्म में उसने स्वयं बाधा डाली। अस्तु, पुरुष का स्त्रैण्य होना धर्मविरुद्ध है। स्मृतिशास्त्र में भी कहा है:–

अवीरास्त्रीस्वर्णकारस्त्रीजितग्रामयाजिनाम्।
एषामन्नं न भोक्तव्यं सोमविक्रयिणस्तथा॥

पतिपुत्ररहिता स्त्री, सुवर्णकार (सुनहार) स्त्रैण (जो कि हर तरह से स्त्री के अधीन है) बहुयाजी, सोमविक्रयी इन लोगों का अन्न भोजन करना उचित नहीं है।

पुरुष के स्वाधीन और नारी के पराधीन होने से यही तात्पर्य है कि, दम्पति धर्म के पालन करने में पुरुष की स्वाधीनता और नारी की पराधीनता है, उच्छृंखलता के लिये नहीं॥५४॥

अपने विज्ञान को और भी पुष्ट कर रहे हैं:–

द्वे धारे स्वतन्त्ररूपत्वात्॥५५॥

अनुवाद–दो धाराएं स्वतन्त्र रूप से होने के कारण॥५५॥

भाष्य–नारी धर्म की विलक्षणता के विषय में प्रधान वैज्ञानिक कारण का अन्वेषण करके पूज्यपाद महर्षि सूत्रकार कह रहे हैं कि, सृष्टि के कारण में जैसे परम पुरुष और मूल प्रकृतिरूपी दो सत्ताएँ विद्यमान हैं, उसी शैली के अनुसार कार्यरूपी सृष्टि में भी आदि सृष्टि से ही दो स्वतन्त्र धाराएँ प्रवाहित होती हैं, यथा-एक स्त्री-धारा और दूसरी पुरुषधारा। ये दोनों धाराएँ किस प्रकार से प्रवाहित होती हैं, इनकी नियमित स्वतन्त्र सत्ता कैसे विद्यमान रहती है, पुरुषधारा में परमपुरुष की छाया और स्त्रीधारा में मूल प्रकृति के छाया रूपी लक्षणसमूह कैसे विद्यमान रहते हैं और दाम्पत्य धर्म में पुरुष की स्वाधीनता और नारी की पराधीनता कैसे होना सम्भव है, इत्यादि विषय पहले ही भली भांति प्रतिपन्न हो चुके हैं। स्वतन्त्र रूप से इन दोनों धाराओं के अस्तित्व के कारण से ही पुरुष धर्म से पृथक् नारी धर्म विचित्र रूप से निर्णय किया गया है और पुरुष और स्त्री इन दोनों की आध्यात्मिक, आधिदैविक और आधिभौतिक पृथकता वेद और शास्त्रों में मानी गयी है। स्मृतिशास्त्र में भी कहा है:–

द्विधाकृत्वाऽऽत्मनो देहमर्द्धेन पुरुषोऽभवत्।
अर्द्धेन नारी तस्यां स विराजमसृजत् प्रभुः॥

परमात्मा ने ब्रह्माण्ड की सृष्टि के लिये अपने शरीर को दो भाग किया, आधे भाग से पुरुष हुए और आधे भाग से नारी हुई।।५५।।

प्रसंग से शंका का समाधान किया जाता है:–

स्त्रीधारा पुंधारामयी कैवल्याधिकारिणी।।५६।।

अनुवाद–स्त्री: धारा पुरुष धारामयी होकर कैवल्य की अधिकारिणी हुआ करती है।।५६।।

भाष्य–अब जिज्ञासु के हृदय में यह शंका हो सकती है कि, पुरुष धारा और स्त्री धारा ये दोनों धाराएँ यदि पृथक्-पृथक् हैं, और मूल प्रकृति के धर्म समूह स्त्रीधारा में उपस्थित हैं, तो नारी-जाति का पूर्ण अभ्युदय तथा नि:श्रेयस कैसे सम्भव हो सकता है? नारी यदि पराधीना ही है, तो उसकी मुक्ति होना कैसे सम्भव है? इत्यादि शंकाओं के समाधान में कहा जाता है कि, स्त्री-धारा पुरुष धारामयी होकर कैवल्य रूप समुद्र में मिल जाती है। पुरुष में तन्मयता रूप सतीत्व धर्म के बल से नारी शरीर का जीव उन्नत पुरुष शरीर को प्राप्त करके अद्वैत भूमि में पहुँचकर आत्म ज्ञान की सहायता से मुक्त हो जाता है। नारी धर्म में विशेषता यह है कि, नारी चाहे किसी अधिकारी की हो, उन्नत सतीत्व धर्म के बल से वह तुरन्त ही उन्नत पुरुष योनि को प्राप्त कर सकती है। अत: नारी जाति के पराधीन होने पर भी उसको अभ्युदय और नि:श्रेयस प्राप्ति के लिये सुविधाएँ पुरुष की अपेक्षा अधिक हैं और ये सुगम रीति से प्राप्त होती हैं। पुरुष को जिस प्रकार वर्ण धर्म, आश्रम धर्म आदि के यथाक्रम अधिकारों को प्राप्त करके आगे बढ़ना होता है, नारी की इस प्रकार की कठिनता अभ्युदय और नि:श्रेयस प्राप्त करने के लिये भोग करनी नहीं होती है। नारी चाहे किसी वर्ण की हो उन्नत सती धर्म को पालन करने से ही वह अभ्युदययुक्त पुरुषयोनि को जन्मान्तर में प्राप्त कर लेगी और उसके अनन्तर उसको स्वत: ही नि:श्रेयस प्राप्ति की सुविधा मिल जायेगी। नारी को पराधीनधर्मवाली देखकर स्त्रीपुरुष अदूरदर्शिता से शैकित हो सकते हैं। परन्तु वस्तुत: प्रथम अवस्था में नारी के लिये यह शास्त्रोक्त अस्वतन्त्रता तथा तपोधर्म का दृढ़ पालन दूषण नहीं है, वरन भूषण ही है और असुविधाजनक नहीं है, किन्तु सुविधाजनक है।।५७।।

प्रसंग से शक्ति का भेद कहते हैं:–

शक्तिद्विविधाऽऽकर्षण विकर्षणभेदात्॥५७॥

अनुवाद–आकर्षणविकर्षणभेद से शक्ति द्विविध है।।५७।।

भाष्य–पूर्व कथित विज्ञान की दृढ़ता के लिये द्विविध शक्ति का विज्ञान कहा जा रहा है। इस संसार के भूल सूक्ष्म प्रपंच के सब अंगों में दो प्रकार की शक्तियां देखने में आती हैं एक आकर्षण शक्ति और दूसरी विकर्षण शक्ति। भूल प्रपच्च में परमाणु से लेकर ग्रह उपग्रहों तक में इन्हीं आकर्षण और विकर्षण रूपी दोनों शक्तियों का कार्य स्पष्ट देखने में आता है । एक परमाणु एक परमाणु को अपनी ओर सृष्टि के समय खींचता है और लय के समय धक्का देता है । एक पत्थर अथवा काष्ठ के परमाणुसमूह उस पत्थर अथवा काष्ठ की उत्पत्ति के समय परस्पर मिल मिलकर दृढ़ता को प्राप्त होते हैं। यही उस काष्ठ अथवा पत्थर की राजसिक अवस्था है । इसी अवस्था में वह काष्ठ अथवा पत्थर वृद्धि को प्राप्त होता है । उन दोनों में जब तामसिक परिणाग होता है, तब उनके परस्पर में मिले हुए परमाणु विकर्षण को प्राप्त होकर एक दूसरे से अलग हो जाते हैं और तब वह काष्ठ अथवा पत्थर अपने स्वरूप से नष्ट हो जाता है। एक ब्रह्माण्ड के ग्रह उपग्रहों की दशा भी ऐसी ही समझनी उचित है। ग्रह उपग्रह की सृष्टि दशा में परमाणु एकत्र होते हैं और प्रलय दशा में पृथक पृथक होकर ब्रह्माण्ड का प्रलय संसाधन करते हैं। स्थूल और सूक्ष्म दोनों प्रपञ्चों में आकर्षण और विकषर्ण दोनों शक्तियों का कार्य स्पष्ट देखने में आता है। स्थूल का उदाहरण दिया गया, अब सूक्ष्म का उदाहरण दिया जाता है। अन्तःकरण की वृत्तियों में राग की वृत्तियां आकर्षणजनित होती हैं, और द्वेष की सब वृत्तियां विकर्षण जनित होती हैं। इस विषय में स्मृति शास्त्र में भी कहा है:-

सम्बध्येतेऽथ शक्ती द्वे आकर्षणविकर्षणे।
दिवौकसो! रागमूला शक्तिराकर्षणाडमिधा।।
भवद्भिरवगन्तव्या समुत्पन्ना रजोगुणात्।
विकर्षणाख्या या शक्तिरपरा द्वेषमूलिका।।
अवधार्य्या भवद्भिः सा समुद्भूता तमोगुणात्।
आभ्यां द्वाभ्यां हि शक्तिभ्यां ब्रह्माण्डं निखिलं तथा।।
पिण्डं समस्तमाच्छन्नं सत्यमेतद्वदामि वः।
एतच्छक्तिद्वयं ह्यास्ते मयि नैवास्म्यहं तयोः।।
बलाच्छक्तिद्वयस्यास्य कर्मजातमथाखिलम्।

सम्वभक्तं द्विधा देवा:! उत्तरोत्तरवर्द्धकम्।
सृष्टेर्द्वन्द्वात्मिकाया मे प्रवाहं वाहयत्यहो।

आकर्षण और विकर्षण नामिका द्विविध शक्तियां हैं। आकर्षण शक्ति रागमूलक होने से रजोगुण समभूत है और दूसरी विकर्षणशक्ति द्वेषमूलक होने से तमोगुणसमुभूत है। इन्ही दोनों शक्तियों से समस्त ब्रह्माण्ड और समस्त पिण्ड आच्छन्न है। ये दोनों ही शक्तियां मुझ में है, उनमें नहीं हूं। इन दोनों शक्तियों के प्रभाव से कर्म समूह द्विधा विभक्त होकर मेरी द्वन्द्वात्मक सृष्टि का प्रवाह उत्तरोत्तर प्रवाहित करते रहते हैं।।५७।।

द्विविध शक्ति के विचार से विज्ञान की सिद्धि की जा रही है:-•

आकर्षणं नार्य्या विकर्षणं पुंसः॥५८॥

अनुवाद–उनमें आकर्षण नारी धर्म और विकर्षण पुरुष धर्म है।।५८।।

भाष्य–विकर्षण शक्ति और आकर्षण शक्ति ये दोनों शक्तियां सृष्टि प्रपञ्च में परिव्याप्त हैं। वे ही दोनों शक्तियों का विकास यथाक्रम पुरुष शरीर में और नारी शरीर में विद्यमान है। जब पुरुष विकर्षण शक्ति रूप है और स्त्री आकर्षण शक्ति रूप है, तब दोनों का अधिकार तन्त्र होगा और धर्म स्वतंत्र होगा इसमें सन्देह ही क्या है। स्त्री आकर्षण शक्ति रूपा है, इस कारण सृष्टि कार्य में वह प्रधाना है। क्योकि यह पहले ही सिद्ध हो चुका है कि, आकर्षण से सृष्टिक्रिया होती है और विकर्षण से लयक्रिया होती है। पुरुष सन्तति रूप से नारी शरीर में वीर्यद्वारा प्रवेश करके अपने लय का कारण बनता है और दूसरी ओर नारी पुरुषशक्ति का आकर्षण करके सृष्टि उत्पन्न कर देती है। स्मृतिशास्त्र में भी कहा है:-

आकर्षणस्वरूपं हि शरीरं योषितामिह।
तथाविकर्षणं नृणां शरीरे स्यात् स्वरूपतः॥

अर्थात् इस संसार में स्त्री शरीर आकर्षणरूप और पुरुष शरीर विकर्षण रूप ही है।। ५८ ।।

प्रसङ्गतः शङ्का का समाधान किया जाता है:-

निःश्रेयसं तत्समन्वयं॥५९॥

अनुवाद–दोनों के समन्वय में निःश्रेयस होता है।।५९।।

भाष्य–अब शङ्का यह हो सकती है कि सृष्टि और प्रलय करने वाली दो शक्तियां जब नारी ओर पुरुष में विद्यमान है, तो स्थिति तथा अभ्युदय और

निःश्रेयसादिका अवसर कहां है? मुक्ति की सम्भावना दाम्पत्य सम्बन्ध से कैसे हो सकती है? इत्यादि शङ्काओं के समाधान में पूज्यपाद महर्षि सूत्रकार ने इस सूत्र का आविर्भाव किया है। जिस प्रकार राग और द्वेष इन दोनों के समन्वय से मुक्ति का उदय होता है, अर्थात् जो महापुरुष रजोगुणसम्भूत राग और तमोगुण सम्भूत द्वेष का जय करके सत्त्व गुण के अवलम्बन से द्वन्द्वातीत हो जाता है, वह मुक्त हो जाता है। बहिर्जगत् में उसी प्रकार ऊर्ध्वरेता होकर जो योगिराज दाम्पत्य सम्बन्ध के आकर्षण विकर्षण शक्ति का जय करके द्वन्द्वातीत होता है, वह भी मुक्ति भूमि में पहुंच जाता है। इसी कारण वानप्रस्थ आश्रम में सस्त्रीक रहकर भी काम का जय करके मुक्ति मार्ग में अग्रसर होने की विधि शास्त्रों में पायी जाती है। वस्तुतः पति भक्ति और सतीत्व की सहायता से स्त्री मुक्तिमार्ग में अग्रसर होती है। और ग्रहस्थ पुरुष स्त्री-दुर्ग द्वारा सुरक्षित होकर मुक्ति मार्ग पर विजय लाभ करने में समर्थ होता है। स्मृति शास्त्र में इस विषय का प्रमाण इस प्रकार मिलता है:-

समता च द्वयोर्यत्र शक्त्योः संजायते शुभा।
तत्रैव सत्वसंजुष्ट- ज्ञानानन्दस्थितिर्भवेत्॥
अहं तस्यामवस्थायां सत्वमयां सदा सुराः।
नन्वाविर्भावमापन्ना सन्तिष्ठे नात्र संशयः॥
काऽप्यवस्था बन्धहेतुः शक्तिद्वयसमन्विता।
जीवानां सर्वथा देवाः! जीवत्वस्यैव पोषिका॥
सत्त्वावस्था तृतीया या सैव मुक्तिप्रदायिका।
एतच्छ्रौतरहस्यं हि ज्ञायतां विबुधर्षभाः॥

इन दोनो शक्तियों की जहां सुन्दर समता होती है, वही सत्वगुणमय ज्ञान और आनन्द का स्थान है। उसी सत्त्वगुणमय अवस्था में मैं सदा प्रकट रहती हूं, हे देवगण! इसमें सन्देह नहीं है। इन दोनों शक्तियों से युक्त बन्धन करने वाली वह अवस्था सर्वथा जीवों के जीवत्व की ही पोषिका है। तीसरी सत्वगुण की जो अवस्था है वही मुक्तिविधायिका है, हे देवगण! यही वेदों का रहस्य है सो आप जानें।

भिन्ना त्रिगुणवैचित्र्याच्छक्तिद्वैविध्यमात्मना।
दृष्टिगोचरतामेति श्यामाऽत्र जगतीतले॥
शक्ती त एव कथ्येते आकर्षणविकर्षणे।
रागद्वेषौ च पितरो नाऽत्र कश्चन संशयः॥

आद्ये स्थूलेऽपरौ सूक्ष्मौ विद्येते पितरो ध्रुवम्।
एतयोर्गुणसम्बन्धः प्रोच्यते साम्प्रतं मया।।
अस्ति रागो रजोमूलस्तथाऽकर्षणमेवच।
विकर्षणं तथा द्वेषस्तमोमूलश्च विद्यते।।
समन्वये द्वयोः सत्वगुणो नूनं विकाशते।
अतः समन्वयादेव तयोर्विश्वस्य धारिका।।
विश्वं रक्षति मच्छक्तिः सात्विकी धर्मरूपिणी।
नित्या सा वर्तते नित्यं विश्वकल्याणकारिणी।।
आरभ्य पितरोऽनेकग्रहोपग्रहतोऽखिलम्।
अण्वन्तं स्थितिमादत्ते तस्मादेवसमन्वयात्।।
तथा समन्वयस्यैव दशायां द्वेषरागयोः।
जीवान्तःकरणे सत्वगुणस्यैव प्रकाशतः।।
ज्ञानं विकाशते सम्यग् धर्मभाव उदेति च।
पुण्यापुण्यप्रवाहोहि वहते नात्र संशयः।।
द्वे एव भवतः शक्ति आकर्षणविकर्षणे।,
नारीधारासु जीवानां नृधारास्वपि सर्वतः।।
ब्रह्मानन्दानुभूतेः स्याल्लोभात् स्पर्शेन्द्रियेण वै।
दम्पतीसंगमः साक्षात् पवित्रः सात्त्विकः शुभः।।
सत्वभावमयः पुण्यो वर्तते संगमक्षणः।
आधिदैविकपीठस्योत्पादको नात्र संशयः।।
विष्णुस्वरूपमादाय ब्रह्माण्डस्य स्थितिक्षणे।
ब्रह्माण्डेऽस्मिन् यथाऽकृष्टो विष्णुपीठस्वरूपिणि।।
सन्तिष्ठे पितरो नूनं दम्पतीसंगमे तथा।
आकृष्यन्ते त्रिधा देवाः पीठस्योत्पादके स्वतः।।
यथाकालं यथोदेशं यथापात्रं तथाऽनघाः।
भवन्तः पितरस्तत्र रजोवीर्याश्रयेण हि।।
आकृष्यन्ते वपुर्दातुं जीवाय स्थूलमद्भुतम्।
अन्ये देवगणानेतुं शरीरैरातिवाहिकैः।।
युक्ताञ्जीवगणांस्तत्र सूक्ष्मदेहावलम्बिनः।
पूर्वेभ्यो भोगलोकेभ्य आकृष्यन्ते न संशयः।।
रजःशक्त्या ततस्तत्र तमःशक्तिः परास्यते।

तेन पीठे विनष्टै वै रजोजातबलाश्रयात्॥
पतितस्यैव वीर्यस्य सहयोगेन सर्वथा।
नारीदेह भवेन्नूनं गर्भाधानं न संशयः॥
यथा योग्यं तथा यूयं जीवानां सूक्ष्मदेहिनाम्।
सन्निवासोपयुक्तानि स्थूलदेहगृहाण्यहो॥
संयच्छथ नयन्तेच जीवांस्तत्रैव निर्जराः!।
पराजितं तमोनैव स्यात्तत्र रजसा यदि॥
रजस्तमोभ्यां पितरो! भावशुद्धिपुरस्सरम्।
अग्रेसरद्भ्यां सततं सत्त्वं ज्ञानमयं प्रति॥
नृनारीभेदरूपाञ्च द्वन्द्वधर्मप्रभावतः।
लब्ध्वा बहिर्गताभ्यां हि पराभक्तिं ममोत्तमाम्॥
यदि सत्त्वे विलीयेत तर्ह्याकृष्टा महर्षयः!।
रहितं सृष्टिधर्मेण कैवल्यं शाश्वतं पदम्॥
अनेनैवाध्वनागम्यमिति संसूचयन्त्यलम्।
नैवात्र संशयः कोऽपि विद्यते पितृपुङ्गवाः!॥

श्यामा त्रिगुण वैचित्र से दो प्रकार की शक्ति में विभक्त होकर इस जगत् में दिखाई देती है, उन्हीं शक्तियों को आकर्षण विकर्षण और रागद्वेष कहते हैं,. इसमें कोई संदेह नहीं है। हे पितृगण! प्रथम स्थूल और दूसरी सूक्ष्म ही है। अब मैं इन दोनो शक्तियों का गुण सम्बन्ध कहता हूं। आकर्षण और राग रजोमूलक और विकर्षण और द्वेष तमोमूलक है। दोनों के समन्वय में ही सत्त्व गुण का विकास होता है। इस कारण आकर्षण विकर्षण के समन्वय से ही जगत् की धारक धर्म रूपिणी मेरी सात्त्विक शक्ति जगत् की रक्षा करती है। वह नित्या और सर्वदा विश्व का कल्याण करने वाली है। हे पितरो! उसी समन्वय से अनेक ग्रह उपग्रह से लेकर परमाणु पर्यन्त सब स्थिति भाव को धारण करते हैं। उसी प्रकार रागद्वेष के समन्वय की दशा में ही सत्त्व गुण का विकास जीव के अन्तःकरण में होने से ज्ञान का विकास और धर्मभाव का सम्यग् उदय हुआ करता है; पवित्र पुण्य प्रवाह ही बहता रहता है इसमें सन्देह नहीं। यही दो आकर्षण विकर्षण शक्तियां जीवों की स्त्रीधारा और पुरुष धारा में सर्वत्र वर्तमान हैं। स्पर्शेन्द्रिय और ब्रह्मानन्द के अनुभव के लोभ से ही साक्षात् पवित्र सात्विक और शुभ स्त्री पुरुष का संगम होता है । संगम का काल अतिपवित्र सत्त्व भावमय और अधिदैव पीठ उत्पादक है, इसमें संदेह नहीं । हे पितृगण! जैसे ब्रह्माण्ड की स्थिति दशा में

मैं ही विष्णु रूप धारण करके विष्णु पीठ रूपी इस ब्रह्माण्ड में आकृष्ट रहता हूं, उसी प्रकार दम्पती की पीठोत्पन्नकारिणी संगम दशा में त्रिविध देवतागण स्वतः आकृष्ट हुआ करते हैं। हे अनघ पितृगण! उस समय आप लोग रजोवीर्य की सहायता से ही यथा देश, काल पात्र अद्‌भूत स्थूल शरीर जीव को प्रदान करने के अर्थ उस पीठ में आकृष्ट होते हैं। अन्यान्य देवतागण आतिवाहिक देहयुक्त सूक्ष्मदेहधारी-जीवों को पूर्व भोगों को से वहां पहुंचा देने के लिये निःसंदेह आकृष्ट होते हैं। वहां रजःशक्ति, तमःशक्ति को परास्त कर लेती है, उससे पीछ का नाश हो जाने पर ही रजोगुण के बल से पतित वीर्य से सर्वथा सहयोग से नारी देह में ही निःसंदेह गर्भाधान हो जाता है। उस समय आप लोग यथा योग्य सूक्ष्म शरीर धारी जीवों के रहने के उपयोगी यथायोग्य गृहरूपी स्थूल शरीर प्रदान करते हो और देवतागण जीवों को वहां ही पहुंचा देते हैं। यदि वहां तम को रज परास्त नहीं कर सके, तो हे पितरो! रज और तम भाव शुद्धि पूर्वक ज्ञानमय सत्व की ओर निरन्तर अग्रसर हो और स्त्री-पुरुष भेदरूपी द्वन्द्व धर्म के प्रभाव से बचकर मेरी उत्तम परा भक्ति प्राप्त करके यदि सत्व में विलीन हो जायं, तो ऋषिगण आकृष्ट होकर सृष्टि धर्म से रहित शाश्वत कैवल्य पद इसी मार्ग से प्राप्य है, ऐसा भलीभांति बता देते हैं। हे पितृ श्रेष्ठों! इसमें कोई संशय महीं है ॥ ५९ ॥

प्रसङ्ग से नारी की महिमा कही जाती है:-

प्रकृतित्वान्नर्यार्या अर्चनमभ्युदयाय ॥ ६० ॥

अनुवाद–प्रकृति होने से स्त्रियों का अर्चन अभ्युदयप्रद होता है ॥ ६० ॥

भाष्य–सृष्टि कार्य में प्रकृति का प्राधान्य है। चाहे कोई दर्शनशास्त्र उसको मूलप्रकृति कहे, चाहे कोई महामाया कहे, चाहे कोई ब्रह्मशक्ति कहे, सब दर्शन शास्त्रों का यही सिद्धान्त है कि, सृष्टि क्रिया में प्रकृति का ही प्राधान्य है। अतः इस सर्वशास्त्रसम्मत सिद्धान्त के विषय में विचार करने की आवश्यकता नहीं है। जिस प्रकार धर्मपथ पर चलकर प्रकृति की सेवा करने से मनुष्य अभ्युदय को प्राप्त करता है, जिस प्रकार जगजननी महामाया के अर्चन और सेवा द्वारा मनुष्य अभ्युदय और निःश्रेयस को प्राप्त करता है, उसी वैज्ञानिक सिद्धान्त का अवलम्बन करके धर्म के गतिवेत्ता पूज्यपाद सूत्रकार यह सिद्धान्त निर्णय करते हैं कि, स्त्रियों के अर्चन द्वारा मनुष्य अवश्य ही अभ्युदय प्राप्त करता है। स्मृति शास्त्र में भी कहा है :

यत्र नार्यस्तु पूज्यन्ते रमन्ते तत्र देवताः।
यत्रैतास्तु न पूज्यन्ते सर्वास्तत्राफलाः क्रियाः॥
पितृभिर्भ्रातृभिश्चैताः पतिभिर्देवरैस्तथा।
पूज्या भूषयितव्यश्च बहुकल्याणमीप्सुभिः॥
शोचन्ति जामयो यत्र विनश्यत्याशु तत्कुलम्।
न शोचन्ति तु यत्रैता वर्धते तद्धि सर्वदा॥
जामयो यानि गेहानि पश्यन्त्यप्रतिपूजिताः।
तानि कृत्याहतानीव विनश्यन्ति समन्ततः॥
तस्मादेताः सदा पूज्या भूषणाच्छादनाशनैः।
भूतिकामैर्नरैर्नित्यं सत्कारेषूत्सवेषु च॥

जहां नारी जाति की पूजा होती है, वहां देवता लोग सर्वदा आनन्द करते हैं। जहां उनकी पूजा नहीं होती वहां सब प्रकार धर्म कार्यानुष्ठान विफल होता है। कल्याण चाहने वाले पिता, भ्राता, पति, देवर , इन सबों को उचित है कि, उसको अलंकार आभूषणादि से भूषित करे। जिसके घर में स्त्रियां दुखित रहती है शीघ्र ही उसका कुलनाश हो जाता है, जिसके घर में स्त्रियां आनन्द में रहती है उसका घर दिन ब दिन बढ़ता जाता है। जिसके घर में दुःखिता स्त्री अभिशाप देती है उसका धन, पशु, और सन्तान सभी नाश को प्राप्त होते हैं। इसलिये शान्ति कामी लोगों को हर एक उत्सव में भोजन भूषणादि से नारियों की पूजा करनी चाहिये।

यह पहले ही सिद्ध हो चुका है कि, मूल प्रकृति से स्त्रीधारा का विशेष सम्बन्ध है। इस कारण यदि कहा जाय कि स्त्रीमात्र ही प्रकृतिरूपिणी है तो विज्ञान-विरुद्ध नहीं होगा। सप्तशती चण्डी में और देवी भागवत् में ऐसा कहा है:-

"विद्याः समस्तास्तव देवि! भेदाः।
स्त्रियः समस्ताः सकला जगत्सु॥"
"सर याश्चग्रामदेव्यः स्युस्ताः सर्वाः प्रकृतेः कलाः।
कलांशांशसमुद्भूताः प्रतिविश्वेषु योषितः॥"

समस्त विद्या और सब स्त्रियां देवी की ही रूप हैं। सभी ग्राम्य देवियां और समस्त विश्वस्थिता स्त्रियां प्रकृतिमाता की अंशरूपिणी है।

वस्तुतः आर्य जाति में स्त्री की पूजा विहित है, इस कारण से ही शास्त्रों की यही आज्ञा है कि, नारी जाति स्वतन्त्र न होने पावे, नारी जाति पवित्रता से भ्रष्ट न होने पावे, आर्य महिलाओं में आदर्श सतीत्व का बीज सदा विद्यमान रहे,

द्विजातियों में विधवा विवाह की छाया भी स्पर्श न करने पावे और आर्यस्त्रियां मन से भी परपुरुष को स्मरण करने में अपने आपको कलङ्कित समझा करें। आर्यनारी की पूजा कर्तव्य होने से ही ये सब सदाचार आर्य जाति में प्रचलित है। जिस प्रकार पार्वत्य देश में विखरे हुए प्रस्तर खण्डों को कोई भी मूल्यवान् नहीं समझता है और हीरा मणि आदि रत्नों को प्रस्तर होने पर भी मनुष्य उसको बड़े यत्न के साथ सुरक्षित रखता है, ठीक उसी प्रकार आर्यजाति के हृदय में नारी पूजा एक प्रधान कर्तव्य कर्म रूप से खचित है, इस कारण से ही आर्य शास्त्र समूह ने एक वाक्य होकर आर्य महिलाओं की पवित्रता, रक्षा और सम्मान वृद्धि के अभिप्राय से ही उक्त सदा चारों की आज्ञा दी है। किसी जिज्ञासु के हृदय में शंका हो कि, यदि नारी मात्र ही प्रकृतिरूपिणी है, तो सदाचार भ्रष्टा, अपवित्रा और निरंकुश भावापन्ना स्त्रियां क्यों नहीं पूजायोग्य हो सकती हैं? अस्तु स्त्रियों को त्याग करने के लिये शास्त्रों में क्यों आज्ञा है? इस प्रकार की शङ्काओं का समाधान यह है कि, ब्रह्मशक्ति जिस प्रकार ब्रह्मोन्मुखिनी रहने से प्रकृति कहलाती है और ब्रह्म से मुख फेरते ही विकृति कहाने लगती है, उसी प्रकार प्रकृति के अनुरूप सदाचारवती स्त्री ही प्रकृति शब्दवाच्य होगी, अन्यथा वह विकृति कहावेगी, इसी कारण प्रकृति की पूजा ही शास्त्रसम्मत है। विकृति की पूजा शास्त्र सम्मत नहीं है। इस विज्ञान को अन्य प्रकार से भी समझ सकते हैं कि, विकृति की पूजा न करने से ही प्रकृति की पूजा होती है। क्योंकि जब तक विकृति का अनादर नहीं हो, तब तक प्रकृति का आदर सम्भव ही नहीं हो सकता है। इस कारण वेद और शास्त्रों में नारी जाति के विषय में जिन जिन सदाचारों का वर्णन है, वे सब नारी जाति के सम्बन्ध से प्रकृति पूजा के लिये ही हैं।।६०।।

धर्मनिरूपण के प्रसङ्ग में प्रथम-धर्म कहा जाता है:-

आचार स्थूल सम्बद्धः।।६१।।

अनुवाद–आचार स्थूल-सम्बन्धयुक्त है ।। ६१ ।।

भाष्य–स्थूल सम्बन्ध से आचार धर्म होता है, अर्थात् स्थूल शरीर द्वारा जो धर्मानुकूल चेष्टा होती है, उसको आचार कहते हैं। चलना, खड़ा होना , मृत्तिका आदि से शरीर शुद्ध करना, स्थूल शरीर से गुरुजनों को प्रणाम करना, स्थूल पूजा आदि सब सदाचार के स्थूल उदाहरण हैं। इसी लक्षण के अनुसार नारी धर्म, पुरुष धर्म, वर्ण धर्म, आश्रमधर्म आदि में पृथक् आचार विहित हुए हैं।

स्मृतिशास्त्र में भी कहा है :-

यतो धर्म्मानुकूलो यो व्यापारो वपुषोऽखिलः।
सद्भिः प्रोक्तः सदाचारो नन्वसौ पुण्यवर्द्धनः॥

धर्मानुकूल सब शारीरिक व्यापारों को सज्जनों ने सदाचार कहा है, यह निश्चय पुण्यवर्द्धक है।।६१।।

विशेषता कहते हैं :-

अतएवाद्यः॥६२॥

अनुवाद–अतएव प्रथम धर्म है।।६२।।

भाष्य–स्थूल के साथ सम्बन्ध होने से आचार धर्म होगा, इसमें सन्देह ही क्या है ? स्थूल से ही सूक्ष्म की ओर साधन की गति हुआ करती है । स्थूल साधन में योग्यता लाभ करने के अनन्तर मनुष्य सूक्ष्म साधन की योग्यता प्राप्त कर सकता है । इस कारण से भी आचार प्रथम धर्म है । सब विशेष धर्मों में इस धर्म का सबसे पहले सम्बन्ध रखा जाता है, इस कारण से भी आचार प्रथम धर्म है । स्मृतिशास्त्र में भी कहा है:-

सर्वप्रधान आद्यश्च वरीयान् व्यापकस्तथा ।
सदाचारो विशेषेषु धर्मेषु विद्यते द्विजाः ॥

आचारः प्रथमो धर्मः श्रुत्युक्त स्मार्त एव च।
तस्मादेतत्समायुक्तः नित्ये स्यादात्मवान् द्विजः॥

हे ब्राह्मणो ! विशेष धर्मों में सबसे उत्तम श्रेष्ठ तथा व्यापक और प्रथम धर्म सदाचार है । श्रुति और स्मृति कथित आचार ही प्रथम अनुषेय धर्म है, इसलिए आत्मवान् द्विजातियों को इस धर्म का आचरण सर्वदा करना चाहिए।।६२।।

उसका महत्त्व कहा जाता है:-

आचारप्रधानौ वर्णाश्रमावाधिभौतिकप्राधान्यात्॥६३॥

अनुवाद–आधिभौतिक प्राधान्य होने से वर्णाश्रमधर्म आचार प्रधान है।। ६३।।

वर्णाश्रमधर्म में आधिभौतिकशुद्धि की प्रधानता है । ज्ञान द्वारा अध्यात्मशुद्धि कर्म द्वारा आधिदैविकशुद्धि और रजोवीर्य की शुद्धि द्वारा वर्णाश्रम की आधिभौतिक शुद्धि होती है। इस कारण वर्णाश्रम धर्म आधिभौतिक प्रधान है। क्योंकि कर्म और ज्ञान साध्य विषय है, किन्तु रजोवीर्य की शुद्धि साध्य विषय नहीं है । जब

वर्णाश्रम धर्म में आधिभौतिक-प्रधान्य है, और आचार में भी आधिभौतिक प्राधान्य है, तो वर्णाश्रमधर्म में आचार की प्रधानता रहेगी, यह स्वतः सिद्ध है। उदाहरण रूप से समझ सकते हैं कि, जिस मनुष्य के शरीर में ब्राह्मण का रजोवीर्य नहीं है, वह मनुष्य यदि शिक्षालाभ करके अपने में अधिदैवशुद्धिरूपी कर्म और अध्यात्म शुद्धिरूपी ज्ञान का संग्रह कर लेवे, तो भी वह ब्राह्मण नहीं हो सकेगा, और न वह निवृति मार्ग में जाकर सन्यासी ही हो सकता है। क्योंकि ब्राह्मण होने के लिये जो ब्राह्मणी माता और ब्राह्मण पिता के रजोवीर्य द्वारा स्थूल शरीर की उत्पत्ति से जिस आधिभौतिक शुद्धि की आवश्यकता थी, वह एक जन्म में किसी अन्य वर्ण के व्यक्ति को अथवा अनार्य व्यक्ति को प्राप्त नहीं हो सकती है। निष्कर्ष यह है कि, वर्णाश्रमधर्म में रजोवीर्य की पवित्रता रूपी आधिभौतिक शुद्धि अभ्यास के अधीन न होकर जन्म के अधीन होने के कारण सबसे अधिक विशेषता रखती है। इस कारण वर्णाश्रम धर्म में आधिभौतिक प्राधान्य है, इसमें संदेह ही नहीं। इसी कारण वर्णाश्रमधर्म में आचार की प्रधानता मानी गयी है ।। ६३ ।।

और भी महत्व कहा जाता है:-

यागे बाधनमनाचारात् ।। ६४ ।।

अनुवाद–याग में अनाचार होने से बाधा होती है ।। ६४ ।।

भाष्य–आचार विज्ञान की पुष्टि के लिये दूसरा उदाहरण दिया जाता है। वेद और शास्त्रोक्त जो याग यज्ञादि किये जाते है, जिनमें दैवजगत् के संवर्द्धन का सम्बन्ध रहता है, उनमें यदि आचार का सम्बन्ध न रखा जाय और यज्ञों को अनाचार से किया जाय तो उनमें असुर और प्रेतादि की बाधा हो जाती है। सूक्ष्मदैवराज्य से जैसे देवता ऋषि और पितृ का सम्बन्ध है, वैसा ही असुरों का भी सम्बन्ध है और प्रतादि भी सूक्ष्मदैवराज्य के ही जीव है। किसी यज्ञ के साधन के समय स्थानशुद्धि, दिग्बन्धन और सदाचार की शुद्धि के अवलम्बन से यज्ञ स्थान और याज्ञिकों के शरीर की शुद्धि न रखी जाय, तो असुरगण का और यहां तक कि प्रेतों का भी उस यज्ञ में प्रवेश होकर यज्ञ भ्रष्ट हो जायगा। और यज्ञ भाग देवता आदिकों को न पहुंचकर इन राजसिक तामसिक जीवों को पहुंच जायगा। यही कारण है कि, वैदिक यज्ञ और वेदसम्मत अन्यान्य शास्त्रीय यज्ञसमूह में आचार के द्वारा आधिभौतिक पवित्रता की रक्षा की जाती है। आचार के द्वारा आधिभौतिक पवित्रता की रक्षा की जाती है। आचार का यह भी बड़ा महत्व है।।६४ ।।

अब शारीरिक धर्म के अनन्तर मानसिक धर्म का वर्णन करते हैं:-

नियमो मानसधर्मः॥६५॥

अनुवाद–नियम मानस धर्म है।।६५।।

भाष्य–जिस प्रकार धर्मानुकूल शारीरिक व्यापार को आचार कहते हैं, उसी प्रकार धर्मानूकूल मानसिक व्यापार को नियम कहते हैं। मन की अनन्त वृत्तियों को दो भागों में विभक्त कर सकते हैं, एक क्लिष्ट और दूसरा अक्लिष्ट। यथा पूज्याद महर्षि पतञ्जलिजी ने योगदर्शन में कहा है:-

"वृत्तः पंचतयः क्लिष्टोः अक्लिष्टाः"

पञ्चावयव वृत्तियों के क्लिष्ट और अक्लिष्टरूप से दो भेद होते हैं।

जो वृत्तियां तमोगुण बढ़ाती हैं अर्थात् जिनसे अधर्म होता है वे क्लिष्ट कहलाती हैं । और जिन वृत्तियों के द्वारा सत्वगुण बढ़ता है, अर्थात् जिन वृत्तियों के उदय होने से धर्म होता हे, उनको अक्लिष्ट वृत्ति कहते हैं। मन में क्लिष्ट वृत्तियों का न उदय होने देना और सदा अक्लिष्ट वृत्तियों के सेवन द्वारा जो मानस व्यापार होता है, उसको पूज्यपाद महर्षि सूत्रकार ने नियम संज्ञा दी है। धृति, मानसिक तप, परोपकार प्रवृत्ति, सद्विचार, सत्य संकल्प आदि सब ही नियम के अन्तर्गत माने जा सकते हैं।।६५।।

मानसधर्म की विशेषता कही जाती है:–

त्रिगुणमयान्यङ्गोपाङ्गनि॥६६॥

अनुवाद–नियम के अङ्गोपाङ्ग त्रिगुणमय हैं।।६६।।

भाष्य–आचार स्थूलातिस्थूल धर्म होने से उसके त्रिगुण भेद से त्रिगुण विभाग करने में असुविधा है। परन्तु नियम सूक्ष्म राज्य का विषय है, इस कारण त्रिगुण भेद से तीन विभाग भी किये जा सकते हैं। जिस प्रकार साधारण धर्म के सब अङ्गोपाङ्गों के त्रिगुण के अनुसार तीन भेद होते हैं, उसी प्रकार नियम के अङ्गोपाङ्गों के भी त्रिगुण के अनुसार तीन भेद किये जा सकते हैं। यदि यह शंका हो कि, नियम सम्बन्धीय अक्लिष्ट वृत्तियां सब सत्वगुणमय हैं, पुनः नियम के तीन भेद कैसे हो सकते हैं? इस प्रकार की शंका का समाधान यह है कि, जैसे सत्त्वगुणमय ब्राह्मण, सत्वरजोमय क्षत्रिय आदि भेद माने गये हैं, पुनः ब्राह्मण के

भी तीन भेद हो सकते हैं, यथा सात्विक ब्राह्मण, राजसिक ब्राह्मण और तामसिक ब्राह्मण उसी प्रकार सत्वगुणमय नियम के भी तीन भेद हो सकते हैं।।६६।।

प्रसङ्गतः शङ्का का समाधान किया जाता है:-

सर्वधर्मत्रैविध्यं गुणत्रयभेदात्।।६७।।

अनुवाद–त्रिगुण भेद से सब धर्म त्रिविध हैं।।६७।।

भाष्य–केवल नियम के लिये ही त्रिगुणात्मक होना क्यों कहा गया? क्या अन्य धर्मसमूह त्रिगुणात्मक नहीं हैं? इत्यादि शंकाओं के समाधान में पूज्यपाद महर्षिसूत्रकार ने इस सूत्र का आविर्भाव किया है। प्राकृतिक सब पदार्थों के साथ त्रिगुण का ऐसा घनिष्ट सम्बन्ध है कि, त्रिगुण से अतीत कोई पदार्थ हो ही नहीं सकता। यह सम्भव है कि, किसी विषय में त्रिगुण से अतीत कोई भी सूक्ष्म अथवा स्थूल वस्तु नहीं हो सकती, यह मानना ही पड़ेगा। इस वैज्ञानिक सिद्धान्त के अनुसार सब धर्म ही त्रिगुण भेद से तीन तीन प्रकार के होंगे, यह निश्चित है।।६७ ।।

तीनों का अधिकार निर्णय किया जाता है:-

उत्तरोत्तरस्य गरीयस्त्वम्।।६८।।

अनुवाद–उत्तरोत्तर श्रेष्ठ हैं।।६८।।

भाष्य–तीनों श्रेणी के धर्म ही धर्म होने से भी तामसिक धर्म से राज सिक धर्म और राजसिक धर्म से सात्विक- धर्म उत्तरोत्तर श्रेष्ठ है। तामसिक धर्म केवल अभ्युदय कर सकता है और कहीं कहीं हानि भी पहुंचा सकता है। राजसिक धर्म से ऐहलौकिक अभ्युदय और पारलौकिक अभ्युदय होना अवश्यम्भावी है और सात्विक धर्म द्वारा अभ्युदय और निःश्रेयस होना निश्चित है।।६८।।

इसी प्रकार-

सर्वं भावत्रयात्मकम्।।६९।।

अनुवाद–सब त्रिभावात्मक है।।६९।।

भाष–धर्म के सब अङ्ग और उपाङ्ग जैसे त्रिगुण भेद से तीन श्रेणी के होते हैं, उसी प्रकार त्रिभाव भेद से त्रिविध होते हैं, क्योंकि सृष्टि त्रिभावात्मक है, यथा-स्मृति शास्त्र में:-

ममैव सच्चिदानन्दभावत्रयसमाश्रयात्।
नन्वध्यात्माधिदेवाधिभूतरूपं महर्षयः।।

भावत्रयं हि सर्वस्मिन् कार्यब्रह्मणि भासते।
दृश्यं नातो भवेत् किञ्चिच्छून्यं भावत्रयेण वै॥

मेरे ही सत् चित् आनन्दभाव का आश्रय करके अध्यात्म अधिदैव और अधिभूतरूपी त्रिभाव सम्पूर्ण कार्यब्रह्म में प्रकट है। इस कारण त्रिभाव से रहित कोई दृश्य हो ही नहीं सकता है।

एतास्तिस्त्रस्त्रिभावानां विश्वं व्याश्नुवते कलाः।
आधिदैविकमाध्यात्म्यं रूपं धृत्वाऽऽधिभौतिकम्॥

ये ही तीन कलाएं अध्यात्म, अधिदैव और अधिभूत धारण करके जगत् में व्याप्त है।

इस विज्ञान के अनुसार प्रत्येक धर्माङ्ग और उपाङ्ग चाहे साधारण धर्म हो, या विशेष धर्म हो, सब में तीन भावों के अनुसार त्रिविध शुद्धि की आवश्यकता रहती है॥६९॥

उससे क्या होता है सो कहा जाता है:-

पूर्णं त्रिभावोपगमात्॥७०॥

अनुवाद–त्रिभाव के सम्बन्ध से पूर्णता होती है ॥ ७० ॥

भाष्य–प्रत्येक धर्म के अङ्ग अथवा उपाङ्ग चाहे वह साधारण धर्म हो, अथवा विशेष धर्म हो, उसमें जब त्रिविध शुद्धि होती है, तभी वह पूर्ण हो सकता है । उदाहरण की रीति पर समझ सकते हैं कि, विशेष धर्म रूपी वर्ण धर्म में से एक ब्राह्मण तभी पूर्ण ब्राह्मण समझा जायगा, जब वह ब्राह्मण के उपयोगी ज्ञान से अध्यात्मशुद्धि का अधिकारी होगा, ब्राह्मणोपयोगी कर्म से अधिदैव शुद्धि का अधिकारी होगा और शुद्ध ब्राह्मणी माता और ब्राह्मण पिता के रजवीर्य से उसका स्थूल शरीर आधिभौतिक शुद्धि से युक्त होगा । उसी प्रकार साधारण धर्म का उदाहरण समझने के लिये कहा जा सकता है कि एक यज्ञ तभी पूर्ण हो सकता है, जब उसके अध्यात्म शुद्धि रूपी संकल्प उत्तम हो, अधिदैवशुद्धिरूपी शास्त्रोक्त क्रिया यथावत हो और यज्ञ के आधिभौतिक शुद्धि रूपी घृतादि पदार्थों की शुद्धि यथावत् हो । इसी प्रकार से जब सब धर्मों में शुद्धि हो, तभी वह धर्म पूर्ण शक्ति को प्राप्त करता है॥७०॥

गुण क्या मूलक है सो कहा जाता है :–

गुणाः शक्तिमूलाः॥७१॥

अनुवादक–गुण शक्तिमूलक है ।।७१।।

भाष्य–धर्म निर्णय के विषय में त्रिगुण का विचार शक्तिमूलक है। सत्त्व, रज, तम ये तीनों गुण मूलप्रकृति महामाया ब्रह्मशक्ति के ही है। सुतरां आदि शक्ति के ये तीनों गुण होने के कारण तीनों गुण शक्ति मूलक होंगे। यह स्वतः सिद्ध है। इस मौलिक सिद्धान्त का अवलम्बन कर के पूज्यपाद धर्म्माचार्यों ने धर्म निर्णय करते समय जहां इस तीनों गुणों का विचार किया है, वहां शक्ति का सम्बन्ध मूल में रखकर निर्णय किया है ।। ७१ ।।

अब भाव का मूलक है, सो कहा जाता है:–

शुद्धिमूलाश्चान्ये॥७२॥

अनुवाद–भाव शुद्धिमूलक हैं।।७२।।

भाष्य–गुण विचार जिस प्रकार शक्ति मूलक है, भाव विचार ठीक उसी प्रकार शुद्धि मूलक है। त्रिविध शुद्धि का विज्ञान पहले ही वर्णन किया है । तीनों भाव ब्रह्म के तीनों भाव से ही प्रकट होते हैं। ब्रह्म के सच्चिदानन्दरूपी त्रिभाव से जिस प्रकार दैवी मीमांसा दर्शन में ब्रह्म, ईश और विराट् रूप का सम्बन्ध दिखाया गया है । उसी प्रकार उन तीनों भावों से अध्यात्म अधिदैव और अधिभूत भावत्रय का सम्बन्ध निर्णय किया है । इसी कारण उक्त दर्शन में कहा है:-

गुणैः सृष्टिस्थित्यन्ता भावैस्तदनुभवः ॥

तीनों गुणों की शक्ति से सृष्टि, स्थिति और लय क्रिया होती है और तीनों भावों के प्रभाव से उनका अनुभव होता है । चित्स्वभाव ब्रह्म के तीनों भाव ज्ञानमूलक होंगे, इसमें सन्देह ही क्या है । ज्ञान ही मल, विक्षेप और आवरण से शुद्ध करके जीव को मुक्त करता है । ज्ञानमूलक त्रिभाव इस कारण शुद्धि मूलक है।।७२।।

अभय के सम्बन्ध में धर्माधर्म निर्णय का विज्ञान कहा जाता है :–

भावव्युत्क्रमः शक्तिप्रधानान्यात्॥७३॥

अनुवाद–शक्ति प्राधान्य से भाव का व्युत्क्रम होता है।।७३।।

भाष्य–जहां शक्ति विचार होगा, वहां भाव में वैपरीत्य होगा । जिस धर्म के निर्णय करने में शक्ति का लक्ष्य रखना होगा, वहां भाव वैपरीत्य होगा, ऐसा

समझकर विचार निर्णय करना होता है । क्योंकि यह पहले ही निर्णय हो चुका है कि, गुण में शक्ति का विचार और भाव में शुद्धि का विचार होता है । शक्ति विकास स्थूल की सहायता से सूक्ष्म में अधिक रूप से अनुभव करने योग्य है। यही इस विज्ञान का मौलिक रहस्य है । उदाहरण रूप से समझा जा सकता है कि, वर्ण श्रमधर्म में शक्ति प्राप्ति का लक्ष्य प्रधान है, इस कारण उसे आचारों का निर्णय करते समय अध्यात्म शुद्धि से अधिदैव शुद्धि और अधिदेव शुद्धि से अधिभूत शुद्धि की प्रधानता मानी गयी है । किसी मनुष्य में ब्राह्मणत्व का निर्णय करते समय यदि यह समझा जाय कि, उस व्यक्ति में केवल शुद्ध ब्राह्मण रजोवीर्य के होने से उसमें ब्राह्मण वर्ण के उपयोगी आधिभौतिक शुद्धि विद्यमान है, या यदि उसमें अन्य दोनों शुद्धि न भी हो, तभी उसको ब्राह्मण मानना होगा और यदि उसमें ब्राह्मण के सर्वश्रेष्ठ कर्म भी हो, तो वह और भी उत्तम श्रेणी का ब्राह्मण समझा जायगा। यदि उसमें आत्मज्ञान हो, तो वह पूर्ण और सर्वश्रेष्ठ ब्राह्मण कहावेगा । उसी प्रकार आश्रम धर्म निर्णय में यदि एक मूर्ख संन्यासी ब्राह्मण जाति का होता हुआ संन्यास संस्कार से यथारीति संस्कृत होगा, तो वह संन्यासी कहा सकता है । अन्य गुण होने से तो पूर्व सिद्धांत के अनुसार यदि उसमें कुटीचक, बहुदक, हंस और परमहंस धर्म में से किसी धर्म की योग्यता यथारीति पायी जाय, तो वह उत्तम संन्यासी कहावेगा और यदि उसमें आत्मज्ञानी जीवन्मुक्त लक्षण विद्यमान हों, तो वह सर्वश्रेष्ठ संन्यासी कहावेगा। यही कारण है कि, वर्णाश्रम धर्म निर्णय करने में रजोवीर्य शुद्धि की सर्वोपरि आवश्यकता है, तदन्तर कर्म की शुद्धि की आवश्यकता है और तदन्तर ज्ञान जनित शुद्धि की आवश्यकता मानी गयी है । क्योंकि शक्ति के विचार से भाव का व्युत्क्रम हो जाता है । जिस प्रकार सृष्टि में मूल प्रकृति प्रधान है और परम पुरुष अप्रधान हैं, उसी प्रकार जहां प्रकृति सम्बन्धीय गुण की शक्ति का विचार किया जाता है, वहां पुरुष सम्बन्ध युक्त अध्यात्म भाव गौण हो जाता है। और प्रकृति सम्बन्ध युक्त आधिभौतिक भाव मुख्य हो जाता है।।७३।।

प्रसङ्ग से धर्म का महत्व कहा जाता है :–

सर्वशक्तयाश्रयो धर्मः कार्य कारण भावात् ।। ७४ ।।

अनुवाद–कार्य-कारण भाव से धर्म सर्वशक्तियों का आश्रय है ।। ७४ ।।

भाष्य–त्रिगुणमयी प्रकृति के साथ सृष्टि स्थिति लयात्मक क्रिया का और अभ्युदय निःश्रेयसप्रद क्रिया के साथ धर्म का कारण कार्य सम्बन्ध होने से धर्म

सर्व शक्तिमान् है। धर्म जीव को अभ्युदय और निःश्रेयस प्रदान करता है; सुतरां धर्म क्रिया विशेष से सम्बन्ध रखता है और त्रिगुणमयी प्रकृति परिणामशीला होने से वह कर्म की जननी है। इस कारण धर्म सब प्रकार की स्थितिशील तथा उन्नतिशील शक्तियों का आश्रय-स्थल है। क्योंकि धर्म से जगत् की स्थिति होती है और धर्म से ही जीव का अभ्युदय और निःश्रेयस होता है।।७४।।

इसका वैज्ञानिक रहस्य कहा जाता है:–

प्रकृतेः सर्वशक्तिमत्त्वात्।।७५।।

अनुवाद–प्रकृति के सर्व शक्तिमती होने से।।७५।।

भाष्य–ब्रह्म शक्ति रूपिणी मूल प्रकृति सर्व शक्तिमयी है, यह सब शास्त्रों का सिद्धान्त है। अनन्त कोटि ब्रह्माण्डप्रसविनी ब्रह्माण्डपिण्डात्मिका जगद्धात्री सृष्टि स्थिति लय कारिणी ब्रह्मशक्ति सब शक्तियों की आधारभूता है। इसलिये प्रमाण अथवा वैज्ञानिक कारण निर्णय करने की आवश्यकता नहीं है। अतः धर्म जब उसी प्रकृति का नियम रूप है और कार्य कारण से सम्बन्ध युक्त है, तो प्रकृति की सर्वशक्तिमत्ता विश्वधारक धर्म से भी रहेगी इसमें सन्देह ही क्या है?।।७५।।

विशेष धर्म के प्रसङ्ग से जाति धर्म निर्णय किया जाता है:–

प्रकृति मूलो जातिधर्मः।।७६।।

अनुवाद–जाति धर्म प्रकृति मूलक है।।

भाष्य–जाति धर्म जिसका वर्ण धर्म से साक्षात् सम्बन्ध है, वह विशेष धर्म प्रकृतिगत है। त्रिगुणमयी प्रकृति के गुणपरिणाम के अनुसार प्रथम परिणाम में ही जाति की श्रेणी बनती है। ऊपर की ओर सत्त्व प्रधान, नीचे की ओर तमः प्रधान और मध्य में सत्त्व रज और रजस्तमः प्रधान इस प्रकार से चार विभाग स्वतः ही बनते हैं। क्योंकि रजोगुण का धर्म उभयसहायक है। इस कारण प्रकृति राज्य के चेतन पदार्थों में सत्त्वप्रधान, सत्त्वरजः प्रधान, रजस्तमः प्रधान और तमः प्रधान, इस प्रकार से चार श्रेणी का होना स्वाभाविक है। यही कारण है कि, उद्भिज्ज में भी वृक्ष, लता, गुल्म और औषधि रूपी चार श्रेणियां हैं। इसी प्रकार पुनः स्वेदज, अण्डज, जरायुज में भी चार श्रेणियां हैं। इसी कारण श्रुति और स्मृति में कहा है:–

प्रजापतिकामयत प्रजायेयेति स मुखतास्त्रिवृतं निरमिमीत तमग्निर्देवता

अन्वसृजत ब्राह्मणो मनुष्याणामजः पशूनां तस्मात्ते मुख्याः–. . . . . . आहुभ्यां पञ्चदशं निरमिमीत तमिन्द्रो देवता अन्वसृज्यत राजन्यो मनुष्याणामिवः पशूनां तस्मात्ते वीर्यवन्तो. . . . . . . मध्यतः सप्तदशं निरमिमीत तं विश्वेदेवा देवता अन्वसृज्यन्त वैश्यो मनुष्याणां गावः पशूनां . . . . . . सोऽन्येभ्यो भूयिष्ठा हि देवता अन्वसृज्यन्त . . . . .शूद्रो मनुष्याणामश्वः पशूनाम्. . .. .।

प्रजापति ने सृष्टि की इच्छा करके मुख से तीन प्रकार की सृष्टि की। ये तीनों ब्राह्मण सृष्टियाँ थीं।, यथा देवताओं में अग्नि, मनुष्यों में ब्राह्मण और पशुओं में छाग, इसलिये यह सृष्टि मुख्य है। बाहु से जितनी सृष्टि की वे सब क्षत्रिय हुए यथा देवताओं में इन्द्र, मनुष्यों में क्षत्रिय और पशुओं में मेष। मध्य से जितनी सृष्टि की वे, सब वैश्य हुए, यथा देवताओं मे विश्वेदेवा, मनुष्यों में वैश्य और पशुओं में गौर पांव से बहुत सृष्टि की, वे सब शूद्र हुए, उनमें बहुत से देव, मनुष्य और पशुओं में अश्व थे।

लघु यत् कोमलं काष्ठं सुघटं ब्रह्मजाति तत्।
दृढ़ाङ्गं लघु यत् काष्ठमघटं क्षत्रजाति तत्।।
कोमलं गुरु यत् काष्ठं वैश्यजाति तदुच्यते।
दृढ़ाङ्गं गुरु यत् काष्ठं शूद्रजाति तदुच्यते।।
लक्षणद्वययोगेन द्विजातिः काष्ठसंग्रहः।

जो काष्ठ हलका, नरम और दूसरे काष्ठ से अच्छी तरह से मिल सकता है, वही ब्राह्मण जाति का काष्ठ है, जो हलका काष्ठ दृढ़ और अन्य काष्ठ से मिल नहीं सकता है वह क्षत्रिय जाति का काष्ठ है, नरम और भारी काष्ठ वैश्य जाति का है और दृढ़ तथा भारी काष्ठ शूद्र जाति का है, दो जाति के कोष्ठों के गुण युक्त काष्ठ द्विजातीय वर्ण सङ्कर काष्ठ कहलाते हैं।।७६।।

विज्ञान को स्पष्ट कर रहे हैं:–

तस्माद्ववर्णधर्मस्तथा।।७७।।

अनुवाद–अतः वर्णधर्म वैसा है।७७।।

भाष्य–पूर्व कथित स्वाभाविक चार श्रेणियों के अनुसार मनुष्यों में ब्राह्मण वर्ण, क्षत्रियवर्ण और शूद्र वर्ण स्वाभाविक हैं। यदि यह शङ्का हो कि, जब वर्ण धर्म स्वाभाविक है, तो मनुष्य के सब देश की सामाजिक रीति में वर्ण धर्म की

सुव्यवस्था क्यों नहीं है? इस प्रकार की शङ्का का समाधान यह है कि, मनुष्य पूर्णावयव जीव हो जाने से अपने धर्मभ्रष्ट होने की शक्ति उसे प्राप्त है। इसी कारण केवल मनुष्य में ही धर्माधर्म का अधिकार पाया जाता है। अन्य जीवों में नहीं। यथा स्मृतिशास्त्र में कहा है:–

मानुषेषु महाराज धर्माधर्मौ प्रवर्त्ततः।
न तथाऽन्येषु भूतेषु मनुष्यरहितेष्विह॥

हे महाराज! मनुष्यों में ही केवल धर्माधर्म प्रवर्त्तित है, उसके अतिरिक्त अन्य जीवों में इस प्रकार धर्माधर्म नहीं है।

इसी कारण से आदि सृष्टि में सब ब्राह्मण होते हैं। पुनः जो मनुष्य अपने ब्राह्मण भाव से पतित समाज को वर्णधर्म के दुर्ग द्वारा सुरक्षित करते हैं, वे आर्य बने रहते हैं, अन्यथा अनार्य हो जाते हैं। यथा स्मृति शास्त्र में कहा है:–

असृजद् ब्राह्मणानेव पूर्वं ब्रह्मा प्रजापतीन्।
आत्मतेजोभिनिर्वृत्तान् भास्कराग्निसमप्रभान्॥
न विशेषोऽस्ति वर्णानां सर्वं ब्राह्ममिदं जगत्।
ब्रह्मणा पूर्वसृष्टं हि कर्मभिर्वर्णताङ्गतम्॥
कामभोगप्रियास्तीक्ष्णाः क्रोधनाः प्रियसाहसाः।
त्यक्तस्वधर्म्मा रक्ताङ्गास्ते द्विजाः क्षत्रतां गताः॥
गोभ्यो वृत्तिं समास्थाय पीताः कृष्युपजीविनः।
स्वधर्मान्नानुतिष्ठन्ति ते द्विजा वैश्यतां गताः॥
हिंसानृतप्रिया लुब्धाः सर्वकर्मोपजीविनः।
कृष्णाः शौचपरिभ्रष्टास्ते द्विजाः शूद्रतां गताः॥

ब्रह्मा जी ने पहले सूर्य और अग्नि के समान तेज वाले और आत्मा के तेज से तेजस्वी ब्राह्मणों को उत्पन्न किया, सृष्टि की प्रथम दशा में सब ब्राह्मण ही थे, उस समय और कोई वर्ण नहीं था, अनन्तर वे सब कर्म के फल से वर्णत्त्व को प्राप्त हुए। अर्थात् जो द्विज कामभोगप्रिय, तीक्ष्ण, क्रोधी, साहसी आदि थे और जिनका रंग लाल हो गया था, वे क्षत्रिय हुए और जो द्विज कृषि, गोरक्षा और वाणिज्य से जीविका करने लगे और पीतवर्ण हो गये, वे सब वैश्य हुए औंर जो द्विज हिंसक, मिथ्या प्रिय, लोभी, सकल प्रकार के नीच कर्म करने वाले, शौच और आचारों से भ्रष्ट होकर कृष्ण वर्ण हुए, वे शूद्र कहलाने लगे।।७७।।

और भी पुष्ट कर रहे हैं:–

सङ्करोऽश्वतरवत्॥७८॥

अनुवाद–सङ्कर अश्वतरवत् है॥७८॥

भाष्य–मनुष्य की आदि सृष्टि में जो वर्ण धर्म बँध जाता है, उसमें यदि सङ्करदोष हो जाय तो जैसे खच्चर की सृष्टि आगे नहीं चलती, वैसे मनुष्य का मनुष्यत्व नष्ट हो जाता है। वर्ण धर्म के स्वाभाविक होने के कारण सृष्टि के आदि से ही वह स्थापित होता है, जैसा कि दार्शनिक विज्ञान से भी सिद्ध है और महाभारत आदि शास्त्रों से भी सिद्ध है। तदनन्तर जो मनुष्य समाज रजोवीर्य की शुद्धि रखकर वर्णधर्म की सुरक्षा करता है, वह चिरकाल जीवित रहता है और जो मनुष्य समाज अपनी स्वतन्त्रता और अधिकार का अपलाप करके वर्ण धर्म को भ्रष्ट करता हुआ रजोवीर्य की शुद्धि को भङ्ग कर देता है वह अश्वतरवत् सृष्टि का लोप करता है। खच्चर की सृष्टि जिस प्रकार आगे नहीं चलती है, उसी प्रकार वर्ण धर्म भ्रष्ट मनुष्य समाज अनार्य होकर कालान्तर में धर्म विमुख और असभ्य हो काल के गर्भ में विलीन हो जाता है॥७८॥

शङ्का समाधान से विज्ञान की पुष्टि कर रहे हैं:–

तदुन्नतिर्विशिष्टंसयोगिवृक्षवत्॥७९॥

अनुवाद–उसकी उन्नति कलमी वृक्ष की तरह होती है॥७९॥

भाष्य–अब यदि जिज्ञासुओं के चित्त में ऐसी शङ्का होती हो कि जिन अनार्य जातियों में वर्णाश्रम धर्म की व्यवस्था नहीं है, उनमें भी धनबल, बुद्धिबल और विद्याबलादि से अभ्युदय के लक्षण देखे जाते हैं, इसका कारण क्या है, तो इस प्रकार की शङ्काओं के समाधान में पूज्यपाद महर्षि सूत्रकार ने इस सूत्र का आविर्भाव किया है। जिस प्रकार आम आदि के कल्मी वृक्ष के आम बड़े और मीठे होते हैं; परन्तु ऐसे वृक्ष न दीर्घायु होते हैं और उनके बीज की सृष्टि आगे अच्छी चलती है। कलमी वृक्ष का बीज बोने पर पुनः वैसा फल नहीं होता और क्रमशः उसकी सृष्टि दुर्बल हो जाती है। ठीक उसी प्रकार आर्य जाति की सङ्कर सृष्टि कुछ काल तक विशेष चमत्कार दिखाने पर भी अन्त में अधोगति को प्राप्त होकर नष्ट भ्रष्ट हो जायेगी॥७९॥

प्रत्यक्ष प्रमाण विज्ञान की सिद्धि की जाती है:–

तथा सर्वत्र दर्शनात्॥८०॥

अनुवाद–सर्वत्र ऐसा देखे जाने से॥८०॥

भाष्य–इस संसार के इतिहास के देखने से भी इस विज्ञान की सिद्धि होती है। जिस वंश में शङ्कर प्रजा उत्पन्न होती है, उस सङ्कर प्रजा का वंश नहीं रहता है। नित्य पितृगण ऐसी वंशरक्षा के सहायक नहीं होते हैं। पृथिवी में वर्णाश्रम धर्म न मानने वाली अनेक अनार्य जातियां अनादि काल से उत्पन्न होती आई हैं; परन्तु वे सब काल समुद्र में डूबती रही हैं। इसी कारण वर्णाश्रम धर्म हीन मनुष्य जाति पृथिवी में चिरस्थायी नहीं होती है और न नियमित अभ्युदय को प्राप्त करती है।।८०।।

वर्णधर्म की आवश्यकता कहकर वर्णशुद्धि का उपाय कहा जाता है:–

त्रिभावतो वर्णशुद्धिः।।८१।।

अनुवाद–त्रिभाव से वर्ण की शुद्धि होती है।।८१।।

भाष्य–अध्यात्म, अधिदैव और अधिभूत इन तीनों भावों के अवलम्बन से वर्णधर्म की शुद्धि हुआ करती है। आध्यात्मिक भाव की सुरक्षा ज्ञान-द्वारा, अधिदैव भाव की सुरक्षा कर्म द्वारा और अधिभूत भाव की सुरक्षा पितामाता के रजोवीर्य की सहायता से होती है। बिना ज्ञान आत्मा का आवरण नाश नहीं होता, इसी कारण ज्ञान आध्यात्मिक शुद्धि का हेतु है। प्रत्येक जाति का जातिगत कर्म उसके जीवन के लिये भगवदुपासना रूप ही है। क्योंकि उससे प्रकृति माता की यथार्थ पूजा होती है। इस कारण वर्णोचित कर्म द्वारा अधिदैव शुद्धि होना स्वतः सिद्ध है और स्थूल शरीर का मौलिक उपादान माता और पिता का रजोवीर्य है। इस कारण रजोवीर्य शुद्धि द्वारा आधिभौतिक शुद्धि होती है। ये ही तीन वर्ण धर्म के त्रिविध शुद्धि सम्पादक हैं। स्मृति शास्त्र में भी कहा है:–

रजोवीर्यविशुद्ध्यैव भवत्येव सुरक्षितम्।
आधिभौतिकसंशुद्धेबीजं न पितरो ध्रुवम्।।
विदित्वा पीठमर्यादां संस्कारशुद्धिपूर्विकाम्।
भवताञ्च कृपापुञ्जैः पितरो रक्षितं भवेत्।।
आधिदैविकसंशुद्धेर्बीजं नूनं चिरन्तनम्।
सत्त्वलक्षणसङ्घो वै स्वस्मिञ्च्छश्वद् विकाशितः।।
क्रियमाणैः प्रयत्नैश्चेद् भवेद् बीजं सुरक्षितम्।
नूनमध्यात्मसंशुद्धेर्नात्र कार्या विचारणा।।
त्रिविधानां हि बीजानां रक्षयैवंविधैः क्रमैः।
वर्णाश्रमाख्यधर्मस्य बीजं स्याद्रक्षितं ध्रुवम्।।

हे पितृगण! रजोवीर्य की शुद्धि से ही आधिभौतिक शुद्धि का बीज निश्चय ही सुरक्षित होता है। संस्कार शुद्धि पूर्वक पीठमर्यादा को जानकर और आप लोगों की कृपा से अधिदैवशुद्धि का चिरन्तन बीज अवश्य बना रहता है और अपने में सत्त्वगुण के लक्षण समूह सर्वदा विकसित करने के प्रयत्न द्वारा अध्यात्म शुद्धि की बीजरक्षा अवश्य होती है, इसमें विचार न करें। इस प्रकार के क्रम से त्रिविध बीज की सुरक्षा ही वर्णाश्रम धर्म के बीज की सुरक्षा होती है।।८१।।

शुद्धि के अभाव से असम्पूर्णता का होना सिद्ध किया जाता है:–

अङ्गवैकल्यादपूर्णता।।८२।।

अनुवाद–अङ्ग विकल होने से अपूर्णता होती है।।८२।।

भाष्य–पूर्व विज्ञान के अनुसार यह भी निश्चय होता है कि इन त्रिविध शुद्धियों में से जिसकी जितनी कमी होगी उतनी ही वर्ण धर्म में आपूर्णता होगी। इस विषय में उदाहरण दिया जाता है और ब्राह्मण जाति के सम्बन्ध से विचार किया जाता है कि यदि अध्यात्म शुद्धि की कमी हो, तो वह दो तिहाई ब्राह्मण होगा और यदि अध्यात्म शुद्धि, अधिदैवशुद्धि दोनों की कमी हो, तो वह व्यक्ति ब्राह्मण वर्ण का होने पर भी एक तिहाई का ब्राह्मण होगा। अवश्य रजोवीर्य की शुद्धि तो परमावश्यकीय है, क्योंकि वह साध्य नहीं है। इसी प्रकार अन्य वर्ण के व्यक्तियों में अङ्गवैकल्य होना समझा जाय।।८२।।

प्रसङ्ग से ब्राह्मण से भेद का विज्ञान कहा जाता है:–

अतो ब्राह्मणानेकविधत्वम्।।८३।।

अनुवाद–इसी कारण ब्राह्मण के अनेक भेद हैं।।८३।।

भाष्य–स्मृति शास्त्र में जो क्षत्रिय ब्राह्मण, वैश्य ब्राह्मण, शूद्र ब्राह्मण, चाण्डाल ब्राह्मण, निषाद ब्राह्मण आदि कल्पनायें की गयी हैं, वे सब इसी पूर्व कथित विज्ञान के आश्रय पर की गई हैं। तात्पर्य यह है कि, जिस ब्राह्मण में केवल रजोवीर्य शुद्धिरूपी अधिभूत शुद्धि हो और अन्य दोनों शुद्धियां न होकर अन्यान्य प्रकार की न्यूनता अथवा दोष पाये जायँ, उनको उन-उन लक्षणों के अनुसार विभिन्न श्रेणी में विभक्त किया गया है यथा:–

देवो मुनिर्द्विजो राजा वैश्यः शूद्रो निषादकः।
पशुर्म्लेच्छश्च चाण्डालो विप्रा दशविधाः स्मृता।।
संध्या स्नानं जपं होमं देवतातिथिपूजनम्।

वैश्वदेवञ्च कुर्वाणो विप्रो देवः प्रकीर्त्त्यते॥
शाके पत्रे फले मूले वनवासे सदा रतः।
निरतोऽहरहः श्राद्धे स विप्रो मुनिरुच्यते॥
वेदान्तं यः पठेन्नित्यं सर्वसङ्गं परित्यजेत्।
सांख्ययोगविचारस्थः स विप्रो द्विज उच्यते॥
अस्त्राहताः सुधन्वानः संग्रामे सर्व सम्मुखे।
आक्रम्य निर्जिता येन स व्रिपः क्षत्र उच्यते॥
कृषिकर्मरतो यश्च गवाञ्च प्रतिपालकः।
वाणिज्यव्यवसायो च स विप्रो वैश्य उच्यते॥
लवणस्याथ लाक्षायाः कुसुम्भक्षीरसर्पिषाम्।
विक्रेता मधुमांसानां रस विप्रः शूद्र उच्यते॥
तस्करश्चैव पापी च सूचको दंशकस्तथा।
मत्स्यमांसे सदा लुब्धः प्रोच्यते स निषादकः॥
ब्रह्मतत्त्वं न जानाति ब्रह्मसूत्रेण गर्वितः।
तेनैव स च पापेन विप्रः पशुरुदाहृतः॥
वापीकूपतड़ागानामारामसरसां तथा।
निःशङ्कं रोधको यस्तु स विप्रो म्लेच्छ उच्यते॥
क्रियाहीनश्च मूर्खश्च सर्वधर्मविवर्जितः।
निर्दयः सर्वभूतेषु विप्रश्चाण्डाल उच्यते॥

देव, मुनि, द्विज, राजा, शूद्र, निषाद, म्लेच्छ और चाण्डाल ब्राह्मणों में ये दश प्रकार के भेद हैं। यथा–सन्ध्या, स्नान, जप, होम, देवता-अतिथि पूजन और बलि वैश्वदेव इन सबको जो ब्राह्मण नित्य प्रति करते हैं, उनको देव ब्राह्मण कहा जाता है। शाक, पत्र, फल, मूलादि से वनवास में रहकर जो पितृकृत्य में तत्पर रहते हैं, उनको मुनि कहते हैं। सर्व सङ्ग का परित्याग करके सांख्य योग विचार में रत रहने वाले और वेदान्त का पाठ करने वाले ब्राह्मण को द्विज ब्राह्मण कहा जाता है। अस्त्र के द्वारा आहत करके, संग्राम में धनुर्बाण धारियों को आक्रमण करते हुए जो विजय लाभ करते हैं, ऐसे ब्राह्मण को क्षत्र ब्राह्मण कहा जाता है। जो कि कृषि कर्म में रत रहते हैं, गोपालन तथा वाणिज्यादि किया करते हैं, ऐसे ब्राह्मण को वैश्य ब्राह्मण कहा जाता है। लवण, लाक्षा, कुसुम्भ, क्षीर, घृत और मधु, मांस विक्रय करने वाले ब्राह्मण को शूद्र ब्राह्मण कहा जाता है। चोर, पापी, परनिन्दक, दूसरों को आघात पहुँचाने वाले तथा मत्स्य मांस में सदा लोभ करने

वाले ब्राह्मण को निषाद ब्राह्मण कहा जाता है। ब्रह्मतत्त्व को न जानते हुए भी यज्ञोपवीत का गर्व करने वाले ब्राह्मण को उस पाप से पशु ब्राह्मण कहा जाता है। वापी, कूप, तड़ाग, बगीचे और सरोवरों को निःशङ्क होकर बन्द करने वाले को म्लेच्छ ब्राह्मण कहा जाता है। क्रिया विहीन, मूर्ख और धर्माधर्म वर्जित निर्दय चाण्डाल ब्राह्मण कहा जाता है।।८३।।

वर्ण धर्म का प्रधान अवलम्बन सिद्ध किया जाता है:-

बीजप्राधान्यं सर्वत्र।।८४।।

अनुवाद–सर्वत्र बीज का प्राधान्य है।।८४।।

भाष्य–जिस प्रकार मनुष्येतर नाना प्रकार की सब योनियों में बीज का प्राधान्य है, उसी प्रकार वर्ण धर्म में भी बीज का प्राधान्य है। इसी कारण रजोवीर्य की शुद्धि रूपी अधिभूत शुद्धि को सबसे प्रथम और परमावश्यक माना है; क्योंकि, कर्म और ज्ञान साध्य विषय हैं, परन्तु रजोवीर्य की शुद्धि साध्य नहीं है। वह पिता, माता के अधीन है। उन दोनों में भी बीज का प्राधान्य है। संसार में भी देखने में आता है कि, भूमि के हेर फेर से उद्भिज्ज सृष्टि में तारतम्य होता है, परन्तु जैसा बीज होता है, वैसे ही सृष्टि आगे को चलती है। इस कारण सर्वत्र बीज का प्राधान्य है यह मानना ही पड़ेगा।।८४।।

प्रसङ्ग से पितृमाहात्म्य वर्णन किया जाता है:-

पितृकृपाऽभ्युदयहेतुश्चक्रसम्बन्धात्।।८५।।

अनवाद–चक्र सम्बन्ध से पितृकृपा अभ्युदय का कारण है।।८५।।

भाष्य–आवागमन चक्र के विषय में स्मृति-शास्त्र में ऐसा कहा है:-

अनुभूतमिदं त्वास्ते युष्माभिः पितरो ध्रुवम्।
मर्त्त्यर्योनिं समासाद्य जीवाः सर्वे समन्ततः।।
आवागमनचक्रेषु प्रविशन्ति न संशयः।
पश्यन्ति किन्तु वै चक्रं भाग्यवन्तो न केऽप्यदः।।
परिधिस्तस्य चक्रस्य द्विधा भिन्नोऽस्त्यसंशयम्।
तत्रैकः प्रेतलोकोऽस्ति मृत्युलोकोऽपरस्तथा।।
असौ चक्रस्य परिधिः पितृलोकावधिक्रमात्।
विस्तीय प्रथमं पश्चात् नरके स्वरपि ध्रुवम्।।
विस्तृणाति तपोलोकपर्यन्तं नात्र संशयः।।

नैवात्र विस्मयः कार्यो भवद्भिर्विश्वभूतिदाः॥
तमः प्रधानं प्रथमं चक्रमेतदनन्तरम्।
तमोरजः प्रधानञ्च रजः सत्त्वप्रधानकम्॥
शुद्धसत्त्वप्रधानं हि जायते तदनन्तरम्।
ऊर्द्ध्वलोकं ततो मृत्युलोकं व्याप्नोति केवलम्॥
परिधिस्तस्य चक्रस्य ततोऽन्ते मयि लीयते॥

हे पितरो! यह तो आप लोगों के अनुभव में ही है कि मनुष्य योनि को प्राप्त करके सब जीव सब ओर से आवागमन चक्र में प्रवेश करते हैं। परन्तु कोई भी भाग्यवान् उस चक्र को नहीं देखते हैं। उस चक्र की निःसन्देह दो परिधि होती हैं। एक को प्रेत लोक कहते हैं और दूसरे को मृत्यु लोक कहते हैं। चक्र की वह परिधि प्रथम क्रमशः पितृ लोक तक विस्तार होती है, तदनन्तर नर लोक में विस्तार होती है और वह परिधि स्वर्ग लोक में भी विस्तृत होकर तपो लोक तक पहुँच जाती है, इसमें सन्देह नहीं। हे पितृगण! आप लोगों को इस विषय में आश्चर्य नहीं करना चाहिये। यह आवागमन चक्र प्रथम तमः प्रधान, तदनन्तर तमोरजः प्रधान, तदनन्तर रजः सत्त्व प्रधान, और तदनन्तर शुद्ध सत्त्वप्रधान हो जाता है। तदनन्तर उस चक्र की परिधि केवल ऊर्द्ध्व लोक और मृत्यु लोक व्यापिनी ही रहती है और अन्त में यह चक्र मुझ में लय को प्राप्त होता है।

आवागमन चक्र का केन्द्र रूप यह मृत्यु लोक है। जीव चाहे मृत्यु के अनन्तर किसी लोक में जावे, परन्तु उसे लौटकर यहां ही आना पड़ता है; क्योंकि यह मृत्युलोक कर्मभूमि है। इस मृत्यु लोक में जीव मातृ गर्भ से जन्म ग्रहण करता है, अन्य लोकों में ऐसा नहीं है। यही इस लोक की विचित्रता है। गर्भाधान के समय माता पिता के युग्म शरीर में पीठ की स्थापना स्वतः हो जाती है। पीठ रहस्य को दैवी मीमांसा दर्शन ने सिद्ध कर दिया है। माता की आकर्षण शक्ति जब पिता की विकर्षण शक्ति को परास्त करती है, तो उस समय पीठ में आये हुए देवतागण जीव को मातृ गर्भ में पहुँचा देते हैं और नित्य पितृगण उसका स्थूल शरीर बनाने में सहायक होते हैं। जीव का स्थूल शरीर ही उसके भविष्यत् कर्म संग्रह में सहायक होता है, क्योंकि जैसा उत्तम स्थूल शरीर उसको प्राप्त होगा वैसे ही उत्तम उससे बन सकेंगे। एक ओर नित्य पितृगण यथावत् स्थूल शरीर को बनाने वाले हैं और दूसरी ओर सृष्टि में बीज का प्राधान्य होने के कारण पिता ही नित्य पितरों का प्रतिनिधि बनकर जीव के जन्म का कारण बन जाता है। इस

कारण सहज चक्र से सम्बन्ध युक्त होने से, स्थूल शरीर का प्रदाता होने से, तथा नित्य पितरों का प्रतिनिधि होने से और गर्भाधान संस्कार का कर्त्ता होने से पिता परम पूज्य है और ऐसे परम पूज्य की पूजा करने से धर्म लाभ के द्वारा अभ्युदय की प्राप्ति होगी इसमें सन्देह ही क्या है?

इस कारण स्मृति शास्त्र में कहा है:–

पिता धर्मः पिता स्वर्गः पिता हि परमं तपः।
पितरि प्रीतिमापन्ने प्रीयन्ते सर्वदेवताः॥

पिता ही धर्म हैं, पिता ही स्वर्ग हैं और पिता ही परमतप के स्वरूप हैं। पिता के प्रसन्न होने से समस्त देवता तृप्त होते हैं।॥८५॥

प्रसङ्ग से दायभाग का विज्ञान कहा जाता है:–

अतएव दायभागो व्यवस्थितः॥८६॥

अनुवाद–अतएव दाय भाग की व्यवस्था है॥८६॥

भाष्य–मृत्यु लोक में स्थूल शरीर के सम्बन्ध से परम सहायक होने के कारण और आवागमन चक्र में सहायक होने के कारण जिस प्रकार पितृपूजा विहित है, उसी प्रकार आवागमन चक्र की पारलौकिक गति में सहायक होने के कारण पुत्र तथा अन्यान्य दायभाग के अधिकारी यथावत् अधिकार को स्मृतिशास्त्र के द्वारा प्राप्त करते हैं। प्रेत-श्राद्ध के द्वारा प्रेत से विमुक्ति, श्राद्ध और दानादिक धर्म कार्य के द्वारा नरकलोक से विमुक्ति तथा अन्यलोक में तृप्ति के विधान से पुत्र आवागन के चक्र में परम सहायक बनता है। इस कारण दायभाग का अधिकार भी प्राप्त होता है। इसी विज्ञान के अनुसार अन्याय अधिकारी भी दायभाग के अधिकारी होते हैं। स्मृतिशास्त्र का दायभाग मोहजनित नहीं है, धर्म विज्ञान जनित है। स्मृति शास्त्र में कहा है:–

एष स्त्रीपुंसयोरुक्तो धर्मो वो रतिसंहितः।
आपद्यपत्यप्राप्तिश्च दायभागं निबोधत॥
ज्येष्ठ एव तु गृह्णीयात्पित्र्यं धनमशेषतः।
शेषास्तमुपजीवेयुर्यथैव पितरं तथा॥
ज्येष्ठस्य विंश उद्धारः सर्वद्रव्याच्च यद्वरम्।
ततोऽर्द्धं मध्यमस्य स्यात्तुरीयं तु यवीयसः॥
ज्येष्ठश्चैव कनिष्ठश्च संहरेतां यथोदितम्।

येऽन्ये ज्येष्ठकनिष्ठाभ्यां तेषां स्यान्मध्यमं धनम्॥
एवं समुद्धृतोद्धारे समानांशान्प्रकल्पयेत्।
उद्धारेऽनुद्धृते त्वेषामियं स्यादंशकल्पना॥
एकाधिकं हरेज्ज्येष्ठः पुत्रोऽध्यर्द्धं ततोऽनुजः।
अंशमंशं यवीयांस इति धर्मो व्यवस्थितः।

स्त्री पुरुषों के अनुराग युक्त जो धर्म है, वह आप लोगों से कहा गया है और सन्तान के अभाव के कारण सन्तति का जो लाभ है वह भी कहा गया है, अब दायभाग की व्यवस्था को सुनिये। ज्येष्ठ पुत्र ही पिता के सम्पूर्ण धन को ले सकता है और छोटे लड़के जिस तरह पिता की आज्ञा का पालन करते थे, उसी तरह ज्येष्ठ भ्राता की आज्ञा का पालन करें। सब द्रव्यों से जो उत्तम द्रव्य है, उनमें से बीसवां हिस्सा ज्येष्ठ पुत्र को और मध्यम पुत्र को चालीसवां हिस्सा। और कनिष्ठ पुत्र को अस्सीवां हिस्सा करके लेना चाहिये और बचे हुए धन को बराबर करके ग्रहण करना चाहिये। ज्येष्ठ और कनिष्ठ को जैसे कहा गया है वैसा ही धन को ग्रहण करें। ज्येष्ठ और कनिष्ठ से जो भिन्न है अर्थात् मध्यम है उनको चालीसवां हिस्सा लेना चाहिये। इस तरह से हिस्सा को लेकर उससे अधिक बचे हुए धन में बराबर भाग भाई को देना चाहिये। ऐसा न हो तो आगे कहे हुए श्लोक के अनुसार भाग को ग्रहण करना चाहिये। अर्थात् ज्येष्ठ पुत्र दो भाग को ग्रहण करे, तदनन्तर मध्यम भातृगण डेढ़ हिस्से को लें और कनिष्ठ भाई को एक-एक भाग लेना चाहिये।।८६।।

प्रसङ्ग से आधिभौतिक शुद्धि का प्राधान्य कह रहे हैं:-

जन्मप्राधान्यं पार्थिवत्वात्॥८७॥

अनुवाद-शरीर पार्थिव होने से जन्म का प्राधान्य है।।८७।।

भाष्य-मृत्यु लोक में स्थूल शरीर की विशेषता मानी गयी है, इसका कारण यह है कि इस लोक में माता-पिता के रजोवीर्य की सहायता से मातृ गर्भ के द्वारा जीव को स्थूल शरीर को प्राप्त करना होता है। अन्य सूक्ष्म लोकों में इस प्रकार से नहीं करना होता है। दूसरी ओर यह पहले ही सिद्ध हो चुका है कि, वर्ण धर्म के विचार में आधिभौतिक शुद्धि की विशेषता रखी गयी है क्योंकि आधिभौतिक शुद्धि आध्यात्मिक आदि शुद्धियों के समान साध्य नहीं है। अब पूज्यपाद महर्षि सूत्रकार वर्णाश्रम धर्म में जन्म का प्राधान्य सिद्ध करने के लिये कहते हैं कि, पृथिवी तत्त्व-प्रधान मृत्यु लोक में जीव का स्थूल शरीर पृथिवी

तत्त्व की सहायता से बनता है। इस कारण जन्म की प्रधानता अवश्य स्वीकार करने योग्य है। पृथिवी तत्त्व प्रधान मृत्यु लोक में बिना पृथिवी तत्त्व प्रधान शरीर के कदापि कार्य नहीं निकल सकता है और वह पृथवी तत्त्व प्रधान शरीर जन्म के द्वारा ही प्राप्त होता है। इस कारण जन्म का प्रधान अवश्य ही स्वीकार करना होगा।।८७।।

अब दूसरे प्रकार से विज्ञान की दृढ़ता कर रहे हैं:–

गुणाश्रयत्वाच्च।।८८।।

अनुवाद–गुण के आश्रय होने से भी।।८८।।

भाष्य–स्थूल शरीर त्रिगुण का आश्रय है, इस कारण से भी वर्णाश्रम धर्म में जन्म का प्राधान्य मानना ही पड़ेगा। श्री भगवान् से निजमुख से भी श्रीगीतोपनिषद् में कहा है:–

"चातुर्वर्ण्यं मया सृष्टं गुणकर्मविभागशः"

गुण और कर्म के विभागानुसार ही मैंने चारों वर्णों की सृष्टि की है। पूर्व जन्म के संस्कार के अनुसार जीव का विशेष वर्णों में जन्म होता है। योग दर्शन में कहा है:–

"सतिमूले तद्विपाको जात्यायुर्भोगाः"

कर्म्माशय के कारण भूत क्लेशों के मूल में रहने से उनका फल जाति, आयु और भोग होता है अतः पूर्व जन्म के प्रधान संस्कार को अवलम्बन करके मनुष्य एक जाति-विशेष में जन्म ग्रहण करता है। उस समय पूर्व संस्कार के अनुसार उसकी प्रकृति बनती है। उस प्रकृति के अनुसार जिस प्रकार का गुण परिणाम उसमें होना उचित है, सो उसके स्थूल शरीर में प्रकट होता है, क्योंकि प्रकृति का विकास स्थल स्थूल शरीर ही है। इस कारण यह सिद्ध हुआ कि गुण का आधार स्थूल शरीर है और स्थूल शरीर माता-पिता के सम्बन्ध से जन्म के द्वारा प्राप्त होता है। इस कारण स्थूल शरीर गुण का आश्रय होने से वर्णाश्रम धर्म में जन्म का प्राधान्य है यह मानना ही पड़ेगा। यह दूसरी दार्शनिक युक्ति है, इस कारण इस सूत्र में 'च' शब्द का प्रयोग हुआ है।।८८।।

आधिभौतिक शुद्धि का माहात्म्य वर्णन कर रहे हैं:–

अविद्योऽप्याचारवान् विप्रः प्रणम्योऽन्यैः।।८९।।

अनुवाद–विद्वान् न होने पर भी आचारवान् ब्राह्मण अन्य वर्णों से प्रणम्य है।।८९।।

भाष्य–पूर्व कथित विज्ञान के अनुसार वर्णाश्रम धर्म में जन्म का ही सर्व प्राधान्य और गौरव माना गया है। उसका सर्व प्रधान दृष्टान्त यह है यदि किसी मनुष्य ने ब्राह्मण जाति में जन्म ग्रहण किया हो और ज्ञानी अथवा कर्मी अथवा दोनों न भी हो, परन्तु कदाचारी न हो सदाचारी हो, तो वह क्षत्रिय, वैश्य और शूद्र वर्णों से प्रणम्य अवश्य होगा। इस सूत्र में जो आचारवान् शब्द है, इसका स्वारस्य यह है कि, पतित ब्राह्मण अवश्य प्रणम्य नहीं होता है और इस सूत्र में "अपि" शब्द इस मत की दृढ़ता के लिये प्रयुक्त हुआ है। ब्राह्मण की महिमा के विषय में स्मृति शास्त्र में अनेक प्रमाण हैं, यथाः–

भूतानां प्राणिनः श्रेष्ठाः प्राणिनां बुद्धिजीविनः।
बुद्धिमत्सु नराः श्रेष्ठा नरेषु ब्राह्मणः स्मृताः॥
उत्तमाङ्गोद्भवाज्ज्यैष्ठ्यात् ब्रह्मणश्चैव धारणात्।
सर्वस्यैवास्य सर्गस्य धर्मतो ब्राह्मणः प्रभु॥

भूतों में प्राण विशिष्ट जीव, अर्थात् कीटादि, प्राणियों में बुद्धिजीवी पश्वादि और उनसे मनुष्य और मनुष्यों में से ब्राह्मण श्रेष्ठ हैं। मुख से उत्पन्न होने से, क्षत्रिय आदि से पहिले जन्म होने से तथा वेद की धारणा से सारे संसार का धर्मानुसार ब्राह्मण ही स्वामी है।।८९।।

पुनः महत्त्व वर्णन कर रहे हैं:–

अतत्त्वज्ञोऽपि सन्यासी तथा॥९०॥

अनुवाद–तत्त्वज्ञ न होने पर भी सन्यासी उसी प्रकार हैं।।९०।।

भाष्य–पूर्व सूत्र में वर्ण धर्म के उदाहरण से अपने विज्ञान की दृढ़ता करके अब आश्रम धर्म के दृष्टान्त द्वारा दृढ़ता सम्पादन कर रहे हैं। आधिभौतिक तथा जन्मप्राधान्य हेतु जैसे वर्ण गुरु ब्राह्मण केवल जन्म के विचार से ही अन्य वर्णों का प्रणम्य होता है, ठीक उसी प्रकार केवल ब्राह्मण जाति में जन्म और सन्यास का संस्कार होने के कारण तत्त्वज्ञ न होने पर भी सन्यास आश्रमधारी व्यक्ति अन्य आश्रमों के व्यक्तियों का प्रणम्य होता है। यद्यपि सन्यासी के ब्राह्मणवर्ण में जन्म और सन्यास संस्कार से संस्कृत होने पर भी यथा योग्य कर्म्मी और ज्ञानी होने की आवश्यकता है, परन्तु केवल जन्म के सम्बन्ध से ब्राह्मण होने से और सन्यास संस्कार के द्वारा उसके लिङ्ग आदि का आधिभौतिक परिवर्तन होते ही वह अन्य आश्रमधारियों का प्रणम्य होता है। अपने विज्ञान में दूसरे उदाहरण के द्वारा दृढ़ता सम्पादित हुई है, इस कारण सूत्र में 'अपि' शब्द का प्रयोग हुआ है। सन्यासी की महिमा के विषय में स्मृतिशास्त्र ने इसी कारण ऐसा कहा है:–

अतो विवेकसम्पन्नः सन्यासी विमलाशयः।
ज्ञानाब्धिपारगो देवाः! श्रद्धेयो भवतामपि॥

ज्ञान के सहित, निर्मल हृदय वाले ज्ञान रूपी समुद्र के पार जाने वाले सन्यासी देवताओं के भी पूज्य हैं।।९०।।

आधिभौतिक शुद्धि का वर्णन करके अब अन्य शुद्धियों का वर्णन कर रहे हैं:-

यत्नादन्ये॥९१॥

अनुवाद–अन्य यत्नसाध्य है।।९१।।

भाष्य–आधिभौतिक शुद्धि केवल जन्म से सम्बन्ध रखती है साधन से नहीं। परन्तु आधिदैविक शुद्धि और आध्यात्मिक शुद्धि जन्म से सम्बन्ध नहीं रखतीं, साधन से सम्बन्ध रखती हैं। यद्यपि पूर्वजन्म के संस्कार से मनुष्यों में कर्म, उपासना तथा ज्ञानार्जन करने की योग्यता प्राप्त होती है, परन्तु कर्म, उपासना और ज्ञानार्जन पुरुषार्थ साध्य हैं, इसमें सन्देह नहीं। अपने-अपने वर्ण और आश्रम के अनुसार कर्म और उपासना करने से अधिदैवशुद्धि प्राप्त होती है और शास्त्र आदि का ज्ञान लाभ करने से तथा आत्मा के विचार करने से तत्त्वज्ञान के द्वारा आध्यात्मिक-शुद्धि प्राप्त होती है। अतः सिद्ध हुआ कि, आधिभौतिक-शुद्धि के अतिरिक्त अन्य दोनों शुद्धियां साध्य हैं।।९१।।

वर्णाश्रम धर्म की मूलभूत आधिभौतिक शुद्धि का वर्णन करके अब वर्णाश्रम धर्म की महिमा कह रहे हैं:-

वर्णाश्रमाभ्यां स्थूलसूक्ष्मे रक्ष्ये॥९२॥

अनुवाद–वर्णाश्रम के द्वारा स्थूल और सूक्ष्म की रक्षा होती है।।९२।।

भाष्य–वर्ण धर्म और आश्रम धर्म के द्वारा स्थूल सृष्टिरूपी मृत्युलोक और सूक्ष्मसृष्टि रूपी दैवलोक का संरक्षण होता है। वर्णाश्रम धर्म के द्वारा मनुष्य जाति अपने ज्ञान के संरक्षण पूर्वक जीवित रहती है। वर्णाश्रमहीन मनुष्य जाति कालान्तर में पशुवत् हो जाती है। इसी कारण मनुष्य जाति का रक्षक वर्णाश्रम धर्म स्थूल सृष्टि का संरक्षक है। वर्णाश्रम धर्म के द्वारा पितृगण, देवतागण और ऋषिगण सम्वर्द्धित होते हैं। अतः वर्णाश्रमधर्म स्थूल और सूक्ष्म सृष्टि का संरक्षक है। वर्णाश्रम धर्म के प्रधान आठ उपकारों के विषय में स्मृतिशास्त्र में कहा है:-

आर्यजातेर्बीजरक्षाऽऽध्यात्मिकी च क्रमोन्नतिः।
पितृणां वर्द्धनाऽनल्पा तत्कृपाप्राप्तिरेव च॥
सहोच्चैर्देवलोकैश्च सम्बन्धस्थापनं भृशम्।
विबुधानां प्रसादश्च विश्वमङ्गलसाधकः॥
तथा स्वभावसंसिद्धसंस्कारोदयसाधनम्।
बीजरक्षाऽऽत्मबोधस्य कैवल्याधिगमोऽपि च॥
वर्णाश्रमाणां धर्म्माणामष्टावेतानि मुख्यतः।

आर्य जाति की बीजरक्षा, आध्यात्मिक क्रमोन्नति, पितरों का सम्वर्द्धन और उनकी विशेष कृपाप्राप्ति ऊर्द्ध्व देव लोकों के साथ अतिशय सम्बन्ध संस्थापन, विश्व-मंगल-कारिणी देवताओं की प्रसन्नता, स्वाभाविक संस्कारों का उदय करना, आत्म ज्ञान की बीजरक्षा और कैवल्याधिगम से वर्णाश्रम धर्म के आठ प्रधान प्रयोजनीय कर्म तत्त्वपरागों ने कहे हैं।।९२।।

और भी महत्त्व कहा जाता है:-

उपकारानन्त्यम्॥९३॥

अनुवाद-उपकार अनन्त हैं।।९३।।

भाष्य-स्थूल राज्य और दैवराज्य दोनों के संरक्षण करने के अतिरिक्त वर्णाश्रम धर्म के द्वारा और भी अनन्त उपकार होते हैं। यद्यपि स्थूल और देव दोनों राज्यों के साथ सब विषयों का सम्बन्ध है, क्योंकि सृष्टि प्रपञ्च दोनों भागों में विभक्त है इस कारण साधारणतः पूर्वकथित दोनों उपकार के अन्तर्गत सब कुछ आ सकता है। अब इस सूत्र के आविर्भाव का तात्पर्य यह है कि, ऐसा कोई मनुष्य के अभ्युदय का कार्य नहीं है, जिसका सहायक वर्णाश्रम न हो। इस सूत्र में अनन्त शब्द का प्रयोग इसी कारण किया गया है। दैवराज्यों में ऋषिगण का संवर्द्धन, देवताओं का संवर्द्धन, नित्य पितरों का संवर्द्धन, परलोकगामी नार की आत्माओं का उद्धार, असुरों को बलशाली न होने देना और देवताओं की बलवृद्धि में सहायक होना, मनुष्य जाति में काम, अर्थ, धर्म और मोक्ष इन चतुर्वर्गों का यथाक्रम यथाधिकार प्रदान करना, आत्मा ज्ञान की शृंखला मृत्युलोक से नष्ट न होने देना, प्रवृत्ति धर्म और निवृत्ति धर्म इन दोनों की शृंखला चिरकालपर्यन्त बनाए रखना, त्रिलोक पवित्रकारी सतीधर्म का बीज नष्ट न होने देना, मनुष्य समाज में विद्याबल, धनबल, मनुष्य सङ्घबल और बुद्धिबल का विकास बनाए रखना,

रजोवीर्य की शुद्धि उन्नत आर्य जाति में नष्ट होने न देना, आर्य जाति को चिरजीवी बनाए रखना इत्यादि अनन्त फल वर्णाश्रम धर्म से प्राप्त हो सकते हैं, यह मानना ही पड़ेगा। इस विज्ञान के मौलिक सिद्धान्त समूह का दिग्दर्शन आगे सूत्रों में किया जायगा।।९३।।

अब विशेषता के साथ कह रहे हैं:–

बीजरक्षणमार्यजातेः।।९४।।

अनुवाद–आर्य जाति की बीज रक्षा होती है।।९४।।

भाष्य–सृष्टि की प्रथम अवस्था में सनक, सनन्दन आदि चार परमहंस जन्मे थे। उसके अनन्तर प्रजापतिगण उत्पन्न हुए थे। ये दोनों श्रीभगवान् ब्रह्मा जी की सृष्टि हैं। प्रजापतियों के द्वारा जो पहली मनुष्य सृष्टि हुई थी, वे सब ब्राह्मण हुए थे। जिसका प्रमाण पहले दिया गया है। ब्राह्मण से बैजी सृष्टि होने पर क्रमशः मनुष्यों की अवनति होने लगी। मनुष्य जाति के उस निम्नगाती स्रोत को रोकने के लिये श्रीमनुमहाराज ने वर्णाश्रमरूपी बन्ध की व्यवस्था की है। यह वर्णाश्रमबन्ध आर्य जाति को असभ्य और अनार्य होकर नष्ट भ्रष्ट होने से रोकता है। कर्म तीन प्रकार के हैं। यथा जैव ऐश और सहज, जिसका वर्णन इस दर्शन में पीछे आवेगा। मनुष्य से इतर जीव जिससे चालित होता है, उसको ऐश कर्म कहते हैं और मनुष्यगण जिससे चालित होते हैं, उसको जैव कर्म कहते हैं। पुण्य, पाप दोनों के अधिकारी बन जाने से और स्वाधीनता के साथ निरङ्कुशता आ जाने से जैव कर्म का अधिकारी मनुष्य स्वभावतः नीचे की ओर गिरता रहता है; क्योंकि वह अपने पिण्ड का अधीश्वर हो जाने से क्रमशः निरङ्कुश बन जाता है। पृथिवी में अनगणित अनार्य जातियां इस प्रकार से निरङ्कुश होकर लुप्त हो गयी हैं। इस दशा में वर्णाश्रम धर्म रूपी बन्ध ही आर्य जाति के स्रोत को नीचे की ओर गिरकर लुप्त हो जाने से रोकता है। फलतः वर्णाश्रम धर्म इस विज्ञान के अनुसार आर्य जाति का बीजरक्षक है, ऐसा मानना ही पड़ेगा।।९४।।

और भी विशेषता कह रहे हैं:–

क्रमोन्नतिराध्यात्मिकी।।९५।।

अनुवाद–आध्यात्मिकी क्रमोन्नति होती है।।९५।।

भाष्य–जीव जब अन्य योनियों से आगे बढ़कर मनुष्य योनि में पहुंचता है,

तब आवागमन चक्र का अधिकारी होता है और तदनन्तर आवागमन चक्र में निरन्तर फिरता रहता है। मृत्यु लोक में कर्म-भूमि होने के कारण उसी में आकर जीव को कर्म करके उन्नति करने अथवा अवनति करने के संस्कार संग्रह करने का अवसर मिलता है। अन्य सब ऊद्धर्व और अधोलोक भोगभूमि हैं, कर्मभूमि नहीं है।

संस्कार की कर्म का बीज होने के कारण वर्णाश्रम के अन्तर्गत जीव क्रमशः अपने में एक संस्कार से दूसरा उन्नत संस्कार प्राप्त करता हुआ ज्ञानमय अधिकारी की ओर अग्रसर होता है। जन्मान्तर वाद के विज्ञान पर पूर्ण विश्वास रहने के कारण चारों वर्ण और चारों आश्रमों के अधिकारों में वर्णाश्रम धर्म मनुष्य को परस्पर ईष्या, द्वेष करने का अवसर नहीं मिलता है। प्रत्येक वर्ण की रजोवीर्य शुद्धि, प्रत्येक वर्ण का धर्म संस्कार और प्रत्येक आश्रम के धर्म साधन का अभ्यास मनुष्य को नियमित रूप से आत्मज्ञान की ओर आगे बढ़ा देता है। चारों वर्णों में चारों साध्य वासनाओं को तृप्त करके प्रथम दो आश्रमों में प्रवृत्ति रोध करते हुए और अन्तिम दो आश्रमों में निवृत्ति संस्कार की उन्नति करते हुए अन्त में वह मनुष्य आत्मज्ञानी बनकर स्वस्वरूप-पारावार में पहुँच जाता है। वर्णाश्रम रहित मनुष्य जाति में इस प्रकार क्रमोन्नति का बन्धन और नियमबद्ध व्यवस्था नहीं रह सकती है। अस्तु, जिस मनुष्य जाति में वर्णाश्रम धर्म की सुव्यवस्था है, उस जाति में मनुष्यों की आध्यात्मिक क्रमोन्नति होना स्वाभाविक है और वर्णाश्रम धर्म्मी ही आवागमन चक्र में फिर कर नियमित रूप से अपनी क्रमोन्नति करने में समर्थ होता है; क्योंकि चारों वर्णों में अर्थ, काम, धर्म और मोक्ष इन चारों लक्ष्यों की शृंखला है और चारों आश्रमों में प्रवृत्ति और निवृत्ति की है। इसका विस्तारित विज्ञान इस दर्शन में पीछे आयेगा।।९५।।

और भी विशेषता कहते हैं:-

पितृसंवर्द्धन तत्कृपाप्राप्तिश्च॥९६॥

अनुवाद-पितरों की संवर्द्धना और उनकी कृपा प्राप्त होती है।।९६।।

भाष्य-यह शास्त्र सिद्ध है, कि जीव मनुष्य योनि में पहुंचकर पहले प्रेत लोक में जाने लगता है और वहां से पुनः असभ्य मनुष्य होकर जन्म ग्रहण करता है। तदनन्तर वह क्रमशः नरलोक और पितृलोक में पहुंचने लगता है। पितरों की कृपा से ही मनुष्य को माता-पिता के रजोवीर्य द्वारा यथायोग्य स्थूल शरीर मिलता है, परन्तु अर्यमा आदि नित्य पितृगण की पूरी कृपा दृष्टि उसी मनुष्य जाति पर

पड़ती है, जो मनुष्य जाति रजोवीर्य की शुद्धि का अधिकारी बन जाता है। तब पितरों को यह निश्चय हो जाता है कि, ऐसी मनुष्य जाति की सुरक्षा वे कर सकेंगे। पितरों का दार्शनिक रहस्य दैवीमीमांसा दर्शन में भली प्रकार से वर्णित है। जिस मनुष्य जाति में वर्णाश्रम धर्म की व्यवस्था है, उसमें आध्यात्मिक उन्नति का क्रम ठीक-ठीक बना हुआ है। इस कारण उन आचारों से पितरों के कार्य में सुगमता होती है। वर्णाश्रम धर्म रजोवीर्य की शुद्धि रखता है, इस कारण पितृगण प्रसन्न होकर संवर्द्धित होते हैं और कृपापूर्वक कुल और जाति के सहायक बने रहते हैं। वर्णाश्रम धर्म का यह एक असाधारण फल है।।९६।।

और भी कह रहे हैं:–

देवलोकसम्बन्धः।।९७।।

अनुवाद–देव लोक के साथ सम्बन्ध स्थापन होता है।।९७।।

भाष्य–दैवीमीमांसा अर्थात् मध्यमीमांसा में दैवराज्य तथा उसके चालकों का विस्तारित विज्ञान विवृत है। कर्म और सूक्ष्म राज्य के चालक देवतागण और असुरगंण हैं। असुर भी एक श्रेणी के देवता हैं। असत् और तम का सम्बन्ध असुरों के साथ और सत् तथा सत्त्व का सम्बन्ध देवताओं के साथ है। वर्णाश्रम के सदाचार द्वारा मनुष्य जाति स्वभाव से ही सत्त्वगुणमयी हो जाती है। इस कारण देवताओं के साथ उसका घनिष्ठ सम्बन्ध स्थापित हो जाता है। सुतरां वर्णाश्रम के द्वारा देवलोक के साथ सम्बन्ध होना स्वाभाविक है।।९७।।

पुनः कह रहे हैं:–

देवप्रसादः।।९८।।

अनुवाद–देवताओं की प्रसन्नता होती है।।९८।।

भाष्य–वर्णाश्रम मर्यादा के यथारीति पालन द्वारा क्रमशः सत्त्वगुण की अभिवृद्धि होने से अविद्या का नाश हो जाता है। तदनन्तर मनुष्य जाति को विद्या की सहायता प्राप्त होती है और कर्म, उपासना, ज्ञान की समता स्थापना होकर आध्यात्मिक उन्नति होती है। इस प्रकार यथाक्रम सत्त्वगुण के नियमित रूप से अभिव्यक्ति होते रहने से तथा पूर्व सूत्रों में उल्लिखित कारणों से देवता गण प्रसन्न रहते हैं। विशेषतः यज्ञ और महायज्ञ का अनुष्ठान वर्ण और आश्रम धर्म में नियमित रूप से होते रहने से देवताओं की प्रसन्नता स्वतः होने का अवसर रहता है। इस विषय को यों भी समझ सकते हैं, कि वर्णाश्रम धर्म के द्वारा इन्द्रिय भाव युक्त

आसुरी वृत्ति घटती है और आत्मा से युक्त दैवी वृत्ति बढ़ती है। वर्णधर्म तो स्वतः ही काम से अर्थ की ओर तथा अर्थ से धर्म की ओर और धर्म से मोक्ष की ओर जीव को ले जाता है। उसी प्रकार आश्रम धर्म पहले प्रवृत्तियों को रोककर निवृत्ति की पूर्णता में पहुंचा देता है। इस कारण वर्णाश्रम धर्म क्रमशः मनुष्य में दैवभाव बढ़ाता है, यह निःसन्देह है। इस कारण दैवभाव को बढ़ाने वाला और आसुरि भाव को घटाने वाला वर्णाश्रम धर्म जिस जाति में विद्यमान है, उसमें विश्वमंगलकारिणी देवताओं की प्रसन्नता स्वतः होगी।।९८।।

पुनः कह रहे हैं:-

स्वाभाविकसंस्कारोदयः।।९९।।

अनुवाद–स्वाभावकि संस्कार का उदय होता है।।९९।।

भाष्य–इस दर्शन के संस्कारपाद में दिखाया गया है कि स्वाभाविक संस्कार मुक्ति के कारण और अस्वाभाविक संस्कार बन्धन के कारण होते हैं और यह भी उसी अध्याय में दिखाया गया है कि, वर्णाश्रम धर्म के अनुसार जो वैदिक संस्कार समूह रखे गये हैं, वे सब स्वाभाविक संस्कार की उन्नति करने वाले हैं। पूज्यपाद महर्षियों ने वर्ण और आश्रम के आचार समूह इस प्रकार से स्थिर किये हैं कि उन सब में उत्तरोत्तर अस्वाभाविक संस्कार शिथिल होकर जीव के स्वाभाविक संस्कार परिपुष्ट होते हैं। सुतरां वर्णाश्रम के द्वारा मनुष्य को मुक्ति देने वाला स्वाभाविक संस्कार नियमित बढ़ता है। शूद्र से वैश्य में तमोरज, वैश्य से क्षत्रिय में रजः सत्त्व और क्रमशः ब्राह्मणों में भी सत्त्वप्रधान संस्कार उत्पन्न होते हैं। सन्यास में जाकर वे स्वाभाविक संस्कार में परिणत होते हैं। इस प्रकार से जीव वर्णाश्रम धर्म से उन्नत होता हुआ जीवन्मुक्त पद की ओर अग्रसर होता है। वर्णाश्रम धर्म की विलक्षणता यह है कि, स्वाभाविक संस्कार वर्णाश्रम धर्म के द्वारा अधिकाधिक परिस्फुटित हुआ करता है।।९९।।

पुनः कह रहे हैं:-

बीजरक्षणमात्मबोधस्य।।१००।।

अनुवाद–आत्म बोध की बीज रक्षा होती है।।१००।।

भाष्य–इस घोर परिवर्त्तन पूर्ण मृत्युलोक में, इस शक्ति शालिनी कर्मभूमि में मनुष्य सत्कर्म के बल से देवता भी बन सकता है और असत्कर्म से पशु भी बन सकता है। इस कारण इस भय को सम्भावना है कि, मनुष्य जातियां क्रमशः

सभ्य से असभ्य पशुवत् हो जा सकती हैं, क्योंकि मनुष्य अपने पिण्ड का अधीश्वर होन से उसकी उद्दाम इन्द्रिय प्रवृत्ति उसको सदा नीचे की ओर ही ले जाया करती है। इसका विज्ञान पहले कहा गया है। परन्तु जिस मनुष्य जाति में प्रवृत्ति से निवृत्ति का आदर अधिक मानकर ब्राह्मणवर्ण को भूदेव करके माना गया है; ब्राह्मणगण निवृत्ति परायण होते हैं और राजा गण उन्हीं की आज्ञा लेकर राज्यशासन करना अपना धर्म समझते हैं, उस मनुष्य जाति में आत्मा ज्ञान के बीज की रक्षा होना स्वत: सिद्ध है। जिस मनुष्य जाति में महाराजाधिराज चक्रवर्त्ती को तो केवल नारायण का अंश करके माना गया है, परन्तु कौपीनधारी भिक्षुक सन्यासी को केवल आत्म ज्ञान की प्रधानता से ही मूर्त्तिमान् नारायण समझा जाता है, उस मनुष्य जाति में आत्म ज्ञान की बीज रक्षा होना सहज ही है। जिस मनुष्य जाति मे शारीरिक, वाचनिक और मानसिक सब कर्मों में अध्यात्म-लक्ष्य ही सर्वोपरि माना गया है और वर्णधर्म, आश्रमधर्म, नारीधर्म और राब सदाचारों में आत्मज्ञान की क्रमोन्नति को ही सामने आदर्श रूप रखा गया है, उस जाति में आत्म ज्ञान की बीजरक्षा होनी स्वत: सिद्ध है। अत: ऐसी सुव्यवस्था से निश्चित किये हुए वर्णाश्रम धर्म के द्वारा आत्म ज्ञान की बीज रक्षा सदा पृथवी पर बनी रहनी स्वाभाविक है॥१००॥

पुन: कह रहे हैं:–

नि:श्रेयसाधिगम:॥१०१॥

अनुवाद–नि:श्रेयस की प्राप्ति होती है॥१०१॥

भाष्य–कर्म का पूर्णाधिकार और रजोवीर्य की शुद्धि द्वारा अधिभूत शुद्धि, उपासना का पूर्णाधिकार और ईश्वर सम्बन्धीय ज्ञान की पूर्णता के द्वारा अधिदैव शुद्धि और पूर्व कथित कारणों से आध्यात्मिक शुद्धि होकर तत्त्वज्ञान स्वत: ही हो जाता है। यह तो स्वत: सिद्ध है कि, वर्णाश्रम धर्म मे मुक्ति को प्रधान लक्ष्य करके माना गया है। वर्ण गुरु ब्राह्मण के सब धर्म ही मोक्ष के लक्ष्य से युक्त हैं। उसी प्रकार आश्रम गुरु सन्यासी तो मुक्तिपद की मूर्त्ति ही है। सुतरां वर्णाश्रम धर्म में कैवल्याधिगम का लक्ष्य अपने आप ही सिद्ध होता है॥१०१॥

वर्णाश्रम धर्म के उपकारों का वर्णन करके अब उसकी अधोगति से बचाने वाली शक्तियों का वर्णन कर रहे हैं:–

ब्राह्मोजस्तपसा॥१०२॥

अनुवाद–तप के द्वारा ब्रह्म तेज की सुरक्षा होती है॥१०२॥

भाष्य–वर्णाश्रम धर्म किस प्रकार अनन्त उपकारमय है, उसका दिग्दर्शन पूर्व सूत्रों में भली प्रकार करके अब पूज्य पाद महर्षि सूत्रकार वर्णाश्रमियों में रहने वाली शक्तियों का वर्णन कर रहे हैं। जो शक्ति वर्णाश्रम धर्मियों की रक्षा करती है और उनको नीचे गिरने से बचाती है, उस ऊपर की ओर खींचने वाली शक्ति को तेज कहते हैं। तेज के विषय में स्मृतिशास्त्र में ऐसा कहा है:–

या मे शक्तिः सदा जीवान् समाकर्षति माम्प्रति।
तदेव तेजः सम्प्रोक्तं यतो वेदान्तपारगैः॥

जो मेरी शक्ति जीवों को सर्वदा मेरी ओर आकर्षित करती है, उसी को वेदान्त-पारगगण तेज कहते हैं॥

ऊपर लिखित प्रमाणों से सिद्ध हुआ कि तेज किस शक्ति को कहते हैं। उसके दो भेद हैं। प्रथम ब्राह्म तेज जो ब्राह्मणों में होता है और दूसरा क्षात्र तेज जो क्षत्रियों में होता है। वस्तुतः ब्राह्मण और क्षत्रिय, ये ही दोनों धर्म के रक्षक होते हैं। इसी कारण इन्हीं दोनों वर्णों में तेज की स्थिति है। अन्य वर्णों में उनकी स्वाभाविक स्थिति नहीं हो सकती है। क्योंकि स्मृति में कहा है:–

"ब्राह्मणा धर्मवक्तारः क्षत्रियो धर्मपालक"

ब्राह्मणगण अपनी ज्ञान शक्ति के द्वारा धर्म को बताने वाले हैं और क्षत्रिय गण अपनी राजशक्ति के द्वारा धर्म पालन करने और कराने वाले हैं। उन दोनों में रहने वाले ये दोनों यथाक्रम तेज हैं। उन दोनों तेजों में प्रथम ब्राह्मतेज ब्राह्मणों में कैसे सुरक्षित होता है, सो इस सूत्र में कहा जाता है। तपोधर्म के द्वारा ब्राह्मतेज की सुरक्षा होती है। ब्राह्मतेज मुक्तिप्रद है और क्षात्रतेज अभ्युदयप्रद है। उन दोनों में से ब्राह्मतेज के अधिक बलशाली होने से वह परमशक्तिशाली तपोधर्म के द्वारा सुरक्षित होता है। तपो धर्म का स्वरूप पहले से ही वर्णन कर चुके हैं। ब्राह्मणगण अपने में तपस्या द्वारा जितना-जितना ब्राह्मतेज को बढ़ायेंगे, उतना ही वे जगत् में वर्णाश्रम धर्म की सुरक्षा करने में समर्थ होंगे और वर्णाश्रम धर्मियों को नीचे गिरने नहीं देंगे॥१०२॥

अब दूसरे का वर्णन कर रहे हैं:–

क्षात्रं दानेन॥१०३॥

अनुवाद–दान के द्वारा क्षात्र तेज की॥१०३॥

भाष्य–ब्राह्मणों में ब्राह्म तेज की सुरक्षा जिस प्रकार तपोधर्म के द्वारा होती है, उसी प्रकार क्षत्रियों में क्षात्र तेज की सुरक्षा दानधर्म के द्वारा होती है। ब्राह्मतेज

की सुरक्षा के लिये जितनी कठिनता है, क्षात्रतेज की रक्षा के लिये उतनी कठिनता नहीं है। ब्राह्मण को संसार के सब ऐश्वर्य्यों तथा इन्द्रिय सुखों को त्याग करके केवल एक मात्र तप का आश्रय लेकर रहना चाहिये। उसी प्रकार क्षत्रियों को ऐश्वर्यशाली और भोग परायण होने पर भी दान धर्म को मुख्य समझना चाहिये। अनुदार, कृपण और दान धर्म विहीन क्षत्रिय में क्षात्रतेज कदापि नहीं रह सकता है। तपोधर्म का विज्ञान सामने रखकर स्वत: ही प्रतिपन्न होगा कि तप:शक्ति किस प्रकार ब्रह्मतेज को बढ़ाती है। उसी उदाहरण पर उदारता, निर्लोभता और सात्विक दान में सच्ची प्रवृत्ति रखने से क्षत्रियगण उन्नत बने रहते हैं और अपने में क्षात्रतेज की रक्षा करके वर्णाश्रम धर्मियों को नीचे गिरने से रोकते हैं।।१०३।।

दोनों का निर्गमन कैसे होता है सो कहा जाता है:–

उभयोनिर्गमो योगाहवाभ्याम्।।१०४।।

अनुवाद–दोनों का निर्गमन योग और युद्ध के द्वारा होता है।।१०४।।

भाष्य–पूर्व सूत्र से यह सिद्ध हुआ कि, यदि ब्राह्मणगण तपस्या को मुख्य समझकर अपने में ब्राह्मतेज की रक्षा करें और क्षत्रियगण दानधर्म के अवलम्बन द्वारा अपने क्षात्रतेज की सुरक्षा किया करें, तो वे स्वयं नीचे की ओर नहीं गिरेंगे और मनुष्य समाज को भी नीचे की ओर गिरने से बचावेंगे। अब इस सूत्र के द्वारा पूज्यपाद महर्षि सूत्रकार सिद्ध कर रहे हैं कि, अन्त में उन दोनों को यह तेज किस प्रकार से उन्नति मार्ग में ले जाता है। ब्रह्मतेज ब्राह्मण को शरीर छोड़ते समय योग शक्ति के द्वारा ऊर्ध्वलोक में पहुंचा देता है और उसी प्रकार क्षात्रतेज धार्मिक क्षत्रिय को युद्ध मृत्यु में ऊर्ध्वलोक में पहुंचाता है। ब्राह्मण के लिये योगयुक्त होकर शरीर छोड़ने और क्षत्रिय को युद्ध में शरीर छोड़ने के अतिरिक्त और शुभ योग कुछ भी समझने योग्य नहीं है। योग के द्वारा आत्मा का अनुसन्धान बना रहता है और युद्ध के द्वारा धर्मानुसन्धान बन रहता है। योग का अवसर तो ब्राह्मण को मिलता ही है; क्योंकि ब्राह्मण ज्ञानी, योगी और तपस्वी होते ही हैं। परन्तु क्षत्रिय के लिये यदि धर्म युद्ध में शरीर त्याग का अवसर न हो, तो क्या करना उचित है? इस प्रकार की शङ्का का समाधान यह है कि, ऐसा न होने पर क्षत्रिय को योगयुक्त होकर शरीर त्याग करने के लिये प्रस्तुत रहना उचित है। क्योंकि योग वर्णाश्रम के किसी अधिकार से विरोध नहीं रखता है।।१०४।।

दोनों का साक्षात् फल कहा जाता है:–

ते नि:श्रेयसाऽभ्युदयप्रदे।।१०५।।

अनुवाद–ब्रह्मतेज निःश्रेयसप्रद और क्षात्रतेज अभ्युदयप्रद है। जैसे सभामण्डप अथवा यज्ञमण्डप खम्भों के बल से और खम्भों पर ही खड़ा रहता है, ठीक वैसे ही वर्णधर्म और आश्रम धर्म ब्राह्मण और क्षत्रिय के बल तथा सहारे पर ही प्रतिष्ठित रहता है। वर्णधर्म न रहे तो आश्रमधर्म रही ही नहीं सकता, क्योंकि वर्णधर्म आश्रमधर्म की भित्ति है। ठीक उसी प्रकार यदि ब्राह्मण और क्षत्रियों का संयुक्त बल न रहे, तो वर्णाश्रम धर्म में से किसी की भी स्थिति नहीं रह सकती है। अभ्युदय के सब कार्य क्षत्रियगण के द्वारा सुरक्षित होते हैं और निःश्रेयस का मार्ग ब्राह्मणों के द्वारा सुरक्षित रहता है। इस प्रकार से दोनों एक दूसरे के सहायक बनते हुए जगत् की रक्षा और आवागमन चक्र की सुव्यवस्था करते रहते हैं। इस विषय को अन्य प्रकार से भी समझ सकते हैं कि, सब प्रकार के धर्मों की सुरक्षा धार्मिक राजानुशासन के द्वारा होता है और मोक्षप्रद ज्ञान मार्ग की सुरक्षा ब्राह्मण कृपा से संसाधित होती है। इस कारण क्षात्र तेज को अभ्युदयप्रद और ब्राह्मतेज को निःश्रेयसप्रद अवश्य ही मानेंगे।।१०५।।

प्रसंग से चर्तुवर्ग सम्बन्ध चतुर्वर्ण के साथ दिखाया जाता है:–

चातुर्वणर्ये चतुवर्गः।।१०६।।

अनुवाद–चतुवर्ण में यथाक्रम चतुवर्ग है।।१०६।।

भाष्य–संसार में जो कुछ कोई कार्य करता है, वह कुछ लक्ष्य रखकर करता है और जितने प्रकार के लक्ष्य हैं वे चार भाग में विभक्त हैं। वे ही चतुर्वर्ग कहलाते हैं। उन चारों वर्गों के नाम यथा–काम, अर्थ धर्म और मोक्ष। इन चारों के साथ यथा क्रम चारों वर्णधर्म का सम्बन्ध है। प्रत्येक वर्ण के धर्म पर ध्यान देने से ही इस विज्ञान की सार्थकता स्वतः होती है। इस विषय में स्मृति शास्त्र में भी कहा है:–

स्वभावतो नियोज्येरन् प्राणिनां सम्प्रवृत्तयः।
चतुर्धा नात्र सन्देहो विद्यते विश्वभूतिदाः! ॥

हे पितृगण! जीव की प्रकृति स्वभावतः चार प्रकार से नियोजित होती है।।१०६।।

शुद्ध धर्म कहा जाता है:–

कामप्रधानः शूद्रः॥१०७॥

अनुवाद–शूद्र कामप्रधान है॥१०७॥

भाष्य–इस संसार में चार प्रकार के लक्ष्य में से किसी एक प्रकार के लक्ष्य से ही मनुष्य प्रकृति नियोजित होना स्वतः सिद्ध है। शूद्र प्रकृति काम लक्ष्य को सामने रखकर परिणामिनी होती है। क्योंकि काम लक्ष्य सबसे प्रथम है। इसी कारण स्मृतिशास्त्र में भी कहा है:–

प्रकृतिः शूद्रवर्णस्य दासी कामस्य सत्यलम्।
तमोधाराश्रिता शश्वज्जायते परिणामिनी॥

शूद्रवर्ण की प्रकृति काम की दासी होकर तम की धारा को आश्रय करती हुई परिणामिनी होती है। यही कारण है कि, शूद्र के स्वाभाविक धर्म के विषय में गीतोपनिषद् में कहा है:–

"परिचर्यात्मकं कर्म शूद्रस्यापि स्वभावजम्।"

अर्थात् शूद्र का स्वाभाविक कर्म सेवा कहा गया गया है।१०७॥।

वैश्य-धर्म कहा जाता है:–

अर्थप्रधानो वैश्यः॥१०८॥

अनुवाद–वैश्य अर्थ-प्रधान है॥१०८॥

भाष्य–उसी वैज्ञानिक नियम के अनुसार वैश्य वर्ण की प्रकृति अर्थलक्ष्य युक्त होकर नियोजित होती है। गीतोपनिषद् में वैश्य के स्वाभाविक कर्म के विषय में कहा है:–

"कृषिगोरक्ष्यवाणिज्यं वैश्यकर्म स्वभावजम्।"

कृषि, गोरक्षा और वाणिज्य ये वैश्य के स्वाभाविक कर्म हैं। इसी विज्ञान की पुष्टि में स्मृतिशास्त्र ने आज्ञा की है:–

प्रकृतिर्वैश्यवर्णस्य सत्यर्थानुचरी सदा।
अस्मिन् प्रधानतो लोके जायते परिणामिनी॥

वैश्य वर्ण की प्रकृति सदा धन की दासी होकर परिणामिनी होती है॥१०८॥

क्षत्रिय-धर्म कहा जाता है:–

धर्म प्रधानः क्षत्रियः॥१०९॥

अनुवाद–क्षत्रिय धर्म प्रधान है॥१०९॥

भाष्य–शूद्र प्रकृति और वैश्य प्रकृति यथाक्रम काम और अर्थ को लक्ष्य में रखकर परिणामिनी होती है। काम और अर्थ इन्द्रिय सेवा मूलक होने से उनके सम्बन्ध की प्रकृति किसी प्रकार तेज का संरक्षण नहीं हो सकता है। इसी कारण तेज की स्थिति क्षत्रिय धर्म और ब्राह्मण धर्म में होती है इसका प्रमाण पहले ही दिया गया है। अब इस सूत्र के द्वारा उस विज्ञान की और भी पुष्टि हो रही है। धर्म तथा आत्मा ज्ञान ही जीव को भगवत्तेजः शक्ति के द्वारा आत्मा की ओर खींच सकता है। उनमें से प्रथम धर्म को लक्ष्य में रखकर क्षात्र तेजः सम्पन्न क्षत्रियवर्ण की प्रकृति आत्मा की ओर परिणामिनी होती है। इस कारण स्मृति शास्त्र में कहा है:–

क्षत्रियप्रकृतिर्धर्म्मलक्ष्येणैव प्रधानतः।
परिणामं किलाप्नोति पितरो! नात्र संशयः॥

हे पितृगण! क्षत्रिय की प्रकृति प्रधानता से धर्म लक्ष्य करके परिणामिनी होती है। इसमें संशय नहीं है। श्रीगीतोपनिषद् में क्षत्रिय जाति के स्वाभाविक धर्म के विषय में निम्नलिखित वर्णन है, जिसके द्वारा भी इस विज्ञान की पुष्टि होती है:–

शौर्य तेजो धृतिर्दाक्ष्यं युद्धोचाप्यपलायनम्।
दानमीश्वरभावश्च क्षात्रं कर्म स्वभावजम्॥

शूरता, तेज, धृति, दाक्ष्य, युद्ध में से न भागना, दान करना और ईश्वर भाव (शासन भाव) ये क्षत्रिय के स्वभाव सिद्ध कर्म हैं॥१०९॥

ब्राह्मण वर्ण का धर्म कहा जाता है:–

मोक्षप्रधानो ब्राह्मणः॥११०॥

अनुवाद–ब्राह्मण मोक्ष-प्रधान है॥११०॥

भाष्य–आत्मज्ञान-मूलक ब्रह्मतेज मोक्षलक्ष्य से ही प्राप्त हो सकता है, इसमें सन्देह ही क्या है। इसी कारण ब्राह्मण प्रकृति मोक्ष लक्ष्य को आश्रय करके प्रवाहित होती हुई स्वस्वरूप पारावार में पहुँचती है। इसी कारण स्मृति शास्त्र में कहा है:–

ब्राह्मणप्रकृतिर्मुख्यं मोक्षलक्ष्यं निरन्तरम्।
निजायत्तं प्रकुर्वाणा नूनभग्रेसरेदिह॥

ब्राह्मण की प्रकृति मुख्य रूप से मोक्ष लक्ष्य को अपने अधीन करके निरन्तर अग्रसर होती है और ब्राह्मण वर्ण के स्वाभाविक धर्म निर्णय करते समय श्री भगवान् ने निज मुख से श्रीगीतोपनिषद् में कहा है:–

शमो दमस्तपः शौचं क्षान्तिराजवमेव च।
ज्ञानं विज्ञानमास्तिक्यं ब्रह्मकर्म स्वभावजम्॥

शम, दम, तप, पवित्रता, क्षमा, सरलता, ज्ञान, विज्ञान और आस्तिक्य ये ब्राह्मण के स्वभावजनित कर्म हैं। यही कारण है कि केवल जगत् में आत्मज्ञान विस्तार का पुरुषार्थ अवलम्बन करते हुए और जीवन यात्रा में तप को मुख्य मानकर परोपकार व्रतधारी ब्राह्मणगण त्रिलोक पूज्य हैं॥११०॥

आर्य जाति का वर्ण धर्म वर्णन करके नारी धर्म का विज्ञान वर्णन कर रहे हैं:–

नारीधर्मः पारतन्त्र्यप्रधानः॥१११॥

अनुवाद–वर्णाश्रम धर्म में पुरुष धर्म के विचार से वर्ण धर्म सर्वप्रधान है। इस कारण पूज्यपाद महर्षि सूत्रकार वर्णाश्रम का विज्ञान पृथक्-पृथक् रूप से कहकर अब नारीधर्म का विज्ञान कह रहे हैं। वर्णधर्म की शुद्धि के बिना आश्रम धर्म की रक्षा हो ही नहीं सकती और नारी जाति की शुद्धि के बना वर्णधर्म की शुद्धि सर्वथा असम्भव है। पुरुषगण कितना ही पवित्र रहे, यदि थोड़े ही क्षण के लिये एक नारी अपवित्र हो जाय तो, वर्णाश्रम धर्म तो भ्रष्ट हो ही जायेगा; वह कुल और जाति भी नष्ट भ्रष्ट हो जायेगी और नित्य पितरों की स्वाभाविक असीम कृपा उस वंश से उठ जायगी, क्योंकि, वर्णसंकर प्रजा पर नित्य पितरों की कृपा नहीं रहती है। नारी जाति की पवित्रता पर ही वर्णाश्रम धर्म की स्थिति निर्भर है। इस कारण नारी जाति की पवित्रता के निमित्त उसका धर्म परतन्त्रतामूलक रखा गया है। बाल्यावस्था में तो बालिकायें पिता माता के अधीन रहती ही हैं। विवाह करने में आर्य बालिकायें सर्वथा पिता-माता के अधीन रखी गयी हैं, क्योंकि, कन्या का विवाह कार्य एक दान कार्य माना गया है। दान का योग्य पात्र ढूढ़ना और दान करना यह पिता का कर्तव्य है। अतः विवाह कार्य में भी नारी की पराधीनता शास्त्रसिद्ध है। सती नारी मन, वचन और शरीर द्वारा सर्वदा पति के अधीन रहती ही है और यदि दुर्भाग्य से विधवा हो जाय, तो समाज के सम्बन्ध से उसकी पराधीनता नष्ट नहीं होती है। नारी धर्म सब प्रकार से परतन्त्रता मूलक है। इसमें सन्देह नहीं है। स्मृतिशास्त्र में भी कहा गया है:–

बाल्या वा युवत्या वा वृद्धया वाऽपि योषिता।
न स्वातन्त्र्येण कर्त्तव्यं किञ्चित्कार्य्यं गृहेष्वपि॥

अर्थात् बालिका, युवती अथवा वृद्धा किसी अवस्था में भी स्त्रियों को स्वतन्त्र नहीं करना चाहिये॥१११॥

उसका हेतु कहा जाता है:-

प्रकृतिजन्यत्वात्॥११२॥

अनुवाद-प्रकृति जन्य होने से॥११२॥

भाष्य-सृष्टि प्रकरण का विज्ञान अनुसन्धान करने से यही परिज्ञात होगा कि आदि पुरुष परमात्मा और ब्रह्म शक्तिरूपिणी मूलप्रकृति दोनों के सम्बन्ध से ही सृष्टि प्रवाह प्रवाहित होता है। उन्हीं दो मौलिक कारण के अनुसार सृष्टि में भी दो धारायें दिखायी देती हैं। एक स्त्रीधारा और दूसरी पुरुषधारा। इसका विज्ञान पहले कहा गया है। इसी वैज्ञानिक सिद्धान्त के अनुसार आदि कारण की सत्ता कार्य में रहना स्वत: सिद्ध है। सांख्य दर्शन ने यह भली प्रकार से सिद्ध किया है कि, मूल प्रकृति कैसे पराधीना है। पुरुष के अतिरिक्त उसकी स्वतन्त्र सत्ता रह ही नहीं सकती है। पुरुष के लिये ही वह परिणामिनी होती है इत्यादि। अत: जो स्वभाव मूलप्रकृति में पाये जाते हैं, वे ही पूर्णावयव नारी जाति में होना विज्ञान सिद्ध है। उद्भिज्ज आदि योनियों में कदापि स्त्री जाति का वह स्वभाव पूर्णरीत्या नहीं पाया जायगा, परन्तु पूर्णावयव मनुष्यत्व में पूर्णावयव नारी का स्वस्वभाव पुरुष-परतन्त्रता अवश्य ही स्वभाविक धर्म होगा॥

विवाह प्रसंग से विज्ञान की पुष्टि कर रहे हैं:-

तस्माद्दानप्रधानो विवाहः॥११३॥

अनुवाद-इस कारण विवाह दानप्रधान है॥११३॥

भाष्य-यद्यपि विवाह के बहुभेद मनुष्य जाति में प्रचलित हैं और शास्त्रों में भी पाये जाते हैं, तथापि कन्यादान प्रधान विवाह ही धर्मानुकूल है। नारी जाति परतन्त्रता धर्म से युक्त होने के कारण स्वयंवरादि विवाह उत्तम धर्म नहीं है। कन्यावस्था में कन्यादान की पद्धति के अनुसार जो विवाह होता है, वही उत्तम धर्म है। क्योंकि कन्यावस्था में कन्या पिता की ही है। अत: पारतन्त्र्य धर्म होने से उत्तम वर देखकर कन्या का दान कर देना सर्वोत्तम विवाह समझा जाता है॥११३॥

प्रसङ्ग से अधर्म का मूल विधवा विवाह का खण्डन किया जाता है:–

विधवोद्वाहो व्योमकुसुमवदतः॥११४॥

अनुवाद–अतः विधवा विवाह आकाश कुसुमवत् है॥११४॥

भाष्य–प्रथम तो आर्य जाति की विवाह प्रथा कन्या दान मूलक होने से दान की हुई वस्तु को पुनः दान करने की अधिकार पिता माता को रह ही नहीं सकता। अतः जब दान की हुई वस्तु के पुनर्दान करने का अधिकार नहीं रहता, तो विधवा विवाह आकाश कुसुमवत् असम्भव है। दान धर्म का लक्षण पहले भली भांति विवृत हुआ है। अतः विधवा विवाह में वह घट ही नहीं सकता। यदि मृतपति आकर दान करें तो हो सकता है। अतः ऐसा होना आकाश कुसुमवत् ही है। दूसरी ओर नारी जाति प्रकृति धर्म से युक्त होने के कारण पराधीनधर्मिणी है। इस कारण से भी विधवा यदि पत्यन्तर ग्रहण करे, तो वह नारी जाति के स्वाभाविक धर्म के अनुकूल नहीं होगा और तीसरी बात यह है कि नारी जाति का धर्म सतीत्व प्रधान है। अतः पुरुषान्तर ग्रहण का मानसिक कल्पना भी उसके आदर्श सतीत्व धर्म का नाशक होगा। इस सब कारणों से विधवा विवाह की कल्पना आकाश कुसुमवत् है। जिस प्रकार संन्यासी का विवाह पाप का घर है, जिस प्रकार सन्यासी के द्वारा की हुई सृष्टि अन्त्यज श्रेणीभुक्त हो जाती है, उसी नियम के अनुसार द्विज जाति में विधवा विवाह पाप का घर और सर्वनाशकारी समझा जाता है। वस्तुतः आश्रम धर्म में जिस प्रकार संन्यासी पूज्य हैं, पुरुषों में जिस प्रकार सन्यासी का सम्मान है, निवृत्तिधर्मिणी होने से नारीजाति में विधवा को वही श्रेष्ठ स्थान दिया गया है। अतः ऐसे पूज्य स्थान से विधवा को भ्रष्ट करना महापाप है। निवृत्तिमार्ग में प्रवृति मार्ग की असम्भावना होने से विधवा विवाह की कल्पना आकाश कुसुमवत् है, इसमें सन्देह नहीं॥११४॥

प्रसङ्ग से नारी का विवाह काल निर्णय किया जाता है:–

कन्यावस्थायां प्राशस्त्यमुद्वाहस्य॥११५॥

अनुवाद–कन्यावस्था का विवाह प्रशंसनीय है॥११५॥

भाष्य–नारी जाति का धर्म परतन्त्रता मूलक होने से विवाह संस्कार ही नारी जाति के लिये प्रधान संस्कार है। इस कारण पूज्यपाद महर्षि सूत्रकार इस प्रसङ्ग में नारी जाति का विवाह काल निर्णय कर रहे हैं। रजो धर्म होने से पूर्व नारी कन्या कहलाती है। अतः उस कन्यावस्था में ही नारी जाति का विवाह कर

देना धर्मानुकूल है। इस कारण स्मृतिशास्त्र में कहा है:-

त्रिंशद्वर्षो वहेत् कन्या हृद्यां द्वादशवार्षिकीम्।
त्र्यष्टवर्षोऽष्टवर्षां वा धर्मे सीदति सत्वरः।
ऊर्द्ध्वं दशाब्दाद्या कन्या प्राग्रजोदर्शनात्तु सा।
गान्धारी स्यात्समुद्वाह्या चिरं जीवितुमिच्छता।
अष्टवर्षा भवेद्गौरी नववर्षा तु रोहिणी।
दश वर्षा भवेत् कन्या अत ऊर्द्ध्वं रजस्वला।।
तस्माद्विवाहयेत कन्यां यावन्नर्त्तुमती भवेत्।
विवाहोऽष्टमवर्षायाः कन्यायास्तु प्रशस्यते।।

तीस वर्ष का वर बारह वर्ष वाली सुशीला कन्या से विवाह करे, अथवा चौबीस वर्ष का वर आठ वर्ष वाली कन्या से विवाह करे और धर्म हानि की आशङ्का यदि हो तो शीघ्र भी कर सकते हैं। दश वर्ष से ऊपर और रजोदर्शन के पहले तक कन्या गान्धारी कहलाती है। बहुत काल तक जीवनधारण करने की इच्छा वाले पुरुष को ऐसी कन्या से विवाह करना उचित है। आठ वर्ष वाली पुत्री गौरी होती है, नव वर्ष वाली पुत्री रोहिणी होती है, दश वर्षवाली पुत्री कन्या होती है, इसके बाद रजस्वला होती है। इसलिये रजस्वला होने से पहले ही कन्या का विवाह कर देना उचित है। आठ वर्ष वाली कन्या का विवाह अति उत्तम है।

इन स्मृतियों के अनुसार नारी का विवाह काल आठ वर्ष से बारह वर्ष तक है। इसके अनन्तर कन्या रजस्वला हो जाती है। इस कारण इस अवस्था में विवाह न होने से पाप होता है।

इन शास्त्रीय वचनों के अनुसार यह सिद्ध होता है कि, कन्या का विवाह काल आठ वर्ष से लेकर बारह वर्ष तक प्रशस्त है। आठ वर्ष से पूर्व कन्या का विवाह अनुचित है, क्योंकि आठ वर्ष से पूर्व अति बालिका होने से संस्कार की सिद्धि में बाधा होगी और द्वादश वर्ष से अधिक में विवाह नहीं होना चाहिये, क्योंकि बारह वर्ष के बाद रजोधर्म हो जाना बहुत कुछ सम्भव है। कन्या काल व्यतीत हो जाने से अर्थात् रजस्वला हो जाने से उसमें पुरुष सम्बन्ध की इच्छा होकर आदर्श सतीत्व धर्म का नाश हो जाना अवश्यम्भावी है। इस कारण रजस्वला होने से पूर्व अर्थात् कन्यावस्था में विवाह हो जाने से नारी के पारतन्त्र्य धर्म की रक्षा होगी और सतीत्व धर्म का पूर्ण अवसर मिल सकेगा। यदि वह प्रश्न जिज्ञासु को हो कि, रजस्वला होने के भय से बारह वर्ष से पूर्व और नव, दश

वर्ष के न्यून आठ वर्ष कन्या का विवाह कर देना युक्तियुक्त है, किन्तु न्यून से न्यून आठ वर्ष कन्या का विवाह काल क्यों रखा गया? तथा आठ वर्ष की प्रशंसा अधिक क्यों को गई? इस प्रकार की शङ्काओं का समाधान यह है कि, जब कन्या में स्त्रीभाव का संकोच, लज्जा आदि लक्षण प्रकाशित हो, तभी उसके अन्तःकरण को आदर्श सतीत्व धर्म के उदय करने के लिये पतिदुर्ग के द्वारा सुरक्षित करना उचित है। अतः प्रायः ऐसा देखने में आता है कि, आठ वर्ष से ही ये सब लक्षण प्रकाशित होने लगते हैं। दूसरी ओर आध्यात्मिक दृष्टि में कुमारी की पूर्णता आठ वर्ष में होती है। इसी कारण आठ वर्ष की कुमारी पूजा शास्त्रों में प्रशस्त है। कदाचित् जिज्ञासुओं में इस प्रकार की शङ्का हो कि इतनी अवस्था में कन्या का विवाह पति सङ्ग के अयोग्य क्यों न समझा जाय? इस श्रेणी की शंका का समाधान यह है कि, आर्य जाति का विवाह कामतृप्ति के लिये नहीं है, धर्म संग्रह के लिये है। अतः पति-सङ्ग का समय अन्य रूप से उत्तर में निर्णय करने योग्य है। इस विषय को स्मृति, आयुर्वेद तथा देश, काल, पात्र के विचार की सहायता से निर्णय करने योग्य है।।११५।।

प्रसङ्ग से नारी का प्राधान्य कहा जाता है:-

सर्गे नार्य्याः प्राधान्यं कौशेयकीटवत्।।११६।।

अनुवाद-रेशम कीट के तुल्य सृष्टि में स्त्री का प्राधान्य है।।११६।।

भाष्य-रेशम के कीट में जैसे पुरुष रेशम कीट केवल सृष्टि करके अलग हो उड़कर अवस्थान्तर को प्राप्त हो जाता है और स्त्रीकीट ही सब कुछ करती है, उसी प्रकार सृष्टि कार्य में स्त्री जाति का प्राधान्य है। उदाहरण स्थल पर कहा जाता है कि, गर्भाधान के अनन्तर ही यदि पुरुष की अचानक मृत्यु हो जाय तो भी गर्भस्थ शिशु की रक्षा अवश्य होगी, परन्तु शिशु की जननी का शरीर गर्भाधान के अनन्तर दश महीने के पहिले यदि पात हो, तो सृष्टि नष्ट हो जायगी। अतः जननी को दश महीने तो रहना ही चाहिये। इस कारण सृष्टि कार्य में नारी का प्राधान्य सर्वतन्त्र सिद्धान्त है।।११६।।

प्रसङ्ग से नारी धर्म विज्ञान की पुष्टि की जाति है:-

तच्छुद्धिरक्षणं क्षेत्रवत्।।११७।।

अनुवाद-उसकी शुद्धि की रक्षा क्षेत्र के तुल्य आवश्यक है।।११७।।

भाष्य-सृष्टि में नारी जाति का प्राधान्य होने के कारण नारी जाति से ही

सृष्टि का बड़ा भारी सम्बन्ध है। इस कारण प्रधान वस्तु की शुद्धि जब होगी, तभी सृष्टि भी शुद्धि बनी रहेगी। अत: नारी के लिये जितने धर्म और कर्त्तव्य निर्णय किये गये हैं, उनमें केवल नारी जाति की शुद्धि रक्षा का प्राधान्य रखा गया है। जिस प्रकार खेत को निष्कंटक करके जोतकर कंकर, पत्थर आदि से रहित करके जितना शुद्ध किया जाता है, उतना ही उसमें खेती अच्छी होती है, ठीक उसी प्रकार नारी जाति को जितना सदाचार पवित्रता, पुरुष के द्वारा सुरक्षा और सतीत्व आदि धर्म के द्वारा परिशुद्ध रखा जायगा और उसमें नारी धर्म के उपयोगी स्वाभाविक धर्म भावों की वृद्धि की जायगी, उतनी ही मनुष्य सृष्टि का मंगल होगा। इसी वैज्ञानिक भित्ति पर स्थित रहकर धर्माचार्यों ने नारी धर्म समूहों का निर्णय किया है।।११७।।

प्रसङ्ग से एक मौलिक सिद्धान्त कहा जाता है:–

विफलं कामकलोत्तेजनम्।।११८।।

अनुवाद–उनमें काम कला की उत्तेजना विफल है।।११८।।

भाष्य–शुद्ध खेत में उत्तम खेती होने के लिये बीज बोने को ही आवश्यकता होती है, ठीक उसी प्रकार गर्भाधान संस्कार के समय केवल पवित्र रीति से वीर्य दान की आवश्यकता है और किसी बात की नहीं; इस कारण स्त्री को चञ्चल बना कर उसमें काम कला की उत्तेजना करा देना आवश्यक और विफल है। विषयानन्द के लोभ से पुरुष नारी को प्रमाद वश चञ्चल किया करता है। वस्तुत: स्त्री जाति लज्जा, धैर्य आदि, गुणावली के कारण स्वभाव से ही पुरुष के निकट भूमि के समान धीर रहती है। केवल विषयासक्त पुरुष विषयानन्द के लोभ से अधीर होकर कामकला का उद्दीपन किया करता है और इस प्रकार स्वभाव से धीर नारी को कामकला तथा चंचलता से पूर्ण कर देता है। यह क्रिया अस्वाभाविक है, स्वाभाविक नहीं है। अत: चाहे कुमारी अवस्था में हो, चाहे सुहासिनी अवस्था में हो, नारी के साथ ऐसी कोई चेष्टा नहीं होनी चाहिये, जिससे उसमें चंचलता तथा काम कला की उत्तेजना हो। नारी में धैर्य की सुरक्षा ही वांछनीय है।।११८।।

विज्ञान की दृढ़ता के लिये उसका फल कहा जाता है:–

पापाय तत्।।११९।।

अनुवाद–वह पाप के लिये होता है।।११९।।

भाष्य–स्त्री में काम कला की उत्तेजना करना पाप जनक है। स्त्री जाति का उदाहरण खेत के समान होने से उसमें चञ्चलता लाकर काम कला को उत्तेजित करने का अभ्यास करा देना स्त्री जाति के स्वभाव के प्रतिकूल होने के कारण और उसके तपो धर्म में बाधक होने से अधर्म का हेतु है। सत्त्व-गुणवर्द्धक होकर जो अभ्युदय और निःश्रेयस प्रदान करे वह पुण्य है, और तमोगुणवर्द्धक होकर जो नीचे की ओर ले जावे, वह पाप है। अतः चंचलता, अधीरता, निर्लज्जतामूलक काम कलोत्तेजन नारी के पापवर्द्धक है।।११९।।

वैज्ञानिक कारण कहा जाता है:–

नैसर्गिकत्वविरहात्।।१२०।।

अनुवाद–नैसर्गिक न होने से।।१२०।।

भाष्य–नारी जाति में चंचलता उत्पन्न कारिणी, तपोधर्मनाशकारिणी, धैर्य और शील विरोधिनी परमानन्द प्रदमुक्तिकी वाधकरूपा कामकला की उत्तेजना नारी के स्वाभाव सिद्ध धर्म के विरोधिनी है। नारी धर्म तपोमूलक होने से उसमें धैर्य के सम्पूर्ण संरक्षण के जितने कार्य होंगे, वे ही उसके धर्मवर्धक हो सकते हैं और उसके विरोधी विषय स्वाभाविक नहीं होंगे। काम और प्रेम में दिन और रात का सा अन्तर है। इस कारण प्रेमविरोधी कामवर्द्धक क्रियाओं का निषेध किया गया है। क्योंकि ऐसा पापजनक वृत्तियां नारी जाति के मौलिक स्वभाव के विरुद्ध हैं।।१२०।।

अब पुण्य किस से होता है सो कहा जाता है:–

पुण्याय तत्प्रसन्नता सर्गशुद्धिहेतुत्वात्।।१२१।।

अनुवाद–सृष्टि की पवित्रता के हेतु होने से उसकी प्रसन्नता पुण्य जनक है।।१२१।।

पापजनक कार्य का निषेध करके अब इस सूत्र के द्वारा पूज्यपाद महर्षि सूत्रकार नारी जाति के सम्बन्ध से पुण्यजनक कार्य का वर्णन कर रहे हैं। क्षेत्र के पवित्र होने से जैसे खेती अच्छी होती है, वैसे ही जिस मनुष्य जाति में स्त्रियां प्रसन्नचित्त रहती हैं, उस मुनष्य जाति अथवा कुलों का अभ्युदय होना स्वतः सिद्ध है। अभ्युदय का जो कारण है वह अवश्य ही पुण्यजनक है। सृष्टि की पवित्रता नारी की पवित्रता से साक्षात् सम्बन्ध रखती है। जिससे नारी जाति की प्रसन्नता की वृद्धि होती है, वह कार्य सृष्टि के सम्बन्ध से पुण्यजनक है। नारी

की प्रसन्नता सृष्टि की पवित्रता साधित होती है और जिससे सृष्टि की पवित्रता साधित होती है, वह अवश्य ही पुण्य कार्य है। पुण्य धर्म का फल स्वरूप है, धर्म से ही सृष्टि की सुरक्षा होती है यह पहले ही सिद्ध हो चुका है। अतः धर्म वर्द्धक जो कार्य होगा वह अवश्य ही सृष्टि का पवित्रता-साधक भी होगा। क्योंकि सृष्टि की पवित्रता ही सृष्टि के अभ्युदय का हेतु है। नारी जाति क्षेत्ररूपा होने से और नारी जाति सृष्टि का मूल होने से नारी की प्रसन्नता से सृष्टि भी उत्तम और पवित्र होगी, इसमें सन्देह ही क्या है? अब जिज्ञासु के हृदय में ऐसी शंका हो सकती है कि वैषयिक सम्बन्ध से नारी की प्रसन्नता ही क्या इसका लक्ष्य है? इस प्रकार की शङ्काओं का समाधान यह है कि, केवल वैषयिक प्रसन्नता वस्तुतः प्रसन्नता नहीं है। क्योंकि वैषयिक सुख देने वाली प्रसन्नता क्षणिक सुखप्रद होने पर भी वह दुःखप्रद ही है, वास्तव में प्रसन्नता नहीं है। धर्म से विमुख अर्थ और काम दुःखदायी और नरकप्रद होता है; इस कारण धर्म लक्ष्य से युक्त जो अर्थ, काम हैं, उनके द्वारा अथवा धर्म और मोक्ष लक्ष्य से युक्त जो प्रसन्नता है वही प्रसन्नता-शब्द-वाच्य है। तात्पर्य यह है कि, ऐसे ही सदुपायों के द्वारा नारी के प्रसन्नता-सम्पादन करने से सृष्टि का कल्याण होता है और पुण्य की प्राप्ति होती है।।१२१।।

प्रसङ्ग से दायित्व सिद्ध किया जाता है:-

प्रातिभाव्याधिक्यम्।।१२२।।

अनुवाद–उत्तरदायित्व अधिक है।१२२।।

भाष्य–सृष्टि कार्य में पुरुष और स्त्री दोनों का ही सम्बन्ध है, परन्तु उन दोनों में प्रधानता नारी की है, यह पहले भली प्रकार सिद्ध हो चुका है और यह तो सर्वतन्त्र सिद्धान्त है कि, अधिकार के साथ दायित्व (जिम्मेवारी) भी हुआ करती है। किसी देश का जो राजा होता है, उस राज्य पदवी के साथ राजा का दायित्व भी अवश्य रहता है। अतः नारी जाति का सब सृष्टि क्रिया में प्राधान्य है, तो उस प्राधान्य के साथ ही साथ उसका प्रातिभाव्य अर्थात् दायित्व भी अवश्य रहना स्वतः सिद्ध है। उदाहरण की रीति पर समझ सकते हैं, कि सृष्टि में पुरुष का कार्य कुछ पलों का है, परन्तु स्त्री का दायित्व महीनों का है। जैसा पहले कह चुके हैं। पुरुष के व्यभिचार से केवल उसी को पाप होता है, परन्तु स्त्री के व्यभिचार से कुल और जाति सब नष्ट भ्रष्ट हो जाती हैं और जाति का सम्बन्ध पितरों से छूट जाता है। इस प्रकार से जितना ही देखा जाय स्त्री का ही प्रातिभाव्य अधिक सिद्ध होता है।।१२२।।

मौलिक धर्म विज्ञान की सिद्धि की जाती है:-

तपो रक्ष्यमतः॥१२३॥

अनुवाद–इस कारण तप की रक्षा करनी चाहिये॥१२३॥

भाष्य–स्त्रियों के तपोधर्म की पूर्ण रक्षा से ही शरीर, वचन, मन आदि की विशुद्धता सुरक्षित होकर इन दायित्वों का पालन हो सकता है। नारी धर्म जो तपोमूलक है, यह प्राकृतिक नियम के ही अनुसार पूज्यपाद धर्माचार्यों ने निर्णय किया है। नारी एक मात्र तपोधर्म के पालन से पूर्व कथित सब अधिकारों को प्राप्त कर सकती है। नारी जाति के जितने आचार, वेद और शास्त्रों में निर्णीत हैं, वे सब तपोधर्म के भित्ति पर ही सुरक्षित किये गये हैं॥१२३॥

प्रसङ्ग से सती के भेद कहे जाते हैं:-

सती चतुर्विधा॥१२४॥

अनुवाद–सती चतुर्विधा होती है॥१२४॥

भाष्य–सृष्टि के स्वाभाविक चतुर्भेद के अनुसार जैसे उद्भिज्ज स्वेदजादि में चार भेद हैं, वर्ण और आश्रम के चार भेद हैं, उसी प्रकार पूज्यपाद महर्षि सूत्रकार ने सती स्त्री को भी चार श्रेणी में विभक्त किया है। साधारण सती, मध्यम सती, उत्तम सती और सर्वोत्तम सती हैं॥१२४॥

सर्वोत्तम सती का लक्षण कह रहे हैं:-

पतिमात्रपुरुषं मन्यमाना॥१२५॥

अनुवाद–सर्वोत्तम सती वह कहलाती है, जो जगत् में अपने पति को ही पुरुष समझे और अन्य सब को स्त्रीवत् समझे। उसकी योगिजन दुर्लभ धारण इतनी प्रबल होती है कि, वह अन्तःकरण से सदा पति में तन्मय रहने के अन्य किसी पुरुषत्व का भान ही उत्पन्न नहीं हो सकता है। यह अवस्था देव दुर्लभ है, इसमें सन्देह नहीं॥१२५॥

उत्तम सती का लक्षण कहा जाता है:-

पुरुषान्तरं पित्रादिवज्जानती॥१२६॥

अनुवाद–अन्य पुरुषों को पित्रादिवत् समझने वाली॥१२६॥

भाष्य–दूसरी श्रेणी की सती वह कहलाती है, जो अवस्था में बड़े पुरुषों

को पिता के समान, अवस्था वालों को भाई के समान और छोटे अवस्था वाले पुरुषों को पुत्रवत् समझकर अपने पातिव्रत्य धर्म की रक्षा करती है। सती की यह धारणा भी अतिप्रशंसनीय है। क्योंकि इस धारण में प्रकृति की जय एक बार ही बनी रहती है। इससे पहली जो सर्वोत्तम अवस्था है, उसमें सती आत्मा को जय करके पति के साथ अद्वैतसिद्धि के अधिकार को प्राप्त कर लेती है, परन्तु यह द्वितीय अधिकार में नारी अपनी प्रकृति को जय कर लेती है। यह प्राकृतिक नियम है कि स्त्री को देखकर पुरुष अपने को पुरुष समझकर नारी की ओर आकृष्ट हो और नारी अपने को नारी समझकर पुरुष को आकर्षण करने की चेष्टा करे, प्राकृतिक नियम को सम्पूर्ण रूप से इस अवस्था की सती जय कर लेती है। सुतरां यह प्रकृति की जय की अवस्था भी निःश्रेयस प्रद है।।१२६।।

मध्यम सती का लक्षण कह रहे हैं:-

मनसा।।१२७।।

अननुवाद-मन से पवित्र रहने वाली।।१२७।।

भाष्य-तीसरी श्रेणी की सती वह कहलाती है, जो विचार के द्वारा उठते हुए, अपवित्र भावों को दबा कर मन से भी सती धर्म की रक्षा यत्न के द्वारा करती रहे। इस तृतीय अवस्था में नारी को अन्य पुरुष पुरुषवत् प्रतीत अवश्य होता है। उस समय आकर्षण विकर्षण की स्वाभाविक चेष्टा भी बनी रहती है, परन्तु सती का संयम इतना प्रबल होता है कि, अपने मनोनिग्रह के द्वारा वह अपवित्र काम संकल्प को किसी काल में भी अपने चित्त उठने नहीं देती है। यह अवस्था अतिशय अभ्युदयप्रद है इसमें सन्देह नहीं।।१२७।।

साधारण सती का लक्षण कहा जाता है:-

वपुषा स्थूलेन।।१२८।।

अनुवाद-स्थूल शरीर से पवित्र रहने वाली।।१२८।।

भाष्य-चौथी श्रेणी की सती वह कहलाती है जिस का मन कभी अपवित्र हो भी गया हो, तो भी स्थूल शरीर को वह पवित्र रख सकती हो, इस अवस्था में सती अपने तपोधर्म के प्रभाव से सतीत्व की रक्षा के लिये सदा प्रयत्न करती हुई सतीत्व धर्म के सदाचार को शास्त्रानुसार पालन करती है।।१२८।।

प्रसङ्ग से सधर्मत्याग का कुफल कहा जाता है:-

पुरुषभावापन्नाया नार्य्यास्त्रिविधः पातोऽनधिकारिब्रह्मविद्यादानवत्॥१२९॥

अनुवाद–अनधिकारी में ब्रह्मविद्यादान के समान पुरुष भावापन्ना नारियों का त्रिविध पतन होता है॥१२९॥

भाष्य–जिस प्रकार अनधिकारी पात्र को ब्रह्मज्ञान बताने से कदाचारी होकर उसकी आधिभौतिक अपवित्रता, नास्तिक होकर आधिदैविक अपवित्रता और यथार्थ ज्ञान का धारण करने वाला न होने से आध्यात्मिक अवनति इस प्रकार से उसकी त्रिविध अवनति होती है, उसी प्रकार पुरुषभावापन्ना नारी यदि अपने पारतन्त्र्य, सतीत्व, तप, शील और पवित्रता आदि स्वधर्म को त्याग करके निरङ्कुशता, स्वाधीनता, अपिवत्रता, तपोराहित्य आदि दोषों को ग्रहण करके निर्लज्ज तथा पुरुष भावापन्न हो जाय, तो उसकी आध्यात्मिक, आधिदैविक, आधिभौतिक त्रिविध अवनति हुआ करेगी। इस कारण नारी जाति को कदापि पुरुष भावापन्न होना उचित नहीं है। पुरुषभावापन्न होने से सदाचार के लोपद्वारा शारीरिक अपवित्रता अवश्य होगी और ऐसा होने से उस प्रकार की नारी कर आधिभौतिक अवनति अवश्यसम्भावी है। पुरुष भावापन्न होने से पतितन्मयता मूलक सतीत्व-संस्कार लुप्त होगा, उससे मानसिक दुर्बलता उत्पन्न होगी और मनकी दुर्बलता उत्पन्न होने से आधिदैविक अवनति अवश्य ही होगी। सृष्टि क्रम को त्याग करके नारी धारा में पुरुष धारा की सङ्करता उत्पन्न कर देने से उस नारी में आध्यात्मिक अवनति होनी निश्चित है। क्योंकि वह प्राकृतिक स्वभाव के विरुद्ध होगा। इस प्रकार से पुरुष भावापन्न नारी की त्रिविध अवनति होनी निश्चित है॥१२९॥

कुफल के द्वारा भयदर्शन के अनन्तर निश्चित उन्नति के लिये आदर्श स्थापन किया जाता है:–

तदादर्शो दुर्गा गौरी महामाया च॥१३०॥

अनुवाद–दुर्गा, गौरी और महामाया इसका आदर्श है॥१३०॥

भाष्य–सृष्टि की प्रसवित्री और पालयित्री नारी जाति के लिये तीन देवी भाव कैसे आदर्शरूप हैं, इसके लिये स्मृति शास्त्र में भी अनेक प्रमाण मिलते हैं, यथा श्रीमहामाया कहती हैं:–

नारीधर्मार्थमप्येवं मत्स्वरूपत्रयं सुराः॥
ग्राह्यमादर्शरूपेण विश्वकल्याणसम्पदे॥

अहमेव महामाया प्रोच्ये भेदविवर्ज्जिता।
गौरी प्रेमप्रधानाऽहं दुर्गा शक्तिप्रधानिका॥
एतद्रूपत्रयं नूनं सती नारी विभर्त्त्यहो।
पुण्ये भारतवर्षेऽस्मिन्नार्यजातौ प्रजायते॥

हे देवगण! नारी धर्म के लिये भी मेरे तीन स्वरूप आदर्श रूप से जगत् कल्याणार्थ अवलम्बनीय हैं। भेदरहितरूप से मैं ही महामाया, प्रेम प्रधाना में ही गौरी और शक्ति प्रधाना में ही दुर्गा कही जाती हूँ। जो सती पवित्र भारतवर्ष और आर्य जाति में उत्पन्न होती है, वह अवश्य इन तीनों रूपों को धारण करती है। तात्पर्य यह है कि, प्रेम की प्रथम अवस्था 'वे मेरे हैं' यह है। जब वे पेरे हैं तो उनकी विभूतियां भी मेरी हैं, इस भाव का आदर्श दुर्गा देवी हैं। प्रेम की दूसरी अवस्था का भाव यह है कि 'मैं उनकी हूं' इसका उदाहरण गौरी हैं, क्योंकि गौरी ने पतिनिन्दा सुनते ही शरीर त्याग कर दिया था। अन्तिम तथा सर्वोत्तम आदर्श महामाया हैं, जहां द्वैत भाव की स्थिति नहीं हैं। क्योंकि (मैं और वे एक हूँ) ये प्रेम की अन्तिम स्थिति है॥१३०॥

वर्णधर्म और नारी धर्म इन दोनों के स्वरूप निरूपण के अनन्तर अब आश्रम धर्म के स्वरूप निर्णयार्थ कहते हैं:–

प्रवृत्तिनिवृत्तिभेदाद् द्विविधं वर्त्म॥१३१॥

अनुवाद–प्रवृत्ति-निवृत्ति-भेद से मार्ग द्विविध है॥१३१॥

भाष्य–जीव के चलने के दो मार्ग हैं, एक प्रवृत्ति मार्ग और दूसरा निवृत्ति मार्ग। प्रवृत्ति मार्ग की गति बाहर की ओर है और निवृत्ति मार्ग की गति अन्तर की ओर है। अथवा ऐसा भी समझ सकते हैं कि, प्रवृत्ति मार्ग वैषयिक सम्बन्ध से तृप्ति प्रदान करता हुआ जीव को आगे बढ़ाता है और निवृत्ति मार्ग विषयरागरहित करके आगे बढ़ाता है। अथवा यों भी समझ सकते हैं कि, दोनों मार्ग ही आत्मा की ओर जाते हैं; प्रवृत्ति मार्ग परोक्ष रूप से और निवृत्ति मार्ग साक्षात् रूप से आत्मा की ओर ले जाते हैं॥१३१॥

प्रथम आश्रम का वर्णन किया जाता है:–

प्रवृत्त्यर्हत्वं ब्रह्मचर्य्ये॥१३२॥

अनुवाद–ब्रह्मचर्य में प्रवृत्ति की शिक्षा होती है॥१३२॥

भाष्य–वर्ण धर्म और नारी धर्म इन दोनों के साथ प्रवृत्ति मार्ग का साक्षात्

सम्बन्ध है और निवृत्ति मार्ग का परोक्ष सम्बन्ध है। उसी प्रकार आश्रम धर्म के साथ निवृत्ति का घनिष्ठ सम्बन्ध होने पर भी प्रथम दो आश्रम प्रवृत्ति को साथ लेकर अग्रसर होते हैं। वस्तुतः निवृत्ति सिखाने के लिये प्रवृत्ति का उपयोग किया जाता है। चारो आश्रमों में से ब्रह्मचर्य्याश्रम सबसे प्रथम है। इस आश्रम में शास्त्रोक्त प्रवृत्ति मार्ग में कैसे चलना चाहिये, उसकी शिक्षा दी जाती है। श्रुति और स्मृति शास्त्र में ब्रह्मचर्याश्रम के जो-जो आचार वर्णित हैं, उनके प्रत्येक शब्द में इस विज्ञान की चरितार्थता होती है। निष्कर्ष यह है कि, ब्रह्मचर्य्याश्रम के यथाविधि पालन किये बिना मनुष्य कदापि गृहस्थाश्रम के आदर्श-जीवन-पालन के उपयोगी नहीं बन सकता है।।१३२।।

ब्रह्मचर्य्याश्रम के प्रधान कर्त्तव्य निर्णय किये जाते हैं:-

तत्र प्राधान्यं विद्याब्रह्मचर्यगुरुसेवानाम्।।१३३।।

अनुवाद-उसमें विद्या, ब्रह्मचर्य और गुरुसेवा की प्रधानता रहती है।।१३३।।

भाष्य-यद्यपि वेद और वेदसम्मत शास्त्रों में ब्रह्मचर्य्याश्रम के विस्तृत धर्म वर्णित हैं, परन्तु पूर्व कथित विज्ञान पुष्टि के लिये पूज्यपाद महर्षि सूत्रकार ब्रह्मचर्य्याश्रम के मौलिक सिद्धान्त और प्रधान कर्त्तव्य निश्चय करने के अर्थ कहते हैं कि, विद्या ब्रह्मचर्य और गुरुसेवा ये तीन प्रधान धर्म ब्रह्मचर्य के हैं। विद्याभ्यास द्वारा सदसद्विचार शक्ति, जीवन का कर्त्तव्य निर्णय और धर्म, अर्थ, काम, मोक्ष के यथार्थ स्वरूप की उपलब्धि होती है। ब्रह्मचर्य व्रत के द्वारा शारीरिक, मानसिक और आत्मिक बल की प्राप्ति होती है तथा इन्द्रिय संयम का अधिकार प्राप्त होता है। गुरु सेवा के द्वारा भगवत् कृपा की प्राप्ति होकर आत्मोन्नति का मार्ग परिष्कृत हो जाता है।।१३३।।

द्वितीय अर्थात् गृहस्थाश्रम का वर्णन किया जाता है:-

तच्चारितार्थ्यं द्वितीये।।१३४।।

अनुवाद-दूसरे में उसकी चरितार्थता होती है।।१३४।।

भाष्य-ब्रह्मचर्य्याश्रम में प्रवृत्ति मार्ग में चलाने के उपयोगी शिक्षा होने के अनन्तर गृहस्थाश्रम में उसकी चरितार्थता करके आत्मोन्नति की जाती है। इस कारण स्मृति शास्त्र में कहा है:-

प्रवृत्तिं शास्त्रविहितां ब्रह्मचर्ये तु शिक्षते।
समाचरति गार्हस्थ्ये तां प्रवृत्तिं पुमान् भुवि।।

पुरुष शास्त्रोक्त प्रवृत्ति को ब्रह्मचर्याश्रम में सीखते हैं और गृहस्थाश्रम में उसका आचरण करते हैं।।१३४।।

प्रसङ्ग से गृहस्थाश्रम की महिमा बताई जाती है:-

ज्यैष्ठ्यं द्वितीयस्य सर्वाश्रयत्वात्।।१३५।।

अनुवाद-सबके आश्रय होने से द्वितीय श्रेष्ठ है।।१३५।।

भाष्य-थोड़े ही विचार से यह प्रतिपन्न होगा कि, गृहस्थाश्रम सब आश्रमों का आश्रय स्थल है। जिस प्रकार वर्णधर्म का आश्रयस्थल नारी है, क्योंकि बिना श्रेत्र की पवित्रता के वर्ण धर्म की शुद्धि हो ही नहीं सकती है, उसी प्रकार गृहस्थाश्रम के बिना अन्य तीन आश्रमों का अस्तित्व ही नहीं रह सकता है। ब्रह्मचर्य्याश्रम और संन्यासाश्रम का योगक्षेम सब कुछ गृहस्थाश्रम के अधीन है। इस कारण गृहस्थाश्रम को ज्येष्ठाश्रम कहते हैं। स्मृतिशास्त्र में भी कहा है:-

ब्रह्मचारी गृहस्थ वानप्रस्थो यतिस्तथा।
एते गृहस्थप्रभवाश्चत्वारः पृथगाश्रमाः।।
सवेषामपि चैतेषां वेदस्मृतिविधानतः।
गृहस्थ उच्यते श्रेष्ठः स त्रीनेतान्विभर्त्ति हि।।
यथा नदीनदाः सर्वे सागरे यान्ति संस्थितिम्।
तथैवाश्रमिणः सर्वे गृहस्थे यान्ति संस्थितिम्।।
यथा वायुं समाश्रित्य वर्त्तन्ते सर्वजन्तवः।
तथा गृहस्थमाश्रित्य वर्तन्ते सर्व आश्रमाः।।
यस्मात्त्रयोऽप्याश्रमिणो ज्ञानोनान्नेन चान्वहम्।
गृहस्थेनैव धार्यन्ते तस्माज्जयेष्ठाश्रमो गृही।।

ब्रह्मचर्य, गृहस्थ, वानप्रस्थ और संन्यास वे चारों आश्रम गृहस्थाश्रम से होते हैं। सब आश्रमों में गृहस्थ श्रेष्ठ हैं, वह अन्य तीनों का पालक है। जिस प्रकार नदी और सब नद समुद्र में संस्थिति पाते हैं, उसी प्रकार अन्य सब आश्रमी गृहस्थ को आश्रय करते हैं। सब जीव जिस प्रकार वायु को आश्रय करके रहते हैं, वैसा ही अन्य सब आश्रम गृहस्थाश्रम को आश्रय करके रहते हैं। अन्य तीनों आश्रमियों को गृहस्थ ही ज्ञान और अन्नादि के द्वारा धारण करता है, इस कारण गृहस्थाश्रम ज्येष्ठाश्रम है।।१३५।।

और भी कहते हैं:-

तत् सुलभं करवीरवत्॥१३६॥

अनुवाद–करवीर वृक्ष के समान गृहस्थाश्रम सुलभ है॥१३६॥

भाष्य–जिस प्रकार कनेर का वृक्ष पार्वत्यभूमि, मरुभूमि, जलीयभूमि आदि सब भूमियों में उत्पन्न होता है, उसी प्रकार गार्हस्थ्य के लक्षण आर्य, अनार्य सब में पाये जाते हैं। गृहस्थाश्रम की यह दूसरी महिमा है, कि केवल वर्णाश्रम धर्म को मानने वाली आर्य जाति में ही इसका अस्तित्व नहीं दिखायी पड़ता है, किन्तु सब प्रकार की मनुष्य जाति में ही इसका अस्तित्व विद्यमान है॥१३६॥

अब तृतीय अर्थात् वानप्रस्थाश्रम का वर्णन किया जाता है:–

निवृत्तेरर्हत्वं तृतीये॥१३७॥

अनुवाद–तृतीय में निवृत्ति की शिक्षा होती है॥१३७॥

भाष्य–पूर्व दो आश्रमों में निवृत्ति पथ के लिये द्वारोद्‌घाटन करने के अनन्तर इस तृतीय आश्रम में निवृत्ति के अधिकार की प्राप्ति के लिये ही मनुष्य प्रवेश करता है। इस आश्रम में निवृत्ति मार्ग में कैसे चलना चाहिये, उसके लिये यथा योग्य शिक्षा प्राप्त होती है। यदि पति के साथ स्त्री भी इस आश्रम में साथ दे, तो दोनों के लिये निवृत्ति-मूलक शिक्षा का ही प्राधान्य रहता है। निवृत्ति-प्राप्ति के लिये आवश्यकीय शिक्षा प्राप्त करके साधक आश्रम में निवृत्ति का पूर्ण अधिकारी होकर कृतकृत्य होता है। जिस प्रकार गृहस्थाश्रम की भित्ति ब्रह्मचर्या श्रम है, उसी प्रकार संन्यासाश्रम की भित्ति यह आश्रम है। स्मृतिशास्त्र कहा है:–

एवं गृहस्थाश्रमे स्थित्वा विधिवत्स्नातको द्विजः।
वने वसेत्तु नियतो यथावद्विजितेन्द्रियः॥
गृहस्थस्तु यदा पश्येद्वलीपलितमात्मनः।
अपत्यस्यैव चापत्यं तदारण्यं समाश्रयेत्॥
संत्यज्य ग्राम्यमाहारं सर्वञ्चैव परिच्छदम्।
पुत्रेषु भार्य्यां निक्षिप्य वनं गच्छेत् सहैव वा॥

शास्त्रोक्त विधि के अनुसार गृहस्थाश्रम में निवास करने के अनन्तर द्विजाति जितेन्द्रिय होकर वन में निवास करे। जब गृहस्थ देखे कि शरीर शिथिल हो गये, बाल पक गये और पुत्र, पौत्र हो गये, तब वन का आश्रय करे। ग्राम का आहार तथा अन्य सब सम्पत्ति को त्याग करके स्त्री को पुत्र के पास रखकर अथवा स्त्री को साथ लेकर ही वन में चला जाय॥१३७॥

अब चतुर्थ अर्थात् संन्यास आश्रम का वर्णन किया जाता है:-

तत्सिद्धिस्तुरीये॥१३८॥

अनुवाद–उसकी सिद्धि चतुर्थ आश्रम में होती है॥१३८॥

भाष्य–निःश्रेयस का मूल निवृत्ति मार्ग का पूर्ण अधिकार संन्यास आश्रम के द्वारा साधक को प्राप्त होता है। स्मृति शास्त्र में भी कहा है:-

वानप्रस्थे निवृत्तेस्तु शिक्षा पुंसु प्रजायते।
निवृत्तिः पूर्णतां याति संन्यासाश्रममेत्य वै॥

वानप्रस्थाश्रम में निवृत्ति की शिक्षा प्रारम्भ होती है और संन्यासाश्रम में निवृत्ति की पूर्णता होती है। जिस प्रकार ब्रह्मचर्य व्रत, सब स्त्रियों को मातृ समान समझना, विद्या-प्राप्ति को जीवन का प्रधान लक्ष्य और गुरु सेवा को सर्वफल प्रद समझकर पुरुषार्थ करने से ब्रह्मचर्य्याश्रम में गृहस्थाश्रम की योग्यता प्राप्त होती है; उसी प्रकार वानप्रस्थाश्रम के द्वारा निवृत्ति मार्ग की उपयोगिनी सब शक्तियों को प्राप्त करके इस तुरीय आश्रम में साधक पूर्ण रूप से निवृत्ति पथगामी बन जाता है और इस आश्रम में यथाक्रम कुटीचक, बहूदक, हंस और परमहंस के अधिकारों को यथा काल में प्राप्त करके जीवन्मुक्त पदवी पर पहुंचता हुआ सायुज्य को प्राप्त कर लेता है। यही सब संस्कारों का अन्तिम संस्कार, सब साधनों का अन्तिम साधन और सब अधिकारों का अन्तिम अधिकार है॥१३८॥

आश्रम धर्म को स्पष्ट करने के लिये प्रथम आश्रम का मौलिक सिद्धान्त कहा जाता है:-

नियमप्रधानां ब्रह्मचर्यम्॥१३९॥

अनुवाद–ब्रह्मचर्य नियम-प्रधान है॥१३९॥

भाष्य–नियम का लक्षण पहले विस्तारित रूप से विवृत हो चुका है, उसी नियम धर्म को सम्मुख रखकर ब्रह्मचर्याश्रम का आचार्य पूज्यपाद धर्माचार्यों ने निश्चित किया है। जगत् की स्त्रियों को माता के समान समझकर उनसे गुरु के निमित्त भिक्षा मांगना, इस प्रकार से काम, तथा अङ्कार रूपी प्रबल शत्रुओं को जय करने का प्रयत्न करके गुरु पूजा के बल से अन्तः शुद्धि प्राप्त करना, ये सब

नियम धर्म के ज्वलन्त दृष्टान्त हैं। नियम धर्म के अभ्यास द्वारा प्रथम आश्रम में ही द्विज को आध्यात्मिक राज्य में अग्रसर कर देना प्रधान उद्देश्य है। इस प्रकार से ब्रह्मचर्याश्रम के आचारों पर जितना ध्यान दिया जायगा उतना ही उसको नियम धर्म की भित्ति पर स्थित पाया जायगा।।१३९।।

द्वितीय आश्रम का मौलिक सिद्धान्त कहा जाता है:-

संयमप्रधानं गार्हस्थ्यम्।।१४०।।

अनुवाद–गार्हस्थ्य धर्म संयमप्रधान है।।१४०।।

भाष्य–नियम धर्म के संस्कार से अन्तःकरण को संस्कृत करता हुआ द्विज गृहस्थाश्रम में प्रवेश करता है। गृहस्थाश्रम में कामिनी-काञ्चन का प्रलोभन नियम धर्म के अभ्यास के कारण एकाएक उसको वशीभूत नहीं कर सकता, तो भी गृहस्थाश्रम प्रवृत्ति-मूलक ऐश्वर्यों से पूर्ण होने के कारण उसकी प्रवृत्ति में फंसकर प्रवृत्ति संस्कार को अधिक संग्रह करना सम्भव है, परन्तु संयममूलक आचारों के अभ्यास से गृहस्थाश्रमी इस युद्ध में जय लाभ करने में समर्थ होकर आध्यात्मिक उन्नति का द्वार खुला रख सकता है। बहिरिन्द्रिय औा अन्तरिन्द्रियों की उद्दाम गति को अपने अधीन रखने को संयम कहते हैं। यहां योग सम्बन्धीय संयम न समझा जाय। अतः इस संयम के लक्षण के अन्तर्गत नियम के लक्षण का भी प्रवेश हो जाता है। गृहस्थाश्रम के विस्तृत आचारों पर जितना ध्यान दिया जायगा, उतना ही वे सब संयमधर्म की भित्ति पर स्थित हैं, यह सिद्ध होगा।।१४०।।

तृतीय आश्रम का मौलिक सिद्धान्त कहा जाता है:-

तपःप्रधानं वानप्रस्थम्।।१४१।।

अनुवाद–वानप्रस्थाश्रम तपः प्रधान है।।१४१।।

भाष्य–तपोधर्म का लक्षण पहले विस्तारित रूप से विवृत हो चुका है। वानप्रस्थाश्रम में अति कठोर साधन समूह का अभ्यास करना होता है। क्योंकि प्रवृत्ति को एक बार ही भूलकर निवृत्ति मार्ग में चलने के लिये इस आश्रम में प्रस्तुत होना पड़ता है। शारीरिक तप, मानसिक तप और वाचनिक तप इन त्रिविध तपों से वानप्रस्थ के सब आचार पूर्ण हैं। इस स्थल पर जिज्ञासुओं को यह शङ्का हो सकती है कि, नारी-धर्म भी तपोमूलक है और वानप्रस्थ भी तपोमूलक है, इसका रहस्य क्या है? ऐसी शंकाओं का समाधान यह है कि, यद्यपि दोनों के धर्म तपोमूलक हैं, परन्तु दोनों में दिन और रात का सा अन्तर है। नारी-धर्म

प्रवृत्ति-मूलक है और वानप्रस्थ-धर्म निवृत्ति-मूलक है। वानप्रस्थ-धर्म में स्वाधीनता है, नारी धर्म में पराधीनता है। नारी धर्म में सृष्टि का सम्बन्ध है और वानप्रस्थाश्रम में लय का सम्बन्ध है। नारी धर्म में स्त्री का शरीर और मन पति के अधीन तप के द्वारा निकट रहने पर भी उसका सर्वथा त्याग रहता है। इन सब सामान्य लक्षणों के द्वारा दोनों का पार्थक्य स्वतः ही सिद्ध होता है।।१४१।।

अब चतुर्थ आश्रम का मौलिक सिद्धान्त कहा जाता है:-

त्यागप्रधानं चतुर्थम्।।१४२।।

अनुवाद-चतुर्थाश्रम त्यागप्रधान है।।१४२।।

सर्वस्व त्याग किये बिना मुक्ति असम्भव है। जीव की अपनी सम्पत्ति अहङ्कार और अहङ्कार प्रसूत इह लोक और परलोक सबका ही एक बार ही त्याग किये बिना मुक्ति नहीं हो सकती है और इसी का अभ्यास यथाक्रम कुटीचक, बहूदक, हंस और परमहंस सन्यासाश्रम की इन चार अवस्थाओं में ब्राह्मणवंशोद्भव श्रेष्ठ अधिकारी को सिखाया जाता है। यह सब संस्कारों में अन्तिम संस्कार होने से संन्यासाश्रम के सब आचार तथा उसके सब नियम त्याग की भित्ति पर स्थित हैं। इसी कारण स्मृति शास्त्र में भी कहा है:-

संयमस्तु गृहस्थानां नियमो ब्रह्मचारिणाम्।
वानप्रस्थाश्रमस्थानां तपस्त्य गस्तु न्यासिनाम्।।

गार्हस्थ्य, ब्रह्मचर्य, वानप्रस्थ और संन्यास क्रमशः वे सब संयम, नियम, तप और त्याग की भित्ति पर स्थित हैं।।१४२।।

इनसे क्या होता है, सो कहा जाता है:-

एतान्यभ्युदयनिःश्रेयस्कराणि।।१४३।।

अनुवाद-ये सब अभ्युदय और निःश्रेयस्कर हैं।।१४३।।

भाष्य-ये चारों आश्रम अभ्युदय और निःश्रेयस कर हैं। यद्यपि प्रथम दो आश्रम प्रवृत्ति पर और दूसरे दो आश्रम निवृत्ति पर हैं, परन्तु यथाक्रम नियम, संयम, तप और त्याग की पूर्त्ति होने के कारण ये सब ही अभ्युदय और निःश्रेयस दोनों के देने वाले हैं, क्योंकि नियम आदि चारों केवल अभ्युदय ही प्रदान नहीं करते हैं, किन्तु निःश्रेयस तक पहुंचा सकते हैं। ब्रह्मचारी एक बार ही सन्यासाश्रम ले सकता है। इसकी विधि भी पायी जाती है। गृहस्थाश्रमी जनकादि तो

जीवन्मुक्ति ही थे। महर्षिगण प्रायः सभी वानप्रस्थ आश्रमधारी होकर ही ब्रह्मसायुज्य को प्राप्त हुए थे और सन्यास तो मुक्ति का स्वरूप ही है। इन चारों आश्रमों की असम्पूर्ण अवस्था में अभ्युदय तो अवश्यसम्भावी ही है।।१४३।।

अब उसके न होने से क्या दोष होता है, सो कहा जाता है:–

अनाश्रमित्वादधर्मो लक्ष्याभावात्।।१४४।।

अनुवाद–आश्रमों का महत्त्व वर्णन करके अब पूज्यपाद महर्षि सूत्रकार आश्रम से भ्रष्ट व्यक्ति का क्या होता है सो कहते हैं। चारों आश्रम मनुष्य के जीवन के लक्ष्य को स्थिर कराने वाले हैं और उनकी यथाक्रम सुकौशलपूर्ण व्यवस्था कैसी है, सो पहले भलीभांति वर्णित हो चुकी है। अनाश्रमी के जीवन का लक्ष्य न रहने से उसका धर्म-मार्ग रुद्ध हो जाता है। जिस प्रकार लक्ष्यभ्रष्ट नौका पतवार तथा दिङ्निर्णायक गति के अभाव से जलमग्न हो जाती है, जिस प्रकार लक्ष्यभ्रष्ट पथिक विपथगामी होकर विपन्न हो जाता है, उसी प्रकार प्रवृत्ति तथा निवृत्ति की क्रमागत गति से भ्रष्ट होकर अनाश्रमी अभ्युदय और निःश्रेयस देनेवाले धर्म से च्युत और भ्रष्ट हो जाता है। न उस व्यक्ति में धर्मानुकूल प्रवृत्ति ही होती है और न उसकी निवृत्ति का मार्ग खुला ही रहता है। इस कारण वह व्यक्ति धर्म-साधन की शृंखला से भ्रष्ट होकर अधर्म को प्राप्त होता है।।१४४।।

वर्ण धर्म की विशेष महिमा कही जाती है:–

प्रवृत्तिरोधको वर्णधर्मः।।१४५।।

अनुवाद–वर्ण धर्म प्रवृत्तिरोधक है।।१४५।।

भाष्य–काम, अर्थ-मोक्ष मूलक आचार और नियम समूहों के साधनों के द्वारा वर्णधर्म मनुष्य की निरङ्कुशप्रवृत्ति को दिन प्रतिदिन रोककर आत्मा की ओर अग्रसर कराता है। शूद्रधर्म काम सम्बन्धीय प्रवृत्ति को सेवा द्वारा क्रमशः रोक देता है। वैश्यधर्म अर्थ संग्रह की इच्छा को कृषि, गोरक्षा और वाणिज्य के द्वारा तृप्त करके प्रवृत्तिरोध करने में समर्थ होता है। इस विज्ञान को अन्य प्रकार से भी समझ सकते हैं कि, जीव जब मनुष्य योनि में पहुँचकर कई जन्मों के अनन्तर कुछ शक्ति लाभ करता है, तब सबसे प्रथम उसमें काम सम्बन्धीय प्रवृत्ति प्रबल होती है, क्योंकि वह अपने पिण्ड का अधीश्वर होता है। उस समय तपस्यामूलक सेवाधर्म द्वारा वह अपनी उद्दाम प्रवृत्तियों को उच्छृंखलता प्राप्त होने नहीं देता है। दूसरे जन्म में जब वह वैश्य होता है, तो स्वाभाविक क्रमोन्नति के अनुसार उसमें

अर्थ सम्बन्धीय आकांक्षा प्रबल होती है। उस समय वैश्य वृत्ति द्वारा अथोपार्जन करके अर्थ की रक्षा और धर्मानुकूल व्यय करके वह अर्थ सम्बन्धीय उद्दाम प्रवृत्ति के रोध करने में समर्थ होता है। उसके अनन्तर वह जीव यथाक्रम पुण्य योनि क्षत्रिय और ब्राह्मण योनियों को प्राप्त करता है, और काम तथा अर्थ को यथा क्रम धर्म और मोक्ष के लिये विसर्जन करके अपनी उद्दाम प्रवृत्ति के एक बार ही रोध करने में समर्थ होता है। आदि सृष्टि से क्रमागत परिशुद्धता को प्राप्त हुए चारों वर्णों के रज और वीर्य इन चारों प्रकारों के संस्कारों से युक्त होकर आर्य जाति को इस प्रवृत्ति-रोधक साधन में सहायता करते हैं। यही वर्ण धर्म का असाधरण महत्त्व है।।१४५।।

अब आश्रम धर्म की विशेष महिमा कही जाती है:-

निवृत्तिपोषकस्त्वपर:।।१४६।।

अनुवाद-दूसरा निवृत्तिपोषक है।।१४६।।

भाष्य-जिस प्रकार वर्ण धर्म प्रवृत्तिरोधक है, उसी प्रकार आश्रम धर्म निवृत्तिपोषक है। स्मृति शास्त्र में भी कहा है यथा:-

वर्णधर्मं यतो विज्ञाः प्रवृत्तेरोधकं जगुः।
निवृत्तेः पोषकञ्चैव धर्ममाश्रमगोचरम्।।

अर्थात् वर्णधर्म प्रवत्तिरोधक और आश्रम धर्म निवृत्तिपोषक है, ऐसा जानना चाहिये। प्रथम आश्रम ब्रह्मचर्य धर्मानुकूल प्रवृत्ति के अधिकारों को प्रदान करके गृहस्थाश्रम में वेद और शास्त्रानुकूल प्रवृत्ति को कराकर उस मनुष्य के लिये निवृत्ति मार्ग के द्वारा सम्यक् रूप से उन्मुक्त कर देता है। तदनन्तर आगे के दो आश्रम तो मूर्त्तिमान् निवृत्ति ही हैं। अत: आश्रमधर्म निवृत्तिपोषक है, इसमें किसी को सन्देह नहीं हो सकता है।।१४६।।

अन्तिम फल कहा जाता है:-

निवृत्त्या कैवल्यम्।।१४७।।

अनुवाद-निवृत्ति के द्वारा कैवल्य होता है।।१४७।।

भाष्य-वर्णधर्म के द्वारा प्रवृत्ति को रोध करके आश्रम धर्म के द्वारा निवृत्ति की वृद्धि करता हुआ अन्त में जीवन्मुक्त दशा को प्राप्त करके जीव मुक्त हो जाता है। वर्णाश्रम धर्म में अभ्युदय का नियमित रूप से बेरोक टोक होना और साथ

ही साथ प्रवृत्ति की शुद्धि होते हुए और निवृत्ति की वृद्धि होते हुए बिना बाधा के मुक्ति पद में पहुंच जाना ही लक्ष्य रखा गया है। वर्णाश्रमधर्म के आचारों की जो शृंखला बाँधी गई है, वह मनुष्य को नियमित रूप से जन्मजन्मातर की सहायता से बेरोक टोक मुक्ति पद में पहुंचा देती है।।१४७।।

निवृत्ति की उत्पत्ति में मतभेद वर्णन किया जाता है:-

भोगपौरोभाग्यात्तदुत्पत्तिरिति केचित्।।१४८।।

अनुवाद–किसी किसी के मतानुसार भोग में दोष दर्शन होने से निवृत्ति होती है।।१४८।।

भाष्य–पूज्यपाद महर्षि ने अपने मत के अनुसार वर्णाश्रम की शृंखलाबद्ध प्रणाली के द्वारा आर्य प्रजा को निवृत्ति मार्ग में उन्नत करके मुक्ति-भूमि में पहुंचा देने का विज्ञान वर्णन किया है। उनका स्वमत है कि, वर्णाश्रम धर्म मानने वाली प्रजा बिना विशेष पुरुषार्थ किये भी केवल वर्णाश्रम सदाचार के पालन करने से ही निवृत्ति-मार्ग की अधिकारिणी होकर मुक्ति-भूमि में पहुंच जाती है। परन्तु इस स्वमत के अतिरिक्त जो अन्याय महर्षियों के मत पाये जाते हैं, उनमें से एक का मत यह है कि, भोग्य पदार्थों में दोष दर्शन का अभ्यास करने से ही निवृत्ति मार्ग के द्वारा मुक्ति की प्राप्त होती है। वस्तुत: विषयसमूह ही जीव को नीचे की ओर फँसाए रखते हैं। विषय भोग की इच्छा ही जीव के आवागमन चक्र का कारण है, तथा वही जीव को ईश्वर से विमुख रखती है। जब वैराग्य के अभ्यास के द्वारा साधक विषयों से एक बार ही अरुचि प्राप्त कर लेता है, तो स्वत: ही उस भाग्यवान् साधक में विषयवती प्रवृत्ति का नाश होकर निवृत्ति का उदय हो जाता है।।।१४८।।

दूसरा मतभेद कहा जाता है:-

गुणदर्शनादित्यन्ये।।१४९।।

अनुवाद–अन्य का मत है कि गुण दर्शन रो निवृत्ति प्राप्त होती है।।१४९।।

भाष्य–किसी-किसी महर्षि के मत में ऐसा सिद्धान्त प्रकाशित है कि, प्रकृति के सत्त्व, रज और तम इन तीनों गुणों के यथावत सब समय दर्शन करते रहने से निवृत्ति की प्राप्ति होती है और उससे मुक्ति होती है। प्रत्येक विषय जब साधक को मोहित करते हों, उस समय यदि वह विषय के स्वरूप से मन को

हटाकर केवल प्रकृति के गुण-दर्शन की ओर विचार रखे, तो विषय उसको कदापि नहीं फँसाएगा। और इस प्रकार से वह साधक विषय से निवृत्त होकर मुक्ति-भूमि में पहुंच सकता है।।१४९।।

तीसरा मत भेद कहा जाता है:-

कर्मदर्शनादित्यपरे।।१५०।।

अनुवाद-अन्य मत में कर्म दर्शन से निवृत्ति प्राप्त होती है।।१५०।।

भाष्य-किसी-किसी महर्षि की सम्मति यह है कि पाप से पुण्य कर्म का विचार, असत् कर्म से सत् कर्म में रुचि बढ़ाते हुए केवल सत् कर्म करते रहने से निवृत्ति मार्ग की प्राप्ति होकर मुक्ति होती है। जब कर्मवीर साधक केवल अपने कर्म पर दृष्टि रखता है, तो निरन्तर उस की कर्म पर दृष्टि रहने से उससे तामसिक पाप बनते ही नहीं है और क्रमशः वह पुण्य कर्म संचय करता हुआ निवृत्ति मार्ग का अधिकारी बन कर मुक्त हो जाता है।।१५०।।

चतुर्थ मतभेद कह रहे हैं:-

धर्मप्रवृत्तेरितीतरे।।१५१।।

अनुवाद-इतर मत में धर्म प्रवृत्ति से निवृत्ति की प्राप्ति होती है।।१५१।।

भाष्य-किसी-किसी महर्षि का सिद्धान्त यह है कि, निरन्तर धर्म प्रवृत्ति बनाये रखने से मनुष्य क्रमशः निवृति पथ में अग्रसर होता हुआ मुक्ति का अधिकारी हो जाता है। जब साधक अधर्म प्रवृत्ति का नाश करके धर्म प्रवृत्ति को बढ़ाता रहेगा, तो क्रमशः उसकी बुद्धि शुद्ध होकर उसमें विषय- वैराग्यरूपी निवृत्ति का उदय हो जायगा और इस प्रकार से वह मुक्ति मार्ग तक पहुँच सकता है।।१५१।।

अब स्वमत की दृढ़ता के लिये कह रहे हैं:-

उभे देशकालापेक्षे।।१५२।।

अनुवाद-दोनों देशकालापेक्ष हैं।।१५२।।

भाष्य-पूज्यपाद महर्षि सूत्रकार कहते हैं कि, प्रवृत्ति अवस्था की क्रमोन्नति भी अभ्यास करते-करते देशकाल की सहायता से प्राप्त होती है। उसी प्रकार निवृत्ति की सिद्धि भी देश काल की अपेक्षा रखती है। प्रवृत्ति मार्ग के धर्म सम्बन्धीय साधन समूह भी देशकाल की सहायता से साधकों को आगे बढ़ाते

हैं। दूसरी ओर देशकाल के भेद से धर्माधर्म निर्णय के कर्त्तव्य में प्राय: अत्यन्त कठिनता पड़ जाया करती है। इस कारण यह मानना ही पड़ेगा कि, प्रवृत्ति और निवृत्ति दोनों ही देश तथा काल की उपेक्षा रखती हैं। अन्य ओर वर्णाश्रम धर्म की व्यवस्था से अतिरिक्त और जो-जो साधन निवृत्ति मार्ग के द्वारा मुक्ति पद में पहुँचने के लिये पूर्व में कहे गये हैं, उन सबों की अभ्युदय और नि:श्रेयस-प्रदायिनी शक्ति यथा योग्य रहने पर भी उनमें बाधा की सम्भावना है, क्योंकि प्रवृत्ति और निवृत्ति सम्बन्धीय क्रमोन्नति दोनों ही देशकाल की अपेक्षा रखती हैं और उन साधनों में अवान्तर बाधाओं की निवृत्ति के लिये कोई उपाय नहीं है। वर्णाश्रम धर्म में जिस प्रकार अध्यात्मशुद्धि, अधिदैवशुद्धि और अधिभूतशुद्धि की व्यवस्था रखी गई है, जिससे बाधायें अपने आप दूर होती रहती हैं और उन्नति का मार्ग जन्मान्तर के सम्बन्ध से सरल रहता है, उस प्रकार अन्य पूर्व कथित उपायों में नहीं पाया जाता है। इस कारण वर्णाश्रम धर्म की व्यवस्था अवाध्य क्रमोन्नति के लिये अधिक निरापद है, ऐसा मानना पड़ेगा। दूसरी ओर प्रवृत्ति धर्म और निवृत्ति धर्म दोनों ही देश काल अपेक्षित होने से उनके यथा योग्य अधिकार निर्णय से अवश्य ही कठिनता पड़ती है जैसा कि ऊपर कहा गया है।।१५२।।

धर्माधर्म निर्णय की कठिनता दूर करने के अभिप्राय से प्रमाण का निर्देश किया जाता है:-

वेदा: प्रमाणां धर्माधर्मनिर्णये।।१५३।।

अनुवाद-धर्माधर्म निर्णय में वेद प्रमाण है।।१५३।।

भाष्य-पूर्व्व कथित रीति पर देश काल का सम्बन्ध होने से तथा पात्र और अधिकार का विचार होने से क्या धर्म और क्या अधर्म है, इसके विचार करने में बहुत ही कठिनता पड़ने की सम्भावना है, इस कारण पूज्यपाद महर्षि सूत्रकार धर्माधर्म निर्णय करके कर्त्तव्य निश्चय के समय वेद ही प्रमाण है, ऐसी आज्ञा करते हैं। देश के विचार से धर्माधर्म निर्णय, काल के विचार से धर्माधर्म निर्णय, पात्र के विचार से धर्माधर्म निर्णय, अधिकार के विचार से धर्माधर्म निर्णय इत्यादि अवस्थाओं में जब कर्त्तव्याकर्त्तव्य निश्चय करने में कठिनता हो, उस समय सब विषय में वेद की आज्ञा ही प्रमाण है, इसमें कोई भी सन्देह नहीं।।१५३।।

उसका हेतु निर्देश कर रहे हैं:-

अपौरुषेत्याज्ज्ञानमयत्वाच्च॥१५४॥

अनुवाद—अपौरुषेय और ज्ञानमय होने से॥१५४॥

भाष्य—ब्रह्म में सदा संलीन-मन मुनि अथवा नित्य ऋषियों के अवतार रूप ऋषि शब्दवाच्य महापुरुषगण ही केवल जटिल समस्या होने पर धर्माधर्म निर्णय में समर्थ हो सकते हैं। अधटन घटनापटीय सी माया के प्रभाव से उनके मतों में परस्पर विरोध भाव वैचित्र्य के कारण हुआ करता है। इसलिये जटिल समस्या के कारण धर्माधर्म निर्णय अत्यन्त कठिन है। परन्तु ऐसी सन्धि के समय में जब वेद ही एकमांत्र प्रामाण्य हैं, ऐसा कहा गया तो, दार्शनिक बुद्धि-सम्पन्न जिज्ञासुओं के चित्त में ऐसी शङ्का हो सकती है कि, जटिल समस्या उपस्थित होने पर एक मात्र वेद ही धर्माधर्म निर्णय करने में समर्थ है, उस वेद का स्वरूप क्या है? वेद पर इस प्रकार से निर्भर करने का कारण क्या है? इस प्रकार की शंकाओं के समाधान में पूज्यपाद महर्षि सूत्रकार ने इस सूत्र का आविर्भाव किया है। वेद का महत्त्व सिद्ध करने के लिये दार्शनिक युक्ति ही सबसे प्रधान है। क्योंकि वैदिक प्रमाण और शास्त्रीय प्रमाण वेद के ही अधीन हैं। इसमें सन्देह नहीं कि, ऋतम्भरा प्रज्ञा प्राप्त आत्मदर्शी महापुरुष गण वेद के अलौकिक स्वरूप का महत्त्व अनुभव कर सकते हैं, परन्तु साधारण मनुष्य गण नहीं कर सकते हैं। इस कारण दार्शनिक युक्ति की अवश्य ही आवश्यकता है। वेद अपौरुषेय और ज्ञानमय हैं; इस कारण वेद सर्वोपरि प्रामाण्य हैं। ब्रह्म में ब्रह्मशक्ति की अभिव्यक्ति और लय होना स्वतः सिद्ध है। जिस प्रकार किसी मनुष्य पिण्ड में उसके बोलने अथवा ज्ञान कराने की शक्ति की अभिव्यक्ति होकर वह शक्ति शब्दमयी अथवा स्वरमयी सृष्टि का आविर्भाव करती है और दूसरे क्षण में उस वर्णात्मक अथवा ध्वन्यात्मक शब्द के लय होने के साथ ही साथ वह शक्ति भी लय हो जाती है, उसी प्रकार शब्दमयी शक्ति के पुनः पुनः आविर्भाव और तिरोभाव के साथ-साथ शब्दमयी सृष्टि का भी आविर्भाव और तिरोभाव हुआ करता है। इसी उदाहरण के अनुसार समझना उचित है कि, ब्रह्म से ब्रह्म शक्ति महामाया के आविर्भाव और लय भाव के साथ ही साथ ब्रह्माण्ड के उदय और अस्त हुआ करता है। ब्रह्म शक्ति नित्य है। केवल उसकी व्यक्त दशा में दृश्य प्रपंच की स्थिति बनी रहती है और उसके अव्यक्त दशा में दृश्य प्रपंच का लय हो जाता है, सुतरां ब्रह्म शक्ति नित्या होने पर भी जगत् अनित्य है। जिस प्रकार ब्रह्मशक्ति "अहंममेतिवत्" नित्या है, उसी प्रकार ज्ञान भी नित्य है। क्योंकि ब्रह्म सत्, चित् और आनन्दमय होने के कारण

एकाधार में अस्ति, भाति आदि भाव के स्वस्वरूप में नित्य विराजमान रहते हैं। इस हेतु चिन्मय भाव का स्वभाव रूपी ज्ञान नित्य है। जगत की अभिव्यक्ति के साथ ही साथ अस्ति, भाति आदि की भी अभिव्यक्ति होती है। इस हेतु की कार्य ब्रह्मरूपी जगत् भी अस्ति, भाति और आनन्द, इन त्रिविध भावों से पूर्ण प्रतीत होता है। सुतरां ब्रह्म के स्वस्वरूप के स्वरूप-ज्ञान प्रथम सृष्टि के विकास के समय ज्ञान मय शब्द में तटस्थ ज्ञान का बीजरूप धारण करके प्रकट होता है। वही तटस्थ का बीज रूप शब्दब्रह्म प्रणव है। उसी प्रणव से ही उस कल्प के उपयोगी यावत् ज्ञान राशि वेद की ऋचा में सृष्टि के आदि काल में महर्षियों के अन्तःकरण में आविर्भूत होती है। यही अलौकिक वेदाविर्भाव का रहस्य है। मध्यमीमांसा और ब्रह्ममीमांसा दर्शन वेद के इस अलौकिक स्वरूप को नाना प्रकार से सिद्ध करते हैं। अतः वेद अपौरुषेय और ज्ञानमय हैं, यह पूर्व कथित विज्ञान से सिद्ध हुआ। देव की सत्ता ब्रह्म में विद्यमान रहती है और सृष्टि के आदि में "अहम्मेतिवत्" ब्रह्मशक्ति के ब्रह्म से आविर्भाव के साथ ही साथ क्रिया और ज्ञान के द्वारा आविर्भूत होते हैं। वेद किसी के द्वारा प्रणीत नहीं है। उनके केवल आविर्भाव और तिरोभाव होते हैं, इस कारण वेद अपौरुषेय हैं और प्रतिकल्प में प्रकट होने योग्य तटस्थान के बीज समूह उस कल्प में प्रकट होने योग्य वेद में निहित रहते हैं, इस कारण वेद ज्ञानमय हैं। अस्तु, वेद जब अपौरुषेय और ज्ञानमय हैं, तो अवश्य ही धर्माधर्म निर्णय करने की जटिल समस्या उपस्थित होने पर एकमात्र वेद ही प्राणमय होंगे, इसमें सन्देह ही क्या है।।१५४।।

स्वविज्ञान की पुष्टि के लिये वेद की महिमा कही जाती है:–

पूर्णज्ञानमस्य वेदस्य भावाऽष्टभावप्रकाशिका।।१५५।।

अनुवाद–पूर्ण ज्ञानमय वेद की भाषा आठ प्रकार के भावों को प्रकाशित करने वाली है।।१५५।।

भाष्य–जिस प्रकार ब्रह्म प्रकृति आठ भावों में विभक्त है, यथा श्री भगवान् ने निज मुख से कहा है कि:–

"भूमिरापोऽनलो वायुः खं मनोबुद्धिरेव च।
अहङ्कार इतीयं मे भिन्ना प्रकृतिरष्टधा।।"

भूमि, जल, अग्नि, वायु, आकाश, मन, बुद्धि और अहङ्कार इस प्रकार से भगवत् प्रकृति आठ भागों में विभक्त है। उसी प्रकार वेद रूपी ज्ञानात्मक सृष्टि

भी आठ भागों में विभक्त है। यह विज्ञान सिद्ध है कि, कार्य ब्रह्म का मूल कारण अष्टधा प्रकृति है, उसी उदाहरण के अनुसार ज्ञानात्मक शब्दब्रह्म की सृष्टि भी अष्टाध हो सकती है, यह स्वतः सिद्ध है। यही देव का असाधारण महत्त्व और पूर्णत्व हैं। वेद का प्रत्येक मन्त्र अध्यात्म, अधिदैव, अधिभूत इन त्रिविध भावों से पूर्ण कर्म उपासना और ज्ञान इन त्रिविध काण्डों की क्रिया से सम्वलित तथा अन्तर और बहिः-प्रकाश दो ज्योति से पूर्ण हैं। तात्पर्य यह है कि, वेद के प्रत्येक मन्त्र में समाधि बुद्धि द्वारा संयम करने से अध्यात्म भाव की पूर्णता, अधिदैव भाव की पूर्णता, अधिभूत भाव की पूर्णता, कर्मकाण्ड की उपयोगिता, उपासना काण्ड की उपयोगिता, ज्ञान काण्ड की उपयोगिता, और ज्ञान के सम्बन्ध से अन्तर्जगत् के प्रकाश करने की शक्ति तथा बहिर्जगत् के प्रकाश करने की शक्ति इस प्रकार से अष्टाङ्ग का स्वरूप पाया जाता है। यद्यपि कोई श्रुति ज्ञानप्रधान, कोई श्रुति उपासना प्रधान और कोई श्रुति कर्म प्रधान बाहरी रूप में प्रतीत होता है, परन्तु ये आठों शक्तियां न्यूनाधिकरूप से सब में विद्यमान हैं। उसी प्रकार जो श्रुति अन्तर्जगत् के लिये आत्मज्ञान प्रकाश है, उसी श्रुति में समाधि बुद्धि के द्वारा संयम करने से स्थूल जगत्-प्रकाश उपयोगिता भी पायी जायगी। उसी श्रुति से कोई जगत् का कोई सत्यपदार्थ का भी निर्णय हो सकेगा। प्रत्येक श्रुति की प्रकृति इस प्रकार से अष्टधा है और यही वेद का अष्ट भाव-प्रकाश अलौकिकत्व, पूर्णत्व तथा महत्त्व हैं और इसी कारण वेद धर्माधर्म निर्णय में प्रामाण्य तथा सर्वमान्य हैं।।१५५।।

और भी कहा जाता है-

न सर्ववेदवर्क्तृत्वं सर्वेषां तदानन्त्यात्।।१५६।।

अनुवाद-वेद के अनन्त होने से सब ऋषि सब वेदों के वक्ता नहीं हो सकते हैं।।१५६।।

भाष्य-वेद की अनन्तता, सर्वोपरिमहिमा और पूर्णत्व के विषय में वैज्ञानिक चर्चा की जाती है कि, कारण ब्रह्म श्रीभगवान् के शब्दमय शब्दब्रह्म रूपी वेद भी अनन्त ज्ञानमय होने से अनन्त ही हैं। यही कारण है कि, सब ऋषि सब वेद के वक्ता कदापि नहीं हो सकते हैं। योगदर्शन में श्री भगवान् पतञ्जलि जी ने कहा है कि-

"स एष पूर्वेषामपि गुरुः कालेनानवच्छेदात्"

श्री भगवान् काल कृत सीमा से रहित होने से सब पूर्व वालों के गुरु हैं। तात्पर्य यह है कि, चाहे कोई ऋषि हों, कोई देवता हों अथवा कोई महापुरुष हों सभी देशकाल से परिच्छिन्न होने के कारण अल्पज्ञान के अधिकारी होंगे। अनन्त ज्ञानराशि की स्थिति केवल जगदात्मा श्री भगवान् में ही हो सकती है। इस कारण कोई देवता, ऋषि अथवा कोई इस जगत् में ऋषि अथवा देव अवतार हो, सब ही देश, काल परिच्छिन्न होने के कारण अपेक्षाकृत होने से अपूर्ण ज्ञानी होंगे और एकमात्र श्रीभगवान् में ही पूर्णज्ञान रह सकता है। इसी विज्ञान के अनुसार इस संसार के सब मन्त्र-द्रष्टा ऋषि उस मन्त्र के वक्ता नहीं हो सकते हैं। जो ऋषि जिस-जिस मन्त्र को अपने समाधि-युक्त अन्तःकरण में प्राप्त करने वाले होंगे, वह ऋषि उस मन्त्र के वक्ता अवश्य ही होंगे। एक ऋषि कई मन्त्रों के वक्ता हो सकते हैं, उसी प्रकार एक ही मन्त्र के द्रष्टा विभिन्न समय में कई ऋषि हो सकते हैं।

विशेषतः शब्द ब्रह्म रूपी वेद अनन्त ब्रह्माण्डों में व्याप्त और अनन्त कालस्थायी हैं; एक ब्रह्माण्ड में अथवा एक कल्प में जितने वेद प्रकट होते हैं, वह वेद के उस अनन्त स्वरूप का एक अंश ही होता है। सुतरां वेद के अनन्त होने से और वेद अनन्त ज्ञान-भण्डार का आकर होने से सब ऋषि सब वेद के वक्ता नहीं हो सकते हैं।।१५६।।

अन्य प्रकार से महिमा कही जाती है:-

नैके देवताविनियोगाः शक्तेरानन्त्यात्।।१५७।।

अनुवाद-शक्ति के अनन्त होने से देवता और विनियोग एक नहीं होते हैं।।१५७।।

भाष्य-ज्ञान सम्बन्ध से जिस प्रकार वेद अनन्त हैं, शक्ति सम्बन्ध से भी वैसे ही अनन्त हैं। क्योंकि वेद भगवद् वाक्य होने के कारण 'अहम्ममेतिवत' ब्रह्म शक्ति रूप ही हैं।

दैवी मीमांसा दर्शन में भी कहा है:-

"अपौरुषेयत्वात् भगवद्वाक्यं वेदः"

"स्वतः पूर्णोऽभ्रान्तोनित्यश्च"

वेद अपौरुषेय होने से, उसका भगवद् वाक्य होना निश्चय है और इसी कारण वह स्वतः पूर्ण, भ्रान्ति रहित और नित्य है।

सुतरां वेद भगवत् शक्ति रूप होने के कारण अनन्त शक्तिमय है और जब वेद अनन्त शक्ति का आधार है, तो उसके ऋचाओं की अधिष्ठात्री देवताओं और उन ऋचाओं के विनियोगों का अनेक होना निश्चित है। वेद के मन्त्र समूह अलौकिक शक्ति से पूर्ण हैं। इस कारण वेद की सब ऋचायें मन्त्ररूप हैं क्योंकि अलौकिक दैवराज्य से सम्बन्ध युक्त शब्द ही मन्त्र कहलाते हैं और प्रत्येक मन्त्र की अधिष्ठात्री देवता पृथक्-पृथक् होना और प्रत्येक मन्त्र का पृथक्-पृथक् विनियोग होना भी निश्चित है। प्रत्येक मन्त्र की शक्ति को जो देव क्रियाशील करते हैं, वे उसके अधिदैव कहलाते हैं और जिस देव कार्य के लिये वह मन्त्र नियोजित होता है, वही उस मन्त्र का विनियोग कहलाता है। अघटन घटना पटीयसी ब्रह्म शक्ति की मनोबुद्धि से अतीत अपार शक्ति होने के कारण यह मानना ही पड़ेगा कि, श्रीभगवान् की शब्द शक्ति रूपी वेद की ऋचाओं में भी अनन्त शक्ति निहित हैं। जिस प्रकार अग्नि के एक स्फुलिङ्ग में भी अग्नि की पूर्ण शक्ति विद्यमान है, उसी प्रकार वेद की ऋचाओं में भी पूर्ण शक्ति विद्यमान है। जब वेद की ऋचायें पूर्ण शक्ति विशिष्ट हैं, तो अधिदैव सम्बन्ध होने से देवता अनेक होंगे, और क्रिया सम्बन्ध से विनियोग भी अनेक होंगे यह स्वत: सिद्ध है।।१५७।।

दूसरा प्रमाण्य कह रहे हैं:-

तथा सर्वस्मृतिकर्त्तृत्वम्।।१५८।।

अनुवाद–स्मृतियों का कर्तृत्व ऐसा है।।१५८।।

भाष्य–धर्माधर्म निर्णय के विषय में वेद का प्राधान्य निश्चय करके अब पूज्यवाद महर्षि सूत्रकार यह कह रहे हैं कि स्मृतियों का कर्त्तृत्व भी ऐसा ही समझना चाहिये। देवलोकवासी नित्य ऋषियों के अवतार रूपी महर्षिगण जो अपौरुषेय मन्त्रों को अपने समाधि युक्त अन्त:करण में प्राप्त करते हैं, वे वेद कहलाते हैं और समयान्तर में वेद मन्त्र के भावों को स्मरण करके अपनी भाषा में लोक कल्याणार्थ जो वचन कहते हैं, वे स्मृति कहाती हैं। इस कारण यह मानना ही पड़ेगा कि, वेद के सदृश स्मृतियों का भी कर्त्तृव्य है और वेद के अनन्त स्मृतियों का प्रामाण्य है।।१५८।।

अब श्रुति और स्मृति में विरोध होने पर क्या करना चाहिये, सो कहा जाता है:-

श्रुतिर्गरीयसी स्मृत्या विरोधे॥१५९॥

अनुवाद–श्रुति और स्मृति का विरोध होने पर श्रुति प्रबल समझना चाहिये॥१५९॥

भाष्य–श्रुति भी अनेक हैं और स्मृति भी अनेक हैं। इस कारण यह सम्भव ही है, कि धर्माधर्म निर्णय करते समय दोनों के विरुद्ध वचन भी मिले। यदि एक ही सिद्धान्त के निर्णय के विषय में श्रुति वचन से कुछ सिद्ध हो और स्मृति वचन से और कुछ सिद्ध हो ऐसी समस्या उपस्थित होने पर श्रुति की आज्ञा को ही प्रबल मानना उचित है। पूर्व कथित विज्ञान के अनुसार यह निश्चय हो चुका है कि, श्रुति साक्षात् भगवद् वाक्य है और स्मृतियां उस भगवद् वाक्य से बनायी गई हैं। सुतरां ऐसी संधि उपस्थित होने पर साक्षात् वाक्य को प्राधान्य देना सर्वथा युक्ति, न्याय और विज्ञानानुकूल है॥१५९॥

अब अर्थशास्त्र और धर्मशास्त्र के विरोध में श्रेष्ठ कौन है, सो कहा जाता है:–

धर्मशासनमर्थशासनेन॥१६०॥

अनुवाद–अर्थ शासन से धर्म शासन प्रबल है॥१६०॥

भाष्य–यदि धर्माधर्म निर्णय या कर्त्तव्याकर्तव्य निर्णय करते समय स्मृति रूपी धर्मशास्त्र और धर्मशास्त्र से अतिरिक्त ऋषि प्रणीत अन्याय अर्थशास्त्र का विरोध हो, तो उस समय स्मृति रूपी धर्मशास्त्र की आज्ञा को ही प्रधानता देना उचित है। स्मृति आदि धर्मशास्त्र वेद के साक्षात् सम्बन्ध से और वेदार्थ को स्मरण करके ही बनाए जाते हैं और अर्थशास्त्र लोक कल्याणार्थ लौकिक दृष्टि से ही बनाये जाते हैं। इस कारण यह स्वत: सिद्ध होगा कि, धर्माधर्म और कर्त्तव्याकर्त्तव्य निश्चय करने की सन्धि में यदि धर्मशास्त्र और अर्थशास्त्र के वचनों में परस्पर विरोध प्रतीत हो, उस समय धर्मशास्त्र के अनुसार कर्त्तव्य निश्चय करना ही उचित होगा॥१६०॥

आप्त प्रमाण की दूसरी शैली वर्णन की जाती है:–

सर्वविदेकोऽपि पूर्णज्ञानवत्वे॥१६॥

अनुवाद–पूर्ण ज्ञान होने से एक भी सर्वज्ञ होते हैं॥१६१॥

भाष्य–प्रमाण तीन प्रकार के होते हैं, यथा प्रत्यक्ष, अनुमान और आप्त। मेघ एकत्रित होकर वृष्टि कर रहे हैं, इसको चक्षुरिन्द्रिय के द्वारा प्रत्यक्ष करके जानने

को प्रत्यक्ष प्रमाण कहते हैं। पृथिवी यदि जल से प्लावित रहे और आकाश मेघ रहित हो, तो अनुमान किया जाता है कि, पहले वृष्टि हुई थी। यही अनुमान-प्रमाण कहलाता है और यदि आकाश भी स्वच्छ हो और वृष्टि के चिह्न भी पृथिवी पर न रहे और यदि आप्त व्यक्ति कहें कि उस देश में अच्छी वृष्टि हुई थी, ऐसे वचनों से जो निश्चय होता है, उसको आप्त प्रमाण कहते हैं। ऐसे आप्त प्रमाण पुनः दो भागों में विभक्त है, एक वेद तथा शास्त्रोक्त आप्त प्रमाण और दूसरा आप्त व्यक्ति के वचनों का प्रमाण। धर्माधर्म निर्णय में प्रत्यक्ष प्रमाण और अनुमान प्रमाण की प्रधानता हो ही नहीं सकती है; क्योंकि धर्म का स्वरूप विचित्र और धर्म का फल अदृश्य होता है। इसी कारण शास्त्रों में कहा है-

"धर्मस्य तत्त्वं निहितं गुहायाम्" सुतरां धर्माधर्म निर्णय में आप्त प्रमाण ही अवलम्बनीय है। पूर्व कथित आप्त प्रमाणों का वर्णन पूर्व सूत्रों में करके अब पूज्यपाद महर्षि सूत्रकार दूसरी श्रेणी के आप्त प्रमाण का वर्णन करने के लिये इस सूत्र का आविर्भाव कर रहे हैं। कहा जाता है कि, एक महापुरुष जिनमें सप्तदार्शनिक ज्ञान भूमि से युक्त तत्त्व ज्ञान की पूर्णता है, वे धर्माधर्म निर्णायक सब विषयों के ज्ञाता हो सकते हैं। समष्टि व्यष्टि रूप से एक ब्रह्माण्ड और उसके अन्तर्गत पिण्ड एक ही है। अतः एक ब्रह्माण्ड में यदि कोई महापुरुष ज्ञान भूमियों के सप्त अधिकारों को यथाक्रम पूर्णरीत्या अधिकार करते हुए स्वस्वरूप में पहुंच सकें, तो अपने ब्रह्माण्ड की ज्ञान राशि को भेदन करने में समर्थ होते हैं। तत्त्व ज्ञान की पूर्णता से उनमें से मल, विक्षेप और आवरण समूल दूर हो जाते हैं; तब उनके अन्तःकरण के स्वच्छ को ज्ञान को ढकने वाला कोई भी नहीं रह जाता है, तदनन्तर उनकी बुद्धिपूर्ण ज्ञान से युक्त हो जाती है और वे इच्छा और संयम करने से सब कुछ जान सकते हैं।।१६१।।

आप्त पुरुषों की महिमा कही जाती है:-

तज्ज्ञोऽपि तद्वत् प्रमाणम्।।१६२।।

अनुवाद-उसके जानने वाले भी वैसा ही प्रमाण है।।१६२।।

भाष्य-जब एक काल में प्रकाशित होने योग्य वेद के ज्ञाता ऋतम्भरा प्राप्त महापुरुष हो सकते हैं, तब ऐसे तत्त्व ज्ञानी जीवन्मुक्त महात्मा के सिद्धान्त अवश्य ही वेदवत् मानने योग्य हैं। इसी कारण स्मृतिशास्त्र वेद के तुल्य ही माना जाता है, क्योंकि स्मृतिशास्त्र ऐसे ही महापुरुष महर्षियों के वचन हैं। तत्त्वज्ञान से पूर्ण हृदय वाले जीवन्मुक्त महापुरुषों का अन्तःकरण चित्ताकाश, चिदाकाश और

महाकाश तीनों के साथ समान रूप से मिल जाता है। इसका कारण पहले ही कह चुके हैं कि उनमें का मल, विक्षेप और आवरण तीनों समूल नाश हो जाते हैं। ऐसी असाधारण लोकातीत स्थिति में देवता, पितृ और ऋषियों की तो बात ही क्या है, ब्रह्माण्ड के नायक ब्रह्मा, विष्णु, महेशरूपी त्रिमूर्ति के हृदय तक के साथ उनका हृदय मिल जाने से उनके लिये सब प्रकार के ज्ञान भण्डार का द्वार उद्घाटित हो जाता है। अतः ऐसे महापुरुषों का वचन प्रमाण ही मानने योग्य है, इसमें संदेह नहीं।।१६२।।

प्रसङ्ग से वैदिक विज्ञान का सर्वोपरि महत्त्व कहा जाता है:–

वैदिकविज्ञानमलौकिकम्।।१६३।।

अनुवाद–वैदिक विज्ञान अलौकिक है।।१६३।।

भाष्य–वेद के अतिरिक्त आप्त प्रमाण का वर्णन जो पहले आ चुका है, वे सब आप्त प्रमाण लौकिक शब्द से सम्बन्ध युक्त है। स्मृति आदि शास्त्र तो सब लौकिक शब्द के द्वारा ही प्रकट होते हैं, क्योंकि महर्षिगण उनके अलौकिक भावों को हृदय में अनुभव करने पर भी अपने-अपने लौकिक शब्दों के द्वारा ही उनको संसार में प्रकट किया करते हैं। दूसरी ओर आप्त महापुरुषगण सर्वदा अपने अन्तःकरण को अलौकिक भगवत् राज्य से सम्बन्ध युक्त रखने पर भी जब वे उपदेश देते हैं, तो अपने लौकिक शब्दों की सहायता से ही दिया करते हैं, परन्तु वेद की सर्वोपरि महिमा यह है कि, भगवद् वाक्य रूपी वेद अपौरुषेय होने से वे शब्द के ही रूप में महर्षियों के योगयुक्त अन्तःकरण में प्रकट हुआ करते हैं; वस्तुतः ऋचाओं के शब्दों में मन्त्रद्रष्टा ऋषियों के अपने शब्द विन्यास का कोई सम्बन्ध नहीं है। इस कारण यह स्वतः सिद्ध हुआ कि, वेद के शब्द अलौकिक हैं और जब वेद के शब्द अलौकिक हैं तो, उनका अलौकिक भावमय होना भी स्वतः सिद्ध है और वैदिक विज्ञान किस प्रकार अष्ट प्रकृति से पूर्ण है, सो पहले ही प्रकाशित हो चुका है। सुतरां वैदिक विज्ञानी की अलौकिकता के विषय में कोई सन्देह ही नहीं हो सकता है।।१६३।।

महत्त्व की दृढ़ता कर रहे हैं:–

तदनुशासनं प्रभुसम्मितम्प्रभुसम्मितम्।।१६४।।

अनुवाद–वेदानुशासन प्रभुसम्मित है प्रभुसम्मित है।।१६४।।

भाष्य–धर्माधर्म निर्णय के विषय में वेदाज्ञा का गुरुत्व और सर्वोपरि महत्त्व

प्रतिपादन के लिये पूज्यपाद महर्षि सूत्रकार कहते हैं कि, वेदाज्ञा प्रभुआज्ञा के सदृश माननीय है। स्मृति आदि वाक्यों में दार्शनिक युक्ति आदि का अवकाश रहता है, महज्जनों की आज्ञा के साथ ही साथ शङ्का–समाधान भी चल सकता है, परन्तु वेदाज्ञा के विषय में कदापि युक्ति अथवा शङ्का समाधान करने का अवसर नहीं रहता है, ऐसा समझना उचित है। पूर्व सूत्रोक्त विज्ञान ही इस सिद्धान्त का प्रमाण है। अष्टशक्ति से पूर्ण अभ्रान्त सिद्धान्तमय साक्षात् भगवद् वाक्य रूपी वेद की धर्माधर्म विषय की निर्णायिका आज्ञा प्रभु सम्मित होगी संदेह ही नहीं हो सकता है। इस सूत्र में 'प्रभु सम्मित' शब्द की द्विरुक्ति दृढ़ता प्रतिपादक है।।१६४।।

इति श्रीमहर्षि भरद्वाजकृत कर्ममीमांसा दर्शन के भाष्य के भाषानुवाद का धर्मपाद नामक प्रथमपाद समाप्त हुआ।

संस्कारपाद

प्रथम पाद में सांगोपाङ्ग धर्म का निर्णय किया गया है। धर्म सर्वथा कर्म के अधीन है। बीज के साथ जैसा वृक्ष का संबंध है, ठीक उसी प्रकार संस्कार के साथ कर्म का संबंध है इस कारण कर्म के बीज संस्कार का विस्तारित वर्णन करने के लिए द्वितीय पाद प्रारम्भ किया जाता है:–

कर्मबीजं संस्कारः॥१॥

अनुवाद–कर्म के बीज को संस्कार कहते हैं।।१।।

भाष्य–बीजाङ्कुर के उदाहरण के अनुसार कर्म का बीज संस्कार है। इस विषय में स्मृतिशास्त्र में भी कहा है:–

बीजञ्च कर्मणो ज्ञेयं संस्कारो नात्र संशयः।

कर्म का बीज संस्कार जानना चाहिए। जैसे बीज से वृक्ष और वृक्ष से बीज इस प्रकार सृष्टि का क्रम चलता है, वैसे ही सृष्टि क्रिया में कर्म के साथ संस्कार का संबंध है। जिस प्रकार कृषि के अनन्तर भविष्यत् कृषि के निर्वाह के लिये पूर्व कृषि से उत्पन्न बीज की रक्षा की जाती है, वैसे ही जीवकृत कर्म के बीजरूपी संस्कार समूह जिसको कर्माशय कहते हैं वे चिदाकाश में सञ्चित रहते हैं और जिस प्रकार कृषि कार्य होते समय बीज से अंकुरोत्पत्ति करने के लिए धान्यादि बीज का वपन परिष्कृत भूमि में किया जाता है और तब अङ्कुरोत्पत्ति होती है; ठीक उसी प्रकार अङ्कुरोन्मुख होने के लिए प्रारब्ध उत्पादक संस्कार जीव के चित्ताकाश में संगृहीत हुआ करते हैं। और वे बीजवत् ही क्रियाशील होते हैं।।१।।

उसका उत्पत्ति स्थान का वर्णन किया जाता है:–

ग्रन्थौ तत्प्रादुर्भावः पिण्डवत्॥२॥

अनुवाद–ग्रन्थि में उसका प्राकट्य पिण्डवत् है।।२।।

भाष्य–प्रकृति स्वभाव से परिणामिनी है। प्रकृति के तरङ्गयित होते समय जब वह तरङ्ग तम की ओर से सत्त्व की ओर जाता है तो, तम में सत्त्व के विकास का अवसर प्रथम होते ही चित् और जड़ की ग्रन्थि उत्पन्न होती है, यही जीव सृष्टि अर्थात् पिण्ड सृष्टि का कारण है। इसी चिज्जड़ ग्रन्थि में सहजात रूप से संस्कार का उदय होता है। स्मृति शास्त्र में भी कहा है:–

मम प्रभावतो देवाः! व्यष्टिसृष्टिसमुद्भवे।
चिज्जड़ग्रन्थिसम्बन्धाज्जीवभावः प्रकाशते॥
स्थानं तदेव संस्कार-समुत्पत्तेर्विदुर्बुधाः॥

हे देवगण ! मेरे प्रभाव से व्यष्टि सृष्टि होते समय चित् और जड़ की ग्रन्थि बंधकर जीव भाव का प्राकट्य होता है, वही संस्कारोत्पत्ति का स्थान है, ऐसा विज्ञगण समझते हैं।

संसार दो वस्तु से परिव्याप्त है, एक जड़ और दूसरा चेतन। प्रकृति जड़ है और पुरुष चेतन है। दोनों ओत प्रोत हैं। चिन्मय पुरुष सत्ता में परिणाम नहीं होता हैं, परन्तु जड़ प्रकृति स्वभाव से ही परिणमिनी है, त्रिगुण ही उसके परिणाम का कारण है। वह परिणाम जड़ से चेतन की ओर और चेतन से जड़ की ओर हुआ करता है। इस वैज्ञानिक रहस्य को अन्य प्रकार से भी हृदयङ्गम कर सकते हैं। संसार महासागर का एक तट जड़ की पूर्णता रूप परमाणवादि सत्ता है और उस महासमुद्र का दूसरा तट चिन्मय स्वरूप है। जब परिणामरूपी तरङ्ग चिन्मय भाव की ओर से पलटा खाता है, तो उस समय जीव इन्द्रियपरायण होकर बंधन दशा को प्राप्त होकर आवागमन चक्र में घूमता रहता है। यह परिणाम मनुष्य आदि के जीवत्व की स्थिति का कारण है और जब वह परिणाम पूर्ण जड़मय परमाणु आदि की ओर से पलटा खाता है, अर्थात् स्वभाव से ही परिणामिनी प्रकृति जब घोरतमाश्रित पूर्ण जड़ावस्था से सत्त्वगुण की ओर प्रवाहित होती है, क्योंकि एक ओर से दूसरी ओर और दूसरी ओर से पहली ओर राजोगुण के कारण स्वाभाविक रूप से परिणाम होता रहता है। इन दोनों परिणामों में से जड़ की ओर से जो चेतन की ओर परिणाम होता है, वही स्वाभाविक परिणाम ही जीव सृष्टि का कारण है। घोर तमरूप जड़त्व में रजोगुण की सहायता से जो प्रथम परिणाम होता है, उस दशा में सत्वगुणमय चित् सत्ता के विकास का थोड़ा सा अवसर मिलते ही जो चित् तथा जड़ की ग्रन्थि बंध जाती है, वही जीव का जीवत्व है। जीव पिण्ड में भी चेतन जीवात्मा अपने को जड़ शरीर रूप से मान लेता है। वहाँ भी वस्तुतः

शरीर और शरीर की ग्रन्थि बंध जाती है। कारण में जैसे चित् जड़ की ग्रन्थि है, पिण्डरूपी कार्य में भी वैसे ही चित् और जड़ की ग्रन्थि हैं। अतः इस विज्ञान से यह सिद्ध हुआ कि, पिण्ड के समान कारण अवस्था में जो जीव भाव-उद्भवकारी प्रथम चिज्जड़ ग्रन्थि का अविर्भाव होता है, संस्कार की प्रथम सृष्टि वहीं होती है। प्रथम चिज्जड़ ग्रन्थि बंधते ही सब आवश्यकीय तत्त्वों के साथ ही साथ जीव का अन्तःकरण भी कारण रूप से बनता है। अन्तःकरण के बिना संस्कार रह ही नहीं सकता है, इस कारण अन्तः करण बनते ही उसमें स्वतन्त्र सत्ता रूपी जो प्रथम संस्कार उत्पन्न होता है, वही संस्कार का आदि है। जिस प्रकार ब्रह्माण्ड से चिज्जड़ ग्रन्थि भावापन्न एक पिण्ड अपने को पृथक् समझता है, यह प्रत्यक्ष सिद्ध है; ठीक उसी प्रकार कारण शरीर प्राप्त प्रथम अवस्था का जीव अन्तःकरण जड़ राज्य और चेतन राज्य दोनों से अपने को पृथक् मानने लगता है। यह मानना ही प्रारम्भिक संस्कार का फल है; अथवा यों कह सकते हैं कि स्वतन्त्र मानना और प्राथमिक संस्कार उत्पन्न होना यह साथ ही साथ होता है।।२।।

प्रसङ्ग से सृष्टि का कारण निर्णय किया जाता है:-

तन्निमित्ता सृष्टिः।।३।।

अनुवाद-संस्कार सृष्टि का कारण है। ।३।।

भाष्य-पूर्व सूत्रोक्त विज्ञान के अनुसार यह सिद्ध होता है कि, जीव-सृष्टि के साथ ही साथ प्रथम संस्कार भी प्रकट होता है और यह भी पूर्व में सिद्ध हो चुका है कि, कर्म का बीज संस्कार है। संस्कार से कर्म की उत्पत्ति होती है, क्योंकि श्रुति कहती है "यथा पूर्वमकल्पयत्" अर्थात् पूर्व संस्कार से सृष्टि होती है और स्मृतिशास्त्र भी कहता है:-

"सृष्टेः संस्कार एवास्ति कारणं मूलमुत्तमम्"।

संस्कार ही सृष्टि का मूल कारण है। प्रकृति के स्वाभाविक स्पन्दन के द्वारा स्वतः ही जीव पिण्ड की सृष्टि होती रहती है। जीवपिण्ड पुनः क्रमाभिव्यक्ति के नियम के अनुसार उद्भिज्ज से स्वेदज, स्वेदज से अण्डज, अण्डज से जरायुज तदनन्तर मनुष्य पिण्ड और देव पिण्ड आदि को धारण करता हुआ सृष्टि प्रवाह को प्रवाहित करता रहता है। प्रथम जीव सृष्टि होते ही सहजात प्रथम संस्कार उत्पन्न होकर क्रमशः वही संस्कार नाना रूप धारण करता हुआ अक्षुण्ण रहता है।

व्यष्टि पिण्ड सृष्टि से ही समष्टि ब्रह्माण्ड संबंध रखती है। सुतरां यह मानना ही पड़ेगा कि व्यष्टि संस्कार से पिण्ड और समष्टि संस्कार से ब्रह्माण्ड की सृष्टि हुआ करती है इस कारण संस्कार ही सृष्टि का कारण है।।३।।

अब उसके भेद कह रहे हैं:-

स द्विविधः।।४।।

अनुवाद-संस्कार दो प्रकार का होता है। ।४।।

भाष्य-वस्तुतः जीव की स्वाभाविक गति को दो भागों में विभक्त कर सकते हैं। एक तो स्वभाव से विमुख गति जो जीव को ब्रह्म के स्वरूप से पृथक् करती है, दूसरी वह गति जो ब्रह्म के स्वरूप की ओर ले जाती है। इन्हीं दो स्वाभाविक जीव गतियों के पोषक सृष्टि कारण रूप संस्कार भी दो भागों में विभक्त हैं।।४।।

अब प्रथम संस्कार का स्वरूप कहा जाता है:-

स्वाभाविकान्मुक्तिः।।५।।

अनुवाद-स्वाभाविक संस्कार मुक्ति का कारण होता है।।५।।

भाष्य :-संस्कार के दो भेदों में से एक स्वाभाविक कहलाता है जो संस्कार मुक्ति का कारण हुआ करता है। स्मृति शास्त्र में भी कहा है:-

प्राकृतोऽप्राकृतश्चैव संस्कारो द्विविधो मतः।
स्वाभाविको हि भो देवाः! प्राकृतः कथ्यते बुधैः।।
अस्वाभाविकसंस्कारस्तथाऽप्राकृत उच्यते।
स्वाभाविकोऽस्ति संस्कारस्तत्र मोक्ष कारणम्।।

संस्कार दो प्रकार के होते हैं, प्राकृत और अप्राकृत हे देवगण! विज्ञगण प्राकृत को स्वाभाविक और अप्राकृत को अस्वाभाविक कहते हैं। उनमें स्वाभाविक संस्कार मुक्ति का कारण है।

जब जीव सृष्टि स्वाभाविक है जैसा कि, पूर्व विज्ञान से सिद्ध हुआ है, तो जीव का सहजात जो संस्कार है, वह भी स्वाभाविक होगा इसमें सन्देह ही क्या है। ब्रह्म प्रकृति की स्वाभाविक त्रिगुणात्मक चेष्टा के अनुसार सृष्टि स्थिति लय की क्रिया स्वतः ही हुआ करती है, उसी स्वाभाविक नियम के अनुसार वह संस्कार जीव का क्रमशः अभ्युदय कराता हुआ उद्भिज्ज से स्वेदज, स्वेदज से अण्डज, अण्डज से जरायुज और क्रमशः अनार्य प्रजा से आर्य प्रजा, शूद्र से वैश्य,

वैश्य से क्षत्रिय, क्षत्रिय से ब्रह्मण पुनः ब्रह्मचर्य से गृहस्थ, गृहस्थ से वानप्रस्थ और वानप्रस्थ से संन्यास तथा कुटीचक, बहूदक, हंस और अन्त में परमहंस गति को प्राप्त कराके जीवन्मुक्त पदवी को प्राप्त कराता है। इस प्रकार से वह संस्कार ही यथाक्रम ज्ञान की श्रेणी में अग्रसर कराता हुआ आत्मज्ञान प्राप्त कराकर मुक्त कर देता है, वहीं संस्कार स्वाभाविक कहलाता है। यह पहले ही सिद्ध हो चुका है कि, बीज और अङ्कुर के सदृश संस्कार और कर्म का संबंध है अतः संस्कार के बल से ही कर्म अग्रसर होता है, इस कारण एकरस रहने वाला जो संस्कार जीव को बाधा के विना आगे ही बढ़ाकर स्वस्वरूप की ओर ले जाता ही रहता है, वहीं निर्विकार शुद्ध संस्कार स्वाभाविक कहलाता है और वहीं मुक्ति का कारण है, इसमें सन्देह नहीं है, इस विषय में स्मृति, शास्त्र ने कहा है कि+–

धर्मस्य धारिका शक्तिस्तस्य चाभ्युदयप्रदः
क्रमः कैवल्यदश्चैव सहजे प्राकृते शुभे॥
नित्यं जागर्त्ति संस्कारे प्राणिनां हितसाधके।
विश्वकल्याणदे नित्ये सर्वश्रेष्ठे मनोरमे॥

धर्म की धारिका शक्ति और उसका अभ्युदय और निःश्रेयस प्रदान का क्रम प्राणियों के हित साधक, संस्कार के कल्याण कारक, नित्य, शुभ, सर्वश्रेष्ठ और मनोरम सहजात स्वाभाविक संस्कार में नित्य बना रहता है॥५॥

अब द्वितीय संस्कार का स्वरूप कहा जाता है:–

अस्वाभाविकाद्बंधनम्॥६॥

अनुवाद–अस्वाभाविक संस्कार से बंधन हुआ करता है॥६॥

भाष्य–अस्वाभाविक संस्कार जीव का सहजात नहीं है, इस कारण वह अस्वाभाविक कहलाता है और यहीं संस्कार जीव के बंधन का कारण तथा आवागमन चक्र के स्थायी रखने का कारण होता है। इस विषय में स्मृति शास्त्र में भी कहा है:–

अस्वाभाविकसंस्कारो निदानं बंधनस्य च।
अस्वाभाविकसंस्कारा जीवान् बध्नन्ति निश्चितम्॥

अस्वाभाविक संस्कार बंधन का कारण हुआ करता है और यह निश्चित है कि, अस्वाभाविक संस्कार ही जीव को बंधन दशा प्राप्त कराता है।

स्वाभाविक संस्कार और अस्वाभाविक संस्कार के भेद को स्पष्ट करने के लिये यह समझाया जाता है कि, जगत् प्रसवित्री ब्रह्म प्रकृति के स्वभाव सिद्ध तीन

गुणों के अनुसार परिणाम होना निश्चित है, उस परिणाम के कारण कर्म की सृष्टि, जीव की सृष्टि और स्वाभाविक संस्कार की सृष्टि होना स्वभाव सिद्ध और निश्चत ही है, परन्तु अस्वाभाविक संस्कार इससे विपरीत है। अस्वाभाविक संस्कार तब उत्पन्न होने लगता है, जब मनुष्य पिण्ड में आकर जीव स्वाधीन हो जाता है, अपनी इच्छा से बलपूर्वक अपनी प्रकृति को चलाकर नवीन अस्वाभाविक क्रिया करने लगता है। उस समय पञ्चकोषों की पूर्णता से मनुष्य पिण्डधारी जीव अपनी इच्छा शक्ति को बलवती करके अस्वाभाविक रूप से अपनी इन्द्रियों को चालन करने लगता है। तभी नये कर्म के साथ ही साथ जो नये प्रकार के संस्कार उत्पन्न होते हैं, वे ही अस्वाभाविक संस्कार कहलाते हैं। और मूल प्रकृति के विरुद्ध तथा मनुष्य प्रकृति के द्वारा बलपूर्वक संगृहीत ये नये प्रकार के अस्वाभाविक संस्कार नये-नये जाति-आयुभोग उत्पन्न करते हैं। इसी से जीव बंधन दशा को प्राप्त होकर आवागमन चक्र में परिभ्रमण करता रहता है।।६।।

स्वाभाविक संस्कार की विशेष महिमा कही जाती है:-

त्रिविधशुद्धिराद्यात्।।७।।

अनुवाद-स्वाभाविक संस्कार से त्रिविध शुद्धि होती है।।७।।

भाष्य-इस दर्शन विज्ञान के लक्ष्य को लक्षित कराने के अभिप्राय से पूज्यपाद महर्षि सूत्रकार कहते हैं कि स्वाभाविक संस्कार अद्वैत भावापन्न, एकरस होता हुआ वह अध्यात्म शुद्धि, अधिदैवशुद्धि और अधिभूत शुद्धि रूपी त्रिविध शुद्धिप्रद है। त्रिविध शुद्धि प्रद तत्व अवश्य ही मुक्तिप्रद हुआ करता है; क्योंकि त्रिविध शुद्धि क्रमशः स्वतः ही स्वस्वरूप में पहुंचा दिया करती है। इस विज्ञान को इस प्रकार से भी समझ सकते हैं कि, स्वाभाविक संस्कार के द्वारा जीव की क्रमोन्नति और अन्त में मुक्ति अवश्यसम्भावी होने के कारण उसमें अध्यात्म शुद्धि, अधिदैव शुद्धि और अधिभूत शुद्धि तीनों का नियमित होते रहना स्वभाव सिद्ध है। स्मृतिशास्त्र में भी कहा है:-

स्वभाविको हि संस्कारस्त्रिधा शुद्धिं प्रयच्छति।

स्वाभाविक संस्कार से त्रिविध शुद्धि होती है।।७।।

त्रिविध शुद्धि के प्रसङ्ग से उसकी विशेषता कही जाती है:-

एकस्यापि षोडशकलाप्रकाशः।।८।।

अनुवाद-द्वितीय होने पर भी उसका प्रकाश षोडश कलाओं में होता है। ।८।।

भाष्य–जिस प्रकार चन्द्रमा प्रतिपदा से लेकर पूर्णिमा पर्यन्त एक एक कला के क्रम विकास के द्वारा अन्त में षोडश कला से पूर्ण हो जाता है, उसी उदाहरण के अनुसार यह समझना उचित है कि स्वाभाविक संस्कार अपने अभ्युदय और नि:श्रेयस्कारी शक्ति की पूर्णता को क्रम विकास के द्वारा प्राप्त हुआ करता है। यह पूर्ण विकास स्वाभाविक रूप से ही होता है और साधन की सहायता से भी होता है। स्वाभाविक रूप से क्रम विकास का उदाहरण इस प्रकार से समझा जा सकता है, यथा उद्भिज्जत्व से स्वेदजत्व, स्वेदजत्व से अण्डजत्व, अण्डजत्व से जरायुजत्व, जरायुजत्व से अनार्यमनुष्यत्व, अनार्यमनुष्यत्व से शूद्रत्व, शूद्रत्व से वैश्यत्व, वैश्यत्व से क्षत्रियत्व, क्षत्रियत्व से ब्राह्मणत्व, ब्राह्मणत्व में ब्रह्मचर्य, गृहस्थ, वानप्रस्थ और तदनन्तर सन्यास के कुटीचक, बहूदक, हंस और परमहंस, इस प्रकार से सोलह सन्धियों के द्वारा अद्वितीय स्वाभाविक संस्कार स्वत: परिस्फुटित होकर पूर्ण हो जाता है। इसमें सन्देह नहीं कि मनुष्य योनि में पूर्णकला को प्राप्त करना केवल साधन के ही अधीन है, तथापि उदाहरण के लिये ये सोलह सोपान दिखाये गये हैं। इसी उदाहरण के अनुसार मनुष्य योनि से देवयोनि पर्यन्त अन्य प्रकार के सोपान भी हो सकते हैं, परन्तु पूर्ण कला का विकास अन्त में सम्पूर्ण रूप से साधन के अधीन ही रहेगा। वह साधन अवश्य ही तप, योग और ज्ञानमूलक समझना चाहिये। दूसरी ओर वेदविहित कर्म से संबंध युक्त जो स्वाभाविक संस्कार का क्रम विकास वैदिक षोडश संस्कारों से माना गया है, अर्थात् साधन की सहायता से पुरुषार्थ द्वारा वेदोक्त रीति से जो अस्वाभाविक संस्कार की गति को रोध करके जो स्वाभाविक संस्कार के षोडश कला का विकास किया जाता है, जिसका विस्तारित विवरण आगे आयेगा उसके विषय में स्मृतिशास्त्र में ऐसा कहा है:–

स्वाभाविकी यदा भूमिः संस्कारस्य प्रकाशते।
यच्छन्त्यभ्युदयं नृभ्यो दद्यान्मुक्तिमसौ क्रमात्॥
एतावच्छ्रौतसंस्कार-रहस्यमवधार्यताम्।
वेद्या भवद्भिरप्येषा श्रुतिर्देवाः! सनातनी॥
संस्कारेष्वहमेवास्मि वैदिकेष्वखिलेष्वहो।
स्वसम्पूर्णकालारूपैस्तनॄन् स्वाभिमुखं नये॥
गर्भाधानं पुंसवनं सीमन्तोन्नयं तथा।
जातकर्म तथा नाम-करणञ्चान्नप्राशनम्॥
चूड़ोपनयने ब्रह्म-व्रतं देवव्रतं तथा।
समावर्त्तनमुद्वाहोऽग्न्याधानं विबुधर्षभाः॥

दीक्षा महाव्रतश्चान्त्यः सन्यासः षोडशो मतः
संस्कारा वैदिका ज्ञेया उक्तषोडशनामकाः॥
अन्ये च वैदिकाः स्मार्त्ताः पौराणास्तान्त्रिकाश्च ये।
एषु षोडशसंस्कारेष्वन्तर्भुक्ता भवन्ति ते॥

स्वाभाविक संस्कार की भूमि जब प्रकट होती है, तो वह क्रमशः मनुष्यों को अभ्युदय प्रदान करती हुई अन्त में मुक्ति देती है, हे देवतागण! आप लोग यही वैदिक संस्कार का रहस्य और सनातनी श्रुति समझें। सब वैदिक संस्कारों में मैं ही अपनी पूर्ण कला रूप से विद्यमान हूं, अतः अपनी ओर मनुष्य को आकर्षित करती हूँ। उक्त षोड़श संस्कारों के नाम ये है:-गर्भाधान, पुंसवन, सीमन्तोन्नयन, जातकर्म, नामकरण, अन्नप्राशन, चौलकरण, उपनयन, ब्रह्मव्रत, देवव्रत समावर्तन, उद्वाह, अग्न्याधान, दीक्षा, महाव्रत और अन्तिम सन्यास सोलहवां है। अन्यान्य वैदिक, स्मार्क्त, पौराणिक और तान्त्रिक संस्कार इन्हीं सोलह संस्कारों के अन्तर्भुक्त हैं। सारांश यह है कि, स्वाभाविक संस्कार की क्रमाभिव्यक्ति चन्द्रमा के समान होती है, चाहे स्वतः हो अथवा द्वारा हो, उस संस्कार का रूप एक ही है; क्योंकि उसमें बाधा उत्पन्न करने वाला कोई भी जैवकर्म मिश्रित नहीं हो सकता है। वह केवल प्रकृति के सहजात एकतत्त्व रूपी है और उसका क्रमशः विकास होकर वह पूर्णता को प्राप्त होता है। उसका जैसा-जैसा विकास होता जाता है वैसी-वैसी त्रिविध शुद्धि की प्राप्ति होती जाती है अन्त में त्रिविध शुद्धि की पूर्णता होकर मुक्तिपद का उदय हो जाता है। ।८॥

अस्वाभाविक संस्कार का स्वरूप कहा जाता है:-

द्वितीयस्याऽनन्त्यं सृष्टिवैचित्र्यात्॥९॥

अनुवाद-सृष्टि वैचित्र्य के कारण अस्वाभाविक संस्कार अनन्त हैं॥९॥

भाष्य-स्वाभाविक संस्कार जब अपने आप ही प्राकृतिक तरङ्ग की सहायता से प्रस्फुटित होता हुआ जीव को मनुष्य योनि में पहुंचा देता है, तब मनुष्य पंचकोष की पूर्णता से पूर्ण शक्ति विशिष्ट होकर स्वयं नवीन संस्कार संग्रह करने के उपयोगी अधिकार को प्राप्त हो जाता है और इच्छा शक्ति तथा क्रिया शक्ति को अपने अधीन करके नये ढंग के नाना संस्कारों का संग्रह करता है, यहीं नवीन संस्कार समूह अस्वाभाविक कहलाते हैं और वासना वैचित्र्य के कारण वे अनन्त होते हैं। स्मृति शास्त्र में भी कहा है:-

अनन्तास्तस्य विज्ञेया भेदा बंधनहेतवः॥

जीन के बंधनकारक ये भेद बहुत होते हैं। प्रकृति के प्रवाह से उत्पन्न होने से स्वाभाविक संस्कार एक है और मनुष्य की इच्छा से उत्पन्न होने से अस्वाभाविक संस्कार अनन्त हैं; क्योंकि , मनुष्यों की प्रकृति के वैचित्र्य के कारण वासना वैचित्र्य और वासना वैचित्र्य के कारण संस्कार वैचित्र्य होना स्वतः सिद्ध है। प्रकृति के तीनों गुणों के घात प्रतिघात से वैषम्यावस्था प्रकृति अनन्त वैचित्र्य को धारण करती है; इस कारण मनुष्य-प्रकृति भी अनन्त रूप को प्राप्त होती है; अतः अस्वाभाविक संस्कारों का भी अनन्त रूप होना सिद्ध ही है। ।९।।

उसका प्रारम्भ कहां से होता है, सो कहा जाता है:-

मानवे तदारम्भः।।१०।।

अनुवाद-मनुष्य योनि में उसका प्रारम्भ होता है। ।१०।।

भाष्य-स्वाभाविक संस्कार का प्रारम्भ जिस प्रकार प्राकृतिक लीलाराज्य रूपी महासागर के चिज्जड़ ग्रन्थि रूपी बुद् में होता है, उसी प्रकार अस्वाभाविक संस्कार मनुष्य की योनि में आने पर प्रारम्भ होता है। चिज्जड़ ग्रन्थि की संधि उद्भिज्ज से स्वेदज योनि में आने की सन्धि, स्वेदज से अण्डज योनि में आने की सन्धि और अण्डज से जरायुज योनि में आने की सन्धि, इन चार सन्धियों में जीव पराधीन ही रहता है और तदनन्तर मनुष्य योनि में पहुँचने की सन्धि में स्वाधीनता का अधिकार प्राप्त करके मनुष्य योनि में पहुंचते ही इच्छा शक्ति और क्रिया शक्ति के विचार से स्वाधीनता लाभ कर लेता है। इसी स्वाधीनता के साथ ही साथ उसके भीतर की वैचित्र्यपूर्ण वासनाओं के अनुसार उसमें अस्वाभाविक संस्कार संग्रह होने लगते हैं। तात्पर्य यह है कि, मनुष्य देह में जीवत्व की पूर्णता होने पर जब कर्म उत्पन्न होता है तब वहाँ उसी समय अस्वाभाविक संस्कार का प्रवाह प्रवाहित होता है। ।१०।।

उसके अवयव कहे जाते हैं:-

स तु त्र्यवयवः।।११।।

अनुवाद-उसके तीन अवयव हैं।।११।।

भाष्य-त्रिगुणत्मक सृष्टि के स्वाभाविक तीन-तीन भेद के अनुसार मनुष्य का अस्वाभाविक संस्कार भी तीन अवयवों में विभक्त है। उन तीनों के नाम, यथा-सञ्चित संस्कार, क्रियमाण संस्कार और प्रारब्ध संस्कार है। मनुष्य अपनी इच्छा शक्ति और क्रिया शक्ति के द्वारा प्रति मुहूर्त्त जो अगणित नवीन संस्कार

संग्रह करता जाता है और जो संस्कार समूह उसके चिदाकाश में अङ्कित होते जाते हैं, वे ही एक त्रित संस्कारसमूह सञ्चित कहे जाते हैं। ये संस्कार अङ्गिरोन्मुख होकर नहीं रहते हैं। किन्तु भण्डार में अन्न बीज के संग्रह के सदृश संगृहीत रहते हैं। उन सञ्चित संस्कार समूह से जो संस्कार जीव के एक जन्म के उपयोगी भोग उत्पन्न करने के अर्थ एक विशेष जाति, आयु और भोग उत्पन्न करने के लिये अङ्कुरोन्मुख होते हैं, वे संस्कार समूह प्रारब्ध कहलाते हैं। प्रत्येक जन्म में मनुष्य प्रारब्ध भोगता हुआ जो नवीन संस्कार संग्रह करता है, वे संस्कार समूह क्रियमाण संस्कार कहलाते हैं। इस विषय में स्मृति शास्त्र में कहा है:-

दुर्दमा कर्मणः शक्तिस्त्रिधाऽऽबध्नाति प्राणिनः।
तत्प्रकारत्रयं नूनं देवाः! वेदेषु वर्त्तते॥
ख्यातं सञ्चितप्रारब्धक्रियमाणाभिधैर्ननु।
यत्क्षणात् संसृतावादौ जीवैर्जीवत्वमाप्यते॥
तावन्तं कालमारभ्य संस्कारा जैव कर्मणाः।
यावन्तः संप्रगृह्यन्ते सञ्चितं कर्म ताञ्जगुः।
ये फलोन्मुखसंस्कारा जात्यायुर्भोगरूपकम्।
तथा जीवप्रकृत्यादिफलं दातुं मुहुर्मुहुः॥
जनयन्ते वपुःस्थूलं तान् प्रारब्धं प्रचक्षते।
स्थूलदेहान्विता जीवा नैजीं जैवीं हि वासनाम्॥
सन्तृप्त्या सफलां कर्तुं नूतनं कर्म कुर्वते।
तत्त्वज्ञानविनिष्णातैः क्रियमाणं तदुच्यते॥

हे देवतागण! कर्म की दुर्दमनीय शक्ति तीन प्रकार से जीवों को आबद्ध करती है, उन प्रकारों का नाम वेदों में ही सञ्चित प्रारब्ध और क्रियमाण नाम से ख्यात है। संसार में प्रथम जीवों को जीवत्व प्राप्ति जब से हुई है, तब से जिन जैव कर्मों का संस्कार उन्होंने संग्रह किया है, वे सब सञ्चित कहलाते हैं। जो फलोन्मुख संस्कार जाति, आयु, भोग और जीव-प्रकृति आदि फल बार-बार देने के लिये स्थूल शरीर उत्पन्न करता है, वह प्रारब्ध कहलाता है और जीव स्थूल शरीर से युक्त होकर अपनी जैवी वासना की तृप्ति के लिये जो नवीन कर्म करता है तत्त्व ज्ञानी उसको क्रियमाण कहते हैं॥११॥

उसके प्रधान कार्य का वर्णन किया जाता है:-

तस्मादाविर्भाव आवागमनचक्रस्य॥१२॥

अनुवाद—उससे आवागमनचक्र का आविर्भाव होता है। ।१२।।

भाष्य—चिज्जड़ ग्रन्थिमय जीव अपनी प्रारम्भ अवस्था से लेकर उद्भिज्ज, स्वेदज, अण्डज और जरायुज श्रेणियों में अनेक बार भ्रमण करता हुआ बाधा के बिना क्रमोन्नति करता रहता है और अन्त में मनुष्य योनि में पहुंचकर अस्वाभाविक संस्कार संग्रह करने के बिरण उसकी क्रमोन्नति में बाधा उपस्थित होती है और यही बाधा आवागमन चक्र का कारण है। नवीन अस्वाभाविक संस्कार समूह उसके लिये नवीन-नवीन जाति, आयु और भोग उत्पन्न कराते रहते हैं और उसको स्वाभाविक संस्कार की सहायता से आगे बढ़ने से रोकते हैं। इस विषय में स्मृति शास्त्र में ऐसा कहा है:-

सृष्टेः संस्कार एवास्ति कारणं मूलमुत्तमम्।
प्राकृतोऽप्राकृतश्चैव संस्कारो द्विविधो मतः॥
स्वाभाविको हि भो देवाः! प्राकृतः कथ्यते बुधैः।
अस्वाभाविकसंस्कारस्तथाऽप्राकृत उच्यते॥
स्वाभाविकोऽस्ति संस्कारस्तत्र मोक्षस्य कारणम्।
अस्वाभाविकसंस्कारो निदानं बंधनस्य च॥
स्वाभाविको हि संस्कारस्त्रिधा शुद्धिं प्रयच्छति।
देवाः! षोडशभिः सम्यक् कलाभिर्मे प्रकाश्यते॥
मुक्तिप्रदोऽद्वितीयोऽपि संस्कारः प्राकृतो ध्रुवम्।
साहाय्यात् षोडशानाम्ने कलानां कर्मपारगाः॥
ऋषयः श्रौतसंस्कारैः शुद्धिं षोडशसंख्यकैः।
आर्यजातोर्विशुद्धया ररक्षुर्यत्नतः खलु।
अस्वाभाविकसंस्कारा जीवन् बध्नन्ति निश्चितम्॥
अनन्तास्तस्य विज्ञेया भेदा बंधनहेतवः॥
स्वाभाविकी यदा भूमिः संस्कारस्य प्रकाशते।
यच्छन्त्यभ्युदयं नृभ्यो दद्यान्मुक्तिमसौ क्रमात्॥

संसार की सृष्टि का प्रधान मूल कारण है। संस्कार दो प्रकार के होते हैं प्राकृत और अप्राकृत। हे देवगण ! विज्ञलोग प्राकृत को स्वाभाविक और अप्राकृत को अस्वाभाविक कहते हैं। उनमें स्वाभाविक संस्कार मुक्ति का कारण और अस्वाभाविक संस्कार बंधन का कारण होता है। स्वाभाविक संस्कार त्रिविध शुद्धि देते हैं।

स्वाभाविक संस्कार अद्वितीय और मुक्तिप्रद होने पर भी हे देवगण ! वह मेरी षोडश कलाओं से भलीभांति निश्चय प्रकाशित होता है। मेरी षोडश कलाओं को अवलम्बन करके कर्म के पारदर्शी ऋषियों ने वैदिक षोडश संस्कारों से पवित्र आर्य जाति को यत्नपूर्वक शुद्ध रखा है। अस्वाभाविक संस्कार जीवों को नियमित बाँधा ही करते हैं, उनके बंधन कारक भेद अनन्त है। स्वाभाविक संस्कार की भूमि जब प्रकट होती है तो वह क्रमशः मनुष्यों को अभ्युदय प्रदान करती हुई अन्त में मुक्ति देती है। ।१२।।

चक्र के विस्तार का स्वरूप वर्णन किया जाता है:-

तच्चङ्क्रमणं मृत्युतः प्रेतावधि।।१३।।

अनुवाद–उसका आवर्त्तन मृत्यु लोक से प्रेत लोक में होता है। ।१३।।

भाष्य–मनुष्य योनि में आकर जीव जब पञ्चकोषों की पूर्णता प्राप्त करके पूर्णावयव हो जाता है और स्वतन्त्र क्रिया शक्ति और इच्छा शक्ति के बल से अस्वाभाविक संस्कार संग्रह करके अस्वाभाविक भोग का अधिकारी बन जाता है, तब वह अनार्य अवस्था का असभ्य मनुष्य स्थूल शरीर त्याग करने के अनन्तर प्रथम प्रेत लोक में आने जाने लगता है; अर्थात् इन्द्रियों की उद्दाम प्रवृत्ति और उनमें अस्वाभाविक आसक्ति के कारण तीव्र वासना के बल से इसी मृत्यु लोक में फंसे रहने से मृत्यु के अनन्तर इसी के साथ संश्लिष्ट जो सूक्ष्म प्रेत लोक है, उसी में ही रह जाता है, आगे नहीं जाता है। उस समय प्रेत लोक से ही भोग की समाप्ति होने पर वह पुनः मृत्यु लोक में जन्म लेता है। इस प्रकार से इस प्रथम दशा में वह आवागमन चक्र केवल प्रेत लोक तक ही विस्तृत हो जाता है। ।१३।।

चक्र की क्रमप्राप्त गति कही जाती है:-

तत्प्रसरति नरकतः पितृलोकम्।।१४।।

अनुवाद–उसका विस्तार नरक से पितृ लोक तक होता है। ।१४।।

भाष्य–क्रमशः मनुष्य बार-बार कर्मभूमि मृत्युलोक में जन्म ग्रहण करके अनार्य अवस्था से जब कुछ अधिक योग्यता प्राप्त करता है, क्योंकि कर्म भूमि स्वतः ही मनुष्य को कर्म करने का अवसर देती है, तव वह जीव सुख दुःख प्राप्ति के कारण रूप सदसत् कर्म का ज्ञान क्रमशः प्राप्त करके अधिक रूप से पुण्य और पाप का अधिकारी बन जाता है और मृत्यु के अनन्तर उसकी आत्मा केवल प्रेत लोक में ही नहीं पहुंचती, किन्तु और आगे जा सकती है। वह पाप भोग के लिये नरक लोक तक और पुण्य भोग के लिये पितृलोक तक पहुँचा करती है। स्मृति शास्त्र में कहा है।

परिधिस्तस्य चक्रस्य द्विधा भिन्नोऽस्त्यसंशयम्।
तत्रैकः प्रेतलोकोऽस्ति मृत्युलोकोऽपरस्तथा॥
असौ चक्रस्य परिधिः पितृलोकावधि क्रमात्।
विस्तीर्थ प्रथमं पश्चान्नरके स्वरपि ध्रुवम्॥

आवागमन चक्र की परिधि दो प्रकार की होती है। एक मृत्यु लोक से प्रेत लोक पर्यन्त और पुनः नरक-लोक से पितृलोक पर्यन्त विस्तृत होती है। उस जीव की ज्ञान शक्ति और क्रिया शक्ति इन दोनों की वृद्धि के साथ-साथ उसका प्रतिभव्य भी बढ़ जाता है। इस कारण वह पुण्य और पाप का पूरा अधिकारी बनने से उसके आवागमन चक्र की परिधि अधिक विस्तृत हो जाती है। जैसे बाल्यावस्था में अज्ञान और असमर्थता के कारण मनुष्य पाप पुण्य का विशेष अधिकारी नहीं होता है, उसी प्रकार पूर्वसूत्र कथित अवस्था में जीव के भोगचक्र की परिधि छोटी रहती है; परन्तु इस उन्नत अवस्था में उच्च अधिकार प्राप्ति के साथ ही साथ भोग चक्र की परिधि भी विस्तृत हो जाती है। चतुर्दश भुवनों में से भूलोक एक भुवन है, अर्थात् ब्रह्माण्ड के चतुर्दश अंशों में से भूलोक एक चतुर्दशवाँ अंश हैं। वही भूलोक चार भागों में विभक्त है। उन चार भागों का नाम, यथा-मृत्यु लोक, नरकलोक, प्रेतलोक और पितृलोक। हमारा यह लोक मृत्यु लोक, कहलाता है, क्योंकि इस लोक में मातृ गर्भ से जीव जन्म लेते हैं और मृत्यु को प्राप्त होते हैं। इसी के साथ संश्लिष्ट प्रेत लोक है, जो हमारे चारों ओर है। मृत्यु लोक के साथ का दुःख भोग कराने वाला लोक नरक लोक कहलाता है और इसी लोक के साथ का साधारण सुख भोग कराने वाला लोक पितृ लोक कहलाता है। इस अवस्था को प्राप्त करके जीव इन चारों लोकों में आवागमन चक्र के द्वारा जाने आने की योग्यता प्राप्त करता है। ।१४।।

अब क्रम प्राप्त सर्वोन्नत गति कही जाती है:-

विस्तृतिश्चतुर्दशभुवने॥१५॥

अनुवाद–चतुर्दश भुवनों में उसकी विस्तृति होती है। ।१५।।

भाष्य–जब मनुष्य अपनी क्रिया शक्ति और ज्ञान शक्ति के अधिकार को बहुत बढ़ा लेता है, तब वह सुख भोग के लिये ऊपर के सात लोकों में से अवशिष्ट भुवः, स्वः, महर्लोक आदि छः लोक और अतल, वितल, आदि नीचे के सातों लोक इस प्रकार से चतुर्दश भुवनों में भोग के लिये आवागमन चक्र के द्वारा जाता है और पुनः मृत्यु लोक में आता है। पितृ लोक तथा ऊपर के छः लोक

इस प्रकार से ये सातों लोक दैव सुख भोग के लोक है और नीचे के सात लोक आसुरी सुख भोग के लोक हैं। इस सूत्रोक्त विज्ञान का तात्पर्य यह है कि जीव इस उन्नत अवस्था को प्राप्त करके अस्वाभाविक संस्कार के असाधारण बल से अपने आवागमन चक्र की गति को इतना बढ़ा लेता है कि अपनी भोग समाप्ति के लिये चतुर्दश भुवनों के सब स्थानों में आना जाना कर सकता है। इस विषय में स्मृतिशास्त्र में ऐसा कहा है:-

तमःप्रधानं प्रथमं चक्रमेतदनन्तरम्।
तमोरजःप्रधानञ्च रजःसत्त्वप्रधानकम्॥
शुद्धसत्त्वप्रधानं हि जायते तदनन्तरम्।
उद्ध्वर्लोकं ततो मृत्युलोकं व्याप्नोति केवलम्॥
परिधिस्तस्य चक्रस्य ततोऽन्ते मयि लीयते।
मृत्युलोके गतिस्तस्य स्वतोहि सहजा सती॥
अथवाऽऽसाद्य शुक्लत्वं सत्यलोकावधि ध्रुवम्।
गत्वा तत्र तदैवाशु सर्वथैव प्रशाम्यति॥

यह आवागमन चक्र प्रथम तमःप्रधान तदनन्तर तमोरजः प्रधान तदनन्तर रजःसत्त्व प्रधान ही हो जाता है। तदनन्तर उस चक्र की परिधि केवल ऊद्ध्र्व लोक और मृत्यु लोक व्यापी ही रहती है और अन्त में वह चक्र मुझमें लय को प्राप्त होता है। उस समय ही उस चक्र की गति शीघ्र स्वतः ही सहज होकर या तो मृत्यु लोक में ही शान्त होती है अथवा शुक्लता को प्राप्त करके सत्य लोक तक ही पहुंचकर वहां सर्वथा ही शान्त होती है। ।१५।।

दूसरे की असम्पूर्णता वर्णन की जाती है:-

द्वितीये नाऽलं चक्रभेदाय॥१६॥

अनुवाद–अस्वाभाविक संस्कार से चक्रभेदन नहीं होता है। ।१६।।

भाष्य–जो पदार्थ चक्र बनाता है। वह चक्र भेदन नहीं कर सकता है। जो जिस पदार्थ का उत्पादक है वह उस पदार्थ का विनाशक नहीं हो सकता है, इस कारण अस्वाभाविक संस्कार आवागमन चक्र के भेदन करने में सर्वथा असमर्थ है। धर्म की दो उपकारिता है, ऐहलौकिक और पारलौकिक अभ्युदय कराना और दूसरा निःश्रेबस कराना, इनमें से अस्वाभाविक संस्कार अभ्युदय करा सकता है, किन्तु निःश्रेयस नहीं करा सकता है। समष्टि जीव के वासना पुञ्ज के द्वारा ही

ब्रह्माण्ड की उत्पत्ति हुआ करती है, वह वासना अस्वाभाविक संस्कार मूलक है। सुतरां अस्वाभाविक संस्कार के बल से अभ्युदय प्राप्त करता हुआ जीव एक ब्रह्माण्ड के चतुर्दश भुवनों में सर्वत्र पहुंच सकता है, परन्तु उसको फिर फिरकर आवागमन चक्र के द्वारा मृत्यु लोक में आना पड़ेगा, क्योंकि आवागमन चक्र अस्वाभाविक संस्कार मूलक है और अस्वाभाविक संस्कार जैव वासना मूलक है। जब तक जीव अपनी वासना का नाश करके प्राकृतिक स्वाभाविक संस्कार प्रवाह में आत्म समर्पण नहीं करेगा, तब तक वह आवागमन चक्र भेदन करके मुक्तिपद प्राप्त नहीं कर सकेगा। श्रीगीतोपनिषत् में कहा है कि:–

व्यवसायात्मिका बुद्धिरेकेह कुरुनन्दन!।
बहुशाखा ह्यनन्ताश्च बुद्धयोऽव्यवसायिनाम्॥

व्यवसायात्मिका बुद्धि एक तथा अद्वितीय होती है और अव्यवसायात्मिका बुद्धि बहुशाखाओं से युक्त अनन्त होती हैं।

इस उदाहरण के अनुसार कहा जा सकता है कि, जिस प्रकार व्यवसायात्मिका बुद्धि एक अद्वितीय होने से वह मुक्ति का कारण होती है अव्यवसात्मिका बुद्धि बहुशाखाओं से युक्त तथा अनन्त होने से वह बंधन का कारण होती है, उसी प्रकार एक तत्त्व से युक्त स्वााभाविक संस्कार जीव को यथानियम अग्रसर करता हुआ मुक्ति भूमि में पहुँचा देता है; परन्तु अनन्त शाखाओं से युक्त अस्वाभाविक संस्कार अपने बहुत्व के कारण जीव को सदा आवागमन चक्र में फँसाए रखता है और निकलने नहीं देता है:–

चक्रभेदन में कौन समर्थ है, वह कहा जाता है:–

तत्सामर्थ्यमाद्यस्याऽवाधितत्वात्॥१७॥

अनुवाद–अबाधित होने से पहला चक्र भेदन में समर्थ है। ।१७॥

भाष्य–स्वाभाविक संस्कार जीवों को प्रथम से ही नियमित रूप से आगे बढ़ता हुआ चौरासी लक्ष्य योनियों में होकर मनुष्य योनि में बिना बाधा के पहुंचा देता है। यद्यपि मनुष्य योनि में अस्वाभाविक संस्कार उत्पन्न होने से वह जीव आवागमन चक्र में फँस जाता है, परन्तु त्रिविध शुद्धि की पूर्णता हो जाने से तत्त्व ज्ञानी महापुरुष में जब निष्काम भाव उदय हो जाता है और वह वासना रहित होकर जीवन्मुक्त पदवी को प्राप्त करता है, तब उसमें पुनः स्वाभाविक संस्कार का उदय हो जाता है। यद्यपि उद्भिज्जादि की चौरासी लक्षयोनियों के जीवों में और जीवन्मुक्त में रात तथा दिन का सा अन्तर है, तथापि जैव वासना राहित्य के विचार

से और प्राकृतिक नियम के अनुसरण के विचार से दोनों अवस्थाएँ एक ही हैं। जिस प्रकार मनुष्य से नीचे की योनियों के जीव केवल प्राकृतिक इङ्गित से चालित होते हैं और अपनी स्वतंत्र इच्छा शक्ति तथा क्रिया शक्ति का प्रयोग कर ही नहीं सकते हैं, उसी प्रकार जीवन्मुक्त अवस्था में तत्त्व ज्ञानी महापुरुषगण केवल प्राकृतिक प्रवाह के अनुसार ही शारीरिक और मानसिक चेष्टा करते हैं। वे वासना नाश तथा तत्त्व ज्ञान के उदय के कारण स्वकीय इच्छा शक्ति और क्रिया शक्ति से रहित हो जाते हैं। सुतरां इन दोनों अवस्थाओं में ही एक अद्वितीय स्वाभाविक संस्कार ही कार्यकारी रहता है। इस विज्ञान को दूसरी तरह से भी समझ सकते हैं। अस्वाभाविक संस्कार जीव की वासना से उन्पन्न होने के कारण उसमें अस्वाभाविक नवीनता और जटिलता रहती है, इसी कारण अस्वाभाविक संस्कार से केवल बंधन ही होता है, मुक्ति नहीं होती है। इसका उदाहरण यह है कि, एक सूत की जटिलता को सुलझाने की क्रिया न करके यदि केवल उलझाने की क्रिया बार-बार की जाय, तो वह सूत कदापि ग्रन्थि मुक्त नहीं हो सकता है। स्वाभाविक संस्कार की जो क्रिया है, वह सरल और एकरस है। इसको पहले ही कह चुके हैं कि, संस्कार कर्म का बीजरूप है, इस कारण कर्म को अङ्कुरोन्मुख करके अग्रसर कर देना संस्कार का ही कार्य हैं। अस्वाभाविक संस्कार कर्म की गति को जटिल करके चक्र में फँसाता है और स्वाभाविक संस्कार उसको सरल कर देता है तथा चक्र की ग्रन्थि को खोलकर जीव को आवागमन चक्र से मुक्त कर देता है; इस कारण मुक्ति का हेतु एकमात्र स्वाभाविक संस्कार ही है। ।१७।।

उसकी गति का फल कहा जाता है:-

तत्कलाभिरभ्युदयनिःश्रेयसे॥१८॥

अनुवाद-उसकी कलाओं से अभ्युदय और निःश्रेयस होते हैं।।१८।।

भाष्य-किस प्रकार साधारण रीति से स्वाभाविक संस्कार का क्रम विकास होकर वह षोड़श कलाओं से पूर्ण होकर पूर्ण फलप्रद होता है, इसका विस्तारित वर्णन पहले हो चुका है। धर्म की शक्ति से जीव उद्भिज्ज योनि की अवस्था से आरम्भ करके क्रमशः आगे बढ़ता हुआ परमहंस दशा को प्राप्त कर पुनः स्वस्वरूप में पहुंच जाता है। धर्म को शक्ति के द्वारा ही स्वाभाविक संस्कार के क्रम विकास में सहायता होती है। सुतरां धर्म में जब अभ्युदय और निःश्रेयस की शक्ति है तो, स्वाभाविक संस्कार की कलाओं में भी अभ्युदय और निःश्रेयस की शक्ति होगी, इसमें सन्देह ही क्या है? स्वाभाविक संस्कार का क्रम विकास

प्रथम अवस्था में अभ्युदय और अन्तिम पूर्णावस्था में निःश्रेयस प्रदान करता है।।१८।।

विज्ञान को और भी स्पष्ट कर रहे है:-

उद्धर्वगास्थास्ताः।।१९।।

अनुवाद–ऊद्धर्वगामी संस्कारों में वे विद्यमान है। ।१९।।

भाष्य–स्वाभाविक संस्कार के स्वरूप को भलीभांति स्पष्ट करने के लिये महर्षि सूत्रकार ने इस सूत्र का आर्विर्भाव किया है। जो संस्कार जीव सृष्टि का सहजात है, जो संस्कार प्रकृति के साथ स्वाभाविक संबंध रखता है और जो संस्कार प्रकृति को तरङ्गायित करके स्वस्वरूप की ओर ले जाता है, वह ही स्वाभाविक संस्कार है। जड़ और चेतनात्मक विश्व में जड़ प्रकृति अपने त्रिगुण के स्वभाव से ही तरङ्गायित होती रहती है; उस अवस्था में जो कर्म बीज रूपी संस्कार उस तरङ्ग को नियमत रूप से स्वस्वरूप तक पहुंचा देता है, वह ही स्वाभाविक संस्कार है और जो संस्कार स्वस्वरूप की ओर न पहुंचाकर प्रकृति की सीमा के भीतर ही प्रकृति प्रवाह में बार-बार आवर्त उत्पन्न करता है, वह संस्कार अस्वाभाविक कहलाता है। इस विज्ञान को अन्य तरह से भी समझ सकते हैं कि, जो संस्कार नियमित रूप से आत्मा की ओर ले जाता है, वह स्वाभाविक कहलाता है और जो संस्कार समूह बार-बार जीव को इन्द्रियों की ओर खींचकर लाते हैं।, वे अस्वाभाविक कहलाते हैं। वस्तुतः जो संस्कार धर्म की गति को सरल और प्रबल रखता है, वह स्वाभाविक संस्कार है। स्वाभाविक संस्कार प्राकृतिक तरङ्ग में स्वतः उत्पन्न होता है, वह जीव की उत्पत्ति के साथ ही साथ उत्पन्न होता है उसमें धर्म की धारिका तथा अभ्युदय निःश्रेयस्कारिणी शक्ति अविकृत रूप से प्रकट रहती है। इस कारण मनुष्यों की संस्कार राशियों में से जिन-जिन संस्कारों में ये सब लक्षण विद्यमान हों, वे सब स्वाभाविक संस्कार की स्वजाति के हैं, इसमें सन्देह नहीं हैं इस विज्ञान को इस प्रकार से भी समझ सकते हैं कि, प्राकृतिक प्रवाह के विचार से जिस प्रकार जीवोत्पत्ति स्वाभाविक है, उसी प्रकार जीव की स्वरूप प्राप्ति भी स्वाभाविक है। इस कारण जी को मुक्ति पद की ओर ले जाने की क्रिया का जो बीजरूप कारण है, वह ही स्वाभाविक संस्कार हैं फलतः वे उस ऊद्धर्वगामी संस्कार राशियों में विद्यमान है।।।१९।।

प्रसङ्गतः वैदिक संस्कारों की सिद्धि कर रहे हैं:-

वैदिकनिष्ठाश्च॥२०॥

अनुवाद–वे कलाएँ वैदिक संस्कारों में भी विद्यमान हैं।।२०।।

भाष्य–स्वाभाविक संस्कार की साधारण अवस्था का वर्णन करके अब पूज्यपाद महर्षि सूत्रकार असाधारण अवस्था का वर्णन कर रहे हैं। मनुष्य योनि से नीचे की योनियों में केवल प्राकृतिक कर्म होता है। जीव के स्वकीय संकल्प से कर्म नहीं होता है, इस कारण उन योनियों में स्वाभाविक संस्कार की क्रिया अबाधित रहती हैं अतः उन योनियों में स्वाभाविक संस्कार की साधारण अवस्था रहती ही है। मनुष्य योनि में भी प्रकृति के स्वाभाविक नियम के अनुसार चाहे वर्णाश्रम मानने वाली आर्य जाति में अथवा वर्णाश्रम न मानने वाली अनार्य जाति में स्वतः ही जो क्रमोन्नति होती रहती है, उन अवस्थाओं में स्वाभाविक संस्कार की साधारण अवस्था ही है, ऐसा मान सकते हैं, परन्तु वेद और वेदसम्मत शास्त्रों के अनुसार जो विशेष-विशेष संस्कार समूह क्रमोन्नति के सोपान रूप से नियत किये गये हैं और जिनके द्वारा आर्य जाति सिद्धि लाभ करने पर एक ही जन्म में मुक्ति पद लाभ कर सकती है, उन शास्त्रीय संस्कारों की क्रिया से जो स्वाभाविक संस्कार संबंध रखता है, वह असाधारण कहला सकता है। वेद और वेदसम्मत शास्त्र कथित जो सोलह संस्कार हैं वे क्रमशः अभ्युदय और निःश्रेयस प्रदान करते हैं; अर्थात् गर्माधान संस्कार से अभ्युदय प्रारम्भ होकर संन्यास संस्कार में निःश्रेयस की प्राप्ति होती है। ।२०।।

इसका कारण कह रहे हैं:–

नित्यज्ञानमयत्वाद्वेदानाम्॥२१॥

अनुवाद–वेदों के नित्य ज्ञानमय होने से।।२१।।

भाष्य–वेदों का नित्य ज्ञानमय होना किस प्रकार निश्चय है, उसका पहले विस्तृत वर्णन हो चुका है। अतः नित्य ज्ञानमय तथा भगवद् आज्ञा रूपी वेद जो कुछ कहेंगे तो, वे नित्य सत्य पदार्थ का ही निर्णय करेंगे। ऐसी वेद की आज्ञा के द्वारा निश्चित जो क्रिया होगी, वह सिद्ध क्रिया ही होगी। दूसरी ओर जिस प्रकार बीज के साथ वृक्ष का और वृक्ष के साथ बीज का एकत्त्व और नित्य संबंध है, उसी प्रकार संस्कार के साथ कर्म का और कर्म के साथ संस्कार का एकत्त्व और नित्य संबंध है। जैसे भूमि के असम होने पर भी आलवाल बनाकर जल की धारा सरल और नियमित कर दी जाती है, ठीक उसी प्रकार नित्य ज्ञानमय वेदों के द्वारा

निर्णीत षोडश संस्कार की गति सरल और नियमित कर दी जाती है। वेद नित्य ज्ञानमय होने से कर्मरहस्य और कर्म की गति के पूर्ण ज्ञाता हैं। इस कारण वैदिक संस्कारों की क्रिया प्रणाली ऐसी सर्वाङ्ग पूर्ण और दैवी शक्ति से गुम्फित है कि, उनके द्वारा जिस प्रकार मनुष्य सोपानों पर यथा क्रम चढ़कर पृथिवी से छत पर चढ़ जाता है, उसी प्रकार वैदिक संस्कारों की सहायता से वैदिक संस्कार के अधिकारी मनुष्य अबाध रूप से अभ्युदय और निःश्रेयस को प्राप्त करते हैं।।२१।।

प्रथम वैदिक संस्कार का वर्णन किया जाता है:–

आधानम्।।२२।।

अनुवाद–गर्भाधान।।२२।।

भाष्य–वैदिक संस्कारों में से प्रथम संस्कार का नाम आधान अर्थात् गर्भाधान है। इस मृत्यु लोक में मनुष्य का जन्म ग्रहण स्त्री–पुरुष के सङ्गम के द्वारा मातृ गर्भ में होता है। असली मातृपितृ संबंध युक्त क्रिया काल के साथ आधान अर्थात् गर्भाधान संस्कार का संबंध हैं। यह प्रथम संस्कार है, क्योंकि सन्तान की उत्पत्ति की यह पूर्व क्रिया है। गर्भाधान संस्कार समझने के लिये पहले पीठ विज्ञान समझने की आवश्यकता है। प्राणमयकोष में आवर्त्त उत्पन्न होकर देवताओं के ठहरने योग्य जो स्थान उत्पन्न होता है, उसको पीठ कहते हैं। पीठ का विज्ञान मध्यमीमांसा अर्थात् दैवीमीमांसा दर्शन में विस्तृत वर्णित है। पीठ के कई भेद तथा गर्भाधान के साथ पीठ का संबंध स्मृति शास्त्र में इस प्रकार से पाया जाता है:–

द्वितीयं सहजं पीठं दम्पत्तीसङ्गमे यथा।
गर्भाधानस्वरूपस्य यौ तु पीठस्य दम्पत्ती।।
स्मरतः पितरः ! नित्यं मर्यादाञ्च पवित्रताम्।
तथा दैव्यां जगत्यां हि श्रद्धालू यो निरन्तरम्।।
यो स्वयोश्च सदा सत्त्वगुणलक्षणमीप्सितम्।
प्राप्तं यत्नं प्रकुर्व्वाते सन्ततौ हि तयोर्ध्रुवम्।।
उच्चाधिकार एतादृक् सम्प्रकाशेत येन सा।
ज्ञातुमीष्टे प्रजा पुण्यां पूर्णधर्म्माधिकारिताम्।।

दम्पत्ति संगम में जो पीठ स्वतः उत्पन्न होता है, उसको सहज पीठ कहते हैं। जो दम्पत्ति गर्भाधान रूपी पीठ की मर्यादा और पवित्रता को सदा स्मरण रखते हैं, जो दैव जगत् पर श्रद्धालु होते हैं और जो सदा अपने में सत्त्व गुण के लक्षण प्राप्त

करने का यत्न करते हैं, उनकी सन्तति में अवश्य ही ऐसे उच्च अधिकार प्रकट होते हैं कि जिससे वह प्रजा धर्म के पवित्र पूर्ण अधिकार को जान सकती है।

गर्भाधान संस्कार सहधर्मिणी के प्रथम रज से प्रारम्भ किया जाता है, क्योंकि उस समय मन्त्रपूत होकर वह स्त्री सुसन्तान के प्रसव की उपयोगिनी बनती है, परन्तु प्रथम रज में गर्भाधान संस्कार अनुंष्ठान रूप से किये जाने पर भी यथार्थ रूप से सन्तानोत्पत्ति के काल के विषय में धर्माचार्यों का मतभेद है। इस विषय में शरीर विज्ञान के आचार्य महर्षि सुश्रुत का मत यह है:-

ऊनषोडशवर्षायामप्राप्तः पञ्चविंशतिम्।
यद्याधत्ते पुमान् गर्भं कुक्षिस्थः स विपद्यते।।
जातो वा ना चिरञ्जीवेत् जीवेद्वा दुर्बलेन्द्रिय।
तस्मादत्यन्तबालायां गर्भाधानं न कारयेत्।।

सोलह वर्ष से कम अवस्था वाली स्त्री में यदि पच्चीस वर्ष से कम उमर का पुरुष गर्भाधान करे तो, वह गर्भ विपन्न हो जाता है और उत्पन्न होने पर भी बालक चिरञ्जीव नहीं होता और जीता है तो, दुर्बलेनिद्र होता है, इसलिये अत्यन्त बाल्यकाल में गर्भाधान नहीं करना चाहिए।

तात्पर्य यह है कि, आर्य जाति का विवाह काम की चरितार्थता के लिये नहीं है इस कारण आर्य जाति स्त्री सङ्ग को अति पवित्र और पीठ उत्पन्न करने का हेतु समझती है। काल के विषय में आचार्यों की यह ही सम्मति है कि, गर्भाधान का प्रथम अनुष्ठान सहधर्मिणी के प्रथम रज के समय होना उचित है, तदनन्तर स्त्री उपयुक्त वयस्का होने पर उसी गर्भाधान संस्कार के सिद्धांतों को आश्रय करके धार्मिक सन्तति के उत्पन्न करने की कामना से स्त्री सङ्ग करना विहित है और वह सङ्ग भी इस प्रथम संस्कार से युक्त होकर किया जाता है। उसके लिये ज्योतिष शास्त्र की सहायता से शुभ अनुष्ठानों की आवश्यकता है। उस समय दम्पत्ति में से दोनों ही धर्म और दैवी सहायता की अपेक्षा करके योग युक्त होकर इस प्रथम संस्कार को सिद्ध करते हैं। प्रत्येक सृष्टि क्रिया में ही दम्पत्ति को शास्त्रीय विज्ञान का अनुसरण करना अवश्य कर्त्तव्य है। यही प्रथम वैदिक संस्कार का रहस्य है। ।२२।।

अब द्वितीय संस्कार कहा जाता है:-

पुंसवनम्।।२३।।

अनुवाद-पुंसवन।।२३।।

भाष्य–द्वितीय वैदिक संस्कार का नाम पुंसवन है। दम्पत्ति के सङ्ग के समय में जब सहज पीठ उत्पन्न होता है, उस समय शास्त्रोक्त गर्भाधान संस्कार से दम्पत्ति का अन्तःकरण संस्कृत रहने से योग्य सन्तति के उपयोगी रजोवीर्ययुक्त उपादान नारी के गर्भ में एकत्रित होता है। उस समय से पितृगण यथा योग्य स्थूल शरीर निर्माण करने में प्रवृत्त होते हैं। गर्भाधान के समय से नित्य पितृगण जीव के वासोपयोगी गृह के सदृश स्थूल शरीर को यथा योग्य रूप से बनाकर कई महीने में प्रस्तुत करते हैं। चतुर्थ मास में स्थूल शरीर के अङ्गप्रत्यङ्ग बनते हैं, इस कारण देवता और पितरों की सहायता प्राप्ति से योग्य पुरुष शरीर मिले, इस संकल्प से पुंसवन संस्कार किया जाता है। पुंसवन संस्कार में मन्त्र शक्ति, सङ्कल्प शक्ति और दैवी कृपा प्राप्त करके माता और पिता की गर्भ स्थित सन्तति यदि पुत्र हो तो, उस को उत्तम देह प्राप्त कराते हैं और यदि प्रबल कर्म के वेग से कन्या ही हो जाय तो, उसको भी उत्तम देह मिले, इसका प्रयत्न करते हैं। अध्यात्म, अधिदैव और अधिभूत रूपी इन तीनों दैव राज्यों के यथाक्रम रूप से ऋषि, देवता और पितृ ये तीनों चालक हैं। इन तीनों की ही सहायता इस संस्कार में प्राप्त हो सकती है। इसके मन्त्रों में ऐसा कहा है–

पुमानसौ मित्रावरुणौ पुमानसावश्विनावुभौ।
पुमानग्निश्च वायुश्च पुमान् गर्भस्तवोदरे॥

तुम्हारे उदर में जो पुरुष वास करता है उस पुरुष में मित्रा वरुण, अश्विनी कुमार तथा अग्नि और वायु के अंश है।

यह मृत्यु लोक कर्म भूमि है, कर्म करके उत्तम अदृष्ट संग्रह करने के लिये योग्य स्थूल शरीर की सबसे बड़ी आवश्यकता है। ऐसे स्थूल शरीर की योग्यता प्राप्ति में जो संस्कार सहायक हो, उसकी उपयोगिता के विषय में सन्देह ही नहीं है॥२३॥

अब तीसरा संस्कार कहा जाता है:–

सीमन्तोन्नयनम्॥२४॥

अनुवाद–सीमन्तोन्नयन॥२४॥

भाष्य–गर्भावस्था का यह तृतीय और अन्तिम संस्कार है। गर्भस्थ सृष्टि की पूर्णता के लिये यह संस्कार किया जाता है। पति अपनी स्त्री की प्रसन्नता के लिये स्वयं उसके सीमन्त का संस्कार करता है। इसी से इस संस्कार का नाम सीमन्तोन्नयन है। इस संस्कार में किस प्रकार की प्रार्थना देवताओं से की जाती है, कैसा संकल्प किया जाता है और माता के चित्त में कैसा संकल्प उत्पन्न किया जाता है, उसके दिग्दर्शन के अर्थ इस संस्कार के कुछ मन्त्र नीचे दिये जाते हैं–

मूर्द्धानं दिवाऽअरतिं पृथिव्या वैश्वानर मृतऽआजातमग्निम्।
कविं सम्राजमतिथिं जननामासन्ना पात्रं जनयन्त देवाः॥
ओं अयमूर्ज्जावतो वृक्ष ऊर्ज्जीव फलिनी भव।
पर्णं वनस्पते नुत्वा नुत्वा सूयतां रयिः॥
ओं येनादितेः सीमानं नयति प्रजापतिर्महते सौभगाय।
तेनामस्यै सीमानं नयामि प्रजामस्यै जरदृष्टिं कृणोमि॥
ओं यास्तेराके सुमतयः सुपेशसो याभिर्ददासि दाशुषे वसूनि।
ताभिर्नो अद्य सुमनाश्यसि प्रजां पशून्सौभाग्यं मह्यं दीर्घायुष्ट्वं पत्युः॥

प्रथम मन्त्र में सुपुत्र उत्पन्न करने के लिये पति देवताओं से प्रार्थना करता है। द्वितीय मन्त्र में पति को आज्ञा दी गयी है कि, वह गर्भिणी के अञ्चल में अथवा किसी अङ्ग विशेष में उदुम्बर फल के गुच्छे को बाँधे। तृतीय मन्त्र में पति कह रहा है कि, जैसे प्रजापति ने अदिति का सीमन्तोन्नयन किया है, उसी प्रकार मैं भी इस गर्भिणी अपनी स्त्री का सीमन्तोन्नयन करता हूँ। चौथे मन्त्र में शल्ल की कण्टक से पत्नी के सीमन्त को सुधारने के लिये आज्ञा दी है और पति पुत्र के सौभाग्यशाली तथा दीर्घायु होने के लिये प्रार्थना करता है।

गर्भाधान रूपी प्रथम संस्कार के द्वारा सहज पीठ रूपी स्त्री पुरुष सङ्गम रूपिणी सृष्टि उत्पादक क्रिया की अध्यात्म, अधिदैव, अधिभूत त्रिविध शुद्धि सम्पादन करके रजोवीर्य युक्त गर्भ की शुद्धि की जाती है। योग्य स्थूल शरीर प्राप्ति के लिये दूसरा संस्कार है। इस तीसरे संस्कार में पति अपने संङ्कल्प से तथा वैदिक क्रिया की सहायता से पितृ और देवताओं को प्रसन्न करके स्त्री की प्रसन्नता और स्त्री की सङ्कल्प शुद्धि के द्वारा गर्भ की पूर्णता तथा गर्भस्थ शिशु के स्थूल शरीर की शुद्धि कराकर जन्म लेने वाले जीव के कल्याण के लिये प्रयत्न करता है यह ही इस वैदिक संस्कार का गूढ़ रहस्य है। ।२४।।

अब चौथा संस्कार कहा जा रहा है:-

जातकर्म॥२५॥

अनुवाद-जातकर्म।।२५।।

भाष्य-इससे पहले स्थूल शरीर से संबंध युक्त तीन संस्कारों का वर्णन करके अब पूज्यपाद महर्षि सूत्रकार अन्तःकरण की उन्नति के संबंध के संस्कारों में से प्रथम संस्कार का वर्णन कर रहे हैं। इसके अनन्तर अन्तःकरण संबंधी अन्यान्य संस्कारों का वर्णन किया जायगा। गर्भ में जब तक जीव रहता है, उस

समय तक उसको पूर्व जन्मों की स्मृति रहती है। इस कारण उसके अन्तःकरण संबंधी संस्कारों का अवसर नहीं रहता है। उस समय केवल स्थूल शरीर को उपयोगी बनाने के लिये दैवी सहायता लेनी पड़ती है। गर्भ से निकलते समय गर्भ द्वार के प्रबल निष्पेषण से तथा मातृ शरीर से पृथक् होकर पृथिवी पर भूमिष्ठ होने के कारण वह जीव पूर्व्व स्मृति को भूल जाता है। इस कारण इस समय से उसके अन्त: करण को संस्कृत करने की आवश्यकता होती है। इस मृत्यु लोक में भूमिष्ठ होते ही उसके अन्त: करण में मानसिक बल का सञ्चार प्रारम्भ हो सके, इसके निमित्त जात कर्म संस्कार किया जाता है। इस संस्कार के संबंध में कुछ मन्त्र नीचे दिये जाते हैं:–

मेधान्ते मित्रावरुणौ मेधामग्निर्दधातु ते।
मेधां ते अश्विनौ देवा वा धत्तां पुष्करस्त्रजौ।।
ओं सदसस्यतिमद्भुतं प्रियमिन्द्रस्य काम्यम्।
सनिं मेधामयासिषं स्वाहा।।

इन मन्त्रों का तात्पर्य यह है कि, जिस समय पिता बालक की जिह्वा को सर्पी (घी) से मार्जित करता है, उसी समय इन मन्त्रों से बालक की बुद्धि की उन्नति के लिये वह देवताओं से प्रार्थना करता है।

इस मृत्यु लोक में भूमिष्ठ होने के साथ ही यह संस्कार किया जाता है, इस कारण इसको जातकर्म कहते हैं। भूमिष्ठ होने से पूर्व जीव स्थूल शरीर के साथ पूर्ण संबंध युक्त नहीं होता है। पूर्व जन्म की स्मृति रहने के कारण वह जीव गर्भवास और स्थूल शरीर को कारागार के समान समझता है, परन्तु भूमिष्ठ होते ही वह पूर्व स्मृति को भूलकर अपने स्थूल शरीर के साथ एक संबंध युक्त हो जाता है। सुतरां ऐसे समय में अन्तःकरण का बल ही उस जीव को धर्म मार्ग प्रदर्शन तथा आध्यात्मिक उन्नति कराने में समर्थ हो सकता है। इस कारण इस संस्कार की विशेष उपयोगिता है। ।२५।।

अब पांचवाँ संस्कार कहा जाता है:–

नामकरणं।।२६।।

अनुवाद–नामकरण।।२६।।

भाष्य–अन्तःकरण में बल सञ्चार के लिये यह पञ्चम वैदिक संस्कार प्रयुक्त होता है। यह संसार नामरूपात्मक है, इस कारण नाम के अवलम्बन के साथ जीव का बहुत कुछ संबंध रहता है, अत: बहुत विचार कर नाम रखना और

नामकरण संस्कार के साथ उस जीव के अन्तःकरण में विशेष अध्यात्म और अधिदैव बल का प्रयोग करना इस संसार का तात्पर्य है। मनुष्य में आध्यात्मिक और आधिदैविक बल सञ्चार के लिये तथा आन्तरिक संस्कार शुद्धि के लिये उस मनुष्य का नाम बहुत ही सहायक होता है, इस कारण संन्यासाश्रम में भी नामान्तर किया जाता है। ब्रह्माण्ड की समष्टि सत्ता से मनुष्य की व्यष्टिसत्ता सम्पादन के लिये नाम बड़ा भारी अवलम्बन है, दूसरी ओर नाम का अर्थ और नाम के भाव का प्रभाव मनुष्य पर चिरस्थायी रूप से पड़ा करता है। जिस प्रकार जिस गुण और जिस शक्ति संवलित जीव का नाम रखा जायेगा, उसकी संस्कार शुद्धि के लिये और उसके अन्तःकरण पर प्रभाव उत्पन्न करने के लिये तथा उसमें आध्यात्मिक, आधिदैविक सहायता प्राप्ति के लिये वह नाम चिरस्थायी रूप से सहायक रहता है। इसी कारण नामकरण संस्कार एक बहुत आवश्यकीय संस्कार है। वेदमतानुयायी आर्य-नर नारियों का नामकरण संस्कार बहुत हितकार समझा गया है। इस संस्कार के होते समय ऋषि, देवता और पितरों की सहायता लेकर ज्योतिष शास्त्रानुयायी तथा धर्मशास्त्र के मतानुयायी होकर देश, काल, पात्र का विचार कर उस व्यक्ति के ऐहिलौकिक तथा पारलौकिक कल्याण को सम्मुख रखकर शुद्ध भाव युक्त और शुद्ध अर्थ युक्त नाम चुने जाते हैं अतः उसके अनुसार यह संस्कार किया जाता है। ।२६।।

अब छठवाँ संस्कार कहा जाता है:-

अन्नप्राशनम्।।२७।।

अनुवाद–अन्नप्राशन।।।२७।।

भाष्य–स्थूल शरीर और सूक्ष्म शरीर दोनों की उन्नति तथा पुष्टि के लिये अन्न प्रधान अवलम्बन है। अन्न से अन्नमय कोष पुष्ट और सुरक्षित होता है, अन्न से प्राण सञ्चालित होता है और अन्न से मन की प्रकृति बनती है। यह विज्ञान दर्शन शास्त्र के द्वारा स्वतः सिद्ध है। इस कारण जीव को मातृदुग्ध छुड़ाकर प्रथम अन्न ग्रहण कराते समय यह संस्कार किया जाता है। इस वैदिक संस्कार के होते समय दैवी सहायता लेकर सन्तति के अन्तःकरण को भविष्यत् में यथायोग्य बनाने के लिये और अन्न के संबंध से अभिमन्त्रित शुद्ध संस्कार बालक के चित्त में अङ्कित करके दैवी सहायता से उसके अन्तःकरण में आध्यात्मिक बल पहुँचाने के लिये यह संस्कार किया जाता है। निष्क्रमण आदि संस्कार इसके अन्तर्गत है। ।२७।।

चौलम्।।२८।।

अनुवाद–चौलम्।।२८।।

भाष्य–वस्तुतः आर्य जातिगत जीवन के लिये यह सप्तम संस्कार प्रधान है। आर्य जाति के जातिगत जीवन के विचार से जितने लक्षण माने गये हैं, उसमें अध्यात्म लक्ष्य की स्थिति प्रधान मानी गयी है। अध्यात्म लक्ष्य के बीजारोपण के लिये यह संस्कार दैवी सहायता से किया जाता है। गर्भ स्थित केशमुण्डन के अनन्तर शिखा की स्थापना इसका प्रधान लक्षण है। सहस्त्र दल पर ब्रह्म को लक्ष्य कराने के अर्थ शिखा की स्थापना की जाती है। इस संस्कार के अनन्तर बालक में सब समय ऊद्र्ध्व अध्यात्म लक्ष्य रहे, इसके लिये संस्कार संबंध से बीजारोपण किया जाता है। यही शिखा का आध्यात्मिक रहस्य है। योग शास्त्र के अनुसार मूलाधार में आधार पद्म पर-ब्रह्म-प्रकृति कुलकुण्डलिनी का स्थान और सप्तम चक्र सहस्त्र दल में ब्रह्म का स्थान माने गये हैं। अतः मनुष्य अपनी संस्कार शुद्धि के द्वारा जितना अपने अन्तःकरण को बलीयान् करके उसको सहस्त्र दल की ओर युक्त रखेगा, उतना ही उसकी आध्यात्मिक उन्नति होगी। शिखा स्थापन, शिखा मार्जन और नित्य क्रिया में शिखा को कार्य में लाने से इस ऊद्ध्र्वगामी संस्कार की पुष्टि होती है, यह स्वतः सिद्ध है। इस कारण मानना ही पड़ेगा कि, आर्यत्व की सुरक्षा और पुष्टि के लिये यह संस्कार बहुत ही उपयोगी है। ।२८।।

अब आठवाँ संस्कार कहा जाता है:–

उपनयनम्।।२९।।

अनुवाद–उपनयन।।२९।।

भाष्य–निवृत्ति मार्ग-आध्यात्मिक उन्नति का द्वार रूप और प्रवृत्ति मार्ग का यह अन्तिम संस्कार है। इसके अनन्तर के जो आठ संस्कार हैं, वे निवृत्ति मार्ग के संस्कार कहलाते हैं, जो अगले सूत्रों में कहे गये हैं। केवल अन्तिम उपनयन संस्कार चारों वर्णों में से तीन वर्णों का हुआ करता है। कामलक्ष्य प्रधान शूद्रवर्ण के लिये इस संस्कार की आवश्यकता नहीं समझी गई है। काम के साथ इन्द्रियों का साक्षात् संबंध है, परन्तु अर्थ अधोगामी होने से काम का सहायक होता है और वह ऊद्ध्र्वगामी होने से धर्म का सहायक हो सका है, क्योंकि अर्थ दोनों के मध्यस्थानीय है। सुतरां अर्थ भी रूपान्तर से धर्म और मोक्ष का सहायक होने के कारण यह द्विजजनोचित संस्कार केवल ब्राह्मण, क्षत्रिय और वैश्य के लिये ही विहित है। इस संस्कार के कारण ही ये तीनों वर्ण द्विज कहलाते हैं, क्योंकि इस संस्कार के द्वारा अधिभौतिक अधोगामी लक्ष्य का द्वार रुद्ध होकर उद्ध्र्वगामी आध्यात्मिक लक्ष्य का द्वार खुल जाता है। इस कारण जीव का यह द्वितीय जन्म समझा जाता है। वह जीव

उस समय से द्विज कहलाता है। इस संस्कार से शुद्ध द्विज ब्रह्म मन्त्ररूपिणी गायत्री का अधिकारी बन जाता है और इसी समय से वह वेदाध्ययन के योग्य पात्र बनता है। जिस प्रकार चौलकरण संस्कार में वैदिक संस्कार से संस्कृत मनुष्य को शिखा की प्राप्ति होती है, उसी प्रकार इस संस्कार से संस्कृत मनुष्य को ब्रह्मोपासना का निदर्शन रूप यज्ञोपवीत की प्राप्ति होती है। चौलसंस्कार में दैवी सहायता से अध्यात्म लक्ष्य की उपयोगिता मिलती है और इस संस्कार के द्वारा उस लक्ष्य की स्थिति के लिये उपासना का यथार्थ अधिकार-प्राप्त होता है। ।२९।।

अब नवमां संस्कार कहा जाता है:-

ब्रह्मव्रतम्।।३०।।

अनुवाद-ब्रह्मव्रत।।३०।।

भाष्य-मन, बुद्धि और चित्त अहङ्कार रूपी अन्तःकरण चतुष्टय में से मन और चित्त जड़त्व प्रधान तथा बुद्धि और अहङ्कार चेतनत्व प्रधान अंश है। अन्तःकरण ही जीव के बंधन और मुक्ति का कारण है। जड़त्व प्रधान अन्तःकरण बंधन का कारण होता है और चेतनत्व प्रधान अन्तःकरण मुक्ति का कारण होता है।

अब तक जो आठ संस्कार कहे गये थे, उनसे अन्तःकरण के जड़ प्रधान अंश का अधिक संबंध था, अब जो संस्कार कहे जा रहे हैं, उनसे अन्तःकरण के साथ चित् प्रधान अंश का अधिक संबंध है। इस विज्ञान को अन्य प्रकार से भी समझ सकते हैं कि, पहले जो आठ संस्कार हैं, उनके द्वारा दैवी सहायता प्राप्त होकर मनुष्य के मन में बल का सञ्चार होता है और पीछे के जो आठ संस्कार हैं, उनके द्वारा मनुष्य की बुद्धि बलवती होती है। यह ब्रह्मव्रत संस्कार प्रथम आश्रम का मूलभूत है। आचार्य के निकट दीक्षित होकर द्विजत्वप्राप्त बालक प्रतिज्ञा बद्ध होकर इस व्रत को ग्रहण करता है। गुरु सेवा, वीर्यधारण, तपस्या और मातृपूजा इस प्रकार से चतुर्व्यूह के द्वारा यह ब्रह्मव्रत संस्कार सुदृढ़ है। इस संसार में चाहे लौकिक ज्ञान हो, चाहे पारमार्थिक ज्ञान हो, गुरु सेवा के बिना किसी की भी सिद्धि नहीं होती है। आकर्षण और विकर्षण इन दोनों शक्तियों का वर्णन पहले आ चुका है। ये ही दोनों शक्तियां जीव के अन्तःकरण में भी सदा कार्य कारिणी रहती हैं। विकर्षण शक्ति का केन्द्र इन्द्रिय समूह और आकर्षण शक्ति का केन्द्र श्रीगुरुदेव है, क्योंकि उद्दाम इन्द्रिय प्रवृत्ति सदा जीव को नीचे की और गिराती रहती है, चाहे ज्ञानाधार श्रीजगद्गुरु ही अन्तःकरण में प्रकाशित होकर जीव की ऊर्द्धवगति करने में सहायक होते हैं। इसी कारण लघु शक्ति विशिष्ट शिष्य को

गुरु शक्ति विशिष्ट ज्ञानप्रदाता जगद्गुरु के प्रतिनिधिभूत श्रीगुरुदेव ऊपर की ओर आकर्षित करते हैं। यही कारण है कि, बिना गुरु की सहायता के किसी प्रकार की ज्ञानोन्नति नहीं हो सकती है। लौकिक ज्ञान प्राप्ति में भी उपदेश की आवश्यकता होती है। अतीन्द्रिय अलौकिक ज्ञान की प्राप्ति तो सर्वथा गुरु पर ही निर्भर करती है। ऐसे गुरु देव की सेवा करने की योग्यताप्राप्ति ही इस ब्रह्मव्रत का व्यूह है। मन, वायु और वीर्य प्रकारान्तर से ये तीनों एक ही पदार्थ हैं। इस कारण इन तीनों में से किसी एक को वशीभूत करने से वे तीनों स्वतः ही वशीभूत हो जाते हैं, यह विज्ञान योग दर्शन के द्वारा सुसिद्ध हैं। इन तीनों में से वीर्यधारण सह तथा आधिभौतिक संबंध युक्त होने के कारण इसकी महिमा सर्वोपरि है। मन पर आधिपत्य किये बिना बुद्धि का विकास असम्भव है और बुद्धि की दृढ़ता के बिना बुद्धि से अतीत परम पुरुष का दर्शन जीव को हो नहीं सकता है, इस कारण ऊर्द्ध्वरेत सिद्धि के द्वारा मन पर आधिपत्य करके बुद्धि तत्त्व के विकास के द्वारा ब्रह्म प्राप्ति का कारण होने से यह संस्कार ब्रह्मव्रत नाम से अभिहित होता है, यह ही द्वितीय व्यूह का विज्ञान है। केवल गुरु शुश्रूषा मूल का मूलक आचार से ब्रह्मचर्याश्रम धर्म पूर्ण है। ब्रह्मचर्या श्रम के आचारों पर मनन करने से ही इस व्रत का तपस्या मूलक होने का प्रमाण स्वतः ही मिलता है। यह ही तृतीय व्यूह है। ब्रह्मचर्य श्रम के सदाचारों का पालन तभी हो सकता है, जब ब्रह्मचारी पृथिवी में यावत् स्त्रियों को मातृवत् समझ सके। प्रथम तो पृथिवी की समस्त स्त्रियों को मातृवत् न समझने से ब्रह्मचर्य व्रत का पालन नहीं हो सकता है। द्वितीयतः भिक्षा आदि के आचार जो इस आश्रम में रखे गये हैं, वे मातृपूजा धर्म की सिद्धि के लिये ही रखे गये हैं। यह ही चतुर्व्यूह का स्वरूप है। इस प्रकार से चतुर्व्यूह से युक्त धर्म्मों के पालन द्वारा ब्रह्मव्रत का अधिकारी आश्रम धर्म की भित्ति को दृढ़ करता है। ।३०।।

अब दशवां संस्कार कहा जाता है:-

वेदव्रतम्।।३१।।

अनुवाद–वेदव्रत।।३१।।

भाष्य–ब्रह्मचर्याश्रम रूपी प्रथम आश्रम में प्रवेश करते ही इस संस्कार का प्रारम्भ होता है। ब्रह्मचारी गायत्री की उपासना प्राप्त करके आचार्य सेवा में नियुक्त होकर ज्ञान प्राप्ति के निमित्त इस संस्कार को प्राप्त करता है। इस संस्कार से संस्कृत होकर द्विज वेद और वेदसम्मत शास्त्र समूह को आचार्य से अध्ययन

करके कृतकृत्य होता है। इस संस्कार की सहायता से गुरु कृपा प्राप्त करके द्विज सुबुद्धि सम्पन्न और मेधावी होकर पवित्र ज्ञानार्जन में प्रवृत्त होता है। कुतर्करूपी मनुष्य को वाहन बनाकर जिस प्रकार बुद्धि के अधिष्ठाता गणपति विराजमान रहते हैं, इसी उदाहरण से समझना उचित है कि, वेदव्रत संस्कार से संस्कृत कुतर्क जल्प वितण्डा से रहित होकर द्विज वेद और शास्त्र नियोजित ज्ञानमार्ग में चलकर अन्त में ऋतम्भरा प्राप्ति का अधिकारी बन सकता है। ।३१।।

अब ग्यारहवाँ संस्कार कहा जाता है:-

समावर्त्तनम्।।३२।।

अनुवाद-समावर्त्तन।।३२।।

भाष्य-ब्राह्मण सन्तान के लिये एक बड़ा भारी सन्धि का समय समावर्त्तन संस्कार है। इसका कारण यह है कि, इस अवस्था में ब्रह्मनिष्ठ ब्राह्मण स्त्री ग्रहण पूर्वक गृहस्थाश्रम में प्रवेश करके सृष्टि कार्य में प्रवृत हो सकता है अथवा सीधा सन्यासाश्रम में चला जा सकता है। इस कारण इस सन्धि के संबंध से इस संस्कार की यह विशेषता है। यदि द्विज गृहस्थाश्रम में प्रवेश करना चाहे तो, उनके लिये एक प्रकार की संस्कार शैली अवलम्बन की जाती है और यदि ऐसा न चाहे तो, दूसरी प्रकार की संस्कार शैली अवलम्बन की जाती है। प्रथम अवस्था में पिता का प्राधान्य और दूसरी में गुरु का प्राधान्य रहता है। पहली अवस्था कर्म पक्षपातिनी है और दूसरी अवस्था वैराग्य और ज्ञानप्रधाना है। ।३२।।

बारहवाँ संस्कार कहा जाता है:-

उद्वाहः।।३३।।

अनुवाद-विवाह।।३३।।

भाष्य-इस उद्वाह संस्कार के अनन्तर आर्यगण गृहस्थाश्रम रूपी द्वितीय आश्रम में प्रवेश करने के अधिकारी होते हैं। दैवी सहायता लेकर शास्त्रोक्त विधि के अनुसार प्रतिज्ञाबद्ध होते समय सहधर्मिणी रूप से स्त्री का ग्रहण करके वह गृहस्थाश्रम में प्रवेश करता है। यद्यपि बाह्य दृष्टि से आर्य सन्तान का यह स्त्री ग्रहण प्रवृत्ति का कार्य समझा जा सकता है, परन्तु वस्तुतः वर्णाश्रम धर्म विज्ञान के अनुसार आर्य सन्तान का स्त्री ग्रहण प्रवृत्ति का कार्य समझा जा सकता है, परन्तु वस्तुतः वर्णाश्रम धर्म विज्ञान के अनुसार आर्य सन्तान का स्त्री ग्रहण यथार्थ में निवृत्ति मूलक ही है। वर्ण श्रम धर्म विज्ञान के अनुसार पुरुष नारी दुर्ग के द्वारा सुरक्षित होकर उद्यम इन्द्रिय प्रवृत्ति पर अपना आधिपत्य करता हुआ शास्त्रोक्त

प्रवृत्ति की सहायता लेकर निवृत्ति मार्ग में अग्रसर होता है। आर्य जाति की प्रवृत्ति की शृंखला पर जितना विचार किया जायगा, उतना ही उस वैधी शृंखला को निवृत्ति का हेतु रूप से पाया जायगा। यदि यह शङ्का जिज्ञासुओं के चित्त में उत्पन्न हो कि, सृष्टि - क्रिया तो प्रवृत्ति मूलक है? ऐसी शंङ्काओं के समाधान में कहा जा सकता है कि, वर्णाश्रमधर्मी व्यक्ति के लिये सृष्टि क्रिया काम और अर्थ मूलक नहीं होती है। उनकी सृष्टि क्रिया धर्म और मोक्ष मूलक होती है। योग्य प्रजा तन्तु की रक्षा के द्वारा वे पितृऋण, देवऋण, ऋषिऋण तथा इस लोक में भूतऋण और नृऋण से मुक्त होकर अपने निवृत्ति मार्ग को परिष्कृत करते हैं। दैव सूक्ष्म लोक के तीन चालक हैं, यथा-ऋषि, देवता और पितृ। उनके नियमित संवर्द्धन के लिये इस मृत्युलोक में योग्य प्रजा की आवश्यकता है और दूसरी ओर भूतों से तथा मनुष्य मात्र से इस लोक में जो उपकार प्राप्त होता है, उस उपकार से उऋण होने की भी आवश्यकता है। सुतरां इन पाँच प्रकार के ऋणों से गुक्ति प्राप्त करने के लिये धार्मिक प्रजातन्तु की रक्षा रूप जगद्धितकर कार्य कदापि प्रवृत्ति मूलक नहीं हो सकता है। इस विषय में जिज्ञासु के हृदय में यह भी शङ्का हो सकती है कि, यदि प्रजातन्तुरूपिणी सृष्टि क्रिया धर्मानुकूल है तो ब्रह्मचारी गृहस्थ न होकर एका एक सन्यासाश्रम में चले जाते हैं, वे क्या अधर्म नहीं करते हैं? इस श्रेणी की शङ्काओं का समाधान यह है कि, जब तक इन पाँच प्रकार के ऋणों में कर्त्तव्य बुद्धि है, तब तक अवश्य ही समावर्त्तन संस्कार के अनन्तर गृहस्थ होना उचित है। ऐसी दशा में उद्वाह संस्कार नहीं करने से अवश्य अधर्म होता है, परन्तु यदि पूर्व जन्मार्जित सुकृति के वश उच्चाधिकारी व्यक्ति विषय वैराग्य तथा आत्मज्ञान प्राप्त कर लेता है तो उसमें वासनाक्षय हो जाने से वह पाप का भागी नहीं होता है। और एक बार ही मुक्त भूमि में अग्रसर हो जाता है।।३३।।

अब तेरहवाँ संस्कार कहा जाता है:-

अग्न्याधानम्।।३४।।

अनुवाद–अग्न्याधान।।३४।।

भाष्य–कर्मकाण्ड की सहायता से दैवजगत् के साथ विशेष रूप से संबंध करना ही इस संस्कार का मुख्य उद्देश्य है। यह पहले ही सिद्ध हो चुका है कि, कर्मण कर्म के द्वारा मल का नाश करके मनुष्य मुक्ति भूमि की ओर अग्रसर होता है। यही कर्मकाण्ड की प्रधान और सर्वोत्तम सिद्धि है; विशेषतः मृत्यु लोक में स्थूल शरीर का प्राधान्य होने के कारण इस सिद्धि की उपयोगिता विशेष है। इस संस्कार के द्वारा प्रतिदिन दैवी सहायता प्राप्त होकर इस सिद्धि के लाभ करने में सहायता

मिलती है और गृहस्थाश्रमी नाना प्रकार की प्रवृत्ति में फँसा रहने पर भी मल दोष से रहित होकर अपने निवृत्ति रूपी उद्ध्र्व मार्ग को सरल रख सकता है। ।३४।।

अब चौदहवाँ संस्कार कहा जाता है:–

दीक्षा।।३५।।

अनुवाद–दीक्षा।।३५।।

भाष्य–उपासना काण्ड की सहायता से दैव जगत् की विशेष अनुकूलता प्राप्त करके मुक्ति मार्ग का पथ सरल करना ही इस संस्कार का मुख्य उद्देश्य है। यह पहले ही सिद्ध हो चुका है कि, उपासना काण्ड के प्रधान अङ्गरूप योग और भक्ति संबंधी साधनों के द्वारा साधक सूक्ष्म शरीर संबंधी विक्षेपों का नाश करके मुक्ति भूमि में अग्रसर होता है। मल और विक्षेप दूर होते ही आत्मा का आवरण स्वतः ही ज्ञान के प्रकाश से नाश हो जाता है। सुतरां मुक्ति भूमि में अग्रसर होने के लिये यह विक्षेपनाशक संस्कार परमोपयोगी है। इस चतुर्दश संस्कार के द्वारा साधक गुरु के साथ साक्षात् रूप से संबंध युक्त होता है। वेदाध्यापक आचार्य और दीक्षा दाता गुरु कहलाते हैं। वेद व्रत संस्कार में आचार्य सम्बन्ध और इस संस्कार में गुरु संबंध स्थापित होते हैं। दीक्षा संस्कार के अनन्तर साधक इष्टोपासना का अधिकर प्राप्त करके दैवजगत् की सहायता से अन्तःकरण का विक्षेप नाश करता हुआ मुक्तिमार्ग में अग्रसर होता है। इस संस्कार में सिद्धि लाभ किये बिना साधन निवृति पोषक वानप्रस्थाश्रम का अधिकारी कदापि नहीं हो सकता है। अतः गृहस्थाश्रम का यह अन्तिम संस्कार है। गृहस्थाश्रम के अन्य जितने संस्कार हैं, वे सभी अग्न्याधान और दीक्षा के मध्यवर्ती अन्तरङ्ग रूप से समझे जा सकते हैं।।३५।।

अब पंद्रहवाँ संस्कार कहा जाता है:–

महाव्रतम्।।३६।।

अनुवाद–महाव्रत।।३६।।

भाष्य–इस संस्कार के द्वारा तृतीय वानप्रस्थाश्रम का प्रारम्भ होता है। यद्यपि चारों आश्रम निवृत्ति मार्ग के ही हैं, परन्तु प्रथम दो आश्रम प्रवृत्ति को संयमित करके निवृत्ति का मार्ग सरल करते हैं। इस संस्कार से संस्कृत होकर जब उच्चाधिकारी वानप्रस्थाश्रम में प्रवेश करता है, तब निवृत्ति मार्ग की भित्ति दृढ़ हो जाती है। वस्तुतः वानप्रस्थाश्रम की यावद्दीक्षा और साधनों का संबंध इस संस्कार से है।।३६।।

अब सोलहवां अर्थात् अन्तिम संस्कार कहा जाता है:--

सन्यास:।।३७।।

अनुवाद–सन्यास:।।३७।।

भाष्य–संन्यास आश्रम की सिद्धि के लिये जो संन्यास संस्कार होता है, वही अन्तिम संस्कार है। इसके अनेक भेद हैं, उनमें से चार यथाक्रम मुख्य हैं, यथा-कुटीचक, बहूदक, हंस और परमहंस जिनका विस्तारित वर्णन पहले आ चुका है। बुद्धितत्त्व की उन्नति के लिये जो साधन ब्रह्मचर्याश्रम में प्रारम्भ होता है, संस्कार शुद्धि की सहायता से उसकी पूर्णता इस संस्कार में होती है और निवृत्ति का पूर्ण स्वरूप इस संस्कार से विकसित हो जाता है। जिस प्रकार सभी संस्कार यज्ञ, द्रव्य शुद्धि, क्रियाशुद्धि, मन्त्र शुद्धि, प्रतिज्ञा, आचार, महाकृपा और दैवीअनुकम्पा, इस प्रकार सात अङ्गों में विभक्त है उसी प्रकार यह अन्तिम संस्कार भी है। प्रत्येक संस्कार के यज्ञ को करते समय पूर्वकथित तीन शुद्धियों की ऐकान्तिकी आवश्यकता होती ही है। प्रथम सात संस्कारों में संकल्पमन्त्र ही प्रतिज्ञा रूप होता है। उपनयन से लेकर संन्यास पर्यन्त आचार्या अथवा गुरु के निकट प्रतिज्ञा पूर्व का व्रत ग्रहण का महत्त्व बहुत कुछ रखा गया है। आचार भी ज्ञान वृद्धि के साथ ही साथ दृढ़ किये गये हैं। विशेषत: चारों आश्रमों के पृथक् पृथक् आचारों की दृढ़ता वेद और वेदसम्मत सब शास्त्रों में पाई जाती है। महत्कृपा का संबंध सब में ही यथेष्ट रूप से पाया जाता है। प्रथम संस्कारों में पुरोहित की कृपा, दूसरी श्रेणी के संस्कारों में आचार्य की कृपा तथा अन्तिम तीन संस्कारों में गुरु कृपा का होना स्वत: सिद्ध है और दैवानुकूल्य तो सब संस्कारों का मूल ही है। इस अन्तिम संस्कार की सिद्धि से ब्राह्मण गण निश्चय ही कैवल्य भूमि में पहुंच जाते हैं। ।३७।।

प्रसंङ्ग से शङ्का का समाधान किया जाता है:–

एष्वन्तर्भाव इतरेषाम्।।३८।।

अनुवाद–अन्य संस्कारों का इन्हीं में अन्तर्भाव है। ।३८।।

भाष्य–जब देखने में आता है कि, इन सोलह संस्कारों के अतिरिक्त वैदिक तथा वेदसम्मत शास्त्रोक्त और भी अनेक संस्कारों का वर्णन पाया जाता है तो, जिज्ञासुओं के हृदय की शङ्का के समाधान में इस सूत्र का आविर्भाव महर्षि सूत्रकार ने किया है। इन सोलह संस्कारों के अतिरिक्त और जो संस्कार वेद तथा वेदसम्मत शास्त्रों में हैं, वे प्रकारान्तर से इन्हीं के अन्तर्भाव रूप से हैं। उदाहरण

की रीति पर समझा जा सकता है कि, निष्क्रमण संस्कार नामकरण के अन्तर्गत है, क्योंकि निष्क्रमण का फल नामकरण स्वतः ही उत्पन्न करता है। केशान्तसंस्कार समावर्त्तन संस्कार के अन्तर्गत है, ऐसा स्वल्प विचार से जाना जाता है, क्योंकि यह शान्त संस्कार गृहस्थाश्रम में प्रवेश करने के लिये किया जाता है। पञ्चमहायज्ञ संस्कार, अष्टकाश्राद्ध, पार्वणश्राद्ध, श्रावणीकर्म आदि का उद्वाह संस्कार में अन्तर्भाव है, क्योंकि गृहस्थाश्रम में प्रवेश करते ही इन संस्कारों का प्रारम्भ होता है। उसी प्रकार दर्शपौर्णमासयाग, चातुर्मासस्ययाग, अग्निष्टोम, सौत्रामणीयाग आदि संस्कार अग्न्याधान संस्कार के अन्तर्गत हैं, क्योंकि अग्न्याधान इन सब संस्कारों का मूल है। उसी शैली पर महाभिषेक, तीर्थसंन्यास आदि संस्कार महाव्रत संस्कार के अन्तर्गत हैं और कुटीचक, बहूदक आदि संस्कार संन्यास संस्कार के अन्तर्गत माने जाते हैं। इसी रीति पर वेद, स्मृति, पुराण, तन्त्रादि के जितने संस्कार हैं, वे सब इन्हीं सोलह संस्कारों ही के अन्तर्गत हैं।।३८।।

प्रवृत्ति और निवृत्ति संबंध से उनके भेद कहे जाते हैं:-

पूर्व्वे प्रवृत्तिरोधका निवृत्तिपोषकाः परे।।३९।।

अनुवाद-पहले संस्कार समूह प्रवृत्तिरोधक और पिछले निवृत्ति पोषक हैं।।३९।।

भाष्य-इन सोहल संस्कारों में से प्रथम आठ संस्कार प्रवृत्तिरोधक हैं और अन्त के आठ संस्कार निवृत्तिपोषक है। यह पहले ही कहा गया है कि, प्रथम आठ संस्कारों का प्रभाव प्रधानतः मन पर होता है और अन्त के आठ संस्कार यज्ञों का प्रभाव बुद्धि पर होता है। मन का संबंध साधारणतः इन्द्रियों से और बुद्धि का संबंध साधारणतः आत्मा से रहने के कारण मन का कार्य प्रायः आसक्तिमूलक तथा बुद्धि का कार्य प्रायः भावमूलक होता है। सुतरां मन स्वभावतः प्रवृत्ति पर और बुद्धि निवृत्ति सहायक है। मन और चित्त के सङ्गम से आसक्ति का जन्म होने के कारण संस्कृत मन ही प्रवृत्तिरोध करने में समर्थ होता है। उसी प्रकार बुद्धि तथा अहङ्कार के सङ्गम से भाव की उत्पत्ति होने के कारण और सद्भाव ही निवृत्तिदाता होने से संस्कृत बुद्धि के द्वारा निवृत्ति की उत्पत्ति होगी, इसमें सन्देह ही क्या है ? यह पहले ही सिद्ध किया गया है कि, आधान संस्कार से लेकर उपनयन तक आठ संस्कारों में दैवी कृपा से मन का बलाधान होता है और अन्तिम आठ संस्कारों में दैवीकृपा से बुद्धि का बलाधान होता है। इस कारण यह सिद्ध हुआ कि, प्रथम आठ संस्कार प्रवृत्तिरोधक और अन्तिम आठ संस्कार निवृत्तिपोषक है।।३९।।

इन संस्कार यज्ञों का विशेष फल कहा जाता है:–

ततो दैवाधिष्ठानम्॥४०॥

अनुवाद–उससे दैवीशक्ति की प्रतिष्ठा होती है। ॥४०॥

भाष्य–मनुष्य जो आवागमन चक्र में क्रमोन्नति नहीं कर सकता है, उसका कारण देवताओं की सहायता ठीक नहीं मिलना है और क्रमोन्नति में देवताओं की कृपा कारण है। कर्म के फलदाता तथा सञ्चालक देवतागण हैं, इस कारण ऐसा स्वतः सिद्ध है। संस्कार शुद्धि से क्रिया शुद्धि होती है और क्रिया शुद्धि के द्वारा पुण्य सञ्चय होने से देवताओं की कृपा प्राप्त होती है। किस प्रकार से इन संस्कार यज्ञों के द्वारा दैवजगत् के साथ संबंध स्थापन होता है और कैसे दैवी सहायता ली जाती है, इसका विस्तारित वर्णन पहले किया गया है। ॥४०॥

नारी सम्बन्ध से विशेषता कही जाती है:–

नारीणामुद्वाहो विशेषः॥४१॥

अनुवाद–नारियों में उद्वाह की विशेषता है। ॥४१॥

भाष्य–आर्य पुरुषों के लिये षोडश संस्कार यज्ञों की जिस प्रकार प्रधानता है, उसी प्रकार आर्य महिलाओं के लिये उद्वाह यज्ञ की ही विशेषता है। नारीधर्म तपःप्रधान और पातिव्रत्य मूलक होने से ऐसा होना सिद्ध ही है और जब प्रातिव्रत्य धर्म का बीज रूप विवाह संस्कार है तो, उसकी पूर्णता के द्वारा नारी जाति को दैवी सहायता मिलनी भी निश्चित है। यद्यपि पूर्वकथित षोड़श संस्कारों में से बहुत से संस्कार यज्ञ नारी जाति के लिये हितकर हैं और कन्या के लिये किये भी जाते हैं; परन्तु नारी जाति के लिये उद्वाह संस्कार यज्ञ ही विशेष धर्म रूप से मुख्य है। पूर्व जन्म के संस्कार से यदि कोई कन्या ब्रह्मवादिनी के लक्षण से युक्त हो तो, उसके लिये उपनयन संस्कारादि की आज्ञा शास्त्रों में पायी जाती है, परन्तु नारी धर्म तपोमूलक और नारी सदाचार सतीत्वमूलक होने के कारण नारी जाति के लिये उद्वाह संस्कार सर्व प्रधान माना गया है॥४१॥

प्रसङ्ग से दैवी सहायता का काल निर्णय किया जाता है:–

प्रागृतुप्रवृत्तः सन्धिभावात्॥४२॥

अनुवाद–सन्धि का समय होने के कारण ऋतु के पहले होने से दैवी सहायता होती है॥४२॥

भाष्य–प्राकृतिक नियम यह है कि, नारी शरीर में रजोधर्म होते ही नारी शरीर पूर्णता के कारण उसमें स्त्री-पुरुष-संबंधी आकर्षण और विकर्षण शक्ति का अनुभव होने लगता है। सुतरां इन्द्रियभाव रहित बाल्यावस्था और इन्द्रियभाव से युक्त यौवनावस्था की वह सन्धि होने के कारण इस घोर परिवर्त्तन की दशा में संस्कार शुद्धि की परम आवश्यकता होती है। उसी कारण ऋतुधर्म होने के पहले नारी का उद्वाह संस्कार होने से दैवी कृपा प्राप्ति का मार्ग खुला रहता है। यह पहले ही कहा गया है कि सब वैदिक संस्कार यज्ञों का यह मौलिक सिद्धांत है कि, दैवी सहायता प्राप्त करके मन का बुद्धि का अथवा उभय का बल प्राप्त करना और वह बल, इस प्रकार से प्राप्त करना कि जिससे अभ्युदय और निःश्रेयस का मार्ग सरल बना रहे। नारी जाति के इस संस्कार यज्ञ के विषय में दैवी सहायता प्राप्तिपूर्वक उस लक्ष्य को लाभ करने के लिये यही समय परम अनुकूल है। यद्यपि देवतागण सब समय ही सहायता दे सकते हैं, परन्तु प्राकृतिक बाधा उत्पन्न होने पर उनकी सहायता में अनेक विघ्न हो सकते हैं और उस प्राकृतिक बाधा का उत्पन्न होना रजोधर्म के बाद स्वतः सिद्ध है। इस कारण यह मानना ही पड़ेगा कि, संस्कार शुद्धि को दृढ़ और अव्यर्थ करने के लिये यही समय परमोपयोगी है। ।४२।।

शङ्का का समाधान किया जाता है:–

पुरुषाणान्तु सर्वे।।४३।।

अनुवाद–पुरुषों के लिये सब हैं। ।४३।।

भाष्य–अब यदि जिज्ञासु के अन्तःकरण में ऐसी शङ्का हो कि, स्त्री जाति के लिये उद्वाह संस्कार यज्ञ की प्रधानता है, उसी प्रकार पुरुष के लिये किस की प्रधानता है? इस प्रकार की शङ्का के समाधान में पूज्यपाद महर्षि सूत्रकार कह रहे हैं कि पुरुष के लिये षोडश संस्कारों में से किसी की प्रधानता है, ऐसा नहीं कह सकते हैं। वस्तुतः पुरुष के लिये सभी संस्कारों की प्रधानता है। इसका प्रधान कारण यह है कि, उक्त संस्कारों में अभ्युदय और निःश्रेयस का नियमबद्ध क्रम बाँधा गया है। इसका विस्तृत विज्ञान पहले ही वर्णित हो चुका है। विशेषतः पुरुष धर्म यज्ञ प्रधान होने से और पुरुष के अभ्युदय के साथ निःश्रेयस का साक्षात् संबंध रहने के कारण नियमित रूप से एक के बाद दूसरे संस्कार होने की आवश्यकता है। ।४३।।

संस्कार शुद्धि की विलक्षणता कही जाती है:–

संस्कारशुद्धिवैचित्र्यं प्रकृतिवैचित्र्यात्।।४४।।

अनुवाद–प्रकृति वैचित्र्य से संस्कार शुद्धि वैचित्र्य पूर्ण है। ।४४।।

भाष्य–पुरुष की संस्कार शुद्धि तथा स्त्री की संस्कार शुद्धि के साधन में पार्थक्य देखकर जिज्ञासु के हृदय में शङ्का हो सकती है कि संस्कार शुद्धि के विषय में कोई क्रम है या नहीं ? ऐसी शङ्काओं के समाधान में कहा जाता है कि, जीव की प्रकृति नाना प्रकार वैचित्र्य पूर्ण होती है, इस कारण संस्कार शुद्धि के साधन भी वैचित्र्य पूर्ण हैं। त्रिगुण भेद, बुद्धि भेद, अधिकार भेद आदि के कारण कर्म बीज संस्कार के बल में तारतम्य हुआ करता है। जिस प्रकार आम्रबीज समतल भूमि में उगने पर अमृतत्व प्रकट करता है। उसी प्राकर करौंदा समतल भूमि में अत्यम्ल होने पर भी पार्वत्य भूमि में अति स्वादिष्ट और सुमिष्ट होता है। सुतरां प्रकृति वैचित्र्य होने के कारण विभिन्न विभिन्न अधिकारी के लिये संस्कार वैचित्र्य होना भी स्वतः सिद्ध है। ।४४।।

उदाहरण से विज्ञान की पुष्टि कर रहे हैं:–

अतो दोषो नाततायिवधे।।४५।।

अनुवाद–इस कारण आततायि वध में दोष नहीं है। ।४५।।

भाष्य–जीव वध में पाप होता है और मनुष्य वध में अधिक पाप होता है, परन्तु आततायी के वध में पाप नहीं होता है। आततायी के लक्षण और उसके वध में पाप नहीं होता है इस संबंध में स्मृति शास्त्र में भी कहा है:–

अग्निदो गरलश्चैव शस्त्रपाणिर्धनापहः।
क्षेत्रदारहरश्चैव षडेते ह्याततायिनः।।
आततायिनमायान्तं हन्यादेवाऽविचारयन्।
नाऽऽततायिवधे दोषो हन्तुर्भवति कश्चन।।

अग्नि लगाने वाला, विष देने वाला, शस्त्र लेकर मारने आने वाला, धन भूमि और स्त्री को हरण करने वाला ये छः प्रकार के आततायी होते हैं। आततायी को आता हुआ देख बिना विचारे वध करना चाहिये। आततायी को वध करने से हन्ता को पापा नहीं होता है।

कर्मों के बीज संस्कार से फलोत्पत्ति में देवतागण कारण है; क्योंकि कर्म जड़ होने से वह दैवाधीन है। दूसरी ओर कर्त्ता के चित्त में जैसा भाव होता है, उसी जाति का संस्कार उसके चित्त में अंकित होता है। यदि उसके चित्त में

अशुद्ध भाव रहे, तो संस्कार भी अशुद्ध होगा और यदि कर्त्ता के चित्त में भाव शुद्धि रहेगी, तो संस्कार पुण्यजनक और शुद्ध होगा। प्रथम तो आततायी होने के कारण वह कार्य दैव नियम के अनुकूल होगा और दूसरी ओर हन्ता का चित्त भाव शुद्धि से युक्त होने के कारण उसको पाप हो ही नहीं सकता है। ।४५।।

प्रसंग से राज्याभिषेक संस्कार की आवश्यकता बताई जाती है-

तदर्थं राज्ञामभिषेकोऽपेक्ष्यः।।४६।।

अनुवाद-इसीलिये राजाओं को अभिषेक की अपेक्षा होती है। ।४६।।

भाष्य-शास्त्रों में लिखा है कि, यदि नरपति योग्य हो तो उसके शरीर में देवताओं का अंश प्रकाशित होता है; यथाः-

इन्द्रानिलयमार्काणापमग्नेश्च वरुणस्य च।
चन्द्रवित्तेशयोश्चैव मात्रा निर्हृत्य शाश्वतीः।।
यस्मादेषां सुरेन्द्राणं मात्राभ्यो निर्मितो नृपः।
तस्माद भिभवत्येष सर्वभूतानि तेजसा।।
यो हि धर्मपरो राजा देवांशोऽन्यश्च रनक्षसाम्।
अंशभूतो धर्मलोपी प्रजापीड़ाकरो भवेत्।।

इन्द्र, वायु ,यम ,सूर्य, अग्नि, वरुण, चन्द्र और कुबेर इन अष्ट दिक्पालों के अंशों से राजा की उत्पत्ति होने से राजा निज तेज के द्वारा समस्त प्राणियों को अभिभूत करते हैं। धर्मपरायण राजा देवांश से उत्पन्न तथा अधर्मपरायण और प्रजापीड़ का राजा राक्षसों के अंश से सम्भूत है। वस्तुतः यह संसार देवासुर संग्राम से सदा युक्त रहता है इसी कारण पवित्रात्मा, सदाचारी और धार्मिक राजा का शरीर देवताओं का पीठ बनता है और अपवित्र कदाचारी तथा अधार्मिक राजा का शरीर असुरों का पीठ बन जाता है। यदि नरपति योग्य हो तो उसके शरीर में कितने ही देवताओं को पीठ बन सकता है, पूर्वोक्त प्रमाण में इसी का उदाहरण दिया गया है। इस प्रमाण से यह भी सिद्ध होता है कि जब राजा में पूर्वकथित देवताओं का अंश विद्यमान हो तभी वह नरपति पूर्ण-कलाओं से युक्त कहा जायगा। सुतरां, दैवी शक्ति सम्पादन करके ही नरपति अपने पद की योग्यता लाभ कर सकता है। इस योग्यता के लिये राज्याभिषेक संस्कार की आवश्यकता होती है। जिस प्रकार से पूर्वकथित यज्ञों में दैवी अनुकम्पा प्राप्त होती है, उसी प्रकार वेदमन्त्र, वैदिक क्रिया आदि की सहायता से इस संस्कार यज्ञ की सफलता होने पर नरपति में

अवश्य ही उक्त दैवी-शक्तियों का विकास हो जाता है। संस्कार यज्ञ में वैचित्र्य रहने का यह भी एक ज्वलन्त उदाहरण है; परन्तु यह तो मानना ही पड़ेगा कि वेदोक्त षोडश संस्कारों में जिस प्रकार अभ्युदय और तदन्तर निःश्रेयस प्राप्ति का क्रम रखा गया है और दूसरी ओर प्रवृत्ति निरोध और तदनन्तर निवृत्ति पोषण की शक्ति उत्पन्न की गई है, वह क्रम इन संस्कारों में नहीं है। राज्याभिषेक जैसे संस्कार यज्ञ केवल अभ्युदयजनक ही है, हां, यह अवश्य ही है कि राजा की योग्यता से समष्टि अभ्युदय का भी संबंध है, इसमें सन्देह नहीं; क्योंकि नर पति योग्य होने पर केवल अपना ही अभ्युदय नहीं करता किन्तु समस्त प्रजा के अभ्युदय का कारण बनता है। इसी कारण श्री भगवान् ने निजमुख से कहा है कि, "नारायण नराधिपः" अर्थात् मनुष्यों में मैं राजा रूप हूं।।४६।।

कारण कहते हैं:-

धर्मरक्षकत्वात्।।४७।।

अनुवाद-धर्मरक्षक होने से।।४७।।

भाष्य-संस्कार-शुद्धि की विचित्रता के उदाहरण में आततायी-वधजन्य पुण्य संस्कारों के संग्रह का उदाहरण स्पष्ट ही है। तदन्तर राजा के राज्याभिषेक संस्कार की मीमांसा, दैवी शक्ति सम्पादन के उपलक्ष्य से ही है; अतः शंका समाधान के लिये कहा जाता है कि राजा में धर्म रक्षा की अनन्य शक्ति विद्यमान होने से उसमें दैव पीठ का होना अवश्यम्भावी है। प्रजा तीन श्रेणी की होती है, यथा-सात्त्विक प्रजा, राजसिक प्रजा और तामसिक प्रजा। उनकी बुद्धि भी तीन प्रकार की होती है, यथा-श्रीभगवान् ने निजमुख से कहा है-

प्रवृत्तिञ्च निवृत्तिञ्च कार्याकार्ये भयाभये।
बंधं मोक्षं च या वेत्ति बुद्धि सा पार्थ सात्त्विकी।।
यथा धर्ममधर्म च कार्यं चाकार्यमेव च।
अयथावत् प्रजानाति बुद्धिः सा पार्थ राजसी।।
अधर्मं धर्ममिति या मन्यते तमसावृता।
सर्वार्थान् विपरीतांश्च बुद्धिः सा पार्थ तामसी।।

प्रवृत्ति, निवृत्ति, कार्य अकार्य, भय, अभय, बंध और मोक्ष को जो जानती है, वह बुद्धि सात्त्विकी है। धर्म, अधर्म, कार्य, अकार्य को यथावत् नहीं जानती है, वह बुद्धि राजसी है। अधर्म को धर्म अथवा सब विषयों में ही जो विपरीत देखे, ऐसी तमसावृता बुद्धि तामसी है।

इन तीनों श्रेणियों की प्रजाओं में से सात्त्विक प्रजा के लिये योगानुशासन, राजसिक प्रजा के लिये शास्त्र और आचार्य द्वारा किया हुआ शब्दानुशासन और तामसिक प्रजा के लिये राजानुशासन परम हितकर है। तामसिक प्रजा की ही अधिकता सर्वत्र है। तामसिक प्रजा को निरंकुश न होने देने से ही राज्यच्छत्र भंग नहीं होता और धर्माधर्म की व्यवस्था बनी रहती है तथा राजसिक प्रजा धर्म पालन और सात्त्विक प्रजा मोक्ष मार्ग का अनुसरण शान्ति पूर्वक करने में समर्थ होती है। राजानुशासन को स्थिर रखकर धर्म मार्ग को सरल रखना जब नरपति के अधीन है, तब उस नरपति में देवताओं का पीठ सदा विद्यमान रहने से ही यह दैव कार्य यथावत् रूप से संसाधित हो सकता है। यदि ऐसा न हो तो राज्य मद से मदान्ध अपवित्र राजा धर्म तथा मोक्ष मार्ग का भ्रष्ट कारक और प्रजा का दुःखदायी बन जाता है। सुतरां, नरपति को दैवी शक्ति सम्पन्न बनाने के लिये राज्याभिषेक संस्कार यज्ञ अति सहायक है।।४७।।

दूसरा कारण कहते हैं:—

दण्डयितृत्वाच्च।।४८।।

अनुवाद—दण्डविधाता होने से भी।।४८।।

भाष्य—तामसिक और स्वभाव पापरत प्रजा को पाप से विरत रखने के लिये, धर्म का मार्ग सुगम करने के लिये, असाधुओं से साधुओं की रक्षा करने के लिये और धर्म, अर्थ, काम एवं मोक्ष इन चतुर्वर्गों की शृंखला ठीक रखने के लिये दण्ड ही एकमात्र आश्रय है और वह दण्ड राजा के हाथ में होता है। दण्ड की महिमा के विषय में स्मृति शास्त्र में ऐसा कहा है:—

तस्यार्थे सर्वभूतानां गोप्तारं धर्ममात्मजम्।
ब्रह्मतेजोमयं दण्डमसृजत्पूर्व्वमीश्वरः।।
तस्य सर्वाणि भूतानि स्थावराणि चराणि च।
भयाद्भोगाय कल्पन्ते स्वधर्म्मान्न चलन्ति च।।
स राजा पुरुषो दण्डः स नेता शासिता च सः।
चतुर्णामाश्रमाणां च धर्मस्य प्रतिभूः स्मृतः।।
सर्वो दण्डजितो लोको दुर्लभो हि शुचिर्नरः।
दण्डस्य हि भयात्सर्वं जगद्भोगाय कल्पते।।
देवदानवगन्धर्वा रक्षांसि पतगोरगाः।
तेऽपि भोगाय कल्पन्ते दण्डेनैव निपीडिताः।।

दण्डः शास्ति प्रजाः सर्वा दण्ड एवाभिरक्षति।
दण्डः सुप्तेषु जागर्ति दण्डं धर्म विदुर्बुधाः॥

राजा के प्रयोजन सिद्धि के लिये पूर्व काल में श्रीभगवान् ने सब प्राणियों के रक्षक धर्म पुत्र रूपी ब्रह्मतेजोमय दण्ड को उत्पन्न किया। उस दण्ड के भय से सब चराचर प्राणी भोग भोगने के लिये तत्पर होते हैं और अपने धर्म से विचलित नहीं होते हैं। वह दण्ड ही राजा है, वह दण्ड ही पुरुष है, वह दण्ड ही नेता है, वह दण्ड ही नियन्ता है और चारों आश्रमों के धर्म का दण्ड ही प्रतिनिधि है। दण्ड ही सब संसार को अच्छे मार्ग में प्रवाहित करता है, क्योकि स्वभाव शुद्ध मानव कठिनता से प्राप्त होते हैं, दण्ड ही भय से सब संसार भोगादि कार्य में प्रवृत्त होता है। दण्ड से ही निपीडित होकर देवता, दानव, गन्धर्व, राक्षस, पक्षी और सर्प ये भी भोग के लिये समर्थ होते हैं। इससे दण्ड ही सब प्रजा को आज्ञा करता है, दण्ड ही सबकी रक्षा करता है, दण्ड ही सोने पर जगाता है, पण्डितगण दण्ड ही को धर्म कहते हैं।

सुतरां, राजा दण्डधारी होने के कारण राजा में इन्द्र और यम का पीठ होना अवश्य ही उचित है। नहीं तो राज प्रमादग्रस्त होकर अपना और प्रजा दोनों का अकल्याण कर सकता है। इस कारण नरपति को राज्याभिषेक संस्कार से अपने शरीर और मन को दैव राज्य से संबंधयुक्त करना उचित है और तदन्तर सदाचार और स्वधर्म पालन द्वारा उस शक्ति की सुरक्षा करना उचित है।।४८।।

अब संस्कारशुद्धि–प्रसंग से पुनः कह रहे हैं:–

अतः सफलमाशौचम्।।४९।।

अनुवाद–इसलिये आशौच सफल है।।४९।।

भाष्य–प्राकृतिक वैचित्र्य होने से नाना अवस्थाओं में नाना प्रकार से संस्कार शुद्धि हुआ करती है, इसलिये कर्म रहस्य के जानने वाले पूज्यपाद महर्षियों ने नाना श्रेणी की संस्कार शुद्धियों का वर्णन धर्म शास्त्रों में किया है। उस वैचित्र्य का एक उदाहरण और दे रहे हैं। पूर्वकथित प्रकृतिवैचित्र्य और दैव कारण होने से शास्त्रों में जो आशौच प्रकरण हैं, उनकी सिद्धि होती है। धर्मशास्त्रों में मरणशौच और जननाशौच इन दो प्रकार के आशौचों का वर्णन पाया जाता है। इस आशौच अवस्था में काल और क्रिया की सहायता जो शास्त्रों के शुद्धि प्रकरण में विवृत है, वह भी इसी विज्ञान मूलक है। इस मृत्यु लोक में जीवित अवस्था में ही आत्मीयों के साथ पारस्परिक संबंध निर्णीत होता है। पूर्व जन्मार्जित नाना कर्मों के वेग से कई प्रकार के कर्मों के जीवों का एक जाति में, एक कुल में

और विशेष आत्मीयता का संबंध रखते हुए जन्म होता है वह संबंध स्थूल शरीर मूलक है और जन्म से प्रारम्भ होता है तथा मृत्यु होने पर उसका परिवर्तन हो जाता है। इसी कारण जन्म और मृत्यु दोनों की सन्धियों में आशौच का होना स्वाभाविक हैं। समष्टि और व्यष्टि का संबंध जिस प्रकार एक भाव से गुम्फित रहता है, कुल और कुलोत्पन्न व्यक्ति का संबंध भी उसी प्रकार समझना उचित हैं आर्यजाति जिसकी पवित्रता वर्णाश्रम धर्म द्वारा विशेष रूप से सुरक्षित है, जिसका वर्णन विस्तृत रूप से पहले आ चुका है, उसकी घनिष्ठता दैवराज्य से होने के कारण और विशेष कुल की सुरक्षा पितरों के द्वारा होते रहने के कारण प्रत्येक कुल में किसी व्यक्ति का प्रवेश होना अथवा कुल से निकल जाना एक साधारण विषय नहीं है; ऐसे दैव सुरक्षित कुल का हिसाब दैव जगत् में रखा जाता है। जिस प्रकार एक वैश्य को अवस्था विशेष में धन की प्राप्ति और अवस्था विशेष में धन का नाश होते समय यथाक्रम आनन्द और निरानन्द होना सर्वथा युक्तियुक्त है, ठीक उसी प्रकार कुल के व्यक्ति चाहे इस लोक में हों, चाहे परलोक में हो, उनको अपने कुल की पुष्टि से आनन्द और कुल के क्षय से निरानन्द होना भी स्वतः सिद्ध है। दूसरी ओर संस्कार राज्य और कर्म राज्य में इन दोनों सन्धियों का बहुत कुछ धक्का लगता है; यद्यपि सब को समान धक्का न लगे, परन्तु इन सन्धियों में पितृलोक और मृत्युलोक में बड़ा परिवर्तन होने का अवसर है, यह मानना ही पड़ेगा। ऐसे परिवर्तन के समय में संयम के द्वारा संस्कार शुद्धि और क्रिया शुद्धि का करना कर्म विज्ञान-अनुमोदित होगा। अतः इन दोनों सन्धियों में शास्त्रोक्त आशौच की रीति को मानने से अनेक उपकार है। यथा- कुल रूपी एक समष्टि शरीर में राग और अभिनिवेशजनित उद्देश्य रूप से जो आवरण अन्तःकरण में उत्पन्न होता है उससे विमुक्त होना, कुल देवता का सम्बर्द्धन, पितरों का सम्बर्द्धन, इन दोनों सन्धियों में संयम द्वारा आत्म शुद्धि, कुल के समष्टि संबंध की दृढ़ता इत्यादि। यदि जिज्ञासु को यह प्रश्न हो कि, ज्ञानी व्यक्ति के वियोग में, शत्रु भावापन्न आत्मीय के वियोग में और अतिप्रिय आत्मीय के वियोग में समान क्रिया क्यों करनी पड़ती है? अल्पवयस्क बालक और वृद्ध के आशौच में समानता क्यों नहीं होती? कुल की विवाहिता कन्या का आशौच क्यों नहीं लगता? इन श्रेणी की शंकाओं का समाधान यह है कि, आशौच का विज्ञान संस्कार मूलक है और उसकी शुद्धि भी अन्तर्जगत् संबंधी संस्कार विमुक्ति से अधिक संबंध रखती है। आत्मीय ज्ञानी हो अथवा शत्रु हो, कुलजनित नियम एक ही होना चाहिए। वृद्ध आत्मीय और बालक आत्मीय दोनों के संस्कार-जनित संबंध में अनेक अन्तर है।

विवाहित कन्या का दान कर दिया जाता है, इस कारण तत्त्वत: उससे कुलसंबंध नष्ट हो जाता है। यदि ऐसा न हो तो दान सिद्ध नहीं होता है। संक्षेप से इन सब समाधानों के द्वारा आशौच प्रकारण की सिद्धि होती है।।४९।।

विज्ञान को स्पष्ट कर रहे हैं–

तत्तारतम्यं चातुर्वर्ण्ये।।५०।।

अनुवाद–चातुर्वर्ण्य में उसका तारतम्य होता है।।५०।।

भाष्य–स्मृति शास्त्र में ऐसी आज्ञा पाई जाती है कि, ब्राह्मण, क्षत्रिय, वैश्य और शूद्र के आशौचान्त के काल में भेद है। यह भी आशौच विज्ञान जो संस्कारमूलक है, उसको सिद्ध करता है। ब्राह्मण, क्षत्रिय, वैश्य और शूद्र ये चारों वर्ण चार श्रेणी के संस्कारों से स्थापित हैं। इन वर्णों में आए हुए व्यक्तियों पर जैसा कुल संस्कार का प्रभाव है, वैसा जातिसंस्कार का भी प्रभाव है। उसी विशेष विशेष वर्ण के आध्यात्मिक अधिकार के अनुसार ही इस प्रकार आशौच शुद्धि में काल का भेद रखा गया है। कहीं कहीं काल निर्णय के विषय में धर्माचार्यों का मतभेद पाया जाता है, परन्तु मौलिक विज्ञान के विषय में किसी का भी मतभेद नहीं है। वस्तुत: वर्णधर्म के अनुसार जो भेद शास्त्रों में पाया जाता है, उसमें प्रकृति वैषम्य और आध्यात्मिक स्थिति वैषम्य कारण है; ऐसा मानना उचित है।।५०।।

और भी स्पष्ट कर रहे हैं :–

तत्र विशेषतोऽपि वैषम्यम्।।५१।।

अनुवाद–वहां विशेषता के कारण भी वैषम्य है।।५१।।

भाष्य–केवल वर्ण के अनुसार आशौच के काल निर्णय में वैषम्य नहीं पाया जाता, किन्तु अन्य प्रकार से भी आशौच की अवधि में भी काल वैषम्य पाया जाता है। नाना अवस्थाओं में आशौच के काल के विषय में धर्माचार्यगण विभिन्न प्रकार की व्यवस्था देते हुए दिखाई देते हैं, उसका कारण भी पूर्वोल्लिखित विज्ञान ही है। कुल सम्बन्ध विचार, कुल में पर्याय-सम्बन्ध विचार, व्यक्ति के आयु संबंध का विचार, जब से संस्कार उत्पन्न हो उसका विचार इत्यादि विषयों को सनमुख रखकर तथा जिसके लिये आशौच होता है और जिसके शरीर पर आशौच का प्रभाव पड़ता है उनका विचार, इस प्रकार से नाना देश, काल और पात्र का विचार करके धर्माचार्यगण आशौच का काल निर्णय किया करते हैं। यदि दूर देश में कोई आत्मीय रहे और वह ब्राह्मण हो तथा आशौच

का संवाद यदि दश दिन पीछे पहुंचे, तो जिस दिन सुने, उसी दिन आशौचान्त होता है। इसी प्रकार बालक के लिये मृताशौच का काल थोड़ा होता है। जिस मृत व्यक्ति का शरीर न मिला हो, उसके आशौच की व्यवस्था अन्य प्रकार से होगी। इत्यादि जो आज्ञाएं शास्त्रों में पाई जाती हैं, उन सबों का निर्णय उभयपक्ष का विचार कर और कर्म की गतिपर लक्ष्य रखकर पूर्वकथित विज्ञान के अनुसार किया जाता है।

प्रकृति वैचित्र्य, अधिकार वैचित्र्य और अवस्था वैचित्र्य के कारण संस्कार को शुद्ध करने के लिये और उसके द्वारा धर्मोन्नति कराने के लिये अनेक प्रकार के साधनों का धर्मशास्त्र में वर्णन पाया जाता है। जिनके सिद्धान्त की मीमांसा हो सकती है, परन्तु अलग अलग क्रिया की मीमांसा सम्भव नहीं। इस कारण पूज्यपाद महर्षि सूत्रकार ने त्रिगुण भेद से केवल तीन श्रेणी के धर्मोन्नतिकारी संस्कारों की मीमांसा करके इस गुरुतर विषय का दिग्दर्शन कराया है। उन उदाहरणों में से आततायी के वध में हिंसा जनित संस्कार, तमोगुण, राज्याभिषेक रजोगुण और आशौच सत्त्वगुण के उदाहरण हैं।।५१।।

प्रकृत विज्ञान को पुनः कह रहे हैं:-

अन्येऽपि तथा।।५२।।

अनुवाद–अन्य संस्कार समूह भी वैसे हैं।।५२।।

भाष्य–वैदिक संस्कार यज्ञों तथा अन्य प्रकार की संस्कार शुद्धियों की मीमांसा करके अब पूज्यवाद महर्षि सूत्रकार वेद और विभिन्न शास्त्रीय संस्कार यज्ञों की मीमांसा कर रहे हैं। संस्कार यज्ञ समूह तीन भागों में विभक्त है, यथा-वैदिक, तान्त्रिक और मिश्र। यथा-

"वैदिको तान्त्रिकी मिश्रा त्रिविधा कर्मचोदना।"

स्मार्त, पौराणिक, और तांत्रिक ये तीनों प्रकार के कर्म काण्ड ही तांत्रिक कर्म कहलाते हैं और जिस कर्म में तान्त्रिक और वैदिक दोनों मिश्रित हों वह मिश्रित कहलाता है। वेदसम्मत संस्कारयज्ञ चाहे मिश्र हो, चाहे तान्त्रिक हो, सब ही दैवी सहायता प्राप्त कराने वाले हैं, क्योंकि वे यज्ञ भी वेदविहित और शास्त्रीय-विज्ञानमूलक हैं। विशेषतः मिश्र और तान्त्रिक संस्कार यज्ञ समूह भी वैदिक संस्कार यज्ञ की रीति पर द्रव्यशुद्धि, क्रियाशुद्धि आदि पूर्व कथित सप्त अंगों से पूर्ण होते हैं। तथा वे भी प्रवृत्तिरोधक और निवृत्तिपोषक होते हैं।।५२।।

प्रकृत विज्ञान की पुष्टि कर रहे हैः-

त्रिविधशुद्धिमत्त्वात्॥५३॥

अनुवाद–त्रिविध शुद्धि युक्त होने से॥५३॥

भाष्य–जिस प्रकार वैदिक संस्कार यज्ञ का प्रभाव बुद्धि पर, मन पर और शरीर पर पड़ता है, उसी प्रकार तान्त्रिक और मिश्र का प्रभाव भी उन तीनों पर पड़ता है। जिस प्रकार वैदिक संस्कारों के द्वारा यथावश्यक अध्यात्म शुद्धि, अधिदैव शुद्धि और अधिभूत शुद्धि होती है। उसी प्रकार मिश्र और तान्त्रिक संस्कार भी त्रिविध शुद्धि उत्पन्न करते हैं॥५३॥

प्रसंग से शंका का समाधान किया जाता है:-

अवैदिकोऽप्यपूर्णो न निष्फलः संकल्पवत्त्वात्॥५४॥

अनुवाद–वैदिक संस्कार असम्पूर्ण होने पर भी संकल्प युक्त होने से निष्फल नहीं होते॥५४॥

भाष्य–यदि जिज्ञासुओं के चित्त में ऐसी शंका हो कि वैदिक मतावलम्बियों में बहुत से ऐसे लौकिक संस्कार देखने में आते हैं कि, जो पूर्वकथित सप्त अंगों से पूर्ण नहीं हैं, उसी प्रकार अनेक स्मार्त आचार भी देखने में आते हैं। दूसरी ओर अवैदिक विभिन्न उपधर्मावलम्बियों में भी अनेक संस्कार होते हुए देखे जाते हैं कि जिनमें भी पूर्वोक्त प्रकार के सप्त अंगों की पूर्णता देखने में नहीं आती है, तो क्या, वे सब अवैदिक संस्कार सर्वथा निष्फल होते हैं? इस प्रकार की शंकाओं के समाधान में पूज्यपाद महर्षि सूत्रकार ने इस सूत्र का आविर्भाव किया है यद्यपि वेद तथा वेदानुकूल शास्त्रों के कर्म विज्ञान से रहित संस्कार की क्रियाओं में पूर्वकथित सप्त अंग नहीं पाये जाते हैं और न उनमें त्रिविध शुद्धि का ही क्रम रहता है, परन्तु संकल्प अवश्य रहता है, इस कारण संकल्पजनित फल का होना भी स्वतः सिद्ध है, क्योंकि संकल्प से संस्कार का संग्रह अन्तःकरण में अवश्य ही होता है। संकल्प ही संस्कार का मूल है। इस कारण अवैदिक संस्कार समूह सर्वथा अपूर्ण तथा पूर्ण फल प्रद न होने पर भी एक बार ही निष्फल नहीं हुआ करते हैं॥॥५४॥

संस्कार के भेद कहे जाते हैं:-

स द्विविधः स्थूलसूक्ष्मजन्यत्वात्॥५५॥

अनुवाद–स्थूल, सूक्ष्म भेद से वह द्विविध है। ॥५५॥

भाष्य–यह संसार सूक्ष्म और स्थूल दो भागों में विभक्त है। सूक्ष्मदैवराज्य

और स्थूल मृत्यु लोक उसके उदाहरण हैं। दोनों का सम्बन्ध अतिघनिष्ठ है, यही कारण है कि स्थूल अन्न और स्थूल जल से किए हुए श्राद्धतर्पणादि सूक्ष्म जगत् में रहने वाली आत्मा तथा अन्य स्थानों में जन्म ग्रहण करने वाली आत्माओं को तृप्त कर सकते हैं। दूसरी ओर मन से मानस पूजा का फल इस लोक में प्राप्त होकर उपासना कार्य की सिद्धि होती है। इसी कारण संस्कार की गति भी दो श्रेणी की मानी जाती है, जिसका वर्णन आगे किया जाता है।।५५।।

प्रथम का वर्णन कर रहे हैं:-

दीक्षासन्यासादयः सूक्ष्मसम्बद्धाः।।५६।।

अनुवाद–दीक्षा-सन्यासादि सूक्ष्म-संबंध युक्त हैं।।५६।।

भाष्य–प्रथम श्रेणी के उदाहरण में दीक्षा संयासादि को समझना उचित है, क्योंकि दीक्षा में प्रवृत्ति मार्ग के त्यागजनित सङ्कल्प और इष्ट के साथ घनिष्ठता तथा आत्मसमर्पण सूक्ष्म राज्य की सहायता से सुसिद्ध होते हैं, उसी प्रकार संनयास में संकल्प द्वारा ऊर्ध्वलोक, अधोलोक, तथा मध्य लोक का त्याग और शरीर संबंधीय धारण का त्याग अन्तःकरण की सहायता से किया जाता है। इस श्रेणी के संस्कार साक्षात् रूप से सूक्ष्म जगत् से ही संबंध रखते हैं। इस विज्ञान को और भी स्पष्ट करने के लिये समझना उचित है कि, दीक्षा का गुरु पदिष्ट मन्त्र अथवा संन्यास का प्रेषमन्त्र गुरु के मुख से उच्चारित होने के अनन्तर सीधा अन्तःकरण में पहुँचकर पूर्ण रूप से फल उत्पन्न करता है। उक्त संस्कारों में सिद्धि लाभ करने के लिये किसी भी बहिःक्रिया या स्थूल पदार्थ की अपेक्षा नहीं रहती है। दीक्षा में केवल गुरु मन्त्र का कर्ण कुहर के द्वारा अन्तःकरण में पहुंचना ही मुख्य है, उसी प्रकार सन्यास संस्कार में प्रेषमन्त्र का सुन लेना ही मुख्य है।।५६।।

अब द्वितीय का वर्णन किया जाता है:-

अन्त्येष्टिप्रभृतयोऽन्यसम्बद्धाः।।५७।।

अनुवाद–अन्त्येष्टि-क्रिया प्रभृति अन्य संबंध से युक्त है।।५७।।

भाष्य–दूसरी श्रेणी के उदाहरण में अन्त्येष्टिक्रिया आदि संस्कार समझना उचित है। अन्त्येष्टि क्रिया के समय अन्तर्जली से प्राणवायु का ऊर्द्धव निर्गमन होता है। यथाविधि गंगातटादि पर अन्त्येष्टि क्रिया करने से परलोकगामी आत्मा के स्थूल शरीर की पवित्रता सम्पादन द्वारा उसको शान्ति प्राप्त होती है। अन्त्येष्टि क्रिया की पूर्वावस्था में स्थूल शरीर का प्रभाव सूक्ष्म शरीर पर इस प्रकार से पड़ता

है कि जिससे परलोकगामी आत्मा की ऊद्धर्वगति हो जाती है। यह विज्ञान सिद्ध है कि प्राणमय कोष ही अन्य तीन कोषों के साथ जीवात्मा को साथ लेकर अन्नमय कोषरूपी स्थूल शरीर को छोड़ कर लोकान्तर में गमन करता है। दूसरी ओर यह प्रत्यक्ष सिद्ध है कि स्थूलतर तत्त्व सूक्ष्म क्रिया को बाधा दे सकता है, उसी नियम के अनुसार अर्द्धनाभि तक स्थूल शरीर के नीचे का भाग जल में डूबे रहने के कारण प्राणमय कोष प्रधान अतिवाहिक सूक्ष्म देह नाभि तथा नाभि के निम्न द्वारों से न निकल कर ऊद्धर्व द्वारों से निकलता है; सुतरां ऊद्धर्व द्वार से निर्गमन होने के कारण जीवात्मा की ऊद्धर्वगति अवश्यम्भावी है। अन्त्येष्टि क्रिया की दूसरी अवस्था केवल स्थूल शरीर के साथ संबंध रखती है; अर्थात् परलोकगामी आत्मा का छोड़ा हुआ स्थूल शरीर यदि तुरंत ही गंगाजल अग्नि आदि के संस्पर्श से पवित्रता लाभ करे अथवा उसके परमाणु समूह दैवी सहायता से रूपान्तर को प्राप्त होते हुए भी पवित्र हो जाएं तो इस संस्कार के द्वारा परलोकगामी आत्मा की आध्यात्मिक उन्नति में कुछ सहायता पहुँचती है, ऐसा मानना ही पड़ेगा। इस विज्ञान को स्पष्ट करने के लिये यह समझना उचित है कि, स्थूल देह के साथ अति घनिष्ठ संबंध रहने के कारण शरीर के त्याग के अनन्तर भी उस परलोकगामी आत्मा की दृष्टि उस मृत देह की ओर रहना सम्भव है, ऐसी दशा में यदि वह स्थूल देह अथवा उस देह के परमाणु समूह पवित्रता लाभ करें तो उस पवित्रता का संस्कार उस परलोकगामी आत्मा में अवश्य लगेगा। क्योंकि अन्तःकरण जिस श्रेणी के पदार्थों को ग्रहण करता है उसी श्रेणी के संस्कार उसके चित्त में अंकित होते हैं। अतः इस द्वितीय श्रेणी के संस्कार स्थूल शरीर की सहायता से सूक्ष्म शरीर पर कार्य करते हैं। यही पूर्व श्रेणी के संस्कारों से इस श्रेणी के संस्कारों का अंतर है।।५७।।

द्विविध शरीर के प्रसंग से कोष विकास का रहस्य कहा जाता है :-

उद्भिज्जमाजरायुजं चतुष्कोषक्रमोन्मेषः।।५८।।

अनुवाद–उद्भिज्ज से जरायुज पर्यन्त चार कोषों का क्रम विकास होता है।।५८।।

भाष्य–स्थूल शरीर और सूक्ष्म शरीर दोनों शरीरों की क्रिया से सम्बन्ध युक्त अस्वाभाविक संस्कार तथा स्वाभाविक संस्कार से युक्त अस्वाभाविक संस्कार के रहस्यों को वर्णन करके अब स्वाभाविक संस्कार से संबंधयुक्त नाना पिण्डों में कोषों के क्रम विकास का रहस्य वर्णन किया जाता है। पूर्व में जिन

संस्कारों का वर्णन किया गया हैं, वे सब अस्वाभाविक संस्कार की श्रेणी में ही कहे जा सकते हैं। यद्यपि वैदिक षोडश संस्कारों में ऐसी सुकौशल पूर्ण क्रिया रखी गई है कि, उन संस्कार यज्ञों के द्वारा स्वाभाविक संस्कार की गति सरल होकर अस्वाभाविक संस्कार की गति रुद्ध हो जाती है, परन्तु पूर्व कथित सब संस्कार-समूह मनुष्य संकल्प के अधीन होने के कारण उनको अस्वाभाविक संस्कार की श्रेणी में ही किसी सन् किसी प्रकार से मान सकते हैं। पहले वैदिक सोलह संस्कारों को स्वाभाविक संस्कार के अन्तर्गत कहकर अब अस्वाभाविक संस्कार की श्रेणाी में कहने से शंका हो सकती है। इस कारण शंका समाधान के लिये कहा जाता है कि मनुष्य संकल्प जात अस्वाभाविक संस्कार की दो श्रेणी में विभक्त कर सकते हैं, एक मनुष्य वासनाजनित जिसमें स्वाभाविक संस्कार के विकसित होने के लिये अवसर नहीं रहता है और दूसरे वैदिक प्रेरणा से वैध संकल्प के द्वारा उत्पन्न संस्कार, जो मनुष्य संकल्प से संबंध रखने पर भी और रूपान्तर से अस्वाभाविक होने पर भी उनके द्वारा अस्वाभाविक संस्कार जाल क्रमश: छिन्न होता जाता है और दूसरी ओर स्वाभाविक संस्कार की शक्ति जो मनुष्य के निरङ्कुश संकल्पों से निस्तेज हो गई थी, उस शक्ति का क्रमविकास होता जाता है। इस विज्ञान को यों भी समझ सकते हैं कि जैसे स्वाभाविक संस्कार उद्भिज्जयोनि से मनुष्य योनि पर्यन्त क्रमश: नियमित कार्यकारी होकर मनुष्य योनि में अस्वाभाविक संस्कार के प्रकट होने पर दब जाता है और पुन: मनुष्य के जीवन्मुक्त हो जाने पर पूर्ण स्वरूप को प्राप्त हो जाता है, उसी प्रकार अस्वाभाविक संस्कार ठीक विपरीत गति को प्राप्त होकर मनुष्य की स्वाभाविक दशा में अपनी पूर्ण शक्तियों को दिखाता है और वेदसम्मत संस्कार यज्ञों के द्वारा हीनबल हो जाता है। इस कारण यह कह सकते हैं कि बाह्य स्वरूप से वैदिक संस्कार समूह मनुष्य संकल्प से सम्बन्ध रखने वाले अस्वाभाविक संस्कार के समान होने पर भी वह स्वभावत: स्वभाविक संस्कार के समान होने पर भी वह स्वभावत: स्वाभाविक संस्कार मूलक ही है। इसी कारण वे मुक्ति प्रदान करने में समर्थ होते हैं। अब इस सूत्र में जो आदि सृष्टि से संबंध युक्त क्रम-अभिव्यक्ति का वर्णन किया जा रहा है, वह सब स्वाभाविक संस्कार के बल से ही संबंध रखती है। स्वाभाविक संस्कार चिज्जड़ग्रन्थि उत्पन्न होते समय प्रारम्भ होता है, उसी के बलसे प्रकृति-माता की स्वाभाविक क्रिया और उसके स्वाभाविक स्पन्दन की गति के अनुसार दैवी सहायता से जीव स्वत: उद्भिज्ज योनि से स्वेदज योनि और स्वेदज योनि से जरायुज योनि इस प्रकार से आगे बढ़ता जाता है। इसी क्रमोन्नति के

स्वाभाविक नियमानुसार स्वाभाविक रूप से दैवी सहायता प्राप्त करके जीव क्रमशः अपने स्थूल शरीर में पंचकोषों की क्रमाभिव्यक्ति करता जाता है। इस प्रकार से उद्भिज्ज योनि में पांचों कोषों के रहने पर भी केवल अन्नमयकोष का विकास होता है। स्वेदज में अन्नमय, प्राणमय कोषों का होता है। अण्डज में अन्नमय, प्राणमय, मनोमय इन तीनों कोषों का होता है। और जरायुज में अन्नमय, प्राणमय, मनोमय और विज्ञानमय इन चार कोषों का विकास होता है। ।।५८।।

सब कोषों का विकास कहां होता है सो कहा जाता है–

सर्वविकासोऽन्तिमे।।५९।।

अनुवाद–अन्तिम में सब कोषों का विकास होता है। ।५९।।

भाष्य–क्रमाभिव्यक्ति की अन्तिम योनि मनुष्य योनि है। इस योनि में जब स्वाभाविक संस्कार के बल से जीव पहुँच जाता है तो वह कोषों की पूर्णता को प्राप्त कर लेता है। तब वह जीव अन्नमय, प्राण मय, मनोमय, विज्ञानमय और आनन्दमय इन पांचों कोषों के विकास से पूर्ण हो जाता है। वह पूर्णावयव जीव तब पूर्णत्व प्राप्त करने से धर्माधर्म-विचार का अधिकारी हो जाता है। इसी कारण स्मृति शास्त्र में भी कहा है:–

पितरः ! पंचकोषा हि सर्वपिण्डप्रतिष्ठिताः।
आवृण्वन्तो विराजन्ते मत्स्वरूपं न संशयः।।
मध्यमासु निकृष्टासु तथोच्चैर्देवयोनिषु।
सर्वास्वप्यवतिष्ठन्ते पञ्च कोषा न संशयः।।
एतावांस्तत्र भेदोऽस्ति नूनं निम्नासु योनिषु।
पञ्चकोषा विकासन्ते नैव सामान्यतोऽखिलाः।।
निखिलानान्तु कोषाणां मर्त्यपिण्डेषु निश्चितम्।
विकासः सर्वतः सम्यग् जायते नात्र संशयः।।

हे पितृगण ! पंचकोष सब प्रकार के पिण्डों में प्रतिष्ठित होकर मेरे स्वरूप को आवरण किये हुए रहते हैं। चाहे निकृष्ट योनि हो, चाहे मध्यम मनुष्य योनि हो और चाहे उन्नत देवयोनि हो, सब में ही पंचकोष विद्यमान है। भेद इतना ही है कि निकृष्ट योनियों में सब कोषों का समान विकास नहीं होता। मनुष्य पिण्डमें सब कोषों का सम्यक् विकास हो जाता है।।५९।।

प्रसङ्ग से प्रथम योनि का आश्रय स्थल बताया जाता है–

क्षित्येकाश्रयत्वमुद्भिदः॥६०॥

अनुवाद–उद्भिज्ज एक मात्र पृथिवी को आश्रय करके रहता है।।६०।।

भाष्य–स्वाभाविक संस्कार के बल से उत्पन्न पिण्ड सृष्टि की सहयोगिता से जीव की क्रमाभिव्यक्ति का विज्ञान स्पष्ट करने के अर्थ तथा स्थावरभावापन्न जीव का आश्रय बताने के अर्थ पूज्यपाद महर्षि सूत्रकार ने इस सूत्र का आविर्भाव किया है। चिज्जड़ ग्रन्थि से उत्पन्न प्रथम श्रेणी के पिण्ड को प्राप्त करके जीव, जडभावापन्न इस प्रकार से रहता है कि उसमें पंच कोष रहने पर भी चार कोष उसके एक बार ही अप्रकाशित रहते हैं और उसका केवल अन्नमय कोष ही प्रकाशित रहता है। उसमें जड़त्व की प्रधानता और स्थावरत्व के हेतु उसको सब प्रकार से एकमात्र पृथिवी तत्त्व के आश्रय से रहना पड़ता है; क्योंकि अन्नमय कोष में पृथिवी तत्त्व की प्रधानता है। प्रत्यक्ष प्रमाण यह है कि मृत्यु के अनन्तर जो उसका अन्नमय कोष यहां ही पड़ा रहता है, वह अन्त में पृथिवीतत्त्व में ही परिणत हो जाता है। ।६०।।

उदाहरण से विज्ञान की पुष्टि कर रहे हैं:–

ब्रह्माण्डपिण्डयोस्तथादर्शनात्॥६१॥

अनुवाद–ब्रह्माण्ड और पिण्ड में ऐसा देखे जाने से।।६१।।

भाष्य–प्रथम अभिव्यक्तिरूप उद्भिद्- जीव अनेक प्रकार के होते हैं। और उनके भेद ऐसे भी हैं कि अनेक उद्भिद् जीव पिण्ड का आश्रय करके रहते हैं और अनेक उद्भिज्ज जीव ब्रह्माण्ड का आश्रय करके रहते हैं। वृक्ष, लता, गुल्म और ओषधि रूपी उद्भिद्-जीव समूह ब्रह्माण्ड का आश्रय करके रहते हैं; क्योंकि ये सब उद्भिद-जीव समष्टि मृक्ति को आश्रित करके रहते हैं। यहां ब्रह्माण्ड शब्द से मृत्यु लोक समझना उचित है। इसका कारण यह है कि, मृत्यु लोक ही पृथिवी तत्त्व प्रधान है और पिण्ड से उद्भिद् का संबंध इसलिये कहा गया है कि अन्य जीव शरीरों में भी कई प्रकार के उद्भिदों की सृष्टि होती है। जैसे पृथिवी पर के वृक्षादि के बीज से पृथिवी भेदन करके अंकुरोत्पत्ति होती है, उसी प्रकार से मनुष्य आदि जीव पिण्ड के चर्म आदि भेदन करके कई प्रकार के उद्भिज्ज जीव उत्पन्न होते हैं। अघटन घटना पटीयसी माया की यह अनन्त विचित्रता है। ।६१।।

स्वाभाविक संस्कारजात द्वितीय श्रेणी के जीवों का आश्रय स्थल बताया जाता है:–

स्वेदजो जलग्निवायव्याकाशाश्रयः॥६२॥

अनुवाद–स्वदेज जल, अग्नि, वायु और आकाश को आश्रय करके रहता है॥६२॥

भाष्य–जब स्वाभाविक संस्कार के बल से जीव उद्भिद् कोटि से आगे बढ़ता है, उस समय दैवी सहायता प्राप्त करके स्वेदज श्रेणी में पहुँच जाता है, उस समय उसमें प्राणमय कोष का विकास हो जाता है। तब उसको साक्षात् रूप से पृथिवी-तत्त्व की सहायता नहीं लेनी पड़ती। वह अन्य चार तत्त्वों के आश्रय से अपने अस्तित्व की रक्षा करता है। प्राणमय कोष की अभिव्यक्ति होने से उस श्रेणी के जीवों में इस प्राकर से जीवन रक्षा करने का सामर्थ्य हो जाता है। इस कारण स्वेदज जीव सब स्थानों में पाये जाते हैं॥६२॥

स्वेदज जीव की विचित्रता सिद्ध की जाती है:–

गुणभेदादनेकधा॥६३॥

अनुवाद–गुण भेद से अनेक प्रकार के होते हैं॥६३॥

भाष्य–प्राणमय कोष का विकास हो जाने से त्रिगुण का पृथक्-पृथक् विकास उनमें दिखाई पड़ता है और वे सृष्टि, स्थिति और लयकार्य के सहायक बन जाते हैं यही उनका वैचित्र्य है। अन्य पिण्डों के सृष्टि, स्थिति और लयकार्य में इनकी साक्षात् सहायता रहती है। इस कारण त्रिगुण भेद से वे अनेक प्रकार के होते हैं। स्वेदज जीव आकाशादि सब भूतों में ही विचरणशील होने पर भी नाना श्रेणी के पिण्डों में विद्यमान रहकर अपनी अलौकिकी शक्ति के द्वारा उन पिण्डों की सृष्टि स्थिति और नाश में सहायता करते हैं। सुतरां पिण्ड की श्रेणी भेद से उनके भी अनेक भेद होते हैं॥६३॥

इस विज्ञान की और भी पुष्टि कर रहे हैं:–

ब्रह्माण्डपिण्डयो रोगारोग्यप्रदाः॥६४॥

अनुवाद–वे ब्रह्माण्ड और पिण्ड में रोग तथा अरोग्य को देने वाले हैं॥६४॥

भाष्य–जीव पिण्डों के बाहर और भीतर रहकर समष्टि रूप से और व्यष्टि रूप से रोग की उत्पत्ति और रोग के विनाश का कारण बनते हैं। जीव स्थूल-शरीर नाशक समष्टिविष और व्यष्टिविष के उत्पादक भी वे विशेष विशेष जाति

के स्वेदज होते हैं और नाशक भी विशेष-विशेष जाति के स्वेदज होते हैं। सब समय स्वास्थ्य की रक्षा वे समष्टि वायु में विचरण करके करते हैं। और उसी प्रकार महामारी के समय जब समष्टि रोग की उत्पत्ति होती है तो वे ही उसका कारण बनते हैं। इसी प्रकार जीव शरीर में स्वास्थ्य की रक्षा एक श्रेणी के स्वेदज अपने प्राणसमर्पण द्वारा किया करते हैं। सब रोगों की आरोग्यता में वे ही सहायक होते हैं। रोग की उत्पति और शरीर के प्रलय की सब अवस्थओं में वे ही सहायता देते हैं। उनमें प्राणशक्ति की यह आलौकिक महिमा है। ।६४।।

विशेषत्व कहा जाता है:-

अतीन्द्रिया अपि।।६५।।

अनुवाद-वे अतीन्द्रिय भी हैं। ।६५।।

भाष्य-सब प्रकार की जीव श्रेणी में उनका विशेषत्व यह है कि वे इन्द्रियों के अगोचर भी होते हैं। उनके अनेक श्रेणी के जीव इतने सूक्ष्म होते हैं कि दर्शनेन्द्रिय से देखे नहीं जाते। वायुमण्डल में भ्रमणशील स्वेदज जो प्राण वायु के द्वारा नासिका रन्ध्र में प्रवेश करके स्वास्थ्य की रक्षा सब समय करते हैं, जल कण के साथ जो स्वेदज नित्य स्थित रहकर प्राण की पुष्टि करते हैं, शरीर की त्वचा, रक्त, मांस, रजोवीर्य्यादि में रहकर जो सृष्टि, स्थिति और लय का कार्य करते हैं, वे दर्शनेन्द्रिय से अगोचर है। इनमें सन्देह नहीं।।६५।।

योनि के कितने भेद हैं वे कहे जाते हैं:-

योनेरानन्त्येऽपि पञ्चधा।।६६।।

अनुवाद-योनियों के अनन्त होने पर भी वे पांच प्रकार की हैं।।६६।।

भाष्य-जीव की योनियों में से जिन दो श्रेणियों की योनियों के विषय में नाना प्रकार की शंकाएं हो सकती हैं, उनका वर्णन पहले ही किया गया है। उद्भिज्ज का स्थावरत्व देखकर उनके जीवत्व में ही शंका होती है और स्वेदजों के तो अस्तित्व में अनेक शंकाएँ होती हैं; क्योंकि वे प्राय: अतीन्द्रिय होते हैं। इस कारण उन दोनों श्रेणियों का विस्तारित वर्णन करके अब सब श्रेणी की योनियों का विषय कहा जाता है। स्वाभाविक संस्कार के क्रमाभिव्यक्तिकारी परिणाम से प्रथम उद्भिज्ज की अनेक योनियों में और उसके अनन्तर स्वेदज की अनेक योनियों में अग्रसर होता हुआ जीव किस प्रकार से पूर्णता प्राप्त करता है और जीव की इस क्रमभिव्यक्ति को कितनी श्रेणी की योनियों में विभक्त कर सकते हैं?

ऐसी जिज्ञासा के उत्तर में महर्षि सूत्रकार ने इस सूत्र का आविर्भाव किया है। जितने प्रकार की योनियों का अवलम्बन करके जीव की अभिव्यक्ति होती है, उनको पांच श्रेणियों में विभक्त कर सकते हैं, यथा-उद्भिद्योनि, स्वेदज योनि, अण्डज योनि, जरायुज योनि और मनुष्य योनि।।६६।।

चित् कला के विकास के विचार से प्रथम का वर्णन किया जाता है:-

उद्भिदेककलः।।६७।।

अनुवाद–उद्भिद् में एक कला है।।६७।।

भाष्य–चिज्जड़ ग्रन्थि से उत्पन्न जीव की पांच श्रेणियों में से चित्कला का विकास कैसे होता है, उसके निदर्शन के लिये पूज्यपाद महर्षि सूत्रकार कह रहे हैं कि, यदि चित्कला को सोलह कलाओं में विभक्त किया जाय तो कह सकते हैं कि, उन सोलह कलाओं में से केवल एक कला का विकास उद्भिज्ज योनि में होता है। उद्भिज्ज योनि की आत्मा पंचकोषों से युक्त होने पर भी उसमें जड़त्व इतना अधिक होता है कि चित्कला केवल एक ही कला में विकसित रहती है। वही एक कला कितनी कार्यकारिणी होती है, इस विषय में स्मृति शास्त्र में कहा है:-

उष्मतो म्लायते वर्णत्वक् फलं पुष्पमेव च।
म्लायते शीर्यते चाऽपि स्पर्शस्तेनात्र विद्यते।।
वाय्वग्न्यशनिनिर्घोषैः फलं पुष्पं विशीर्यते।
श्रोत्रेण गृह्यते शब्दस्तस्मात् शृण्वन्ति पादपाः।।
वल्ली वेष्टयते वृक्षं सर्वतश्चैव गच्छति।
नह्यदृष्टेच्च मार्गोऽस्ति तस्मात् पश्यन्ति पादपाः।।
पुण्यापुण्यैस्तथा गन्धैर्धूपैश्च विविधैरपि।
आरोगाः पुष्पिताः सन्ति तस्मात् जिघ्रन्ति पादपाः।।
पादैः सलिलपानाच्च व्याधीनाञ्चापि दर्शनात्।
व्याधिप्रतिक्रियात्वाच्च विद्यते रसनं द्रुमे।।
वक्त्रेणोत्पलनालेन यथोदर्ध्वं जलमाददेत्।
तथा पवनसंयुक्तः पादैः पिवति पादपः।।
सुखदुःखयोच्च ग्रहणाच्छन्नस्य च विरोहणात्।
जीवं पश्यामि वृक्षाणामचैतन्यं न विद्यते।।

गर्मी के दिनों में गर्मी लगने से वृक्षों के वर्ण, त्वचा, फल, पुष्प आदि मलिन तथा शीर्ष हो जाते हैं, अतः उद्भिज्जों में स्पर्शेन्द्रिय विद्यमान है। प्रबल

वायु, अग्नि तथा वज्र के शब्द से वृक्षों से फल पुष्प शीर्ण हो जाते हैं। कान के द्वारा शब्द सुनने से ही ऐसा होता है: अतः उद्भिज्जों में श्रवणेन्द्रिय भी विद्यमान है। लता वृक्षों को वेष्टन करती हुई सर्वत्र जाती है, आंख से देखे बिना मार्ग का निर्णय नहीं हो सकता है; अतः उद्भिज्जों में दर्शनेन्द्रिय भी विद्यमान है। अच्छी बुरी गन्ध तथा नाना प्रकार के धूपों की गन्ध से वृक्ष नीरोग और पुष्पित होने लगते हैं, अतः उद्भिज्जों में घ्राणेन्द्रिय भी विद्यमान है। पांव के द्वारा जलपान, रोग होना तथा रोग का आराम होना भी उनमें देखा जाता है, अतः उद्भिज्जों में रसनेन्द्रिय भी विद्यमान है। डण्टी के मुख द्वारा जिस प्रकार से कमल ऊपर की ओर जल ग्रहण करता है, उसी प्रकार वायु से संयुक्त होकर पांव के द्वारा वृक्ष जलपान करता है, यही सब उद्भिज्जों में रसनेन्द्रिय का अस्तित्व सिद्ध करता है। उद्भिज्ज में जो सुखदुःख के अनुभव करने की शक्ति देखने में आती है, टूट जाने पर पुनः नवीन शाखा-पत्रादिकी भी जो उत्पत्ति देखी जाती है इससे उद्भिज्जों में जीवत्व है, अचैतन्य नहीं है, यह बात स्पष्ट सिद्ध हो जाती है।।६७।।

दूसरे का वर्णन किया जाता है:-

स्वेदजो द्विकलः।।६८।।

अनुवाद—स्वेदज में दो कलाएं हैं।।६८।।

भाष्य—भगवत् चित सत्ता की दो कलाओं का विकास स्वेदज में होता है। और इन दो कलाओं के विकास द्वारा किस प्रकार की शक्ति का विकास इन जीवों में होता है और वे अपनी अपनी प्रकृति के वश होकर कैसे-कैसे चमत्कार का कार्य करने में समर्थ होते हैं, सो पहले विस्तारित रूप से कहा गया है। ।६८।।

अब तीसरे का वर्णन किया जाता है:-

अण्डजस्त्रिकलः।।६९।।

अनुवाद—अण्डज में तीन कलाएं हैं। ।६९।।

भाष्य—अण्डज में अन्नमय, प्राणमय और मनोमय इन तीन कोषों के विकास के साथ साथ चित्सत्ता की तीन कलाओं का विकास हो जाता है। यही कारण है कि अण्डज योनि के सब जीवों में मन के सब प्रकार के कार्यों का स्पष्ट लक्षण विद्यमान दिखाई पड़ता है। मनोवृत्ति के आकर्षण विकर्षण जनित रागद्वेष आदि के स्पष्ट लक्षण इस श्रेणी के जीवों में प्रकट हो जाते हैं। यहां तक कि, अति उन्नत श्रेणी की पवित्र मनोवृत्तियां भी इन जीवों में देखने में आती हैं।।६९।।

चौथे का वर्णन किया जाता है :-

चतुष्कलो जरायुतः॥७०॥

अनुवाद–जरायुज में चार कलाएं हैं।।७०।।

भाष्य–जरायुज योनि के जीवों में स्वाभाविक संस्कार के बल से प्रथम चार कोषों के विकास के साथ साथ चार चित्कलाओं की अभिव्यक्ति हो जाती है। इसी कारण विज्ञानमय कोष के विकास के साथ ही साथ बुद्धितत्त्व का स्पष्ट लक्षण इस श्रेणी के जीवों में देखने में आता है। स्मृतिशास्त्र में कहा है–

ममैवैका कलाशक्तेरुद्भिज्जेषु विकासते।
स्वेदजेषु कलाद्वैतमण्डजेषु कलात्रयम्॥
चतस्रश्च कला भान्ति जरायुजगणेऽखिले।
पञ्चकोषप्रपूर्णत्वान्मर्त्येषु प्रायशोऽमराः॥
आकलापञ्चकादष्ट कला नूनं चकासति।
नवारभ्य कला यावत् षोडशं मे यथायथम्॥
संविकाश्यावतारेषु नानाकेन्द्रोद्भवेषु च।
कुत्रचिन्मे प्रपूर्यन्तेऽवतारे पूर्णसंज्ञके॥

मेरी शक्ति की कला का उद्भिज्ज में, स्वेदज में दो कलाओं का अण्डज में, तीन कलाओं का और सब जरायुजों में चार कलाओं का विकास होता है। हे देवगण ! पञ्चकोष के पूर्ण अधिकारी होने के कारण मनुष्यों में पांच कलाओं से लेकर आठ कलाओं तक का विकास होता है और साधारणतः नाना केन्द्रों से आविर्भूत मेरे अवतारों में नव से लेकर सोलह कलाओं का यथावश्यक विकास होकर किसी पूर्णावतार में सोलह कलाएँ पूर्ण विकसित होती हैं।।७०।।

अब पांचवें में कैसे प्रवेश होता है सो कहा जाता है–

तत्र गोसिंहमर्कटतो मानवो गुणभेदात्॥७१॥

अनुवाद–जरायुज योनि से गुण भेद के अनुरार गो, सिंह और वानर योनियों से मनुष्य होता है ।।७१।।

भाष्य–प्रथम चार योनियों की अभिव्यक्ति का वर्णन करके अब इस सूत्र द्वारा पूज्यपाद महर्षि सूत्रकार यह वर्णन कर रहे हैं कि, किस प्रकार से पूर्ण जीव रूपी मनुष्य योनि में जरायुज श्रेणी का जीव प्रवेश करता है। स्वाभाविक संस्कार के बल से प्रकृति माता के स्वाभाविक नियमानुसार स्वेदज, अण्डज और जरायुज

श्रेणियों में यथानियम यथाक्रम अग्रसर होता हुआ जीव अन्त में त्रिगुण के स्वाभाविक परिणाम के अनुसार वानर योनि में, सिंहयोनि में अथवा गोयोनि में पहुंच जाता है। तम, रज और सत्त्वगुण के अनुसार ये तीनों यथाक्रम भेद हैं। स्वाभाविक संस्कार और त्रिगुण का स्वाभाविक परिणाम जीव की इस स्वाभाविक गति का कारण है और देवताओं की सहायता से गति नियोजित होती है। इसका कारण यह है कि कर्म जड़ है और स्वाभाविक संस्कार जीव के संकल्प जात नहीं है। अत: प्रत्येक योनि के रक्षक और चालक पृथक्-पृथक् देवता हैं। एक योनि से दूसरी योनि में जीव को पहुँचाने तथा प्रत्येक योनि की श्रेणियों की रक्षा करने का काम प्रत्यके ब्रह्माण्ड के ईश्वर त्रिमूर्ति की आज्ञा से विभिन्न देवतागण किस प्रकार से करते हैं, सो दैवीमामांसा दर्शन में वर्णित है। यद्यपि वानर, सिंह और गौ भी जरायुज योनि हैं और मनुष्य योनि भी जरायुजयोनि है, परंतु वानर, सिंह और गोयोनि में केवल चार कोषों का विकास और चार कलाओं के प्रकाश होने के कारण तथा मनुष्य योनि में पांचों कोषों का का पूर्ण विकास होने के कारण एवं मनुष्य योनि पूर्णावयव होने के कारण, मनुष्योनि में पहुंचाने से पहले उक्त कर्म में नियुक्त देवतागण पूर्व–कथित तीन योनियों के जीवों के शरीरान्त होने पर विशेष व्यवस्था के साथ उनको उपयोगी बनाकर मनुष्य योनि में पहुँचा देते हैं। इसी कारण असभ्य अनार्य मनुष्यों में भी त्रिगुण की तीन श्रेणियां देखने में आती हैं। ।७१।।

अब पांचवें का वर्णन किया जाता है :–

पञ्चकलः संस्कारः।।७२।।

अनुवाद–वह पांच कलायुक्त होता है।।७२।।

अनुवाद–मनुष्य योनि में प्राकृतिक तरङ्ग के स्वाभाविक नियमानुसार जीव अग्रसर होकर पहुँचते ही उसके शरीर में पंचकोषों का विकास हो जाता है और उसकी आत्मा स्वत: ही चित्सत्ता की पांच कलाओं को प्राप्त कर लेती है। इतना कार्य स्वाभाविक संस्कार के बल और प्रकृति माता के स्वभावि सिद्ध परिणाम से होता है। इसके अनंतर जीव स्वाधीनता लाभ करके अपने पिण्ड का अधीश्वर बन जाता है और उसकी पूर्व कही हुई प्राकृतिक पराधीनता नष्ट हो जाती है।।७२।।

प्रसंग से अस्वाभाविक संस्कार की उत्पत्ति और गति कही जा रही है:–

तद्धर्म्मसम्बद्धत्वात् पूर्णकलत्वमस्य।।७३।।

अनुवाद–उसको धर्म के द्वारा पूर्ण कलत्व की प्राप्ति होती है।।७३।।

भाष्य–स्वाभाविक संस्कार बल से स्वत: ही जीव उद्भिज्ज योनि से चल

कर मनुष्य योनि में पहुंच जाता है। मनुष्य योनि में जीव पिण्ड का अधीश्वर होने के कारण अपने संकल्प आदि के संबंध से स्वाधीनता लाभ करता है और इसी कारण मनुष्य धर्माधर्म का अधिकारी बनकर अस्वाभाविक संस्कार की सृष्टि करने लगता है। इस विज्ञान को दूसरे प्रकार से भी समझ सकते हैं कि, मनुष्य योनि से पहले की योनियों में जीव बाधा रहित क्रमोन्नति रुक जाती है। इसका प्रधान कारण यह है कि प्रकृति से पराधीन उद्भिज्ज आदि श्रेणी के जीव केवल स्वभाविक संस्कार के बल से ही नियमित क्रमोन्नति करते थे, मनुष्य योनि में वह नियम भंग हो जाता है; क्योंकि मनुष्य पूर्ण जीवत्व प्राप्त करके नवीन संकल्प करता रहता है, जिससे अस्वाभाविक संस्कार का उदय होता है। वही अस्वाभाविक पाप पुण्य रूपी अधर्म और धर्ममूलक संस्कार समूह जीव को आवागमन चक्र में डाल कर बार बार घुमाया करते हैं। इसी से वह पूर्व-क्रमोन्नति की अवाध गति बाधा को प्राप्त होती है। सुतरां मनुष्य जब अधर्म को छोड़कर केवल धर्म का आचरण करता है, तभी वह अभ्युदय को प्राप्त करता हुआ चित्कला की पूर्णता को प्राप्त करके निःश्रेयस लाभ करने में समर्थ होता है। ।७३।।

सम्यक् विकास कैसे होता है सो कहा जाता है–

तद्विकाशो विशेषतः।।७४।।

अनुवाद–पूर्ण कला का विकास विशेष धर्म के द्वारा होता है।।७४।।

भाष्य–यद्यपि मानव धर्म के साधारण धर्म, विशेष धर्म, असाधारण धर्म और आपद्धर्म इस प्रकार से चार भेद पहले वर्णन किये गये हैं, परन्तु, वस्तुतः विशेष धर्म की ही शक्ति से अभ्युदय की गति अबाध बनी रहती है। इसी कारण स्मृति शास्त्र ने विशेष धर्म को लक्ष्य करके विशेष धर्म की स्तुति की है, यथा–

यं पृथगधर्मचरणाः पृथगधर्मफलैषिण :।
पृथग्धर्मैः समर्चन्ति तस्मै धर्मात्मने नमः।।

अलग धर्म को मानने वाले अलग धर्म के फल की इच्छा रखने वाले पुरुषगण, भिन्न भिन्न धर्म्मों से जिनका पूजा करते हैं; उन सर्व शक्तिमान् पुरुष को नमस्कार है।

विशेष धर्म को लक्ष्य करके ही धर्म की स्तुति स्मृतिशास्त्र में इस कारण से की गई है कि, चाहे पुरुष हो, चाहे स्त्री, चाहे पृथक् वर्ण का व्यक्ति हो, चाहे पृथक् आश्रम का व्यक्ति हो, चाहे प्रवृत्ति मार्गगामी हो, चाहे निवृत्ति मार्गगामी हो, चाहे किसी अधिकार का जीव हो, अपने-अपने अधिकार के अनुसार नियमित

रूप से विशेष धर्म का पालन करते रहने पर तब उसकी क्रमोर्द्धगति अबाध बनी रहेगी और उसमें चित्कला का क्रमशः विकास होता हुआ कलाओं की पूर्णता से निःश्रेयस पद का उदय हो जायगा।।७४।।

प्रसंग से योनियों का विशेष परिचय दे रहे हैं –

उद्भिद्यन्नमयविकासः।।७५।।

अनुवाद–उद्भिद् में अन्नमय कोष का विकास होता है।।७५।।

भाष्य–योनियों का विशेष परिचय देने के अर्थ प्रथम उद्भिद् योनि का परिचय दे रहे हैं। पञ्चीकृत महाभूत के आश्रय से ही पूर्णतमोगुण की दशा में जो प्रथम परिणाम होकर प्रकृति प्रवाहित होती है, उसी पलटा खाने की दशा में चिज्जड़ ग्रन्थि का उदय होता है, इसका विस्तारित विज्ञान पहले कह चुके हैं। स्थूल को आश्रय करके सूक्ष्म में यह परिणाम होता है, इस कारण जीवोत्पत्ति के साथ ही साथ पांचों कोषों की उत्पत्ति हो जाने पर भी इस प्रथम दशा में केवल अन्नमय कोष का विकास होता है। इसी कारण उद्भिज्ज श्रेणी के जीव स्थावरभाव को प्राप्त करते हैं।।७५।।

उद्भिज्जों की विशेषता कह रहे हैं –

तस्य जलमन्नम्।।७६।।

अनुवाद–उनका आहार जल है। ।७६।।

भाष्य–अन्नमय कोष की प्रधानता रखने वाले उद्भिद् जीव जल के द्वारा पुष्ट होते हैं। जिस पदार्थ के द्वारा जिसकी पुष्टि हो, वही उसका अन्न कहलाता है। उद्भिद् जीवों की पुष्टि जल के द्वारा होती है यह तो प्रत्यक्ष सिद्ध ही है। अतः उद्भिज्जों का अन्न जलतत्त्व है इसमें सन्देह नहीं; क्योंकि पार्थिव स्थूल शरीर से जल का ही निकट संबंध है। अर्थात्, पृथिवी-तत्त्व से दूसरा तत्त्व जल तत्त्व है। अब यह शंका हो सकती है कि जब पार्थिक स्थूल शरीर सब श्रेणी के जीवों का ही होता है तो उन सबों के लिये जल अन्न क्यों नहीं है? इस शंका का समाधान यह है कि मनुष्यादि के लिये प्राण रक्षार्थ जल कुछ सहायता अवश्य देता है; जैसा कि वृक्षादिकी पुष्टि में खाद, मिट्टी आदि सहायता देते हैं; परन्तु जिस प्रकार मनुष्य के लिये अन्य खाद्य पदार्थ दुग्ध, शस्य आदि प्राण रक्षा में प्रधानता रखते हैं, उसी प्रकार उद्भिज्ज योनियों के लिये जल की प्रधानता है। मनुष्य में पंचकोष के विकसित होने से पूर्णत्व आ जाने के कारण मनुष्य उपयोगी

अन्न का प्रभाव मनुष्य के विज्ञानमय तथा आनन्दमय कोष तक पहुँचता है; इसी कारण अन्न से मनुष्य का अन्तःकरण तक पुष्ट होता है, यह शास्त्र सिद्ध है। इसी प्रकार अन्य योनियों में भी अन्य कोषों के विकास के कारण जल से अतिरिक्त विभिन्न प्रकार के अन्न से पुष्टि होती है। उद्भिज्ज योनि में केवल अन्नमय कोष की ही पुष्टि की आवश्यकता होने से केवल जल के द्वारा अन्न का कार्य सिद्ध होता है। ।७६।।

और भी कह रहे हैं:–

एकस्मादन्यत्।।७७।।

अनुवाद–एक शरीर से अन्य शरीर उत्पन्न होता है।।७७।।

भाष्य–पूर्व विज्ञान की पुष्टि के लिये यह कहा जा रहा है कि केवल अन्नमय कोष का विकास होने का एक बड़ा प्रमाण यह है कि उद्भिद् श्रेणी के अनेक जीवों के एक शरीर से अनेक शरीर उत्पन्न होते हैं। ऐसा देखने में आता है कि, अनेक ऐसी वृक्षलता आदि हैं कि, जिनकी डंगाली काटकर लगाने से अथवा जरौन्धा लगाने से अथवा चश्मा आदि लगाने से दूसरा वृक्ष उसी जाति का बन जाता है।।७७।।

इसका कारण कहते हैं:–

तत्र व्यापकत्वादात्मनः।।७८।।

अनुवाद–उस कोष में आत्मा के व्यापक होने से।।७८।।

भाष्य–उद्भिज्जयोनि की विशेषता यह है कि, उस योनि में केवल अन्नमय क़ोष का विकास होता है, इस कारण प्रत्येक उद्भिज्जयोनि की आत्मा उसके स्थूलशरीरव्यापी रहती है; इसी कारण उद्भिज्ज के एक शरीर से अनेक उद्भिज्ज शरीर बन कर उस श्रेणी के पृथक्-पृथक् जीव बन सकते हैं जैसा कि पहले सूत्र में कहा गया है। मनुष्य आदि का वैसा नहीं होता है। पञ्चकोष में छिपे हुए जीव का रहस्य यह है कि परमात्मा की निर्लिप्त नित्सत्ता सर्वव्यापक है क्योंकि सच्चिदानन्दमय ब्रह्म सर्वव्यापक और पूर्ण है। केवल पञ्चकोषात्मक जीव देहोपाधि द्वारा मठाकाश में घटाकाशवत् प्रतीत होता है। उस निलिप्रसत्ता के प्रतिबिम्ब को धारण करने वाला जीव का अन्तःकरण है। अन्य जीवों में अन्य कोषों के विकास के कारण अन्तः करण की व्यापकता अहं तत्त्व के विकास के साथ ही साथ संकोच भाव को धारण करती है, परन्तु उद्भिज्ज योनि में केवल अन्नमयकोष का

विकास रहने से अन्तःकरण भी स्थूल शरीर में व्यापक रहता है। इस कारण उस स्थूल शरीर का अंश मूल अंश से अलग होकर प्राणरक्षा के उपयोगी आधार प्राप्त करते हैं उसमें स्वतन्त्र जीवत्व की उत्पत्ति तत् तत् जीवरक्षक देवताओं की सहायता से हो जाती है। दैवीमीमांसादर्शन का यह सिद्धांत है कि मनुष्य से इतर जितने उद्भिज्ज स्वेदजादि श्रेणी के जीवसमूह है, उन सबके रक्षक पृथक्-पृथक् देवता है। स्वाभाविक संस्कार मूलक प्राकृतिक क्रिया के द्वारा जिस प्रकार प्रथम चिज्जड़ ग्रन्थि उत्पन्न होती है, उसी स्वाभाविक क्रम से इस प्रथम अभिव्यक्ति में एक जीव से अनेक जीव का बनना भी विज्ञानसिद्ध है। ।७८।।

शङ्का समाधान से विज्ञान की पुष्टि की जा रही है:-

तथा दृश्यते योगिषु।।७९।।

अनुवाद–उसी प्रकार योगियों में देखा जाता है।।७९।।

भाष्य–यदि जिज्ञासु के चित्त में इस प्रकार की शङ्का हो कि, जब प्रत्येक जीव केन्द्र में पृथक् पृथक् आत्मा की स्थिति कही जाती है, तो पुनः एक जीव से अनेक जीव की उत्पत्ति कैसे सम्भव है? दूसरी ओर जब देखते हैं कि अनेक वृक्षों के कलम आदि द्वारा उसी जाति के अनेक वृक्ष नये बन जाते हैं तो ऐसा होना प्रत्यक्ष सिद्ध है, इसका समाधान क्या हो सकता है? क्या और भी ऐसा चमत्कार का प्रमाण मिलता है? इस श्रेणी की सब प्रकार की शंकाओं के समाधान में पूज्यपाद महर्षि सूत्रकार ने इस सूत्र का आविर्भाव किया है। योग दर्शन शास्त्र में यह सिद्ध किया गया है कि योगी जब समाधि की पूर्ण सिद्ध लाभ करके अपने अन्तःकरण को वशीभूत और अपनी अस्मिता पर आधिपत्य लाभ कर लेते हैं, तब वे अपने एक शरीर से अनेक शरीर बनाकर अदृष्ट कर्मों का भोग कर सकते हैं। योगी के लिए ऐसे अलौकिक कार्य करते समय उसको अपने अन्तःकरण को पूर्ण रूप से स्वसंकल्पाधीन करना पड़ता है और जीवत्व की मूल कारण अस्मिता पर आधिपत्य करना पड़ता है। स्थूल शरीर सूक्ष्म शरीर के अधीन है, इस कारण देवता तथा उपदेवता प्रेतादि जैसा चाहे वैसा शरीर धारण कर सकते हैं। उस समय उस दैवी शक्ति सम्पन्न जीव के अन्तःकरण के संकल्प के बल से नाना प्रकार के शरीर बन जाते हैं। योगी की शक्ति और भी विचित्र हैं योगी अपने सूक्ष्म शरीर तथा अन्तःकरण का पूर्ण अधिकरी बन जाने से अपने चिदाकाश में लगे हुए संस्कार राशि को जितने चाहे उतने भागों में विभक्त करके उतने ही जीव शरीर बना लेते हैं और अस्मिता पर आधिपत्य होने से उतने ही जीवत्व केन्द्र

रूपी स्वतनत्र स्वतन्त्र अन्तःकरण स्थापना कर लेते हैं। ब्रह्म की चित्सत्ता सर्वव्यापक होने से सब नवीन अन्तःकरणों में स्वतंत्र-स्वतंत्र चिज्जड़ ग्रन्थि रूपी जीव केन्द्र स्वतः ही बन जाता है। इस प्रकार से एक योगी अपनी योग शक्ति द्वारा अनेक जीवों की सृष्टि कर सकते हैं। योगिराज अपने अन्तःकरण के स्वामी होने के कारण जैसा चाहे वैसा जीव शरीर बना सकते हैं। यही योगी की विचित्रता है पूर्व कथित उद्भिज्जों में यह अलौकिकता और ऐसी शक्ति नहीं है, परन्तु उनकी अस्मिता और अन्तःकरण उनके स्थूल शरीर में ओत प्रोत रहते हैं; क्योंकि उद्भिज्जों में केवल अन्नमय कोष रूपी स्थूल शरीर का विकास रहता है तथा अन्य कोष शरीर उसी में गौण रूप से ओतप्रोत रहते हैं। इस कारण जब उनके शरीर का कोई अंश काटकर मिट्टी में गाड़कर उसमें जल सिञ्चन किया जाता है, तो वहां रहे हुए अन्तः कारण व्यापी स्थूल शरीर में व्यापक चिदाकाश की सहायता से दूसरा चिज्जड़ ग्रन्थिमय जीव केन्द्र बन जाता है। यही इस विज्ञान का रहस्य है।।७९।।

स्वेदज में कितने कोषों का विकास होता है, सो कहा जाता है :-

स्वेदजे विकास उभयोः।।८०।।

अनुवाद–स्वेदज में दो कोषों का विकास होता है। ।।८०।।

भाष्य–जीव उद्भिद् योनि की नाना श्रेणियों में क्रमशः एक दूसरे में होकर अग्रसर होता हुआ अन्त में स्वेदज योनियों में पहुँच जाता है। उस समय क्रमाभिव्यक्ति की सहायता से उसमें प्राणमय कोष का और विकास हो जाता है। उद्भिज्ज दशा में उसमें केवल अन्नमय कोष का विकास था, अब इस योनि में उसमें अन्नमय और प्राणमय इन दोनों कोषों का विकास हो जाता है। यही कारण है कि, उसका स्थावरत्व दूर होकर जंगमत्व की प्राप्ति हो जाती है। यही कारण है कि, स्वेदज योनि के जीव हिलने फिरने लगते हैं। ।८०।।

उसकी विशेषता कही जाती है:-

तस्माद्दृश्यते द्विविधम्।।८१।।

अनुवाद–ठोस कारण दो प्रकार का दिखायी देता है। ।।८१।।

भाष्य–स्थावरत्व से जङ्गमत्त्व की प्राप्ति होने के कारण स्वेदज जीवों में बहुत से जीव ऐसे भी दिखाई देते हैं कि, उनका आधा शरीर उद्भिज्ज की तरह स्थावरत्व प्राप्त और आधा शरीर जङ्गमत्व प्राप्त क्रियाशील होता है। इसका तात्पर्य

यह है कि, जब प्राणमय कोष का विकास हो जाता है, तो प्रथम अवस्था के स्वेदज योनि के जीव उभय स्वरूप के होते हैं और क्रमशः प्राण क्रिया उनमें बढ़ जाने से क्रमाभिव्यक्ति के साथ साथ पूर्ण जङ्गमत्व आ जाता है।।८१।।

उसके स्वरूप की पूर्णता दिखाने के लिए उसका अधिकार वर्णन कर रहे हैं:–

ब्रह्माण्डपिण्डयोरधिकारः प्राणशक्तिमत्त्वात्।।८२।।

अनुवाद–प्राण शक्ति विशिष्ट होने से उसका ब्रह्माण्ड और पिण्ड पर अधिकार है।।८२।।

भाष्य–उद्भिज्ज योनि का संबंध मृत्तिका के साथ अधिक होने से और उसमें स्थावरत्व होने से सब स्थानों में उसकी स्थिति नहीं हो सकती है, परन्तु स्वेदज योनि में प्राणमय कोष का विकास हो जाने से उस योनि के जीवों की गति और स्थिति अन्य जीव शरीर के भीतर बाहर तथा पृथिवी में और आकाश में अर्थात् पिण्ड और ब्रह्माण्ड सर्वत्र दिखायी देती है। मनुष्य आदि जीवों के शरीरों में रहकर वे स्वास्थ्य की रक्षा करते हैं; उनकी कोई जाति पीड़ा उत्पन्न करती है और कोई जाति आरोग्य प्रदान करती है। उसी प्रकार उनकी कोई जाति पृथिवी, जल, आकाशादि में रहकर देशव्यापी मारीभय उत्पन्न करती है और कोई जाति पुनः प्रकट होकर उक्त मारी भयकारी स्वेदजों का नाश करके जगत् में स्वास्थ्य और शान्ति विधान करती है। यह स्वेदज जीवों की अलौकिकता है।।८२।।

अण्डज योनि में कितने कोषों का विकास होता है, सो कहा जाता है :–

कोषत्रयविकासोऽण्डजे।।८३।।

अनुवाद–अण्डज में तीन कोषों का विकास होता है। ।८३।।

भाष्य–स्वाभाविक संस्कार के बल से क्रमाभिव्यक्ति की सहायता द्वारा जब जीव आगे बढ़कर अण्डज योनि की श्रेणियों में पहुंच जाता है, तब मनोमय कोष का विकास हो जाने से उनमें तीन कोषों का विकास हो जाता है। उन तीनों कोषों का लक्षण तो स्पष्ट ही दिखायी देता है। ।८३।।

इसका प्रमाण दे रहे हैं :–

तस्मादुपलभ्यते मनः।।८४।।

अनुवाद–इस कारण मन की उपलब्धि होती है। ।८४।।

भाष्य–अण्डज श्रेणी के जीवों में अन्नमय, प्राणमय और मनोमय, इन तीनों कोषों का विकास होने के कारण उक्त श्रेणी के जीवों में मन के कार्यकारी होने

का प्रत्यक्ष लक्षण विद्यमान रहता है। जिस प्रकार उद्भिज्ज श्रेणी के जीवों में पांचों कोष बन जाने पर भी केवल अन्नमय कोष का ही विकास रहता है और उसी के प्रबल लक्षण दिखायी देते हैं, जिस प्रकार स्वदेज श्रेणी के जीवों में स्थूल अन्नमय कोष के अतिरिक्त प्राणमय कोष के विकास के स्पष्ट लक्षण दिखाई देते हैं, जैसा पहले कहा गया है, उसी प्रकार अण्डज श्रेणी के जीवों में पांचों कोषों का अस्तित्व रहने पर भी प्रथम तीन कोषों का विकास रहता है और इसी से उनमें मनोमय कोष की अभिव्यक्ति हो जाने से उस कोष के विकसित होने के स्पष्ट लक्षण प्रतीत होते हैं। जिस प्रकार स्वेदज श्रेणी के जीव अपनी अपनी प्रकृति के अधीन होकर अति अलौकिक प्राण क्रिया समूह प्रकाशित करते हैं, जैसा कि पहले कहा गया है, उसी प्रकार अण्डज श्रेणी के जीव मानसिक क्रिया का असाधारण परिचय दिया करते हैं। चक्रवाक की प्रेमवृत्ति, सर्पजाति की खलता और प्रतिहिंसा प्रवृति, कपोत की अपने वासस्थान की आसक्ति, इत्यादि मनोधर्म की अभिव्यक्ति के ज्वलन्त दृष्टान्त हैं।।८४।।

अब जरायुज योनि में कितने कोषों का विकास होता है, सो कहा जाता है:–

चतुष्कोषविकासो जरायुजे।।८५।।

अनुवाद–जरायुज में चार कोषों का विकास होता है। ।८५।।

भाष्य–सहजात अद्वितीय स्वाभाविक संस्कार के बल से क्रमशः क्रमाभिव्यक्ति को प्राप्त करता हुआ अण्डज श्रेणी की कोटि से जब जीव जरायुज श्रेणी में पहुँच जाता है, तो उसमें अन्नमय, प्राणमय, मनोमय और विज्ञानमय इन चारों कोषों का विकास हो जाता है।।८५।।

प्रमाण दे रहे हैं :–

तत्राल्पविकासो बुद्धेः।।८६।।

अनुवाद–उसमें बुद्धि का स्वल्प विकास होता है।।८६।।

भाष्य–जिस प्रकार अण्डज श्रेणी के जीवों में मनोधर्म के प्रकट होने से उनमें तीन कोषों के विकास का प्रमाण पाया जाता है, उसी प्रकार जरायुज श्रेणी के जीवों में बुद्धि के लक्षण पाये जाने से उनमें चारों कार्यों का विकास है, यह मानना पड़ता है। अश्व, हस्ती आदि जरायुज पशुओं में बुद्धि का लक्षण किस प्रकार स्पष्ट रूप से प्रतिभासित होता है, उसके विषय में अधिक विवृति की आवश्यकता नहीं है।।८६।।

अब पूर्णवयव मनुष्य योनि का वर्णन किया जाता है :-

हास्यलक्षणः पञ्चकोषविकासो मानवे॥८७॥

अनुवाद—मनुष्य में पांच कोषों का विकास हास्यलक्षण है। ।८७॥

भाष्य—दैव राज्य के चालक देवतागण क्रमशः जीव को एक योनि से दूसरी योनि में स्वाभाविक संस्कार से पराधीन दशा में आगे बढ़ाते हुए मनुष्य योनि तक पहुंचा देते हैं। मनुष्य योनि में पहुंचकर जीव पंचकोष की पूर्णता को प्राप्त करके स्वाधीन हो जाता है। मनुष्य योनि में अन्नमय, प्राणमय, मनोमय, विज्ञानमय और आनन्दमय इन पांच कोषों का विकास हो जाता है। आनन्द का लक्षण हास्य है। यह लक्षण केवल मनुष्य योनि में ही प्रकट होता है। इस कारण यह सिद्ध हुआ कि, आनन्दमय कोष तक का विकास मनुष्य योनि में होता है। मनुष्य से इतर प्राणियों में आनन्द का अनुभव अवश्य होता है और ये आनन्द का लक्षण भी प्रकाशित करते हैं, यथा—दुम हिलाना, कूदना आदि; परन्तु मनुष्य इतर किसी प्राणि में हास्का का लक्षण भी प्रकाशित होता है॥८७॥

प्रसंग से आनन्दमय कोष की पूर्णता का रहस्य कह रहे हैं :-

आनन्दमयस्य पूर्णकलौपयिकत्वं चन्द्रवत्॥८८॥

अनुवाद—आनन्दमय कोष की कला की पूर्णता चन्द्रवत् होती है। ।८८॥

भाष्य—मनुष्य से नीचे योनियों में जीव पराधीन दशा में स्वतः ही आगे बढ़कर मनुष्य योनि में कैसे पहुँचता है, इसका विस्तारित वर्णन पहले किया गया है। अन्तिम आनन्दमय कोष की अभिव्यक्ति इस योनि में स्वतः हो जाती है, परन्तु आनन्दमय कोष के साथ आत्मा का साक्षात् संबंध रहने के कारण उस कोष का सम्यक् विकास क्रमशः जन्म जन्मान्तर में कला विकास की सहायता से चन्द्र के समान होता है। जैसे चन्द्रमा प्रतिपदा से क्रमशः चलकर पूर्णिमा के दिन पूर्णकला को प्राप्त होता है, उसी प्रकार जीव मनुष्य योनि में शुभ जैव संस्कारों की सहायता से उत्तरोत्तर आध्यात्मिक भूमि में अग्रसर होता हुआ जन्म जन्मान्तर में आनन्दमय कोष को क्रमशः शुद्ध करता हुआ आनन्द कला की वृद्धि करके मुक्तिपद की ओर अग्रसर होता है॥८८॥

उसका अन्तिम फल कह रहे हैं –

कलाविकासतः कैवल्यम्॥८९॥

अनुवाद—कला विकास से कैवल्य होता है। ।८९॥

भाष्य–जीव का आनन्दमय कोष जितनी पूर्णता को प्राप्त होता है, उतना ही वह खिलता जाता है। जितना वह खिलता जाता है, उतनी ही उसमें ब्रह्मानन्द की सत्ता प्रकट होती जाती है और ब्रह्मानन्द की पूर्ण सत्ता का अनुभव ही मुक्ति है। जीव में क्रमशः पूर्व कथित संस्कार शुद्धि की सहायता से जितनी जितनी चिद्विलास रूपी ज्ञान की अभिवृद्धि होती है, उतना ही वह अधिक से अधिक ब्रह्मानन्द अनुभव करता है। यदि विषयानन्द के अनुभव का ही उदाहरण समझा जाय, तो यह मानना ही पड़ेगा कि, एक अज्ञानी से अपेक्षाकृत ज्ञानी का विषयानन्द का अनुभव कुछ विलक्षण होगा। इसी प्रकार ज्ञानवृद्धि के साथ-साथ विषयानुभव की विलक्षणता होती जायगी। अस्तु, अद्वितीय स्वाभाविक संस्कार के क्रमविकास के साथ साथ ही आनन्दमय कोष पूर्णता को प्राप्त होगा और आनंदमय कोष पूर्णता को प्राप्त हो विकसित हो जाने पर सच्चिदानन्दमय स्वस्वरूप की उपलब्धि कर जीव मुक्त हो जायगा।।८९।।

कला विकास का भेद कहा जाता है :–

द्विविधस्तद्विकाशो गुणवत्त्वात्।।९०।।

अनुवाद–गुण संबंध से उसका विकास द्विविध होता है।।९०।।

भाष्य–सत्त्व, रज और तम इन तीन गुणों में से रजोगुण केवल चालक है। जब वह सत्त्वगुण की ओर झुकता है, तब सात्विक क्रिया होती है और जब यह तमोगुण की ओर झुकता है, तब तामसिक क्रिया होती हैं। इसी कारण जीव देह में मुक्तिप्रदायी सहज और स्वाभाविक संस्कार की गति भी दो प्रकार से प्रवाहित होती है, अर्थात् उस संस्कार का विकास एक ओर सत्त्वगुणमूलक है और एक और तमोगुणमूलक है। इस विज्ञान को दूसरे प्रकार से भी समझ सकते हैं कि, मुक्तिप्रदायी संस्कार जीव की सात्त्विक दशा और तामसिक दशा दोनों में सहायक बनकर जीव को कैवल्य की ओर आगे बढ़ाता रहता है।।९०।।

इस विज्ञान को और भी स्पष्ट कर रहे हैं:–

मिथो द्वन्द्वता।।९१।।

अनुवाद–परस्पर द्वन्द्वता है।।९१।।

भाष्य–स्थूल और सूक्ष्म यावत् सृष्टि द्वन्द्व मूलिका है। यथा–बहिर्जगत् में दिन और रात, अन्तर्जगत् में राग और द्वेष, इस प्रकार प्राकृतिक यावत्पदार्थ द्वन्द्वमूलक होने से दोनो का प्रयोजन भी सिद्ध होता है। यदि रात न हो, तो दिन की उपयोगिता प्रतीत न हो, इसी प्रकार यदि दिन न हो, तो रात्रि की उपयोगिता

सिद्ध नहीं होती है। इसी विज्ञान के अनुसार सृष्टि के यावत्-पदार्थ का द्वन्द्वमूलक होना और उसी के अनुसार गुणमूलक संस्कार भी दो भागों में विभक्त होना स्वतः सिद्ध है। इन दोनों का परस्पर अपेक्षित तथा प्रकारान्तर से साहचर्य होना भी सिद्ध होता है। वस्तुतः ये दोनों परस्पर सहायक होकर प्राकृतिक गुण परिणाम द्वारा जीव के अभ्युदय के लिये कार्यकारी होते हैं। ।९१।।

पुनः विभाग बतला रहे हैं :-

त्रिभावतस्त्रैविध्यम्।।९२।।

अनुवाद–त्रिभाव के अनुसार त्रिविध है। ।९२।।

भाष्य–जिस प्रकार गुण के अनुसार उसके दो विभाग होते हैं, उसी प्रकार भाव के अनुसार वह त्रिविध होता है। भाव के तीन भेद हैं, यथा–अध्यात्म, अधिदैव और अधिभूत। प्रकृति के अवलम्बन से जिस प्रकार गुण का परिणाम होता है, आत्मा के अवलम्बन से उसी प्रकार त्रिभावात्मक तीन अवस्थाएँ प्रकट होती हैं। वे भी संस्कारजन्य होती है, इसमें सन्देह नहीं; क्योंकि संस्कार कर्म का बीज है और बिना संस्कार के मूल में रहे कोई कार्य क्रिया हो ही नहीं सकती। जिस प्रकार विना बीजवपन के वृक्ष की उत्पत्ति नहीं हो सकती, उसी प्रकार संस्कार के बिना किसी क्रिया का अस्तित्व हो ही नहीं सकता है। अतः गुण के आश्रय से जिस प्रकार दो भेद हैं, उसी प्रकार भाव के आश्रय से तीन भेद होते हैं।

विकासमूलक संस्कार गुण संबंध से दो प्रकार के होते हैं और भाव संबंध से तीन प्रकार के होते हैं। इनके स्वरूप के समझाने के लिये इतना कहना उचित है कि स्वाभाविक संस्कार जो एक और अद्वितीय है, उसके विकास के ही ये कारणरूप हैं। अस्वाभाविक संस्कार में और स्वाभाविक संस्कार में मौलिक भेद यह है कि अस्वाभाविक संस्कार जीव के संकल्प से उत्पन्न होने के कारण वह प्रकृति की स्वाभाविक गति को रोक देता है अथवा जटिल बना देता है। स्वाभाविक संस्कार से प्रकृति के प्रवाह की गति अधिक सरल बनी रहती है; इसी कारण स्वाभाविक संस्कार के बल से जीव क्रमशः आगे बढ़ता हुआ जैसा उद्भिज्ज योनि से मनुष्य योनि तक पहुंचा था, वैसे ही अग्रसर होता हुआ मुक्ति भूमि में पहुंच जाता है। ये सब अद्वितीय स्वाभाविक संस्कार मूलक पूर्व कथित अवस्था के भेद मात्र है। पूर्णावयव मनुष्य योनि के जीव में दोनों के अनुसार क्रिया होती रहती है और जीवन मुक्त दशा में केवल स्वाभाविक संस्कार ही कार्यकारी रह जाते हैं। उदाहरण की रीति पर समझ सकते हैं कि, मनुष्य योनि में जाति,

आयु, भोग आदि अस्वाभाविक संस्कार के बल से उत्पन्न होते हैं और वैदिक षोडश-संस्कार-यज्ञ स्वाभाविक संस्कार की गति को प्रकट करते हैं, जैसा कि पहले सिद्ध किया गया है। वही मुक्तिप्रद स्वाभाविक संस्कार इस प्रकार से गुण और भाव की सहायता से प्रकट होकर मनुष्य के मुक्तिपथ को बाधा रहित और सरल कर देता है। ।९२।।

तीनों का स्वरूप स्पष्ट करने के लिये कहा जाता है–

त्रिषु बलक्षण्यम्।।९३।।

अनुवाद–तीनों में विलक्षणता है।।९३।।

भाष्य–इन तीनों स्वरूप में कुछ और ही विलक्षणता है, क्योंकि एक ज्ञानमूलक है, एक कर्म मूलक है और तीसरा स्थूल शरीर मूलक है। स्वाभाविक संस्कार के अनूकूल जो आध्यात्मिक परिणाम प्रकट होता है, वह सर्व भूतों में ऐक्य रखनेवाला तथा मुक्ति के अनुकूल होने से ज्ञानमूलक होता है। उसी प्रकार आधिदैविक जो परिणाम प्रकट होता है, उससे क्रमशः कर्त्तव्य परायणता तथा सकामराहित्य अधिकार मिलता जाता है और उसी प्रकार जो आधिभौतिक परिणाम प्रकट होता है, उससे मलराहित्य और सत्त्वगुणवर्द्धिका अवस्था मिलती जाती है। सुतरां इन तीनों में से एक ज्ञानमूलिका, दूसरी कर्ममूलिका और तीसरी स्थूल शरीर मूलिका अवस्था होने से तीनों का परस्पर में बहुत ही विलक्षणतत्व रहता है।।९३।।

इन दोनों के आकर्षण का उपकरण बताया जाता है:–

रजोवीर्याभ्यामुभयाकृष्टिः।।९४।।

अनुवाद–रजोवीर्य के द्वारा दोनों आते हैं।।९४।।

भाष्य–माता पिता के रजोवीर्य की सहायता से ये दोनों श्रेणी के संस्कार यथायोग्य आकर्षित होते हैं। शरीर के सात धातुओं में से वीर्य सप्तम और श्रेष्ठ धातु है। पुरुष में ये सात ही रहते हैं, परन्तु स्त्रियों में उसका कुछ रूपान्तर हो जाता है इस कारण स्त्री में सप्तम धातु के दो भेद हो जाते हैं। वही दूसरा भेद रज है। इसी कारण आयुर्वेद के आचार्यों ने स्त्री में आठ धातु माने हैं। मनुष्य का भोगायतन तथा कर्म करने का सहायकरूपी स्थूल शरीर माता पिता के रजोवीर्य के उपादान से पितरों की सहायता से बनता है और योग शास्त्र का सिद्धांत है कि मन, वायु और वीर्य रूपान्तर से तीनों एक ही हैं। इस कारण अन्तःकरण के

साथ वीर्य का साक्षात् संबंध रहने से और पुरुष तथा स्त्री के लिये यथाक्रम वीर्य और रज, सब धातुओं का साररूप होने से पूर्व कथित दोनों तरह के संस्कार स्वतः ही जीव के शरीर में रजोवीर्य के द्वारा आकृष्ट होते हैं। गुण का आधार रूप स्थूल शरीर होने से और भाव का आधार रूप अन्तःकरण होने से पिता माता के गर्भाधान-कालीन शरीर तथा अन्तःकरण की स्थिति की सहायता से सन्तान में वे संस्कार समूह आकृष्ट हो जाते हैं।

अस्वाभाविक संस्कार में स्वाभाविक संस्कार का समावेश कैसे हो सकता है इस विषय में नाना प्रकार की शंकाएँ होती हैं, उनके समाधान के लिए कहा जाता है। बंधन तथा आवागमनचक्र का कारण अस्वाभाविक संस्कार है और मुक्ति का कारण स्वाभाविक संस्कार है, यह पहले ही कहा गया है तथा वैदिक संस्कार यज्ञों को स्वाभाविक संस्कार का पोषक कहा गया है और अब यह सिद्ध किया गया है कि, गुण और भाव संबंधीय संस्कार समूह भी स्वाभाविक संस्कार के ही अङ्ग है। दूसरी ओर स्वाभाविक संस्कार एक और अद्वितीय तथा अस्वाभाविक संस्कार अनन्त है, यह भी सिद्ध हो चुका है। स्वाभाविक संस्कार एक और अद्वितीय होने के कारण उसकी गति और स्थिति जीव की उत्पत्ति से लेकर जीव की मुक्ति पर्यन्त रहती है, यह मानना ही पड़ेगा। स्वभाविक संस्कार चिज्जड़ ग्रन्थि की उत्पत्ति के साथ ही साथ उत्पन्न होता है। उद्भिज्ज, स्वेदज, अण्डज और जरायुज की चौरासी लक्ष योनियों में उसकी अद्वैतरूप से स्थिति रहती है तथा उसकी गति अप्रकृतिहत होती है और पुनः उसका पूर्ण विकास जीवन्मुक्त दशा में हो जाता है। दूसरी ओर अस्वाभाविक संस्कार की उत्पत्ति जीव के मनुष्य योनि में पहुंचने के साथ ही साथ होती है और वह संस्कार अनन्तरूप में परिणत होकर जीव को सुखदुःखमय आवागमनचक्र में निरन्तर घुमाया करता है और मुक्त होने नहीं देता है। मनुष्य योनि में दोनों का पार्थक्य इतना ही है कि, बंधन दशा में अस्वाभाविक संस्कार की मुख्यता और स्वाभाविक संस्कार की गौणता रहती है और जीवन्मुक्त दशा में स्वभाविक संस्कार की मुख्यता और अस्वाभाविक संस्कार की गौणता हो जाती है। सुखदुःखमय शुभशुभ भोग भोगते समय अथवा नाना लोकों में परिभ्रमण करते समय जो भोग वैचित्र्य है, वह अनन्तरूपमय अस्वाभाविक संस्कार का कार्य है और इस आवागमनचक्र की गति जो ऊर्द्धवगामी प्रवाहरूपी क्रिया का कारण है, वह स्वाभाविक संस्कार की शक्ति है। इसी कारण जीवन्मुक्त दशा में महापुरुष अस्वाभाविक संस्कारों से उत्पन्न फलों

को भोगते हैं और स्वाभाविक संस्कार के अधीन रहकर सुख दु:ख में समान ज्ञान करते समय अपने अन्त:करण की धारा को ब्रह्मानन्दमय ब्रह्म समुद्र में लय करने में समर्थ होते हैं।

पुन: शंका हो सकती है कि, रजोवीर्य के द्वारा ही उभय का आकर्षण क्यों माना जाता है? रज और वीर्य अन्य धातुओं का सार होने से जीव के स्थूल शरीर का बीजभूत उपादान हो सकता है परन्तु भाव और गुणमूल का स्वाभाविक संस्कार के आकर्षण का कारण कैसे माना जा सकता है ? इस श्रेणी की शंकाओं का समाधान सुगम ही है। चिज्जड़ग्रन्थि रूपी प्रथम जीवोत्पत्ति दशा में स्वाभाविक संस्कार उत्पन्न होता है, उस संस्कार रूपी कारण का कार्य यह है कि, जीव को उत्तरोत्तर उन्नत भूमि प्रदान करके अभ्युदय देकर नि:श्रेयस मार्ग में अग्रसर करता रहे और नीचे की ओर गिरने न दे। उदाहरण स्थल पर समझने योग्य है कि, जीव जब आम्र की योनि से पीपल की योनि में जाता है, अथवा जीव जब हस्ती आदि की योनि से गोयोनि में जाता है, तब यह जीव की क्रमोन्नति उक्त उन्नत योनियों के स्थूल शरीर की सहायता से ही होती है। स्थूल शरीर वस्तुत: केवल भोगायतन ही नहीं है, किन्तु क्रमोन्नति करने का एकमात्र अवलम्बनीय क्षेत्र है। अत: मनुष्य जब एक शरीर से दूसरा मनुष्य शरीर परिग्रह करता है, तब ही वह क्रमोन्नति का क्षेत्र प्राप्त कर सकता है। सुतरां स्थूल शरीर जब एकमात्र मुक्ति की ओर क्रमोन्नति का क्षेत्ररूप है, तो उसमें ही स्वाभाविक संस्कार के अङ्गीभूत उक्त दोनों संस्कार का आकर्षण सम्भव है।।९४।।

प्रसंग से वर्ण धर्म की उपयोगिता सिद्ध कर रहे हैं :–

अतो बलीयस्त्वं वर्णस्य।।९५।।

अनुवाद–इसी कारण वर्ण धर्म बलवान् है। ।९५।।

भाष्य–वर्ण धर्म में रजोवीर्य शुद्धि का विचार सबसे प्रधान रखा गया है, यह पहले ही सिद्ध हो चुका है और यह भी सिद्ध हो चुका है कि, वर्णाश्रम धर्म जिस मनुष्य जाति में है, वह मनुष्यजाति काल के केवल में प्रवेश नहीं करती है तथा उसके नियमों को मानने पर अध:पतन न होकर क्रमोन्नति अवश्य होती है। उस विज्ञान की पुन: पुष्टि के लिये पूज्यपाद महर्षि सूत्रकार कह रहे हैं। रज और वीर्य के द्वारा उक्त मुक्तिप्रद स्वभाविक संस्कार के गुण संबंधीय और भाव-संबंधीय अंगों का आकर्षण होता है, यह सिद्ध हुआ तो, वर्ण धर्म जिसमें

रजोवीर्य की शुद्धि का ही प्राधान्य है, वह परमावश्यक है और मनुष्य जाति के लिये इस धर्म का पालन अमृत स्वरूप है।।९५।।

प्रसंग से कहा जाता है:–

न प्रतिलोमविवाहो धर्मसम्बद्धः।।९६।।

अनुवाद–प्रतिलोम-विवाह धर्मसङ्गत नहीं है। ।९६।।

भाष्य–स्मृति शास्त्र में आज्ञा है कि रजोवीर्य की शुद्धि यथावत् रखने के लिये सवर्णविवाह सबसे श्रेष्ठ है। अनुलोमज विवाह कामज होने पर भी धर्मसङ्गत हो सकता है, परन्तु प्रतिलोमज विवाह सर्वथा धर्म विरुद्ध है। स्मृतियों में इस प्रकार के प्रमाण अनेक हैं, यथा–

शूद्रैव भार्या शूद्रस्य सा च स्वा च विशः स्मृते।
ते च स्वा चैव राज्ञच्च ताच्च स्वा चाग्रजन्मनः।

शूद्र, केवल शूद्रा के साथ, वैश्य, शूद्रा और वैश्या के साथ, क्षत्रिय, शुद्रा वैश्या और क्षत्रिय के साथ और ब्राह्मण स्वजातीय अर्थात् ब्राह्मणी और इन तीनों, शुद्रा वैश्या और क्षत्रिया के साथ विवाह कर सकता है। यह अनुलोम विधि है। प्रतिलोम का प्रमाण स्मृति शास्त्र में यह है –

क्षत्रियाद्विप्रकन्यायां सूतो भवति जातितः।
वैश्यान्मागधवैदेहौ राजविप्राङ्गनासुतौ।।
शूद्रादायोगवः क्षत्ता चण्डालश्चाधमो नृणाम्।
वैश्यराजन्यविप्रासु जायन्ते वर्णसङ्कराः।।

क्षत्रिय से ब्राह्मण कन्या में उत्पन्न पुत्र सूत कहताला है। वैश्य से क्षत्रिय कन्या में उत्पन्न मगध और ब्राह्मण कन्या में उत्पन्न वैदेह नामक पुत्र होते हैं। शूद्र से वैश्य, क्षत्रिय और ब्राह्मण कन्या में उत्पन्न पुत्र क्रमशः आयोगवः क्षत्ता और चण्डाल होते हैं, अर्थात् वैश्या में आयोगव, क्षत्रिया में क्षत्रा और ब्राह्माणी में चण्डाल, ये सब वर्णसंकर कहलाते हैं।

वर्ण धर्म की पूर्णता रक्षा करने के लिये यही कर्त्तव्य है कि ब्राह्मण, क्षत्रिय, वैश्य और शूद्र ये चारों वर्णों के पुरुष स्वकीय वर्ण की कन्या के साथ विवाह किया करें, तभी रजोवीर्य की शुद्धि पूर्ण रूप से बनी रह सकती है, और जीव की क्रमोन्नति के सम्बन्ध से मुक्ति का द्वार खुला रहता है, जैसा कि पहले कहा गया है। यदि मोक्ष का विचार न रहे और मनुष्य काम और अर्थ के वशीभूत हो

जाये तों अनुलोमज रीति पर निम्न वर्ण की कन्या का परिग्रहण करने पर किसी प्रकार से धर्म की रक्षा हो सकती है। क्योंकि वीर्य के साथ रज की समानता न होने पर भी जिस प्रकार निकृष्ट क्षेत्र में बीज पूर्णवयव होकर के अंङ्कुरित न होने पर भी अङ्कुरित होता है, उसी प्रकार सामान्यतः वीर्य की शुद्धि रह सकती है परन्तु प्रतिलोमज विवाह होने पर अर्थात् निम्न जाति का पुरुष यदि उच्च जाति की कन्या का परिग्रहण करे जो रज और वीर्य दोनों ही अशुद्ध हो जाते हैं। लौकिक उदाहरण से इस विज्ञान की सिद्धि सुगमता से हो सकती है। जैसे जल से भूमि बलवती होने पर उसमें बीज से अङ्कुरोत्पत्ति ठीक होने पर भी जलहीन भूमि में अथवा अल्पजल की भूमि में बीज से अङ्कुरोत्पति हो सकती है, परन्तु यदि अधिक जलमय भूमि हो तो उसमें बीज डालने से बीज सड़ जाता है। ठीक उसी प्रकार निम्न श्रेणी के रज में बीज का अस्तित्व रह जाने पर भी प्रतिलोमज विवाह में रज, वीर्य दोनों की अशुद्धि होकर सृष्टि नष्ट भ्रष्ट हो जाती है। जो सृष्टि की पवित्रता का नाश का तथा सृष्टि क्रम का विरोधी है वह अवश्य ही अधर्म कार्य है।।९६।।

प्रसंग से और भी कहा जा रहा है :–

सपिण्डा सगोत्रा वयोज्येष्ठा च कन्या परिवर्ज्जनीया।।९७।।

अनुवाद–सपिण्डा, सगोत्रा और अधिक अवस्था वाली कन्या से विवाह नहीं करना चाहिये।।९७।।

भाष्य–इसी रजोवीर्य शुद्धि विज्ञान के अनुसार स्मृति शास्त्रों ने आज्ञा दी है कि सपिण्डा कन्या, सगोत्रा कन्या और वयोज्येष्ठा कन्या के साथ विवाह करने से अधर्म होता है, यथा–स्मृतिशास्त्र में–

असपिण्डा च या मातुरसगोत्रा च या पितुः।
सा प्रशस्ता द्विजातीनां दारकर्माणि मैथुने।।
अविप्लुतब्रह्मचर्यो लक्षणयां स्त्रियमुद्वहेत्।
अनन्यपूर्विकां कन्तामसपिण्डां यवीयसीम्।।

जो कन्या माता की सपिण्डा न हो और पिता की सपिण्डा और सगोत्रा न हो वह कन्या द्विजातियों के लिये विवाह करने योग्य है। पूर्ण ब्रह्मचारी पुरुष सुलक्षणवती और जो पहिले नहीं विवाही गई हो, अपने से कम उम्रवाली हो और असपिण्डा हो ऐसी सुन्दरी स्त्री से विवाह करे।

रजोवीर्य की शुद्धि भूमि और बीज के उदाहरण से समझने योग्य है, जैसा कि पहले दिग्दर्शन कराया गया है। जिस वैज्ञानिक कारण से प्रतिलोमज विवाह निषिद्ध है, उसी कारण से ये तीनों भी निषिद्ध हैं। इन तीनों अधर्म कार्यों के द्वारा वीर्य और रज की शुद्धि नष्ट हो जाती है, इस कारण जैसे वर्णाश्रम धर्म भ्रष्ट होने से मनुष्यजाति काल के मुख में पहुँच जाती है; उसी प्रकार इन तीनों अधर्म कार्यों के द्वारा कुल नष्ट भ्रष्ट हो जाता है। सपिण्ड अर्थात् अपने कुल की निकटस्थ कन्या अथवा अपने गोत्र की कन्या से विवाह करने से रज और वीर्य की शक्ति क्रमशः नष्ट हो जाती है। सपिण्ड और सगोत्र एक ही भाव वाचक है, जब सगोत्रा कन्या निकटस्थ होती है, तभी वह सपिण्डा कहलाती है –

यथा सपिण्डा के लक्षण स्मृति शास्त्र में कहे गये हैं–

सपिण्डता तु पुरुषे सप्तमे विनिवर्त्तते।
लेपभाजच्चतुर्थाद्याः पित्राद्याः पिण्डभागिनः।
पिण्डदः सप्तमस्तेषां सापिण्ड्यं साप्तपौरुषम्।।

पिता से लेकर पितामहा प्रपितादी ये तीन पीढ़ी तक पिण्ड के भागी होते हैं, इससे आगे छः पीढ़ी तक लेप के भागी हैं पिण्ड की देने वाली सातवीं पीढ़ी है, इन्ही सात पुरुषों में सपिण्डता रहती है।

यदि पृथिवी के एक ही स्थान में बहुत सा बीज वपन कर दिया जाय, तो न वह क्षेत्र काम देता है और वह वह बीज काम देता है और दोनों ही अपवित्रता को प्राप्त करके सृष्टि के बाधक हो जाते हैं, उसी प्रकार एक ही कुल के स्त्रीगर्भ में यदि बार बार उसी कुल के पुरुष का बीज प्रदत्त हो, तो वह बीज और वह क्षेत्र दोनों अकर्मण्यता को प्राप्त करेंगे और वह वंश कालान्तर में लय हो जायगा। दूसरी ओर विचारने योग्य विषय यह है कि, स्त्री आकर्षण शक्ति और पुरुष-विकर्षण-शक्ति विशिष्ट है, सुतरां दोनों विरुद्ध भावापन्न हैं, यह मानना ही पड़ेगा। अस्तु यदि दोनों शक्ति एक ही केन्द्र से बार-बार नियोजित हों तो, दोनों ही हीनबल हो जायेंगे। इसमें अधिदैव कारण और भी विलक्षण है अर्यमा आदि नित्य पितृगण वर्ण, कुल और आर्यत्व के रक्षक हैं, इन तीनों में से कुल मध्यमवर्त्ती होने से अभय सहायक है। उस कुल का साक्षात् संबंध गोत्र से रहता है। कुल पवित्र रहने से मुनष्य जाति में आर्यत्व और आर्य जाति में वर्णत्व की पवित्रता बनी रहती है। इस कारण कुल की पवित्रता की रक्षा करना और उसकी धारा को स्थायी रखना पितरों का मुख्य कर्तव्य है। जिस प्रकार जल की धारा की गति

तभी स्थायी रह सकती है, जब भूमि की स्थिति निम्नगामी हो और जल का भी आनुकूल्य हो। इस प्रकार से जल के वेग की विकर्षण शक्ति और निम्न भूमि की आकर्षण शक्ति दोनों मिलकर जल धारा को चिरस्थायी रख सकती है। उसी प्रकार पितृगण जब पुरुष और स्त्री को स्वतंत्र स्वतंत्र गोत्रोद्भव पाते हैं, तभी आधिभौतिक संबंधयुक्त कुल के नियमित प्रवाह को स्थायी रख सकते हैं पितृगण को अपने कर्त्तव्य के पालन करने में विरुद्धगोत्र सम्भूत दम्पत्ति ही सहायक हो सकते हैं। दूसरी ओर वयोज्येष्ठा कन्या जो निषिद्ध मानी गयी है, उसका भी यही कारण है। आयु के साथ ही साथ अधि भौतिक बल की भी परिपुष्टि होती है। क्षेत्र ही बीज का आश्रय होता है, इस कारण यदि क्षेत्र का बल बीज के बल के अधिकार से प्रबल हो, तो स्त्रीधारा का प्राबल्य हो जायगा, पुरुषधारा गौण हो जायगी और कालान्तर में उस कुल में पुरुष सृष्टि अधिक होने लगेगी। यह पहले ही सिद्ध हो चुका है कि स्त्री के पुरुष भावापन्न होने पर भी सृष्टि की यही दशा होती है, वयोज्येष्ठा कन्या का विवाह न करने का विज्ञान भी इसी विज्ञान से सिद्ध होता है।।९७।।

प्रसंग से और भी कहा जाता है:-

वर्णसङ्करो नेष्टः।।९८।।

अनुवाद—वर्णसङ्कर इष्ट नहीं है।।९८।।

भाष्य—इसी पूर्वकथित रजोवीर्य शुद्धि विज्ञान के अनुसार ही वर्ण सङ्कर होना शुभ नहीं समझा जा सकता है, क्योंकि वर्ण सङ्कर में तो रजोवीर्य की शुद्धि रह ही नहीं सकती है। रजोवीर्य शुद्ध न रहने से पूर्वकथित गुणसंबंधी और भाव संबंधी मुक्तिप्रद स्वाभाविक संस्कार का विकास होना रुक जाता है। पितरों की सहायता नहीं मिलती, क्योंकि पितृगण रजोवीर्य की शुद्धि रहने से, कुल की पवित्रता रहने से और संस्कार शुद्धि रहने से तब विशेष रूप से कृपा कर सकते हैं। वर्णसङ्करत्त्व से जो सृष्टि होती है, वह धर्मज सृष्टि न होने के कारण भी अहितकर है। विशेषतः वर्णसङ्कर प्रजा का नैमिति नैमित्रिक पितरों के साथ एकबार ही संबंध छूट जाता है, यथा--

गीतोपनिषद् में कहा है:-

सङ्करो नरकायैव कुलघ्नानां कलस्य च।
पतन्ति पितरो ह्येषां लुप्तपिण्डोदकक्रियाः।
दोषैरेतैः कुलाघ्नानां वर्णसंङ्करकारकैः।

उत्साद्यन्ते जातिधर्माः कुलधर्माच्च शाश्वताः॥

वर्णसङ्कर नरक का कारण है। पिण्ड और श्राद्धादि क्रिया के लुप्त होने से पितृलोगोंका पतन होता है इन दोषों से वर्णसंकर प्रजा के द्वारा जातिधर्म, कुलधर्म आदि विनष्ट होते हैं।

वर्णधर्म में संकरता दोष आ जाने से कैसे अधर्म होते हैं, इसको अन्य प्रकार से भी समझ सकते हैं। वर्णधर्म की संकरता के स्वाभाविक तीन भेद हैं। एक अन्य जाति के साथ रजोवीर्य का संमिश्रण , दूसरा छोटा वर्ण बनना और तीसरा छोटे वर्ण का उच्चवर्ण बनने का प्रयत्न। इन तीनों में से उच्च वर्ण की, नीच वर्ण के आचार पालन करने से केवल आधिभौतिक क्षति होती है, सुतरां वह क्षति केवल व्यक्तिगत है। शूद्राचारी ब्राह्मण का पुत्र पुनः सच्चा ब्राह्मण हो सकता है; इस कारण इस आधिभौतिक अपवित्रता से केवल एक ही पुरुष तक वर्ण धर्म की संकरता होती है। नीच वर्ण जब उच्च वर्ण बनना चाहता है, उससे आध्यात्मिक अपवित्रता होती है, क्योंकि नीच वर्ण का मनुष्य अपनी उच्चाभिलाषा के उन्माद से जब अपने को अथवा अपने समाज को उच्चवर्ण के आचारों का पालन करके और कराके उच्च वर्ण की श्रेणी में प्रवेश करता है, तो उससे अनेक दोष उत्पन्न होने पर उस व्यक्तिगत आत्मा और जातिगत आत्मा की बड़ी भारी क्षति होती है, क्योंकि आध्यात्मिक क्षति सबसे गुरुतर क्षति है। शरीर की क्षति धार्मिक विचार से इतनी प्रबल क्षति नहीं समझी जाती है, परन्तु आत्मा की क्षति, बुद्धि की क्षति तथा अन्तः करण की अवनति सबसे प्रबल क्षति समझी जाती है। दूसरा विचारने योग्य विषय यह है कि अधिभौतिक क्षति की शक्ति एक ही पुरुष तक रहती है। परन्तु इस स्वाभाविक आध्यात्मिक संकरता का प्रभाव तथा इस क्षति का परिणाम उस व्यक्ति को और जाति को स्थायी रूप से पातकी बना देता है तथा आध्यात्मिक उन्नति का बाधक बन जाता है। सुतरां यह क्षति चिरस्थायी होती है, वस्तुतः आध्यात्मिक अपवित्रता से न वे अपनी जाति में रहते हैं और न उच्च जाति के अधिकार को प्राप्त कर सकते हैं और दूसरी ओर पितरों की सहायता उनको पूरी नहीं मिलती है इस कारण उनकी उन्नति का मार्ग रुद्ध रहता है, वह वृथा उच्चाभिलाषी व्यक्ति वा मनुष्य समाज अपने आचरणों के द्वारा वर्णाश्रमी धर्म समाज में विप्लव उत्पन्न कर देता है। ऐसे धर्म विप्लव का कारण बनके वह व्यक्ति अथवा विशेष समाज स्वभाव के विरुद्ध प्रबल आघात को प्राप्त होता है और अपनी अवनति का कारण बनता है। तीसरी रजोवीर्य की संकरता से अधिभौतिक क्षति निश्चित है। पितरों की सहायता रजोवीर्य की शुद्धता से कैसे

प्राप्त होती है, इसका विस्तारित वर्णन इस दर्शन शास्त्र में आ चुका है। सुतरां जब पितरों की कृपा रूप दैव दैवी सहायता से संकर जाति वंचित हो जाती है, तो उसके वर्णधर्म की रक्षा का पथ रुद्ध हो जाता है और वर्णाश्रम धर्म के सब उन्नत अधिकार प्राप्त करने के लिये उस व्यक्ति का क्षेत्र असुविधाजनक हो जाता है।।९८।।

विज्ञान की और भी पुष्टि कर रहे हैं:–

सन् धार्मिकः।।९९।।

अनुवाद–वह धार्मिक नहीं होता है। ।९९।।

भाष्य–यह तो प्रत्यक्ष सिद्ध है कि, वर्णसंकर प्रजा धार्मिक नहीं होती है, साधारणतः ऐसा जगत् में देखने में भी आता है। अब पूर्व विज्ञान की पुष्टि के लिये महर्षि सूत्रकार ने इस सूत्र का आविर्भाव किया है। प्रथम तो पूर्वकथित विज्ञान के अनुसार वर्णसंकर प्रजा में रजोवीर्य की शुद्धि हो ही नहीं सकती, क्योंकि संकर सृष्टि में यथायोग्य अधिकार का बीज और यथा योग्य अधिकार का क्षेत्र न होने से सृष्टि का विपर्यय होना स्वतः सिद्ध है। द्वितीयतः मुक्ति सहायता स्वाभाविक संस्कार के गुण और भावात्मक प्रवाह की गति ठीक रहना सम्भव नहीं है और तृतीयतः कर्म का बीज संस्कार होने से संकर सृष्टि के होते समय अस्वाभाविक संस्कार भी दूषित हो जाता है, क्योंकि माता और पिता दोनों में अपनी अपनी जाति का अभिमान स्थायी रहने से जैवी अस्वाभाविक संस्कार की भी परिशुद्धि नहीं रह सकती है; अतः संकर प्रजा के धार्मिक होने की सम्भावना नहीं है। ।९९।।

उसका कारण कह रहे हैं:–

नैसर्गिक प्रवृत्तिरस्याऽधर्मे।।१००।।

अनुवाद–अधर्म में उसकी स्वाभाविक प्रवृत्ति होती है।।१००।।

भाष्य–संस्कार कर्म का बीज है, जैसा संस्कार होता है वैसी ही क्रिया की उत्पत्ति होती है। वर्ण संकर प्रजा के उत्पन्न होते समय उसके माता-पिता के अन्तःकरण में सदाचार भ्रष्ट होने के संस्कार अवश्य ही अङ्कित रहते हैं। अन्तःकरण सब का साक्षी है, अन्तःकरण के चित्त रूपी विभाग में सदाचार भ्रष्ट होने का अर्थात् अधर्म का संस्कार अंकित हो जाता है। दूसरी ओर मन, वायु और वीर्य का ऐक्य संबंध रहने से उसी अधर्म संस्कार को साथ लेकर गर्भाधान होता

है और माता उसी संस्कार के साथ गर्भ का पोषण करती है। सुतरां उससे जो सृष्टि होती है, उसमें स्वाभाविक रूप से अधर्म में प्रवृत्ति होगी, इसमें सन्देह ही क्या है। १००॥

प्रसंङ्ग से और भी पुष्टि कर रहे हैं:-

सृष्टिक्रमानुकूलभावात्॥१०१॥

अनुवाद-सृष्टि क्रम के अनुकूल न होने से॥१०१॥

भाष्य-वस्तुत: धर्म और अधर्म का संबंध इस प्रकार माना जा सकता है कि, जो क्रिया सृष्टि के स्वाभाविक नियम के अनुकूल है, उससे धर्म की उत्पत्ति होती है और जो क्रिया सृष्टि क्रम के अनुकूल नहीं है, वह अधर्म-उत्पादक है। धर्म और अधर्म का लक्षण पहले विस्तारित रूप से कहा गया है। उन्हीं लक्षणों से यह सिद्ध होता है कि, मनुष्य से नीचे की योनियों में जीव केवल स्वाभाविक संस्कार के वशीभूत होकर स्वाभिमान से बचकर प्रकृतिमाता की गोद में लालित पालित होता हुआ अपनी अपनी योनि के धर्म को पालन करता हुआ बिना बाधा के आध्यात्मिक उन्नति में अग्रसर होता जाता है। उस जीव की आत्मा की क्रमाभिव्यक्ति का एकमात्र कारण यही है कि, वह जीव सृष्टि के नियम के अनुकूल प्रकृति माता के द्वारा चालित होता रहता है। इससे सिद्ध हुआ कि सृष्टि के नियम के अनूकूल चलने से जीव की क्रमोन्नति अवश्यम्भावी है। इस दशा में तमोगुण की अवस्था से क्रमश: सत्त्व गुण की वृद्धि के द्वारा जीव बिना बाधा के आगे बढ़ता रहता है। मनुष्य योनि में पहुँचकर तमोवर्द्धक पापकर्म के द्वारा वह ऊर्द्धवगति रुक जाती है और सत्त्ववर्द्धक पुण्य कर्म के द्वारा वह ऊर्द्धवगति सरल बनी रहती है। जब तमोवर्द्धक कर्म अधर्म और सत्त्ववर्द्धक कर्म धर्म कहलाते हैं और जब सृष्टि का नियम यही है कि, जीव क्रमश: तम की ओर से सत्त्वगुण की अवस्था में अग्रसर होता हुआ पूर्ण सत्त्वमय मुक्तिपद को प्राप्त कर लेवे, तो यह स्वत: सिद्ध है कि इस प्रकार सत्त्वमय मुक्तिपद को प्राप्त कर लेवे, तो यह स्वत: सिद्ध है कि इस प्रकार सत्त्व की क्रमाभिव्यक्ति ही सृष्टि नियम के अनुकुल है। वर्णसंकर प्रजा की उत्पत्ति इस नियम के विरुद्ध होती है। वर्णाश्रम धर्म सृष्टिनियम की रक्षा में सहायक है। उसके द्वारा आर्य जाति आत्मा की ओर कैसे ऊद्ध्र्वगति शील बनी रहती है, सो पहले विस्तारित रूप से सिद्ध हो चुका है। सुतरां वर्णधर्मरूपी प्रबल सृष्टि नियम के भङ्ग करने से वर्णसंकर प्रजा अधार्मिक होगी, इसमें सन्देह ही क्या है॥१०१॥

इस विज्ञान की और भी पुष्टि कर रहे हैं:–

श्राद्धव्याहतेर्यवनजप्रेतवत्॥१०२॥

अनुवाद–श्राद्धक्रिया असम्भव होने से यवन से उत्पन्न प्रेत के समान॥१०२॥

भाष्य–गर्भाधान के समय पिता-माता के अन्तःकरणसम्भूत संस्कार के साथ भावी सन्तति का कैसा घनिष्ठ संबंध रहता है, इसको सिद्ध करने के लिये पूज्यपाद महर्षि सूत्रकार एक दृष्टान्त दे रहे हैं। एक धर्माचार्य संन्यासी एक समय एक प्रतिष्ठित ब्राह्मण के यहाँ अतिथि बनकर आये। रात्रि को भिक्षा के अनन्तर जब वे निद्रित हुए, तब अकस्मात् एक प्रेत जो उस मकान में रहता था, उसने उनकी निद्रा भङ्ग की। संन्यासी ने समझा कि कोई चोर है, ऐसा समझकर घरवालों को लिये उठे तो चोर का खिलखिलाकर हंसना उन्होने सुना। तदनन्तर घरवालों से पूछने पर यह मालूम हुआ कि वह प्रेत है और जीवित अवस्था में वह उनका कोई संबंधी था। वे महात्मा बड़े दयालु और शक्तिशाली थे, उन्होंने किसी विशेष अनुष्ठान से उस प्रेत की मुत्ति का प्रस्ताव किया, तो प्रेत ने कहा कि "मैं अपनी दया के लिये कृतज्ञ हूँ, परन्तु सनातन धर्मोक्त किसी यज्ञ से मेरी मुक्ति नहीं हो सकेगी।" उसके अनन्तर प्रश्न करने पर विदित हुआ कि, उस प्रेत की जीवित अवस्था में ब्राह्मण के घर में उसका जन्म अवश्य हुआ था, परन्तु दैवदुर्विपाक से उसकी माता के गर्भाधान काल में घटनाचक्र से किसी समय अकेली जाते समय किसी यवन से उस पर बलात्कार किया था। लज्जावशात् उसकी माता को इस घोर अत्याचार को छिपाना था। उसी समय इस प्रेत का पूर्व शरीर उस माता के गर्भ से उत्पन्न हुआ था। मृत्यु के अनन्तर प्रेतत्व की दशा में उस प्रेत को उसके जन्म का यह गुप्त रहस्य जो और किसी को भी विदित नहीं था, उसको विदित हुआ और यवनपिता के वीर्य से आए हुए यवन संस्कार के कारण सनातनधर्मोक्त कोई धर्म उसकी मुक्ति का कारण नहीं बन सकता था। मातृ पितृजनित तथा रजोवीर्य से संबंध युक्त संस्कार प्राप्ति का यह अपूर्व दृष्टान्त है॥१०२॥

प्रसङ्गतः वर्णशुद्धि की महिमा कह रहे हैं :–

वर्णविशुद्धया विवृद्धिर्धान्यवत्॥१०३॥

अनुवाद–वर्णशुद्धि से धान्यवत् वृद्धि होती है। ।१०३॥

भाष्य–वर्णधर्म की महिमा पहले बहुत कुछ प्रतिपन्न हो चुकी है। अब

रजोवीर्य शुद्धि विज्ञान, जिसका वर्णन इससे पहले आया है, उसके संबंध से पूज्यपाद महर्षि सूत्रकार कह रहे हैं कि, रजोवीर्य की शुद्धि मूलक वर्णधर्म की महिमा एक धान्य के उदाहरण से समझने योग्य है। जिस प्रकार यदि पृथिवी भर में किसी दैव कारण से सब धान्य नष्ट होकर केवल एक शुद्ध धान्य बच जाय तो, कालान्तर में उसी एक शुद्ध धान्य से पृथिवी पुनः धान्यपूर्ण हो सकती है। उसी प्रकार शुद्ध रजोवीर्य से युक्त ब्राह्मणादि वर्ण के कुल थोड़े भी विद्यमान यदि रहें तो, कालान्तर में वर्णधर्म से युक्त आर्यप्रजा पुनः विस्तृत होकर त्रिलोक को पवित्र कर सकती है। ।१०३।।

अब त्रिविध शुद्धि की आवश्यकता बताई जाती है :-

शुद्धित्रैविध्यमपेक्ष्यं धातुत्रयसाम्यवत्॥१०४॥

अनुवाद–तीन धातुओं की समता के समान त्रिविध शुद्धि प्रयोजनीय है।।१०४।।

भाष्य–वैद्यक शास्त्र के अनुसार वात, पित्त और कफ की समता से जिस प्रकार शरीर नीरोग और आत्मा उन्नत रहती है, उसी प्रकार अध्यात्मादि त्रिविध शुद्धि के द्वारा संस्कार शुद्धि से जीव अभ्युदय और निःश्रेयस को प्राप्त करता है। आयुर्वेद शास्त्र का यह सिद्धांत है कि जब वात, पित्त और कफ इन तीनों में से किसी की भी शुद्धि में कमी हो जाती है तभी शरीर में पीड़ा उत्पन्न होती है और तीनों की समता रहने से शरीर नीरोग रहता है। आयुर्वेद शास्त्र का यह भी सिद्धांत है कि वात, पित्त और कफ इन तीनों की विशुद्धता से मनुष्य मुक्ति पर्यन्त प्राप्त कर सकता है। उसी प्रकार वर्ण की त्रिविध शुद्धि द्वारा आर्यगण अभ्युदय और निःश्रेयस दोनों को प्राप्त किया करते हैं। वर्ण धर्म के निर्वाह में यदि एक शुद्धि की भी कमी हो तो उतनी ही असम्पूर्णता आ जाती है इस कारण तीनों की समान आवश्यकता है, जैसा कि महाभाष्य में लिखा है:-

"तपः श्रुतं च योनिश्च एतद्ब्राह्मणकारणम्।
तपःश्रुताभ्यां यो हीनो जातिब्राह्मण एव सः॥"

तपस्या, शस्त्रज्ञान और योनि ये तीनों ब्राह्मण आदि द्विजातियों के कारण हैं, जो तपस्या और शास्त्रज्ञान से रहित है, वह केवल जाति ब्राह्मण है। ।१०४।।

विज्ञान की पुष्टि कर रहे हैं :-

तद्वर्णाश्रमरक्षकं हिमालयवदैश्वर्यस्य॥१०५॥

अनुवाद–हिमालय जिस प्रकार ऐश्वर्य की रक्षा करता है, वैसे ही त्रिविध शुद्धि वर्णा श्रम की रक्षा करती है। ।१०५।।

भाष्य–महर्षि सूत्रकार पूर्व विज्ञान की पुष्टि उदाहरण के द्वारा कर रहे हैं। जिस प्रकार पर्वतराज हिमालय सब प्रकार के लौकिक ऐश्वर्यों का रक्षक है, उसी प्रकार अध्यात्म, अधिदैव और अधिभूत रूपी त्रिविध शुद्धि वर्णाश्रम धर्मी प्रजा के सब प्रकार के मांगलिक ऐश्वर्यों की रक्षक है। हिमालय पर्वत के आश्रय से पृथिवी की सब श्रेणी की उद्भिज्ज सृष्टि जीवित रहती है। ऐसी कोई पशु पक्षी देखने में नहीं आते, जो हिमालय के विशाल देह में क्रीड़ा न करते हों। पर्वतपति हिमालय सुवर्णादि सब प्रकार के धातु और हीरक आदि सब प्रकार के रत्नों का आकर है। उसी प्रकार वर्ण की त्रिविध शुद्धि से वर्णधर्म और आश्रमधर्म दोनों की विशुद्धता बनी रहती है, आर्य जाति जीवित रहती है तथा आर्यत्व की रक्षा होने से यज्ञादि धर्म बने रहते हैं और धर्म की रक्षा से ऋषि देवता एवं पितरों का अभ्युदय भी बना रहता है। वस्तुतः इस त्रिविध शुद्धि पर ही सब कुछ निर्भर है, इसमें संदेह नहीं।।१०५।।

वर्णधर्म के विज्ञान की पुष्टि के लिये गुण संस्कार का क्षय कैसे होता है, सो कहा जाता है :–

गुण संस्कारहानं परिणामात्॥१०६॥

अनुवाद–परिणाम से गुण संस्कार का क्षय होता है। ।१०६।।

भाष्य–गुण संस्कार के विकास का साक्षात् संबंध शरीर से है। गुण विकास का आधार स्थूल शरीर होने के कारण गुण संस्कार के साथ स्थूल शरीर का बड़ा भारी संबंध है। यही कारण है कि धर्माचार्यों ने जन्म के साथ वर्णा धर्म का इतना घनिष्ठ संबंध रखा है। जैसा कि मनु भगवान् ने कहा है:–

अविद्वांश्चैव विद्वांश्च ब्राह्मणो दैवतं महत्।
प्रणीतश्चाप्रणीतश्च यथाऽग्निर्दैवतं महत्॥

जिस प्रकार अग्नि आहित हो या अनाहित हो, वह पूज्य देवता है। उसी प्रकार ब्राह्मण चाहे विद्वान् हो या मूर्ख हो वह सर्वोच्च देवता है। श्री भगवान् ने भी निजमुखारविन्द से कहा है कि, "अविद्यो वा सविद्यो वा ब्राह्मणे माम की तनुः" ब्राह्मण चाहे विद्वान हो या अविद्वान हो वह मेरा शरीर है। इस विज्ञान को अन्य प्रकार से भी समझ सकते हैं कि पूर्व जन्मार्ज्जित प्रारब्ध के द्वारा मनुष्य को

जाति, आयु, भोग, प्रकृत्ति और प्रवृति इन पांच वस्तुओं की प्राप्ति होती है, इन पांचों में से पहले तीन मुख्य हैं और पिछले दो गौण हैं। इसी मुख्यत्व और गौणत्व के हिसाब से पहले तीनों का संबंध स्थूल शरीर के साथ अधिक और दूसरे दोनों का संबंध सूक्ष्म शरीर के साथ अधिक समझा जाता है। इसमें भी गुण संस्कार ही कारण है। शरीर के परिणाम के साथ ही साथ गुण संस्कार का हान होता है, यही साधारण नियम है, दूसरी ओर जब तक स्थूल शरीर रहता है, तब तक प्रारब्ध जनित गुण संस्कार के साथ जीव जकड़ा रहता है और उस संस्कार से तभी पूर्ण रूप से मुक्त होता है जब स्थूल शरीर का अन्त होता है। उदाहरण रूप से समझ सकते हैं कि सत्त्व प्रधान ब्राह्मण शरीर, रजःसत्त्व प्रधान क्षत्रिय शरीर, रजस्तमःप्रधान वैश्य शरीर और तमःप्रधान शूद्र शरीर होने से यदि क्षत्रिय का उदाहरण लिया जाय, तो क्षत्रिय शरीर में जो रजःसत्त्व गुण की प्रधानता तथा उसके कारण उसका प्रभाव जो जाति, आयु, भोग, प्रकृति और प्रवृति पर पड़ता रहता है, सो उसका अस्तित्व जीव की चाहे कैसी ही अवस्था हो रूपान्तर से बना रहेगा और उसका हान केवल परिणाम से होगा। इसी कारण क्षत्रिय शरीर धारी अवतार और ब्राह्मण शरीर धारी अवतार में तथ ब्राह्मणशरीरधारी ज्ञानी और क्षत्रियशरीरधारी ज्ञानी के आचार व्यवहारों में स्पष्ट भेद प्रतीत होता है। वे सब यथा योग्य संस्कार यथा समय परिणाम से ही हान को प्राप्त होते हैं।।१०६।।

प्रसंग से शंका-समाधान कर रहे हैं:-

तल्लङ्घनमसाधारणनियमात्।।१०७।।

अनुवाद-उसका लङ्घन असाधारण नियम से होता है। ।१०७।।

भाष्य-अब यदि आत्मजिज्ञासु के हृदय में इस प्रकार की शंका हो कि यदि संस्कार का रहस्य ऐसा ही है तो, पुनः क्षत्रिय-गुण संस्कार धारी विश्वामित्र महर्षि ब्राह्मण कैसे हो गये? महात्मा नन्दिकेश्वर मनुष्य शरीर के गुण संस्कारों से मुक्त होकर देवता कैसे बन गये? परशुराम अवतार ब्राह्मण शरीर में उत्पन्न होने पर भी उनमें क्षत्रिय के लक्षण क्यों प्रकाशित हुए? इस प्रकार की शंकाओं के समाधान में पूज्यपाद महर्षि सूत्रकार कह रहे हैं कि असाधारण तपःशक्ति, असाधारण योगशक्ति अथवा असाधारण वैदिक-कर्मशक्ति से इस प्रकार के गुण संबंधीय संस्कारों का परिवर्तन हो सकता है। क्योंकि तप की महिमा सर्वोपरि है, यह समस्त संसार तप का ही फलस्वरूप है। जैसा कि यजुर्वेदीय तैत्तिरीयोपनिषद् में लिखा है:-

सोऽकामयत। बहु स्यां प्रजायेयेति।
स तपोऽतप्यता स तपस्तप्त्वां
इद ॐ सर्वमसृजत यदिदं किञ्च।
तत् सृष्ट्वा तदेवानुप्राविशत्।

महाप्रलय के पश्चात् समष्टि जीवों के प्रारब्धानुसार श्रीभगवान् के अन्तःकरण में 'एकोऽहं बहु स्यां प्रजायेय' अर्थात् मैं एक से बहुत होऊं और प्रजाओं की सृष्टि करूं, इस प्रकार की इच्छा उत्पन्न होती है, उस समय वे तप के द्वारा समस्त संसार उत्पन्न करके उसमें सत्तारूप से व्याप्त होते हैं। इसी तरह अथर्ववेदीय मुण्डकोपनिषद् में लिखा है, यथा–

तपसा चीयते ब्रह्म ततोऽन्नमभिजायते।
अन्नात् प्राणो मनः सत्यं लोकाः कर्मसु चामृतम्॥

तप के द्वारा भूतयोनि अक्षर ब्रह्म उत्फुल्ल होते हैं जैसा कि पुत्र को देखकर पिता उत्फुल्ल होता है। तदनन्तर अन्न उत्पन्न होता है और उससे प्राण, मन, सत्य, लोकसमूह, कर्म तथा अमृत आदि उत्पन्न होते हैं। महर्षि विश्वामित्र की अमानुषिक तपस्या, महात्मा नन्दिकेश्वर का अलौकिक योगबल और अवतार परशुराम के गर्भ में आते समय दैवी क्रिया से वैदिक यज्ञ के चरु में विशेषता उत्पन्न होना, ये सब असाधारण नियम के जाज्वल्यमान प्रमाण हैं॥१०७॥

अब दूसरी श्रेणी के संस्कार के संबंध में कहा जाता है :–

भावे स्वातन्त्र्यम्॥१०८॥

अनुवाद–भाव में स्वाधीनता है॥१०८॥

भाष्य–गुण संस्कार के हान में जो कठिनता है, भाव संस्कार के हान में वह कठिनता नहीं है। अधिभूत भाव से अधिदैव भाव अथवा अधिदैव भाव से अध्यात्म भाव अथवा इन तीनों में से किसी से किसी में संस्कार का परिवर्त्तन कर देना सुगम है। यह परिवर्तन अभ्यास करते करते साधन द्वारा हो सकता है अथवा ज्ञान बल की सहायता से तुरन्त हो सकता है। भोजन पदार्थ जीव के लिये प्रधान अवलम्बन है, उस भोजन को भोजन न समझना और भगवत् प्रसाद समझना, यह काम भक्त बहुत दिनों के अभ्यास से कर सकता है। स्त्री भोग्य वस्तु है, उस भोग्य भाव को भूलकर स्त्री मात्र को "स्त्रीयः समस्ताः सकला जगत्सु" इस शास्त्र वचन के अनुसार उपासक कालान्तर में स्त्री मात्र में ब्रह्मप्रकृति की

धारणा कर सकता है। उसी प्रकार तत्त्व ज्ञानी अपने ज्ञान बल की सहायता से अपने शरीर में दृश्य बुद्धि अर्थात् आधिभौतिक में अध्यात्म भाव परिवर्तन और प्रत्येक क्रिया में दैव संबंध स्थापन करके आधिभौतिक में आधिदैविक भाव परिवर्तन, इस प्रकार सबमें सबका परिवर्तन तत्काल कर सकता है और उससे प्रकृति की गति को अबाध तथा मुक्ति पद को सरल रख सकता है॥१०८॥

पुरुष धर्म के साथ उनका संबंध दिखाया जाता है:-

शक्तित्रयमपेक्ष्यं पुरुषे उद्भिद्बीजवत्॥१०९॥

अनुवाद–उद्भिज्ज बीज के समान पुरुष में त्रिविध शक्ति की अपेक्षा रहती है॥१०९॥

भाष्य–गुण परिणाम और भाव परिणाम इन दोनों परिणामों में से शीघ्र सफलता प्राप्ति के लिये पुरुष में त्रिविध भावशक्ति की प्राप्ति की आवश्यकता रहती है। जैसे उद्भिज्ज श्रेणी के जीवों में बीज से फल की उत्पत्ति कराने में पृथिवी, जल और काल इन तीनों शक्तियों की आवश्यकता रहती है, ठीक उसी प्रकार पुरुष जाति को निःश्रेयस के प्राप्ति के लिये तीनों की आवश्यकता है। स्त्री जाति के अभ्युदय और निःश्रेयस के लिये जो सुगम शैली है, पुरुष के लिये वह शैली कुछ कठिन है अतः त्रिविध शुद्धि का विचार पुरुष धर्म में अधिक रखा गया है॥१०९॥

पुरुष धर्म का रहस्य कहकर अब वर्णाक्षधर्म का रहस्य कहा जाता है :-

एकेनाऽन्यस्य योगसमापत्तिः॥११०॥

अनुवाद–एक के साथ दूसरे की समापत्ति की जाती है। ॥११०॥

भाष्य–केवल त्रिविध शुद्धि का विचार रखने से पुरुष जाति की आध्यात्मिक उन्नति सम्भव है, परन्तु पुरुष जाति के अभ्युदय और निःश्रेयसंस्कार के निश्चय करने के लिये तथा मनुष्य जाति को अधःपतित न होने देने के लिये निश्चित मार्ग बताया जाता है। जब भाव संस्कार के साथ गुण संस्कार का यथायोग्य संयोग करके जीव को उन्नत किया जाय तो इस प्रकार अलौकिक और सार्वजनिक फल की प्राप्ति हुआ करती है। वर्णाश्रमधर्म की मूल भित्ति इसी विज्ञान पर स्थित है॥११०॥

प्रकृत विज्ञान को स्पष्ट कर रहे हैं:-

वर्णधर्मेणैकस्य॥१११॥

अनुवाद–वर्ण धर्म के द्वारा एक की समापत्ति होती है॥१११॥

भाष्य–संस्कार की समापत्ति के विचार से वर्णधर्म सर्व प्रधान है क्योंकि वर्णधर्म के द्वारा गुण संबंधी संस्कार की समापत्ति होती है। इसका विज्ञान पहले ही निश्चित हो चुका है कि रजोवीर्य के द्वारा गुण के संस्कार आकृष्ट होते हैं और भोग के द्वारा उनका हान होता है एवं हान हो जाने से मुक्ति का मार्ग सरल हो जाता है। वर्णधर्म के आचार ऐसे सुकौशल पूर्ण क्रियाओं से निर्णीत हुए हैं कि उनके द्वारा स्वतः ही गुण संस्कार का भाव संस्कार के साथ योग होने से अस्वाभाविक अंश का क्षय और स्वाभाविक अंश की अभिव्यक्ति होकर जीव मुक्ति भूमि में पहुँच जाता है॥१११॥

अब दूसरे कह रहे हैं–

आश्रमधर्मेणाऽन्यस्य॥११२॥

अनुवाद–आश्रमधर्म के द्वारा दूसरे का होता है॥११२॥

भाष्य–वर्णधर्म की शक्ति का महत्त्व पूर्व सूत्र में कहकर महर्षि सूत्रकार अब आश्रम धर्म की शक्ति का महत्त्व कह रहे हैं। आश्रमधर्म के आचार समूह के द्वारा भाव संस्कार का गुण संस्कार से योग होता है। वर्णधर्म प्रवृत्तिरोधक और आश्रमधर्म निवृत्तिपोषक है, यह पहले ही कहा गया है। वर्णधर्म से गुण संस्कार तथा आश्रमधर्म से भाव संस्कार स्वतः ही आकृष्ट होकर हान को प्राप्त होते जाते हैं और जीव को सब संस्कारों के विलय रूप निर्विकल्प स्वरूप की ओर स्वाभाविक रूप से अग्रसर करते रहते हैं। इसलिये जाबाल-श्रुति में लिखा है कि-

ब्रह्मचर्य परिसमाप्य गृही भवेत्।
गृही भूत्वा वनी भवेत्। वनी भूत्वा प्रव्रजेत्॥

ब्रह्मचर्य आश्रम समाप्त करके गृही होवे। गृहस्थाश्रम के बाद वानप्रस्थी होवे। वानप्रस्थाश्रम के बाद संनयास लेवे। सुतरां, जो मनुष्य समाज या जो मानव वर्णाश्रमधर्म का यथार्थतः पालन कर सकते हैं, उनमें दोनों संस्कारों का योग साथ ही साथ होकर उनका आध्यात्मिक भूमि में क्रमाभ्युदय निश्चित रहता है। यही वर्णाश्रमधर्म का अकाटय सिद्धान्त और अलौकिक महत्त्व है। ॥११२॥

यदि ऐसा न हो तो क्या होता है:–

अन्यथाऽधःपातो निर्बन्धप्रवाहवत्॥११३॥

अनुवाद—अन्यथा बंध टूटे हुए प्रवाह की तरह अधःपतन होता है॥११३॥

भाष्य—यदि जिज्ञासुओं के चित्त में ऐसी शंका हो कि जो मनुष्य या मनुष्य जाति वर्णाश्रम धर्म को नहीं मानती है उसकी क्या दशा होती है? इस प्रकार की शंकाओं के समाधान में पूज्यपाद महर्षि सूत्रकार ने इस सूत्र का आविर्भाव किया है और कहते हैं कि जिस प्रकार बांध बांधकर जल को निर्गमन स्थान से गन्तव्य स्थान तक पहुंचाया जा सकता है, परन्तु यदि वह बंध टूट जाय तो उस प्रवाह का जल इधर उधर निम्न स्थान में फैलकर नष्ट हो जाता है, उस प्रवाह को लक्ष्य स्थल की प्राप्ति नहीं होती; ठीक उसी प्रकार मनुष्य जाति की क्रमोन्नति प्रवाह में बंधन रूपी वर्णाश्रम धर्म जिस मनुष्य समाज में प्रचलित नहीं होता है, वह मनुष्य जाति कालान्तर में नष्ट भ्रष्ट हो जाती है। यह पहले ही सिद्ध हो चुका है कि, स्वाभाविक संस्कार मुक्ति का कारण और अस्वाभाविक संस्कार बंधन का कारण है। प्रथम अस्वाभाविक संस्कार का हान करते हुए स्वाभाविक संस्कार क्रमविकास करना होता है। और क्रमशः स्वाभाविक संस्कार का भी हान करके गुणतीत, भावातीत, अद्वैत कैवल्यपद प्राप्त करना होता है। यह क्रिया स्वभाव से ही वर्णाश्रम धर्म द्वारा सम्पादित होती है। इसी कारण जिस मनुष्यजाति में वर्णाश्रमधर्म प्रचलित है, वह जाति बिना बाधा के अभ्युदय और निःश्रेयस की ओर अग्रसर होती रहती है। यदि यह शंका हो कि वर्णाश्रम धर्मयुक्त आर्यजाति भी अधःपतित क्यों हुआ करती है? इस प्रकार की शंका का समाधान यह है कि जैसे काल प्रभाव से सत्यत्रेता, द्वापर और कलि इन चारों युगों का क्रमशः उदय होता है, उसी प्रकार काल प्रभाव से आर्यजाति कभी रजोगुणमय होकर जागती है और जागती हुई सत्त्व गुण की ओर अग्रसर होती रहती है, उस समय उसमें ज्ञान, उद्यम, शक्ति और शान्ति आदि उन्नत लक्षण प्रकाशित रहते हैं और कभी वह जाति कालप्रभाव से तमो गुण से आच्छन्न होकर सोने लगती है; उस समय उस जाति में प्रमाद, आलस्य, अज्ञान, निरुद्यम, आशक्ति, अशान्ति, ईर्ष्या द्वेष, अनैक्य, अनुदारता आदि तमोगुण की वृत्तियां प्रकट हो जाती है। जैसे मनुष्य दिन में जागृत रहता है और रात को निद्रित हो जाता है, ठीक उसी प्रकार आर्यजाति भी काल प्रभाव से कभी जागती है और कभी सोती है; परन्तु उस वर्णाश्रम युक्त आर्य जाति का नाश अथवा रूपान्तर नहीं होता है। दूसरी ओर जिस मनुष्य जाति में त्रिलोक पवित्र कर वर्णाश्रमधर्म नहीं है, जिस मनुष्यजाति में रजोवीर्य की शुद्धि और भाव शुद्धि का क्रम विद्यमान नहीं है, वह मनुष्य जाति काल की कराल और

अदमनीय गति के प्रभाव से कालान्तर में या तो असभ्य और बर्बर होकर पशुवत् हो जायगी या नष्ट भ्रष्ट होकर काल के कवल में प्रवेश कर जायगी। जैसा कि स्मृति शास्त्र में कहा है:–

यतो वर्णाश्रमैर्धर्मैर्विहीना सर्वथा ननु।
असौ सृष्टिर्मानवानां कालिकायाः प्रभावतः॥
प्रकृतेर्मे लयं याति कुत्रचित् समये स्वतः।
धत्ते रूपान्तरं वासौ नात्र कार्या विचारणा॥

वर्णाश्रम धर्म विहीन मनुष्य सृष्टि स्वतः मेरी प्रकृति काली के प्रभाव से किसी समयान्तर में सर्वथा लय को प्राप्त होती है अथवा रूपान्तर को धारण कर लिया करती है। यह निश्चय है॥११३॥

प्रसंग से आर्य जाति का लक्षण कह रहे हैं :–

आर्यजातिरुभयोपेता॥११४॥

अनुवाद–दोनों से युक्त आर्य जाति है॥११४॥

भाष्य–सब जीवों में पूर्णावयव युक्त धर्माधिकार को प्राप्त करने वाली मनुष्यजाति को दो श्रेणियों में विभक्त कर सकते हैं, यथा एक आर्य जाति, दूसरी अनार्य जाति। उनमें से जिस जाति में वर्णधर्म और आश्रमधर्म ये दोनों विद्यमान हों वह आर्य जाति कहलाती है। जब मनुष्य जाति के जीवित रहने और न रहने तथा उसमें आध्यात्मिक शक्ति रहने या न रहने के साथ वर्णाश्रम धर्म का संबंध गुम्फित है, तो उसके विचार से मनुष्य जाति का भी नामकरण होना उचित है। इसी कारण पूज्यपाद महर्षियों ने वर्णाश्रमधर्म से युक्त मनुष्य जाति को आर्य जाति कहा है। स्मृति शास्त्र में भी देखा जाता है, यथा:–

कर्त्तव्यमाचरन् काममकर्त्तव्यमनाचरन्।
तिष्ठति प्राकृताचारे स तु आर्य इति स्मृतः॥

कर्त्तव्य परायण, अकर्त्तव्य विमुख, आचारवान् पुरुष ही आर्य है। और भी कहा है:–

यैवं सदाचार-वर्णाश्रम-धर्मानुगामिनी।
सर्वस्वं मनुते वेदं सार्यजातिरिति स्मृतिः॥

जो इस प्रकार से सदाचार और वर्णाश्रम धर्म का अनुसरण करती हो एवं वेद को ही अपना सर्वस्व समझती हो, स्मृति के मत से वही आर्य जाति है।

निरुक्तकार यास्क मुनि ने भी कहा है कि "आर्य ईश्वर पुत्रः" ईश्वर पुत्र को आर्य कहते हैं।।११४।।

अब विरुद्ध धर्मावलम्बिनी अन्य मनुष्य जाति का लक्षण कह रहे हैं :-

तद्विपरीताऽनार्या।।११५।।

अनुवाद–उससे विपरीत अनार्य जाति है। ।११५।।

भाष्य–जिस मनुष्य जातियो में वर्णाश्रम धर्म नहीं है, वे मनुष्य जातियां अनार्य जातियां कहलाती हैं। पृथिवी की अन्य मनुष्य जातियों में पूर्व कथित भय रहने के कारण पूज्यपाद धर्माचार्यों ने उनकी अनार्य संज्ञा की है। वह मनुष्य जाति बल, ऐश्वर्य और आधिभौतिक उन्नति के विचार से चाहे थोड़े काल के लिये कितनी ही प्रभावीशालिनी हो जाय, कालान्तर में उसका रूपान्तर अथवा विलय अवश्यम्भावी होने से सावधानी के विचार से यह नामकरण किया गया है। स्मृति शास्त्र में भी कहा है:-

एतद्भिन्नाऽनार्यजातिः सदाचारादिवर्जिता।
अन्यदप्येवमेवोह्यं नोच्यते विस्तृतेर्भयात्।।

वह अनार्य जाति जो सदाचार से रहित है, इसी प्रकार अन्य बातें भी जान लेनी चाहिये, जो विस्तार भय से यहां पर नहीं कही जा सकतीं।।११५।।

जाति भेद प्रसंग से मानव भेद वर्णन किया जाता है :-

मानवा देवाऽसुरराक्षसास्त्रैगुण्यात्।।११६।।

अनुवाद–त्रिगुण भेद से देव, असुर और राक्षस इस प्रकार मनुष्य त्रिविध होता है। ।११६।।

भाष्य–मनुष्य जाति का श्रेणी विभाग करके अब पूज्यपाद महर्षि सूत्रकार लक्ष्य-निर्णय कराने के अर्थ मनुष्य की श्रेणी की विचारशैली बतला रहे है। चाहे आर्य जाति हो चाहे अनार्य जाति हो उनमें अधिकारानुसार उत्तम, मध्यम और अधम श्रेणी अवश्य होगी। आर्यजाति में जन्म लेते ही नर नारी को अहंकार होकर उसकी क्रमोन्नति न रुके इस कारण कहा जाता है कि चाहे किसी मनुष्य जाति का पुरुष अथवा स्त्री हो, वे त्रिगुण भेद से तीन श्रेणी के होंगे। सात्त्विक नर नारी देवश्रेणी, राजसिक नर नारी असुरश्रेणी ओर तामसिक नरनारी राक्षसश्रेणी के कहे जायेंगे। जैसा कि भागवत में भगवान् ने स्वयं कहा है कि –

न होने पर भी क्षुधातुर की क्षुधा-निवृत्ति तथा अन्न का कार्य सुसिद्ध हो सकता है, उसी प्रकार मुक्तात्मा के क्रिया माण संस्कार कुछ क्षण के लिये स्मृति को उत्पन्न कर सकते हैं परन्तु कुछ हो जब जीवन्मुक्त में वासना का नाश होकर उनका मन क्लीवत्व को प्राप्त हो जाता है, तो उनके क्रिया माण कर्म सृष्टि उत्पन्न करने में समर्थ नहीं होते इसमें सन्देह नहीं। जैसा कि श्रीभगवान् ने गीता में कहा है:-

ज्ञानाग्निः सर्वकर्माणि भस्मसात् कुरुतेऽर्जुन!

ज्ञानरूप अग्नि के द्वारा सकल कर्म भस्मीभूत हो जाते हैं। उपनिषद् में भी कहा गया है:-

भिद्यते हृदग्रन्थिश्छिद्यन्ते सर्वसंशयाः।
क्षीयन्ते चाऽस्य कर्माणि तस्मिन् दृष्टे परावरे॥

ब्रह्मसाक्षात्कार होने पर हृदय की अविद्या-ग्रन्थि खुल जाती है, निखिल संशय नष्ट हो जाते हैं और क्रियामाण तथा सञ्चित समस्त कर्म क्षय हो जाते हैं। छान्दोग्य उपनिषद् में भी लिखा है:-

नोपजनं स्मरन्निदं शरीरं स यथा प्रयोग्य
आचरणे युक्त एवमेवायमस्मिच्छरीरे प्राणो युक्तः॥

जन संघों के बीच में उनका शरीर रहने पर भी उनको अपने शरीर की कुछ भी स्मृति नहीं रहती है; केवल दूसरे मनुष्य उनके शरीर को देखते रहते हैं।।१३६।।

प्रसंग से शंका-समाधान किया जाता है-

अनुष्ठानादेः कर्मनिरासः॥१३७॥

अनुवाद-अनुष्ठानादि से कर्म का निरास होता है। ।१३७।।

भाष्य-जिज्ञासुके हृदय में यदि यह शंका हो कि, अन्य उपाय से केवल मुक्तात्माओं में ही संस्कार का हान होता है तो प्रायश्चित और अनुष्ठानादि की सार्थकता बद्ध जीव के लिये कैसे हो सकती है? इस प्रकार की शंकाओं के समाधान में पूज्यपाद महर्षि सूत्रकार ने इस सूत्र का आविर्भाव किया है। अनुष्ठानादि से संस्कार नष्ट नहीं होते; केवल संस्कार का धक्का हटा दिया जाता है। यदि प्रायश्चित अनुष्ठानादि द्वारा संस्कार और कर्म का हान होता तो ऐसी शंका हो सकती थी, परन्तु ऐसा नहीं होता है। जिस प्रकार एक प्रबल गज को किसी उन्मत्त गज के साथ लड़ाकर उस उन्मत्त गज को भगाया जाता है जिससे वह हानि

न कर सके, ठीक उसी प्रकार अनुष्ठानादि कर्म के द्वारा अन्य कर्मों को हटा दिया जाता है। वे अशुभ कर्म वस्तुतः हान को प्राप्त नहीं होते हैं। वे संस्कार फलोन्मुख होने की शक्ति से रहित हो जाते हैं।।१३७।।

और भी कहा जाता है-

असाधारणधर्मतोऽपि।।१३८।।

अनुवाद–असाधारण धर्म से भी।।१३८।।

भाष्य–असाधारण धर्म की असाधारण शक्ति से भी इस प्रकार का निरास हो सकता है। असाधारण धर्म का लक्षण और इसका विस्तृत वर्णन पहले पाद में आ चुका है। पूर्व जन्मार्जित शुभ कर्मों के वेग से मनुष्य में जब असाधारण योग शक्ति का स्वतः ही उदय होता है जब उस असाधारण और अलौकिक शक्ति के बल से भी प्रायश्चित्तादि कर्मशक्ति के उदाहरण के अनुसार असाधारण धर्म का अधिकारी स्त्री या पुरुष कर्म का निरास कर सकता है। राजर्षि विश्वामित्र जिस प्रकार असाधारण योग शक्ति और तपः शक्ति के प्रभाव से एक ही जन्म में क्षत्रिय से ब्राह्मण होने में समर्थ हुए थे और अन्यान्य क्रम द्रष्टा महर्षियों ने उनको ऐसा ही मान लिया था, उसी प्रकार असाधारण धर्म का अधिकारी भी कर्म का निरास कर सकता है। असाधारण शक्ति से संस्कार बदल कर महर्षि विश्वामित्र ने एक बार ही क्षत्रिय संस्कार को हटा दिया था और तब उनका क्षत्रिय शरीर ब्राह्मण परमाणुओं से युक्त हो गया था। यह असाधारण धर्म के द्वारा संस्कार परिवर्तन का बड़ा उदाहरण है। उसी प्रकार नारी जाति में सती द्रौपदी का उदाहरण समझने योग्य है। पांच पति का संबंध एक ही जन्म में करने से सतीत्व धर्म का आदर्श रह ही नहीं सकता है और न कई पुरुषों के साथ सम्बन्ध करने से सतीत्व संस्कार ही रह सकता है; परन्तु पूर्वजन्मार्जित तपस्या और अलौकिक योग शक्ति के प्रभाव से सती द्रौपदी दो दो महीने में अपने चित्त के संस्कारराशि को उलट पुलट कर सकती थी और इस अलौकिक शक्ति के कारण एक पति की सेवा करते समय पूर्व पति का संस्कार एक बार ही भूल जाती थी। चित्त पर इस प्रकार अलौकिक आधिपत्य असाधारण धर्म के प्रभाव से प्राप्त होने से एक देश काल में कई पुरुषों से संबंध होने पर भी सती द्रौपदी में तीव्र सती धर्म की धारणा बनी रही और तपोमूलक सती धर्म को उन्होंने अलौकिक योग शक्ति निभाया था। इस उदाहरण से स्त्री जाति में असाधारण धर्म द्वारा कर्म का निरास होना प्रमाणित होता है। इसी प्रकार पूर्वजन्मार्जित तपः प्रभाव से यदि मनुष्य असाधारण धर्म का अधिकारी हो तो प्रायश्चित शक्ति के अनुरूप वह कर्म का निरास कर सकता है।।१३८।।

अब संस्कार से अङ्कुरोत्पत्ति का प्रथम प्रकार कहा जाता है –

त्रैविध्यङ्कुरोद्गमस्य भावभेदात्॥१३९॥

अनुवाद–अंकुरोत्पत्ति त्रिविध होती है भाव भेद से॥१३९॥

भाष्य–प्रथम संस्कार हान का प्रकार तदनन्तर संस्कार हटा देने का प्रकार कहकर अब संस्कार रूपी बीज से अंकुरोत्पत्ति को प्रथम प्रकार कहा जाता है। इस संसार में सब पदार्थ त्रिभावात्मक हैं उसी प्रकार त्रिविध सुख और त्रिविध दु:ख भी होता है। आध्यात्मिक दु:ख, आध्यात्मिक सुख, आधिदैविक दु:ख, आधिदैविक सुख और आधिभौतिक दु:ख, आधिभौतिक सुख इन छ: प्रकार की भोग निष्पत्ति के लिये अलग अलग प्रकार की अंकुरोत्पत्ति होती है।

इस अंकुरोत्पत्ति विज्ञान को समझने के लिये कर्म बीज रूपी संस्कार का वैज्ञानिक रहस्य मनन करने योग्य हैं प्रत्येक पिण्ड के अन्त:करण का चित्तांश एक ऐसा यन्त्र है कि, जिसमें कोई आध्यात्मिक पदार्थ हो, आधिदैविक पदार्थ हो, या आधिदैविक पदार्थ हो, या आधिभौतिक पदार्थ हो, कोई मानसिक भाव हो या कोई शारीरिक भाव हो, कोई स्थूल पदार्थ हो अथवा कोई सूक्ष्म पदार्थ हो उसका उस पिण्ड के अन्त:करण के चिन्ता करते ही वह बीज रूप से वहां अंकित हो जाता है और वह अङ्कित हुआ संस्कार चित्ताकाश, चिदाकाश और महाकाशव्यापी हो जाता है। इस प्रकार से इस संसार को कोई भाव इस संसार की कोई वृत्ति और इस संसार का कोई पदार्थ किसी पिण्ड के अन्त: कारण तक पहुँचने पर वह नष्ट नहीं होता है और उसी बीज से त्रिभावात्मक अंकुरोत्पति अवश्य ही हो सकती है। वह अंकुरोत्पत्ति चाहे सुखदायी हो चाहे दु:खदायी हो।

अब दूसरा प्रकार कहा जाता है–

चातुर्विध्यमपि वर्गभेदात्॥१४०॥

अनुवाद–वह चतुर्विध होती है वर्ग भेद से॥१४०॥

भाष्य–इस संसार में वासना का लक्ष्य रूप चतुर्वर्ग प्रसिद्ध है, यथा काम, अर्थ, धर्म और मोक्ष। इन चारों के अनुसार दु:ख और सुख की भी अलग अलग श्रेणी होती है। काम की अप्राप्ति और काम की प्राप्ति; अर्थ की अप्राप्ति और

अर्थ की प्राप्ति; धर्म की प्राप्ति में असुविधा और सुविधा तथा मोक्ष की प्राप्ति में असुविधा और सुविधा, इस प्रकार से दूसरे प्रकार की अंकुरोत्पत्ति के चार चार अर्थात् आठ भेद होते हैं। ।१४०।।

प्रसंङ्ग से कहा जाता है–

तस्मात्स्मृतौ वैचित्र्यं कर्मविपाकस्य।।१४१।।

अनुवाद–इसी कारण धर्म शास्त्र में कर्मविपाक विचित्रता-पूर्ण है। ।१४१।।

भाष्य–वेद और वेद समस्त धर्म शास्त्रों में पूर्व संस्कार से अंकुरोत्पत्ति पुरुष कर्मविपाक के स्वरूप अति विचित्रता-पूर्ण पाये जाते हैं। ऊपर कथित त्रिभावात्मक तथा चतुर्वर्गात्मक अंकुरोत्पत्ति की श्रेणी होने पर भी उसकी विचित्रता शास्त्रों में बहुत कुछ पायी जाती है। त्रिभाव के अनुसार तीन तरह के दुःख और वर्ग के विचार से चार तरह के दुःख इस प्रकार से सात प्रकार की दुःख श्रेणी हुई। इसी प्रकार भाव के अनुसार तीन सुख और वर्ग के अनुसार चार प्रकार के सुख इस प्रकार से सात प्रकार की सुखश्रेणी हुई। अतः भोगात् अंकुरोत्पत्ति के चतुर्दश भेद की श्रेणी हुई और इन चौदह के पुनः अनेक भेद होते हैं। प्रथम तो त्रिगुण के भेद से इनके अनेक भेद होंगे; पुनः कर्म के बल के तारतम्य से अनेक विचित्र भेद बन जायेंगे। इस प्रकार से संस्कार की बहुत कुछ विचित्रता स्वतः ही हो जाती है। सृष्टिमें भी ऐसा वैचित्र्य देखने में आता है। जैसे चतुर्दश भुवन के लोक चौदह ही होने पर भी उनमें भोगायतन रूप पिण्ड अगणित और विचित्र होते हैं उसी प्रकार अंकुरोत्पत्ति की श्रेणी चौदह होने पर भी उसकी विचित्रता शास्त्रों में बहुत कुछ पायी जाती है। उदाहरण रूप से कुछ नीचे लिखे जाते हैं:–यथा उग्र कर्म के विषय में –

अन्त्यपक्षिस्थावरतां मनोवाक्कायकर्मजैः।
दोषैः प्रयाति जीवोऽयं भवयोनिशतेषु च।।
हिंस्रा भवन्ति क्रव्यादाः कृमयोऽभक्ष्यभक्षिणः।
परस्परादिनः स्तेनाः प्रेतान्त्यस्त्रीनिषेविणः।।
विपाकः कर्मणां प्रेत्य केषाञ्चिदिह जायते।
इह वामूत्र वै केषां भावस्तत्र प्रयोजनम्।।

और भी कुछ उदाहरण दिये जाते हैं:–

सुवर्णचौरः कौनख्यं श्यावदन्तताम्।

ब्रह्महा क्षयरोगित्वं दौश्चर्म्यं गुरुतल्पगः।।
संयोगं पतितैर्गत्वा परस्यैव च योषितम्।
अपहृत्यच विप्रस्वं भवति ब्रह्मराक्षसः।।
हीनजातौ प्रजायेत पररत्नापहारकः।
मणिमुक्ताप्रवालानि हृत्वा लोभेन मानवः।।
विविधानि च रत्नानि जायते हेमकर्त्तृषु।।
यः स्वनारीं परित्यज्य निर्दोषां कुलसम्भवाम्।
परदाररता वा स्यादन्यां वा कुरुते स्त्रियम्।।
सोऽन्यजन्मनि देवेशि ! स्त्री भूत्वा विधवा भवेत्।
या नारी तु पतिं त्यक्त्वा मनोवाक्काय कर्मभिः।।
रहः करोति वै जारं गत्वा वा पुरुषान्तरम्।
तेन कर्मविपाकेन सा नारी विधवा भवेत्।।
व्यभिचारात्तु भर्त्तुः स्त्री लोके प्राप्नोति निन्द्यताम्।
शृगालयोनिं प्राप्नोति पापरोगैश्च पीड्यते।।
कूटसाक्षी भवेन्मूकः काणः स्यात् पंक्तिभेदकः।
अनोष्ठः स्याद्विवाहघ्नो जन्मान्धः पुस्तकं हरेत्।
गोब्राह्मणपदाघातात्स्वञ्जः पंगुश्चजायते।
गद्गदोऽनृतवादी स्यात्तच्छ्रोता वधिरो भवेत्।
विहितस्याननुष्ठानान्निन्दितस्य च सेवनात्।
अनिग्रहाच्चेन्द्रियाणां नरः पतनमृच्छति।।
आत्मज्ञः शौचवान् दाता तपस्वी विजितेन्द्रियः।
धर्मविद्वेदविद्यावित्सात्त्विको देवयोनिताम्।।
त्रैविद्या मां सोमपाः पूतपापा यज्ञैरिष्ट्वा स्वर्गतिं प्रार्थयन्ते।
ते पुण्यमासाद्य सुरेन्द्रलोकमश्नन्ति दिव्यान्दिवि देवभोगान्।
हित्वा सुखं मनसश्चप्रियाणि, देवः शुक्रः कर्मणा श्रैष्ठयमाप।।
बृहस्पतिर्ब्रह्मचर्यं चचार, समाहितः संशितात्मा यथावत्।
हित्वा सुखं प्रतिरुद्धयेन्द्रियाणि, तेन देवानामगमद्यौरवं सः।।
तेन देवानामगमद्गौरवं संस्कार केः।।
अस्तेयप्रतिशयां सर्वरत्नोपस्थनम्।"
"अहिंसाप्रतिष्ठायां तत्सन्निधौ वैरत्यागः।"
अहिंसया च भूतानां परमायुः प्रवर्द्धते।"

प्रवृत्तं कर्म संसेव्य देवानामेति साम्यताम्।
निवृत्तं सेवमानस्तु भूतान्यत्येति पञ्च वै।
वेदाभ्यासतपोज्ञानमिन्द्रियाणञ्च संयमः।
अहिंसागुरुसेवा च निःश्रेयसकरं परम्॥
शुचीनां श्रीमतां गेहे योगभ्रष्टोऽभिजायते।
अथवा योगिनामेव कुले भवति धीमताम्॥
जिज्ञासुरपि योगस्य शब्दब्रह्मातिवर्त्तते।

मनुष्य उग्र मानसिक कर्म के दोष से अन्त्यज योनि, वाचनिक दोष से पक्षीयोनि और शारीरिक दोष से वृक्षादि योनि को प्राप्त करता है। हिंसा परायण जीव मांस खाने वाली मार्जारादि योनि, अभक्ष्य भक्षण करने वाले कीटयोनि, चोर परस्पर मांस खाने वाले जीवों की योनि और अन्त्यज स्त्री सेवी प्रेतयोनि को प्राप्त होते हैं। भाव के तारतम्यानुसार कर्मफल कहीं इस लोक में, कहीं परलोक में और कही दोनों ही लोकों में प्राप्त होते हैं।

सोनाचोर कुनखी, मदिरापानकारी श्यावदन्ती, ब्रह्महत्याकारी क्षयरोगी और गुरु पत्नीगामी जघन्य चर्मरोगग्रस्त होता है। पतितों के साथ संसर्ग करने वाला, परस्त्री गमन करने वाला, ब्राह्मण के धन को हरण करनेवाला ब्रह्मराक्षस होता है। दूसरे के धन को चुराने वाला नीच जाति में पैदा होता है। लोभ से मणि, मुक्ता और प्रवाल (मूंगा) का हरण करने वाला सोनार होता है। जो सत् कुलोत्पन्न अपनी निर्दोष स्त्री को छोड़कर परस्त्री में अथवा दूसरी स्त्री में मन लगाता है वह दूसरे जन्म में स्त्री होकर वैधव्य को प्राप्त करता है। जो स्त्री मन वचन कर्म से अपने पति देव को छोड़कर एकान्त में जार अथवा पुरुषान्तर ग्रहण करती है, उसी के पाप से वह स्त्री परजन्म में विधवा होती है। व्यभिचार करने से स्त्री इस लोक में निन्दा का पात्र बनती है और परजन्म में श्रृगाली होती है तथा पाप रोगों से पीड़ित होती है। झूठ गवाही देने वाला गूंगा, पंक्ति भेद करने वाला काना, विवाह में विघ्न करने वाला ओठकटा और पुस्तक चुराने वाला जन्मान्ध होता है। गौ और ब्राह्मण को पैर से मारने वाला लङ्गड़ा और दोनों पैर हीन होता है। झूठ बोलने वाला स्खलितकण्ठ और सुनने वाला बहिरा होता है। विहित कर्म के न करने से और निन्दित कर्म के सेवन से तथा इन्द्रियों के वशीभूत रहने से मनुष्य का मोक्ष मार्ग से पतन होता है। आत्मा का जानने वाला, पवित्र रहने वाला तपस्वी, इन्द्रियों को वश में करने वाला, धर्म करनेवाला, वेदविद्या का जानने वाला, देव सात्त्विक

जीवद योनि को प्राप्त करता है। जो सोमरस पान कर यज्ञ के द्वारा स्वर्ग की प्रार्थना करते हैं, वे पुण्यमय इन्द्रलोक में जाकर देवभोग्य दिव्य वस्तुओं को पाते हैं। देवताओं के राजा इन्द्र ने अपने मन की प्रिय वस्तु तथा सुख को त्याग करके कर्म के ही बल से श्रेष्ठत्व को प्राप्त किया है। बृहस्पति ने संयतचित्त हो सुख त्याग पूर्वक ब्रह्मचर्य का पालन किया अत: देवताओं में गौरव को प्राप्त किया। अस्तेय की प्रतिष्ठा होने पर सब रत्न स्वयं मिलते हैं। अहिंसा की प्रतिष्ठा हो जाने पर ऐसे योगी के सम्मुख हिंस्र जीव भी वैर भाव को भूल जाते हैं। अहिंसा द्वारा जीवों का आयु बढ़ती है। प्रवृति-प्रधान कर्म के सेवन से देवताओं की समता प्राप्त होती है और निवृत्ति मूलक कर्म के सेवन से पञ्च भूतों को भी मनुष्य अतिक्रमण कर मुक्त हो जाता है। वेदपाठ, तपस्या, ज्ञानसंचय, इन्द्रियनिग्रह, किसी को कष्ट न पहुँचाना, गुरु की सेवा आदि कर्म के करने से मोक्ष की प्राप्ति होती है। योग भ्रष्ट सिद्धगण पवित्र कुल धनवानों के यहां जन्म लेते हैं; अथवा बुद्धिमान् योगियों के कुल में ही उत्पन्न होते हैं और योग के जिज्ञासु बनकर शब्द ब्रह्म को अतिक्रमण करते हुए मोक्षपद को पा लेते हैं।

ऊपर लिखित दृष्टान्तों से संस्कार वैचित्र्य का कुछ पता लगता है और जो अन्तर्दृष्टि सम्पन्न महद्व्यक्ति कर्म से संस्कार और संस्कार से कर्म का पता लगाना चाहें, वे पूर्वकथित विज्ञान के अनुसार संयमनुष्य की सहायता से लगाा सकेंगे।।१४१।।

अब संस्कारोत्पत्ति के मूल कारण का अनुसंधान किया जाता है:-

दृश्यजाड्यद्रष्ट्रचितौ संस्कारनिदानम्।।१४२।।

अनुवाद–दृश्य की जड़ता और द्रष्टा की चेतनता संस्कार का कारण है।।१४२।।

भाष्य–जैसे क्रिया की उत्पत्ति स्वाभाविक है उसी प्रकार क्रिया बीजरूपी संस्कार की उत्पत्ति भी स्वाभाविक है। इसका कारण यह है कि, दृश्यरूपिणी प्रकृति से जुड़ा है और दृष्टारूपी पुरुष चिन्मय है। प्रकृति त्रिगुणमयी होने के कारण उसमें परिणाम होना स्वाभावसिद्ध है। जब प्रकृति परिणामिनी होती है जो उस परिणाम से जो क्रिया उत्पन्न होती है, वही कर्म शब्दवाच्च है और प्रकृति के परिणाम-जनित कर्म को द्रष्टा पुरुष जब ईक्षण करता है तो ईक्षण के द्वारा उसमें जो कर्म की प्रतिच्छाया पड़ती है, उसी के साथ संस्कार का संबंध है। जैसा कि, श्रुति में कहा है:-

"स ऐक्षत एकोऽहं बहुस्याम्"

उन्होने ईक्षण किया। एक मैं बहुत होऊं। पुरुष चेतन और प्रकृति जड़ा होने से ही ऐसा होना स्वतः सिद्ध है।

इस संबंध से शंका यह होती है कि, पुरुष यदि निःसंग है तो उसमें प्रकृति, स्पन्दन जनित क्रिया का संबंध कैसे सिद्ध हो सकता है ? इस श्रेणी की शंकाओं का समाधान यह है कि चाहे परमब्रह्म कहें, परमात्मा कहें, अथवा परमपुरुष कहें, निर्गुण अवस्था में उसमें संस्कार की सिद्धि नहीं हो सकती क्योंकि, उस समय ब्रह्म-प्रकृति का उदय ही नहीं रहता। वह प्रकृति उस समय तुरीयावस्था में ब्रह्म में लीन रहती है। सगुण अवस्था में जब प्रकृति भी रहती है तो संस्कार की भी सिद्धि हो सकती है। भेद इतना ही है कि, इस संस्कार उत्पन्न करने वाली प्रकृति के दो भेद हैं; यथा विद्या और अविद्या। संस्कार अविद्या के द्वारा जीव दशा में और विद्या की सहायता से ईश्वर दशा में अथवा मुक्तात्माओं में सम्भव होता है। जीव में अज्ञान रहने से जीव के अन्तःकरण में वह संस्कार रूपी कर्म बीज सुरक्षित होता है, परन्तु मुक्तात्माओं में ज्ञान रहने से उनके अन्तःकरण में वह उदित होने पर भी स्थायित्व नहीं प्राप्त करता। इसका रहस्य यह है कि, बद्ध जीवरूपी द्रष्टा अपने आपको प्रकृतिवत् अर्थात् दृश्यवत् अनुभव करता है; परन्तु मुक्तात्मा रूपी ज्ञानी द्रष्टा अपने को प्रकृति से पृथक् समझ कर जब मोहित नहीं होता है तो प्रकृति हिल्लोल संजात संस्कार का भी संग्रह नहीं करता है। ।१४२।।

अब क्रमोन्नति के साथ उसका संबंध दिखा रहे हैं:-

तच्छुद्धया क्रमोन्नतिः।।१४३।।

अनुवाद–उसकी शुद्धि से क्रमोन्नति होती है। ।१४३।।

भाष्य–संस्कार की गति दो प्रकार से मानी जाती है। एक शुद्ध गति और एक अशुद्ध गति। जो संस्कार आत्माभाव से भावित हो वह शुद्ध कहलाता है और जो केवल इन्द्रिय आसक्ति से जड़ित है वह अशुद्ध कहलाता है। इस विज्ञान को और तरह से भी समझ सकते हैं कि, जिस संस्कार के साथ आत्मा का तेज सम्पर्कित रहता है, सूर्य की ओर जिस प्रकार वाष्पराशि स्वतः खिंच जाते हैं उसी प्रकार वह संस्कार स्वतः ही जीव को आत्मा की ओर ले जाता है; और जिस संस्कार के साथ केवल इन्द्रिय का सम्पर्क है, वह जीव को अज्ञान और जड़त्व

की ओर नीचे ले जाता है। स्वाभाविक संस्कार तो सदा शुद्ध ही है; क्योंकि वह जिस समय प्रकट होता है, उस समय प्रकृति के स्वभाव सिद्ध तरङ्ग की सहायता से प्रकट होता है और जीव की वासना के सम्पर्क से सर्वथा रहित रहने के कारण सदा शुद्ध ही रहता है। केवल अस्वाभाविक संस्कार के दो भेद होते हैं जैसा कि कहा गया है। उनमें से शुद्ध संस्कार के द्वारा जीव सदा क्रमोन्नति को प्राप्त हुआ करता है और यही शुद्ध संस्कार जीव में काम और अर्थ की वासना को क्रमशः घटा कर धर्म और मोक्ष की प्रवृति को बढ़ाता रहता है। दूसरी ओर प्रवृत्ति का रोध करके निवृत्ति का पोषण करता हुआ स्वाभाविक संस्कार का सहायक बनता है। ।१४३।।

जीवोत्पत्ति के साथ उसका संबंध दिखाया जाता है:-

आद्यात् कारणाविर्भावः।।१४४।।

अनुवाद–प्रथम से कारण उत्पन्न होता है। ।१४४।।

भाष्य–प्रथम अर्थात् आदि संस्कार द्वारा जीव का कारण शरीर उत्पन्न होता है। प्रकृति स्वभाव से जब परिणामिनी होती रहती है; उस समय उसके ही परिणाम का जो प्रभाव चिन्मय पुरुष पर पड़ता है और उस समय में जब चिज्जड़ ग्रंथि रूप जीव की उत्पत्ति होती है, उसी समय कारण शरीर की उत्पत्ति होती है। इस कारण आदि संस्कार ही जीव के कारण शरीर रूपी जीवत्वसृष्टि का कारण है। इस विज्ञान को मध्यमीमांसा दर्शन में स्पष्ट रूप से कहा है यथा–

"चिज्जड़ग्रन्थिर्जीवः"

अर्थात् चित् और जड़ की ग्रन्थि को जीव कहते हैं। तात्पर्य यह है कि, प्रकृति स्वभाव से ही नित्य परिणामिनी है। उसके परिणाम के दो सीमा स्थल है। एक पूर्णसत्त्वमयी और दूसरी पूर्ण तमोमयी सीमा। जब जगज्जननी प्रकृति पूर्ण सत्त्व से परिणामिनी होती हुई तमोगुण की ओर अग्रसर होती है, उस समय जीवोत्पत्ति नहीं होती है, क्योंकि, इस दशा में चिन्मय भाव की प्रधानता रहती है, परन्तु जब प्रकृति के पूर्ण तमोगुण की पराकाष्ठा में जहां केवल जड़भाव तथा अन्धकार पूर्ण है पहुँच जाने पर उसमें प्रथम परिणाम होता है अर्थात् तमोगुण की अन्तिम सीमा में पहुँच कर पुनः चिन्मय भाव की ओर अग्रसर होने के लिये जब प्रकृति प्रथम परिणाम को प्राप्त करती है, उस समय थोड़ा सा अवकाश पाते ही जो चेतन का प्रतिबिम्ब जड़ में पड़ता है, उसमें समुद्र तरङ्ग में अनन्त चन्द्रबिम्ब

के समान असंख्य जीवों की उत्पत्ति स्वभाव से ही हो जाया करती है। यही चित् और जड़ के संयोग से जो ग्रन्थि उत्पन्न होती है उसे जीव कहते हैं।

दैवीमीमांसा दर्शन अर्थात् मध्यमीमांसा दर्शन के इस विज्ञान के अनुसार तम की ओर से प्रथम परिणाम के साथ प्रथम उद्भिज्ज जीव पिण्ड कैसे उत्पन्न होता है, उसका आभास मिलता है। इस प्रथम परिणाम में जो चिदाभास का आविर्भाव होता है, वही जीव के अन्तःकरण की प्रथम सृष्टि होती है। उस दशा में चिज्जड़ग्रन्थि बनती है, वही जीव का जीवत्व है और वहां जो प्रथम संस्कार स्वतः बनता है वही स्वाभाविक संस्कार है और वही आदि संस्कार जीव के कारण शरीर को साथ ही साथ उत्पन्न करता है। प्रकृति का स्वभाव जो अविद्या बनकर एक ओर से जीव की सृष्टि करता है और तरंग की दूसरी सीमा में जाकर विद्या बनकर जीव को मुक्त करता है उसी के साथ स्वाभाविक संस्कार का संबंध है; क्योंकि स्वाभाविक संस्कार अपनी ऊद्ध्वर्गामिनी क्रिया को साथ रखकर जीव को मुक्त करके तब लय होता है।।१४४।।

लिङ्ग शरीर के साथ उसका संबंध दिखाया जाता है:-

तन्नैसर्गिकगतिः सूक्ष्म्येतः।।१४५।।

अनुवाद–उसकी स्वाभाविक गति सूक्ष्म शरीर का कारण है।।१४५।।

भाष्य–प्रकृति के अपने स्वभाव से परिणामिनी होते समय चिज्जड़ग्रन्थि की प्रथम क्रिया प्रकट होते ही जो कुछ होता है, सो पहले सूत्र में कहा गया है। उसी स्वाभाविक परिणाम से प्रकृति तरङ्गायित होती हुई आगे बढ़कर स्वतः ही लिङ्ग शरीर को उत्पन्न करती है। प्रथम महत्व जो चित्कला के सम्बन्ध से प्रकट होता है वही प्रधान कहलाता है। दूसरे स्वाभाविक परिणाम में अहंतत्त्व का उदय होता है; क्योंकि कारण शरीरी जीव तब अपने आपको अद्वैत ब्रह्मसत्ता से पृथक् अनुभव करने में समर्थ होता है। अहंतत्त्व ही जीव के जीवत्व को निश्चित कर देता है। उसके अनन्तर पञ्च सूक्ष्म महाभूत की पृथकता के साथ ही साथ मन और पञ्च ज्ञानेन्द्रियों का प्राकट्य होता है। साथ ही साथ प्राण और कर्मेन्द्रिय प्रकट होकर जीव को कर्मवान् बना देता है। इस प्रकार से प्रकृति की स्वाभाविक क्रिया के द्वारा प्राकृतिक तरंग आगे बढ़कर ऊनविंशति तत्त्ववाला लिंग शरीर बना देता है। इस विज्ञान को दूसरे प्रकार से भी समझ सकते हैं, कि प्रकृति के प्रथम परिणाम में स्वतः ही आनन्दमय कोषवाला कारण शरीर प्रकट हुआ था। अब उसके अनन्तर

स्वभाव से परिणामिनी प्रकृति उस केन्द्र को आश्रय करके विज्ञान कोष, मनोमय कोष और प्राणमय कोष रूपी लिङ्ग शरीर प्रकट कर देती हैं।।१४५।।

प्रसङ्ग से भोग के साथ सूक्ष्म शरीर का संबंध दिखाया जाता है:–

तत्र भोगः।।१४६।।

अनुवाद–वहां भोग की स्थिति है। ।१४६।।

भाष्य–सूक्ष्म अर्थात् लिंग शरीर जीव के लिये भोग की सुविधा कर देता है। पञ्चतन्मात्रा रूपी शब्द, स्पर्श, रूप, रस और गन्धमय पञ्च सूक्ष्म भूत, पञ्च ज्ञानेन्द्रिय और मन आदि से युक्त रहने से जीव वस्तुतः भोक्ता बन जाता है; क्योंकि सब भोगों का अनुभव अन्तःकरण आदि के बिना नहीं हो सकता है।

अब विशेष परिणाम से जो प्रकट होता है सो कहा जाता है:–

तत्तीव्रवेगात् स्थूलम्।।१४७।।

अनुवाद–उसके तीव्र वेग से स्थूल शरीर उत्पन्न होता है। ।१४७।।

भाष्य–कारण शरीर से लेकर सूक्ष्म शरीर पर्यन्त जो प्रकृति का परिणाम होता है। वह स्वतः साधारण रूप से होता है, परन्तु स्थूल शरीर उत्पन्न होने के लिये जो प्रकृति का परिणाम होता है वह विशेष रूप से होता है। श्रुतिस्मृतियों में इसके अनेक प्रमाण मिलते हैं।

वदन् वाक् "शृण्वन् श्रोत्रम्"।

जीव में बोलने की इच्छा होने से वागिन्द्रिय की उत्पत्ति हुई, सुनने की इच्छा होने से श्रवणेन्द्रिय की उत्पत्ति हुई इत्यादि श्रुति वचनों के द्वारा भी उल्लिखित सिद्धांत प्रमाणित होता है। श्रीमद्भागवत में विराट् पुरुष के अभिमान द्वारा जगदुत्पत्ति के वर्णन के प्रसङ्ग में इस सिद्धान्त का सुन्दर वर्णन किया गया है। यथा:–

अन्तःशरीरं आकाशात् पुरुषस्य विचेष्टतः।
ओजः सहो बलं जज्ञे ततः प्राणो महानसुः।।
प्राणेनाक्षिपता क्षुत्तृडन्तरा जायते विभोः।
पिपासतो जक्षतश्च प्राङ्मुखं निरभिद्यत।।
मुखतस्तालुनिर्भिन्नं जिह्वा तत्रोपजायते।
ततो नानारसो जज्ञे जिह्वया योऽधिगम्यते।।

विवक्षोर्मुखतोभूम्नोवह्निर्वाग्व्याहृतं तयोः।
जले चैतस्य रुचिरं निबोधः समजायत॥
नासिके निरभिद्येतां दोधूयति नभस्वति।
तत्र वायुर्गन्धवहो घ्राणो नसि जिघृक्षतः॥
यदात्मनि निरालोकमात्मानञ्च दिद्यक्षतः।
निर्भिन्ने अक्षिणी तस्य ज्योतिश्चक्षुगुणग्रहः॥
बोध्यमानस्य ऋषिभिरात्मनस्तज्जिघृक्षतः।
कर्णौ च निरभिद्येतां दिशः श्रोत्रं गुणग्रहः॥
वस्तुनो मृदुकाठिन्यलघुगुर्वोष्णशीतताम्।
जिघृक्षतस्त्वङ्निर्भिन्ना तस्यां रोममहीरुहाः॥
हस्तौ रुरुहतुस्तस्य नानाकर्मचिकीर्षया।
तयोस्तु बलवानिन्द्र आदानमुभयाश्रयम्॥
गतिं जिगीषतः पादौ रुरुहातेऽभिकामिकाम्।
पद्भ्यां यज्ञः स्वयं हव्यं कर्मभिः क्रियते नृभिः॥
निरभिद्यत शिश्नो वै प्रजानन्दामृतार्थिनः।
उपस्थ आसीत् कामानां प्रियं तदुभयाश्रयम्।
उत्सिसृक्षोर्धातुमलं निरभिद्यत वै गुदम्।
ततः पायुस्ततो मित्र उत्सर्ग उभयाश्रयः॥

विराट् पुरुष के साथ मायोपाधि का संबंध होने से महान् अन्तराकाश में क्रिया शक्ति का स्फुरण होने लगता है। जिस से इन्द्रियशक्ति, मनशक्ति, बल और सूक्ष्म प्राण का विकास होता है। तदनन्तर प्राण के स्पन्दन से विराट पुरुष में क्षुधा तृष्णा का उदय होने पर पिपासा और बुभुक्षा के कारण उनमें मुख की उत्पत्ति होती है जिससे तालु और नाना रसग्राही जिह्वा का पृथक् विकास हो जाता है। तदन्तर उनमें बोलने की इच्छा होने से वागिन्द्रय और वह्निदेवता का विकास हो जाता है। इस प्रकार प्रत्येक इन्द्रिय के विकास के साथ साथ इन्द्रिय चाल का उन शक्ति देवताओं का भी विकास हो जाता है। प्राण वायु का अत्यन्त संचार तथा गन्धग्रहण की इच्छा होने से घ्राणेन्द्रिय का विकास हो जाता है। अन्धकारमय महाप्रलय के गर्भ से उत्थानानन्तर उनमें देखने की इच्छा होने से चक्षुरिन्द्रिय का विकास होता है और शब्द ग्रहण तथा मृदु काठिन्यादि ज्ञान के लिये श्रवणेन्द्रिय और त्वगिन्द्रिय का विकास हो जाता है। तदनन्तर विराट् पुरुष में नाना कर्म की इच्छा होने से पाणीन्द्रिय और उसके देवता इन्द्र का विकास होता है, एवं चलने

की इच्छा होने से पादेन्द्रिय का विकास होकर यज्ञेश्वर विष्णु उसमें अधिष्ठान करते हैं। तदनन्तर प्रजोत्पत्ति और आनन्द की इच्छा होने से उपस्थेन्द्रिय का विकास होता है जिसमें प्रजापति अधिष्ठान करते हैं। तदनन्तर असार अंश के त्याग करने की इच्छा करने से पायु इन्द्रिय का विकास होता है जिसमें मित्र देवता अधिष्ठान करते हैं। चाहे स्वाभाविक संस्कार के अधीन होकर उद्भिज्ज से स्वेदज योनि में जीव आवे, चाहे अस्वाभाविक संस्कार के अधीन होकर मनुष्य, ब्राह्मण, क्षत्रियादि बने अथवा देवता बने, उसका स्थूल शरीर तत् तत् योनि के भोग को उपयोगी बनााने के लिये प्रकृति को विशेष रूप से परिणामिनी होना पड़ेगा क्योंकि, उक्त योनियों में अथवा सहज मानवादि उक्त पिण्डों में पृथक् पृथक् भोग की सिद्धि होने के लिये पृथक्-पृथक् स्थूल शरीर की आवश्यकता होती है। स्थूल पञ्च भूतों से जो अन्नमय कोष बनता है, वही स्थूल शरीर कहलाता है। वह संस्कार-जनित तीव्र वेग से जीव के भोग की सुविधा के लिये प्रकट हुआ करता है॥१४७॥

भाव त्रय के साथ इनका संबंध दिखाया जाता है:-

अध्यात्ममधिदैवमधिभूतमेतत् त्रयं क्रमात्॥१४८॥

अनुवाद-ये तीनों क्रमशः अध्यात्म, अधिदैव और अधिभूत होते हैं॥१४८॥

भाष्य-इस संसार में सभी तीन भावों से युक्त है। दृश्य प्रपञ्च में ऐसा कोई भी पदार्थ नहीं है जो इससे अलग हो। इसी नियम के अनुसार कारण शरीर अध्यात्म, लिंग शरीर अर्थात् सूक्ष्म शरीर अधिदैव और स्थूल शरीर अधिभूत है। जीव भाव का मूल कारण होने से कारण शरीर का अध्यात्म होना स्वतः सिद्ध है। सब अवस्था में परम सहायक, भोग और मोक्ष में अथवा आवागमन में परमावश्यकीय होने से लिंग शरीर का अधिदैव होना सिद्ध होता है। और भोग का आधार तथा स्थूल भूतों से सम्बद्ध होने से स्थूल शरीर अधिभूत है यह मानना ही पड़ेगा॥१४८॥

प्रसंग से स्थूल शरीर की विशेषता कही जाती है:-

भोगार्थं स्थूलमपेक्ष्यम्॥१४९॥

अनुवाद-भोग के लिये स्थूल शरीर की अपेक्षा रहती है॥१४९॥

भाष्य-स्थूल शरीर की विशेषता यह है कि, बिना स्थूल शरीर के भोग सुसिद्ध ही नहीं होता है। यद्यपि लिंग शरीर के बिना आत्मा के भोग का संग्रह

असम्भव है, क्योंकि सूक्ष्म शरीर में ही इन्द्रिय समूह और मन संबंध युक्त हैं और बिना इनके द्रष्टा और दृश्य, भोक्ता और भोग्य का संबंध स्थापित नहीं हो सकता, परन्तु भोग की पूर्ण सिद्धि बिना स्थूल शरीर के नहीं होती है। स्थूल भोग का साक्षात् संबंध जब तक स्थूल शरीर के साथ नहीं होगा तब तक भोग की पूर्णता कैसे हो सकती है। उदाहरण रूप से समझ सकते हैं कि, एक पुष्प पुरुष रूपी भोग पदार्थ को मनुष्य मन द्वारा चिन्ता करके भोग का आंशिक संबंध स्थापन कर सकता है; परन्तु पुष्प का पुरुष, गन्ध, कोमलता आदि का अनुभव तब तक नहीं हो सकता है जब तक वह स्थूल पुष्प का स्थूल शरीर के साथ संबंध न हो सके। इसी कारण यह मानना ही पड़ेगा कि भोग की पूर्णता के लिये स्थूल शरीर की परमावश्यकता है। ।१४९।।

उसके अन्त का कारण कहा जाता है :–

तस्मात्याज्यं जीर्णवस्त्रवत्।।१५०।।

अनुवाद–इस कारण जीर्णवस्त्रवत् उसका त्याग प्रयोजनीय है।।१५०।।

भाष्य–भोग के लिये स्थूल शरीर परमावश्यकीय होने के कारण जीव जिस जिस लोक में जाता है, उस उस लोक के भोग के लिये उसको वैसा ही स्थूल शरीर मिल जाता हे। इसी कारण वहां का भोग समाप्त होने पर उस स्थूल शरीर को जीव जीर्ण वस्त्र के समान त्याग कर देता है। जैसा कि स्मृतियों में लिखा है:–

जीवापेतं किलेदं म्रियते न जीवो म्रियते।
वासांसि जीर्णानि यथा विहाय नवानि गृह्णाति नरोऽपराणि।
तथा शरीराणि विहाय जीर्णान्यन्यानि संयाति नवानि देही।।

जीव से रहित यह शरीर मरता है जीव नहीं मरता है। जिस प्रकार मनुष्य जीर्ण वस्त्र छोड़कर नवीन वस्त्र धारण करता है उसी प्रकार जीव जीर्ण शरीर छोड़कर नवीन शरीर धारण करता है। उदाहरण रूप से समझ सकते हैं कि, इस मृत्यु लोक में जो पञ्चीकृत महाभूत का बना हुआ पृथिवी तत्त्व प्रधान स्थूल शरीर मिलता है, और प्रारब्ध के अनुसार जो जाति, आयु, भोगादि मिलना निश्चय होता है, उस निश्चित भोगादि के समाप्त होते ही उस पार्थिव शरीर को जीव अवश्य ही छोड़ देता है। प्रारब्ध वेग से उत्पन्न आयु के समाप्त होते ही प्रारब्धजनित एक जन्म के भोगों की समाप्ति भी हो जाती है। तब अगत्या उस जीव को उस स्थूल

शरीर का जीर्ण वस्त्र के समान त्याग करके दूसरे नवीन वस्त्र के समान इसी लोक में अथवा दूसरे भोग लोक में जाकर दूसरा स्थूल शरीर ग्रहण करना पड़ता है। बिना स्थूल शरीर के भोग की सर्वाङ्गीण सिद्धि नहीं हो सकती; इस कारण लिङ्गि शरीरधारी जीव को बार बार स्थूल शरीर लेना और छोड़ना पड़ता है। उसके ग्रहण करने और छोड़ने में प्रारब्ध कर्म ही कारण होते हैं।।१५०।।

मनुष्येतर योनियों में उसकी गति बतायी जाती है–

एतन्नैसर्गिकं चतुर्विधभूतसंघेषु।।१५१।।

अनुवाद–चतुर्विध भूत संघों में यह स्वाभाविक है। ।१५१।।

भाष्य–मनुष्य से नीचे की जो उद्भिज्ज, स्वेदज, अण्डज और जरायुज इस प्रकार चार योनियां हैं, उनमें भोग के अर्थ स्थूल शरीर का ग्रहण करना और उसका त्याग कर देना स्वाभाविक रूप से होता है। अर्थात् उन योनियों में स्थूल शरीर के ग्रहण करने और त्याग करनें में कोई व्यक्तिगत प्रारब्ध की अपेक्षा नहीं रहती है। तात्पर्य यह है कि, एक उद्भिज्ज शरीर पीपल वृक्ष, अथवा एक अण्डज शरीर मयूर पक्षी का शरीर धारण करना और त्याग करना समष्टि प्रकृति के समष्टि नियम के अनुसार होगा। जैसा जैसा जीव स्वाभाविक संस्कार को आश्रय प्राकृतिक क्रमाभिव्यक्ति के नियम के अनुसार एक योनि से दूसरी योनि में अग्रसर होगा, उक्त योनियों के भोग के अनुसार उक्त प्रकार का स्थूल शरीर उस जीव को स्वतः मिलता जायगा और स्वतः ही त्याग होता जायगा। इस प्रकार त्याग और ग्रहण में कोई व्यक्तिगत प्रारब्ध की अपेक्षा नहीं रहती है। जैसा कि, वृहद् विष्णु पुराण में लिखा है:–

स्थावरे लक्षविंशत्यो जलजं नवलक्षकम्।
कृमिजं रुद्रलक्षच्च पक्षिजं दशलक्षकम्।।
पश्वादीनां लक्षत्रिंशत् चतुर्लक्षञ्च वानरे।
ततो हि मानुषा जाताः कुत्सितादेर्द्विलक्षकम्।।

जीव को मनुष्य बनने के पहले चौरासी लाख योनियां भोगनी पड़ती हैं। जिनमें स्थावर बीस लाख, अण्डज अर्थात् पक्षी तथा जलचर आदि उन्नीस लाख, कृमि आदि स्वेदज ग्यारह लाख, पश्वादि वानर पर्यन्त चौंतीस लाख, उसके बाद मनुष्य उत्पन्न होते हैं, उसमें कुत्सितादि दो लाख हैं। ।१५१।।

अब मनुष्य योनि के विषय में कहा जाता है:–

अनैसर्गिकं मनुष्येषु॥१५२॥

अनुवाद–मनुष्यों में अस्वाभाविक है। ।१५२।।

भाष्य–मनुष्य योनि पूर्णावयव होने से उसमें जाति, आयु, भोगादि प्रारब्ध कर्म के अनुसार प्राप्त हुआ करते हैं। क्योंकि मनुष्यत्व प्राप्त जीव स्वकीय कर्म के वेग से आवागमन चक्र में कैसे घूमता रहता है, इसका वर्णन पहले ही भलीभांति हो चुका है। सुतरां मनुष्य का स्थूल शरीर धारण करना और उसका त्याग करना अस्वाभाविक संस्कार द्वारा उसके प्रारब्ध कर्म के वेग के अनुसार होता है। प्रत्येक मनुष्य को अपने प्रारब्ध कर्म के अनुसार जाति, आयु भोगादि स्वतन्त्र रूप से प्राप्त होते हैं। इस कारण यह अनैसर्गिकत्व सिद्ध ही है।।१५२।।

प्रसंग से और भी कहा जाता है:–

तथेतरेषु पिण्डसम्बन्धात्॥१५३॥

अनुवाद–इनके अतिरिक्त पिण्ड संबंध होने से अन्य योनियों में वैसा होता है।।१५३।।

भाष्य–चतुर्विध भूत सङ्घ और मनुष्य योनि के अतिरिक्त विभिन्न लोकों में अनेक प्रकार के जीव वास करते हैं। यथा, स्वर्ग के किन्नर, गन्धर्व, देवता आदि, असुर लोक के असुरादि, पितृ लोक के पितृ आदि, इस प्रकार सुख भोग लोकों के जीव और प्रेत, नरक आदि दुःख भोग लोकों के जीव; इन सब जीवों को भी स्थूल शरीर की अपेक्षा रहती है। क्योंकि पिण्ड के बिना भोग की समाप्ति नहीं हो सकती। उनके स्थूल शरीर के उपादानों में अवश्य ही भेद होता है; परन्तु उन सब स्थानों में भी स्थूल शरीर की अपेक्षा अवश्य है।।१५३।।

प्रसंग से आतिवाहिक देह का वर्णन किया जा रहा है :–

सूक्ष्मानुरूपमातिवाहिकम्॥१५४॥

अनुवाद–सूक्ष्म मनुष्य शरीर के अनुरूप पुरुष आतिवाहिक होता है।।१५४।।

भाष्य–इस स्थल पर जिज्ञासु के हृदय में यह शंका हो सकती है कि सब लोकों में जब स्थूल शरीर की अपेक्षा है, तो एक जीव जब स्थूल शरीर छोड़ता है, उस समय उसकी क्या दशा होती है? एक लोक से दूसरे लोक में जाते समय जीव किस अवलम्बन से जाता है? इस प्रकार की शंकाओं का समाधान करके

विज्ञान को स्पष्ट किया जाता है। एक जीव जब एक लोक से स्थूल शरीर छोड़कर दूसरे लोक में जाता है, तो उसको एक लोक से दूसरे लोक में ले जाने के सहायक रूप से एक श्रेणी के स्थल शरीर की आवश्यकता होती है, उसको आतिवाहिक देह कहते हैं। वह आतिवाहिक वस्तुतः सूक्ष्मशरीर का रूपान्तर है और उसको स्थूल शरीर का भी रूपान्तर कह सकते हैं। वह एक स्थान से दूसरे स्थान में वहन करता है इसलिए उसको आतिवाहिक देह कहते हैं। जैसा कि, श्रीमद्भागवत में लिखा है:-

यातनादेहमावृत्य पाशैर्बद्ध्वा गले बलात्।
नयतो दीर्घमध्वानं दण्ड्यं राजभटा यथा।

जिस प्रकार राजकर्मचारी अपराधी व्यक्ति को कष्ट देते हुए ले जाते हैं, उसी प्रकार यमदूतगण पापी के आतिवाहिक देह को गले में फांसी लगाकर यमलोकमपर्यन्त ले जाते हैं। श्रुति में भी लिखा है:-

प्राणस्तेजसा युक्तः सहात्मना
यथासंकल्पितं लोकं नयति।।

प्राण तेज से युक्त होकर जीवात्मा के साथ सूक्ष्म शरीर को यथा संकल्पित लोक में ले जाता है। उक्त लोकों में जाने वाले प्राणियों के विषय में भी मुण्डकोपनिषद् में लिखा है:-

"एह्येहीति तमाहुतयः सुवर्चसः,
सूर्यस्य रश्मिभिर्यजमानं वहन्ति।
प्रियां वाचमभिवदन्त्योऽर्चयन्त्य,
एष वः पुण्यः सुकृतो ब्रह्मलोकः।।"

तेजोमयी आहुतियां यजमान को 'आइये आइये यह आपका सुकृत ब्रह्मलोक है' ऐसी प्रियवाणी कहती हुई सूर्य रश्मि के द्वारा ले जाती है। पुण्य लोक में जाने के लिये और पाप लोक में जाने के लिये सभी को आतिवाहिक देह की आवश्यकता होती है। परन्तु इस मृत्यु लोक में अतिशैशवावस्था का देह जैसा स्वयं कार्य नहीं कर सकता, वैसा ही यह आतिवाहिक देह भी स्वयं कार्यकारी नहीं हो सकता। नरकादि के जाने योग्य जीव के आतिवाहिक देह को यमदूत ले जाते हैं और स्वर्गति पुण्यमय लोकों में इस देह को देवदूत ले जाते हैं। उन-उन लोकों मे जाकर उन उन लोकों के उपयोगी देह उनको पीछे मिलता है। प्राणमयकोष जब मनोमय, विज्ञानमय और आनन्दमय कोष को साथ लेकर अन्नमय कोषरूपी

स्थूल शरीर से निकलता है, तो उस समय उस सूक्ष्म शरीर के ऊपर एक ऐसे आवरण (लिफ़ाफा) की आवश्यकता होती है कि जिससे उस सूक्ष्म शरीर की रक्षा हो और साथ ही साथ जीव के एक लोक से दूसरे लोक में जाने में सुविधा हो। क्रियाशक्ति प्रधान प्राण की सहायता से ही यह कार्य सम्पादित हो सकता है, इस कारण प्राण के ही उपादान से यह आतिवाहिक देह बनता है। अत: इसको सूक्ष्म शरीर का रूपान्तर कह सकते हैं। दूसरी ओर पूर्व्वोल्लिखित गुणों से युक्त है इस कारण उसको एक प्रकार का स्थूल शरीर भी कह सकते।।१५४।।

दूसरे प्रकार की शंका का समाधान किया जाता है:-

संसृतेः सूक्ष्मस्य।।१५५।।

अनुवाद–संसरण सूक्ष्म शरीर का होता है इसलिये।।१५५।।

भाष्य–अब शंका हो सकती है कि वस्तुत: किस शरीर विशिष्ट जीव का जन्मान्तर होता है? इस श्रेणी की शंकाओं का समाधान यह है कि, वास्तव में स्थूल शरीर का प्रयोजन तत् तत् भोग लोकों में भोग की सिद्धि के लिये अवश्य ही होता है, परन्तु सब लोकों में पृथक्-पृथक् प्राप्त होता है, इस कारण यह मानना ही पड़ेगा कि, लोकान्तर की प्राप्ति सूक्ष्म शरीरधारी जीव की ही होती है। मृत्यु लोक में पृथिवी तत्त्व प्रधान स्थूल शरीर रहता है, प्रेत लोक में वायु तत्त्व प्रधान स्थूल शरीर रहता है, नरक लोक में वृद्ध स्थल शरीर मिलता है, स्वर्ग में तैजस और युवा स्थल शरीर मिलता है इत्यादि रूप से विभिन्न लोकों का स्थूल शरीर विभिन्न प्रकार का होता है। जैसा कि, स्मृतियों में लिखा है–

पिशाचप्रेतभूतानां विहाराजिरमुत्तमम्।
अन्तरिक्षं च तत् प्रोक्तं यावद् वायुः प्रवाति हि।।"

(देवी भागवत)

भूत प्रेतगण भूर्लोक के अन्तर्गत शून्य स्थानों में रहते हैं। इनका शरीर वायवीय होने के कारण जहां तक वायु है वहां तक वह रह सकते हैं। मनुसंहिता के तृतीय अध्याय में भी लिखा है कि–

"निमन्त्रितान् तु पितर उपतिष्ठन्ति तान् द्विजान्।
वायुवच्चानुगच्छन्ति तथाऽऽसीनानुपासते।।"

प्रेतत्वप्राप्त पितृगण निमन्त्रित ब्राह्मणों के शरीरों में वायु शरीर धारण करके समाविष्ट होते हैं, वे इनका अनुगमन करते हैं तथा इनके बैठने पर बैठते हैं। उक्त

प्रमाणों से प्रेतों का वायुतत्त्व प्रधान शरीर होना सिद्ध होता है। अब देवयोनि के शरीर तैजस एवं युवा होते हैं इसका प्रमाण दिया जाता है, जैसा कि, महाभारत के वन पर्व में लिखा है–

"न शोको न जरा तत्र नायासपरिदेवने।
ईदृशः स मुने लोकः स्वकर्मफलहेतुकः॥
सुकृतैस्तत्र पुरुषाः सम्भवन्त्यात्मकर्मभिः।
तैजसानि शरीराणि भवन्त्यत्रोपपद्यताम्॥"

स्वर्ग लोक में शोक, दुःख, जरा या आयास का लेशमात्र भी नहीं है। पुण्यबल से वहां जाने वाले जीव को कर्मज तैजस शरीर प्राप्त होता है। उन उन लोकों में आतिवाहिक देह से पहुंच कर उन उन शरीरों का प्राप्त करने वाला जीव सूक्ष्म शरीरधारी ही होता है। ।१५५॥

कारण कहा जाता है:–

अस्वाभाविकादावागमनचक्रम्॥१५६॥

अनुवाद–अस्वाभाविक से आवागमन चक्र की उत्पत्ति होती है॥१५६॥

भाष्य–जीव अपने ही कर्मों के द्वारा नाना वैचित्र्य पूर्ण अस्वाभाविक संस्कार संग्रह करके आवागमनचक्र की सृष्टि करता है। मनुष्य से नीचे की योनियों में असम्पूर्णता रहने से जगजननी प्रकृतिमाता की सहायता रहती है और उन योनियों में जीव चक्र में न पड़ कर उन्नति करता हुआ सीधा चला आता है। मनुष्य योनि में पूर्णता को प्राप्त करके जीव स्वाधीन हो जाता है और स्वाधीन होकर निरंकुश होता हुआ नाना प्रकार के विचित्रता पूर्ण अस्वाभाविक संस्कार संग्रह करके नाना विचित्रतापूर्ण नानाभोग लोकों से युक्त आवागमन चक्र की सृष्टि करके उसमें निरन्तर घूमता रहता है। यही जीव की बंधन दशा का रहस्य है॥१५६॥

प्रकृत विषय को संस्कार ज्ञानके निमित्त और भी स्पष्ट कह रहे हैं :–

रागद्वेषसम्बद्धोऽभिनिवेशः॥१५७॥

अनुवाद–राग और द्वेष के संबंध से अभिनिवेश होता है॥१५७॥

भाष्य–अस्वाभाविक संस्कार जब जीव पिण्ड में प्रकट होता है, वह या तो राग के संबंध के अभिनिवेश द्वारा, अथवा द्वेष के संबंध के अभिनिवेश द्वारा प्रकट होता है। सबसे प्रथम उसकी दो श्रेणियां होती हैं। ।१५७॥

अब प्रथम श्रेणी के भेद कह रहे हैं:–

तनुरुदारश्च रागः॥१५८॥

अनुवाद–रागज संस्कार तनु और उदार होते हैं॥१५८॥

राग के संबंध से जो संस्कार बनते हैं, वे या तो बहुत ही सूक्ष्म शक्ति-युक्त होते हैं, या उदार होकर प्रबल शक्ति युक्त होते हैं।॥१५८॥

अब द्वितीय श्रेणी के भेद कह रहे है:–

स्मरणास्मरणयोगो द्वेषः॥१५९॥

अनुवाद–द्वेषज संस्कार स्मृति युक्त और स्मृति युक्त होते हैं॥१५९॥

भाष्य–द्वेष द्वारा जो अभिनिवेश होकर संस्कार बनते हैं, वे दो श्रेणी के होते हैं। एक सुस्मृति युक्त और दूसरे विस्मृति युक्त। पहले की स्मृति रहती है, और दूसरे की विस्मृति हो जाती है॥१५९॥

अब विस्मृति संस्कार की विशेषता कही जाती है:–

प्ररोहवाधो विस्मृतौ॥१६०॥

अनुवाद–विस्मृति संस्कार अंङ्कुरोत्पत्ति में बाधक होता है। ।१६०॥

भाष्य–पूर्व कथित दो रागज संस्कार और स्मृति युक्त द्वेषज संस्कार यह तीनों नियम पूर्वक अङ्कुर उत्पन्न करते हैं परन्तु यह विस्मृति युक्त संस्कार अङ्कुरोत्पन्न होने में बाधा देता है। ।१६०॥

अब योगी यदि कर्मविपाक को समझना चाहें तो उसका इङ्गित कर रहे हैं:–

विचारानुगमतः कर्मविपाकदर्शनम्॥१६१॥

अनुवाद–विचार समाधि द्वारा कर्मविपाक देखा जाता है। ।१६१॥

भाष्य–योग दर्शन में सविकल्प समाधि के चार भेद कहे हैं यथा– वितर्कानुगत समाधि, विचारानुगत समाधि, आनन्दानुगत समाधि, और अस्मितानुगत समाधि। इन चारों में से योगी यदि चाहे, तो विचारानुगत समाधि की सहायता से कर्मविपाक का यथार्थ रहस्य अनुसन्धान कर सकते हैं। पूर्व कथित विज्ञानों को लक्ष्य में रखकर समाधि भूमि में पहुंचता हुआ विचारानुगत समाधि का आश्रय लेने पर इस कार्य की सिद्धि हो सकती है। उन्नत योगिराजगण ही संस्कार ज्ञान प्राप्ति के लिये इस प्रकार प्रयत्न कर सकते हैं। ।१६१॥

उसकी सफलता उपाय कह रहे हैं:-

अन्तरायाभावे आसन्नम्।।१६२।।

अनुवाद—विघ्नों का अभाव होने से शीघ्रता होती है। ।१६२।।

भाष्य—योगविघ्नों का अभाव होने से सब संस्कारों में संयम करने वाला योगी, शीघ्रता से सफलता प्राप्त कर सकता है। योगविघ्नों का वर्णन बहुत कुछ योगदर्शन में आया है। उपाय प्रत्यय और भव प्रत्यय की अवस्थाओं के रहस्य के समझने से योगविघ्न का बहुत कुछ पता चल सकता है। ।१६२।।

प्रकृत विषय के प्रसंग से उसके भेद कह रहे हैं:-

पञ्चधाऽन्तरायः।।१६३।।

अनुवाद—वे विघ्न पांच प्रकार के होते हैं। ।१६३।।

भाष्य—ऐस समय जो विघ्न योगियों, और योग युक्त अन्तःकरणों में उदय होते हैं योगिगण उनको पांच श्रेणी में विभक्त करते हैं। यथा—अभिनिवेश जनित, राग जनित, द्वेष जनित और अस्मिताजनित। जिसमें अस्मिता जनित विघ्न के दो भेद होते हैं। इस प्रकार से सब मिलकर पांच श्रेणी है। उन्नत से उन्नत अन्तःकरण में भी माया के प्रभाव से इन पांच श्रेणियों के विघ्नों की सम्भावना सदा रहती है परोपकार व्रत धारी महापुरुषों तक में जगत् कल्याण का अभिनिवेश और पुण्य तथा पाप पर राग द्वेष का बना रहना स्वाभाविक है। इस कारण अघटन घटना पटीयसी महामाया के प्रभाव से अलक्षित और अनिश्चित रूप से इस प्रकार के विघ्न उनके अति उन्नत और प्रशान्त अन्तःकरण में भी कभी-कभी प्रकट हो आते हैं। योगी की अस्मिता की अवस्था यद्यपि सर्वोत्तम है, तथापि उस अवस्था में भी दो तरह के विघ्न प्रकट हो सकते हैं। इन्ही दोनों योगविघ्नों को अधिदैव स्वरूप पुरुष श्रीसप्तशती गीतोपनिषद् में मधुकैटभ नाम दोनों असुरों के रूप में वर्णन किया गया है। इस अस्मिता अवस्था में जो समाधि के दो शत्रु है, उन्हीं के अधिदैव स्वरूप ने मधुकैटभ रूप से प्रगट होकर ब्राह्मी सृष्टि के समय ब्रह्मा के समाधिस्थ अन्तः करण को बाधा पहुंचायी थी। जो ज्ञान स्वरूप पुरुष चिन्मय भगवान् विष्णु की सहायता से नष्ट किये गये थे।अस्मिता अवस्था में यदि नाद का अवलम्बन हो जाय, तो उस दशा में यह दो विघ्न उत्पन्न होते हैं। नाद में जब अन्तःकरण आनन्द मोहित होकर तमोगुण में पहुंच जाता है, यह पहली अवस्था है। इसी से जड़ समाधि का उदय हो सकता है। दूसरी अवस्था में नाद

के संबंध से जब वहिर्मुख होकर योगी लक्ष्यच्युत होता है, तब इस योगविघ्न का उदय होता है। नाद के अवलम्बन से यह दोनों प्रकट होते हैं। दोनों ही तमोगुणमय हैं। और दोनों ही समाधि के प्रबल विघ्न हैं। इस प्रकार से इन पाचों विघ्नों से बचाकर संस्कार में संयम करने से कर्मविपाक का पता उन्नत योगि गण लगा सकते हैं।

अंकुरोत्पत्ति की भाव जनित त्रिविध श्रेणी और वर्णजनित चतुर्विध श्रेणी और उनकी विचित्रता को ध्यान में रखकर और साथ ही साथ संस्कारोत्पत्ति का मूल कारण समाधि द्वारा समझकर और अस्वाभाविक संस्कार कैसे उत्पन्न होते हैं उसका रहस्य भली भाँति जानकर यदि योगी योगविघ्नों से बचता हुआ विचार समाधि की सहायता ले, और उसमें संयम शक्ति का ठीक ठीक उदय हो, तो वह योगिराज कर्मविपाक का पता लगा सकता है। पूज्यपाद त्रिकालदर्शी महर्षिगण इसी लोकातीत योग शैली के द्वारा कर्मबीज रूपी संस्कारों का पता लगा कर कर्मविपाक समझते थे और जन्म जन्मान्तर का हाल जान सकते थे। पुराणों में जो अनेक व्यक्तियों के जन्म जन्मान्तर का रहस्य वर्णित है, वह इस इसी प्रकार की योग शक्ति का फल है।।१६३।।

अब पिण्ड का निर्णय कर रहे हैं:-

त्रिविधं पिण्डं सहजमानवदेवभेदात्।।१६४।।

अनुवाद–सहज, मानव और देव भेद से पिण्ड त्रिविध होता है।।१६४।।

भाष्य–स्थूल शरीर को ही पिण्ड कहते हैं। अब पूज्यपाद महर्षि सूत्रकार विज्ञान को स्पष्ट करने के लिये स्थूल शरीर का श्रेणीविभाग दिखा रहे हैं। इस संसार में जितने प्रकार के स्थूल शरीर होते हैं उनको तीन श्रेणियों में विभक्त कर सकते हैं। यथा सहजपिण्ड, मानवपिण्ड और देवपिण्ड। स्मृति शास्त्र में और भी कहा है:-

सहजो मानवो दैवो जीवपिण्डस्त्रिधा मतः।
मर्त्येभ्यश्चेतरे निम्ना भूतसङ्घाश्चतुर्विधाः।।
यैस्तु कर्मफलं पिण्डैर्भुज्यते सहजा हि ते।
मर्त्योपयुक्तपिण्डा हि कथ्यन्ते मानवाभिधाः।।
दैवपिण्डाश्च ये व्याप्ता भुवनानि चतुर्दश।
वर्त्तन्ते पितरो दैवभोगायतनरूपिणः।
त्रिविधा एव नन्वेते वर्त्तन्ते पाञ्चभौतिकाः।

उपादानेषु किन्त्वेषां प्रभेदो वर्त्तते महान्॥

अर्थात् सहज, मानव और देव रूप से जीवपिण्ड त्रिविध होता है। सहज पिण्ड वह है जिससे मनुष्य से इतर निम्न श्रेणी के चतुर्विध भूत सङ्घकर्मफल भोग करते हैं। मनुष्य के उपयोगी पिण्डों को मानवपिण्ड कहते हैं और चतुर्दश भुवनस्थित दैवभोगायतन रूप जो पिण्ड है, वे देवपिण्ड कहलाते हैं। ये तीनों पिण्ड ही पांच भौतिक हैं परन्तु इनके उपादान में महान् प्रभेद है।

प्रकृति माता के अधीन रहकर नियमिन उन्नत होने वाले चतुर्विध भूत सङ्घ के पिण्ड सहज पिण्ड कहलाते हैं। आवागमनचक्र के प्रधान कारण रूप मनुष्यों के स्थूल शरीर मानवपिण्ड कहलाते हैं। और चतुर्दश सूक्ष्म लोकों के जीवों का जो दैवी शक्ति युक्त स्थूल शरीर होता है, वे सब देवपिण्ड कहलाते हैं। देवपिण्डधारी जीवों को गातृगर्भ से जन्म नहीं लेना पड़ता है उनमें नाना प्रकार की विलक्षणता और दैवी शक्तियों से युक्त होने से वे देवपिण्ड नाम से अभिहित होते हैं। जैसा कि महाभारत के वन पर्व में लिखा है।

"कर्मजान्येव मौद्गल्य ! न मातृपितृजान्युत।
न संस्वेदो न दौर्गन्ध्यं पुरीषं मूत्रमेव वा॥
तेषां न च रजो वस्त्रं बाधते तत्र वै मुने।
न म्लायन्ति स्त्रजस्तेषां दिव्यगन्धा मनोरमाः॥
संयुज्यन्ते विमानैश्च ब्रह्मन्नेवंविधैश्च ते।"

स्वर्गीय जीवों को कर्मज शरीर मिलते हैं। माता पिता से वहां शरीर नहीं मिलता है। स्वेद, मल, मूत्र दुर्गन्ध आदि से वहां पर वस्त्र अपवित्र नहीं होता है। स्वर्गवासियों के गले में जो दिव्य गन्ध युक्त माल्य रहता है, वह कभी मलिन नहीं होता है। वे दिव्य विमान पर चढ़कर घूमा करते हैं॥१६४॥

स्वाभाविक संस्कार के अधीन कौन पिण्ड है सो कहा जाता है:-

तत्राद्यमायत्तं स्वाभाविकस्य॥१६५॥

अनुवाद–उसमें सहज पिण्ड स्वाभाविक संस्कार के अधीन है॥१६५॥

भाष्य–प्रकृति के स्वाभाविक स्पन्दन के साथ जिस प्रकार स्वाभाविक संस्कार का संबंध है और सहज कर्म का संबंध है, उसी प्रकार सहज पिण्ड का भी संबंध है। प्रकृति के त्रिगुण के कारण स्वस्वभाव से ही प्रकृति स्पन्दिनी होती है, उससे स्वाभाविक संस्कार कैसे उत्पन्न होता है सो पहले भलीभांति कहा गया

है। उसी स्वाभाविक संस्कार के वेग से चतुर्विध भूत संघों के चौरासी लक्ष पिण्डों में जीव क्रमाभिव्यक्ति के सिद्धान्त के अनुसार स्वतः ही प्रवेश करता और निकलता हुआ आगे बढ़ता है। जीव को स्वतः ही ये सब सहज पिण्ड रूपी उन्नति के सोपान उसके क्रमोन्नति के मार्ग में प्राप्त होते रहते हैं।।१६५।।

प्रसंग से शंका समाधान किया जाता है:–

अत्रेतरेऽपि भोगाय।।१६६।।

अनुवाद–अन्य पिण्ड के जीव भी भोग के लिये सहज पिण्ड में आते हैं।।१६६।।

भाष्य–इस विचार स्थल पर यह शंका होती है कि, सहज पिण्ड के जीव यदि स्वतः प्रकृति के स्वाभाविक तरङ्ग के प्रभाव से सहज पिण्ड को धारण करके प्रकट होते हैं और पुनः मृत्यु को प्राप्त होकर चले जाते हैं, तो शास्त्रों में जो अन्य पिण्ड के जीवों का सहज पिण्ड में आकर जन्म लेने का प्रमाण मिलता है, इसका समाधान क्या है? इस प्रकार जन्म के विषय में श्रुति में भी प्रमाण मिलता है यथा–

"य इह कपूयचरणाः ते कपूयां
योनिमापद्येरन् श्वयोनिं वा शूकरयोनिं वा।।"

इत्यादि।

अर्थात् मन्द कर्म के फल से श्वान शूकर आदि योनि प्राप्त होती है। यमलार्जुन देव पिण्ड के जीव होने पर भी व्रज में वृक्ष हुए थे, राजा नहुष देव पिण्डधारी होने पर भी सर्प हुए थे, इसका दार्शनिक समाधान क्या है? इस श्रेणी को शङ्काओं का समाधान यह है कि जीव जब पञ्चकोष की पूर्णता को प्राप्त कर लेता है, तब वह पूर्णशक्ति विशिष्ट हो जाती है। पूर्णशक्ति विशिष्ट होने से वह अपने तीव्र अस्वाभाविक शुभ संस्कार के बल से जैसे उन्नत से उन्नत लोकों को प्राप्त कर लेता है, उसी प्रकार अपने तीव्र अस्वाभाविक अशुभ पाप संस्कार के बल से नरक और प्रेत लोक में पहुँच सकता है और विशेष विशेष दण्ड भोग के लिये सहज पिण्ड में आकर अशुभ भोगों की समाप्ति कर सकता है परन्तु वह भोग केवल नैमित्तिक है; इस भोग की समाप्ति होने पर पुनः वह वहाँ से आया था उसी मानवपिण्ड अथवा देवपिण्ड में चला जाता है। इस सूत्र का

"अपि" शब्द असाधारणत्व बोधक है अर्थात् ऐसी घटना उग्र दण्ड के निमित्त से कभी कभी हुआ करती है।।१६६।।

अस्वाभाविक संस्कार के अधीन कौन पिण्ड हैं सो कहा जाता है:-

अस्वाभाविकतन्त्रे द्वितीयतृतीये।।१६७।।

अनुवाद-द्वितीय तृतीय अस्वाभाविक के अधीन है। ।१६७।।

भाष्य-जब जीव अन्नमय, प्राणमय, मनोमय, विज्ञानमय और आनन्दमय इन पांचों कोषों की पूर्णता को प्राप्त करके आवागमनचक्र में घूमता रहता है, अथवा देव श्रेणी में पहुँच कर ऐश कर्म के अधीन होकर दैवी क्रमोन्नति को प्राप्त करता रहता है; इन दोनों अवस्थाओं को पिण्ड अस्वाभाविक संस्कार से बनता है। दोनों में उन्नत और अवनत होने का अधिकार रहता है। दोनों में ही अस्वाभाविक भोग की निष्पत्ति होती है और दोनों में ही स्वाधीनता रहती है। अतः दोनों पिण्डों के जीव ही अस्वाभविक संस्कार के बल से अपने-अपने पिण्डों को प्राप्त करते हैं।।१६७।।

प्रसंग से जन्मान्तर का निमित्त निरूपण किया जाता है:-

संस्कारप्राबल्यं जन्मान्तरनिमित्तम्।।१६८।।

अनुवाद-संस्कार की प्रबलता जन्मान्तर का कारण है।।१६८।।

भाष्य-मनुष्य के साथ जो अस्वाभाविक संस्कार युक्त रहते हैं, वे तीन भाग में विभक्त होते हैं यथा सञ्चित, क्रियमाण और प्रारब्ध। इसका प्रमाण शम्भुगीता में मिलता है:-

प्रारब्धं सञ्चितं कल्याः ! आगामीति प्रभेदतः।
प्रोच्यते त्रिविधं कर्म कर्मतत्त्वविशारदैः।।

प्रारब्ध, सञ्चित और आगामी अर्थात् क्रियमाण ये ही तीन प्रकार के कर्म हैं ऐसा कर्मतत्त्व के पण्डितगण कहते हैं। अनन्त जन्मों की कर्म राशि के जो संस्कार समूह कर्माशय में एकत्रित रहते हैं, वे सञ्चित कहलाते हैं। वर्तमान जन्म में जो नवीन संस्कार संग्रह होते हैं वे क्रियमाण कहलाते हैं और मनुष्य के एक जन्म के अन्त होते समय और दूसरे जन्म के प्रारम्भ में जो प्रबल संस्कार उसके साथ होकर नवीन जन्म उत्पन्न करते हैं, वे प्रारब्ध कहलाते हैं। सञ्चित कर्म राशि में जो एक जातीय संस्कार प्रबल होते हैं, वे ही नवीन जन्म उत्पन्न करते हैं। जैसे

सप्त धातुओं के बीच यदि चुम्बकमणि रख दिया जाय, तो और सब धातु अपनी अपनी जगह पड़े रहेंगे केवल लोहे के खण्ड समूह खिंच कर उस मणि में मिल जाएंगे, ठीक उसी प्रकार एक श्रेणी के प्रबल संस्कार समूह जीव के साथ मिल कर नवीन शरीर उत्पन्न करते हैं यथा, महाभारत में–

बालो वा यदि वा वृद्धो यत्करोति शुभाशुभम्।
तस्यां तस्यामवस्थायां तत्फलं प्रतिपद्यते॥
यथा धेनुसहस्त्रेषु वत्सो विन्दति मातरम्।
तथा पूर्वकृतं कर्म कर्त्तारमनुगच्छति॥

इस जन्म में जिस अवस्था में शुभाशुभ कर्म जीव करता है, आगे के जन्म में उसी अवस्था में उसका फल भोग होता है। हजारों गायों में जिस प्रकार वत्स अपनी माता को पहचान लेता है, उसी प्रकार प्रारब्ध कर्म अपने कर्त्ता का अनुगमन करता है॥१६८॥

अब प्रकृत विषय में शंका समाधान कर रहे हैं:–

तत्प्रामाण्यं संस्कारवैचित्र्यात्॥१६९॥

अनुवाद–संस्कार की विचित्रता के कारण उसका प्रामाण्य है। ॥१६९॥

भाष्य–जन्मान्तर के अस्तित्व के विषय में यदि जिज्ञासु को शंका हो, इस कारण महर्षि सूत्रकार प्रमाण दे रहे हैं। कि, जन्मान्तर का प्रत्यक्ष प्रमाण यह है कि प्रत्येक मनुष्य में संस्कार की विचित्रता पृथक्-पृथक् होती है। इस कारण मानना ही पड़ेगा कि इसका कोई पूर्व कारण है और वही पूर्व कारण कर्म का बीज संस्कार है॥१६९॥

विज्ञान को और भी स्पष्ट कर रहे हैं:–

क्रियावैचित्र्यादेतज्ज्ञेयम्॥१७०॥

अनुवाद–क्रिया वैचित्र्य के कारण यह जाना जाता है। ॥१७०॥

भाष्य–यदि शंका में यह शंका हो कि, संस्कार वैचित्र्य का प्रमाण क्या है? ऐसी शंका के समाधान में पूज्यपाद महर्षि सूत्रकार ने इस सूत्र का आविर्भाव किया है। प्रत्येक मनुष्य में वैचित्र्य पूर्ण कर्म बीज रूपी संस्कारों का पृथक्-पृथक् होना प्रमाणित इसलिये होता है कि, प्रत्येक मनुष्य में क्रिया पृथक् पृथक् दिखाई देती है। इस संसार में कोई राजा, कोई प्रजा, कोई पूर्णाङ्ग, कोई विकलाङ्ग, कोई धनी, कोई दरिद्र, कोई सुन्दर, कोई कुत्सित, कोई नीरोग, काई चिररोगी, कोई अल्पायु, कोई दीर्घायु, कोई बुद्धिमान, कोई मन्द मति, कोई ब्राह्मण, कोई शूद्र,

कोई सुखी कोई दुखी इस प्रकार से पूर्वसंस्कार का फल रूप नाना क्रिया वैचित्र्य जो मनुष्यों में दिखायी देता है, उससे संस्कार वैचित्र्य की सिद्धि होती है और संस्कार वैचित्र्य की सिद्धि से जन्मान्तर की सिद्धि स्वतः होती है, इस कारण ऐसी शंका का अवसर हो ही नहीं सकता है। मनुसंहिता में भी लिखा है–

यथर्त्तुलिंगान्यृतवः स्वयमेवर्त्तुपर्यये।
स्वानि स्वान्यभिपद्यन्ते तथा कर्माणि देहिनः॥

अर्थात् जिस प्रकार भिन्न भिन्न ऋतुओं के आगमन के समय प्रकृति में स्वतः ही तदनुसार वृक्ष लतादिकों का परिवर्तन हो जाता है, ऐसे ही पूर्वकर्मानुसार स्वतः ही जीवों का जन्म तथा उनमें भिन्न भिन्न प्रवृत्ति होने लगती हैं॥१७०॥

अब संस्कार का फल कह रहे हैं:–

ततो जातिः॥१७१॥

अनुवाद–उससे जाति होती है॥१७१॥

भाष्य–संस्कार रूपी कारण का प्रथम कार्य जाति है। संस्कार रूपी बीज से प्रथम क्रिया जो उत्पन्न होती है। वह जाति हैं आर्य जाति, अनार्य जाति, ब्राह्मण जाति, शूद्र जाति इत्यादि ये सब प्रारब्ध संस्कार के प्रथम फल है, क्योंकि त्रिगुण परिणाम से जाति का साक्षात् संबंध हैं। और गुण का आधार स्थूल शरीर होने से माता पिता के रजोवीर्य की प्रधानता के कारण जाति की विशेषता है। और जन्म के साथ उसका घनिष्ठ संबंध होने के कारण उसकी सर्वोपरि विशेषता है विशेषतः भोग के साथ भी जाति का बड़ा भारी संबंध है, क्योंकि जिस जाति के पिण्ड में जीव जन्म ग्रहण करता है, उसमें यथायोग्य रजोवीर्य के द्वारा इस प्रकार के अधिकार प्राप्त होते हैं, जिससे भोग के अनुभव में अनेक विचित्रता उत्पन्न हो जाती है। अनार्य जाति के आचार के अनुभव में और आर्य जाति के आचार के अनुभव में दिन और रात का सा प्रभेद होगा। धार्मिक ब्राह्मण के धन सम्बन्धीय अनुभव में और कुसीदग्राही वैश्य के धन सम्बन्धीय अनुभव में स्वर्ग और पाताल का सा अन्तर होगा। जाति में और विशेषता यह है कि, अभ्यास के द्वारा कर्मों का साधारण रूप से परिवर्तन हो सकता है, परन्तु जाति में वह परिवर्तन नहीं हो सकता, क्योंकि जाति का जन्म से साक्षात् संबंध हुआ करता है। इस विषय को और प्रकार से भी समझ सकते हैं कि एक शूद्र जाति का मनुष्य ब्राह्मण जाति के कर्म का अभ्यास कर सकता है। परन्तु उसको पूर्व संस्कार के अधीन उसकी विशेष जाति में उत्पन्न होने के कारण और अपनी जाति के रजोवीर्य के

द्वारा विशेष शरीर प्राप्त करके विशेष गुण के अधिकारी होने के कारण उसमें परिर्वतन नहीं हो सकता। जन्म से विशेष संबंध रहने के कारण उसकी जाति वही रहती है। जन्म से जाति का अकाट्य संबंध रहने का यह वैज्ञानिक रहस्य है एक जाति का कर्म दूसरी जाति में कदाचित् आ जाय, परन्तु गुण का परिवर्तन नहीं हो सकता, क्योंकि सत्त्व आदि तीनों गुण रजोवीर्य के द्वारा आकृष्ठ होते हैं।।१७१।।

दूसरा फल कहा जाता है:-

आयुः।।१७२।।

अनुवाद–आयु होती है।।१७२।।

भाष्य–प्रारब्ध संस्कार का दूसरा कार्य आयु है। वस्तुतः कर्म का फल भोग करने के लिये ही जीव का जन्म होता है। उस नियमित फल भोग के लिये देश और काल की अपेक्षा रहती है। पूर्व सूत्र में कही हुई जाति को ही देश के अन्तर्गत मान सकते हैं। योग शास्त्रों में भी स्थूल शरीर को देश रूप से माना है, यथा:-

प्रकृतेर्मण्डलं यत्तद् ब्रह्माण्डं तत्समष्टितः।
तदेव पिण्डरूपेण प्रोच्यते व्यष्टिनामतः।।

समष्टि रूप से प्रकृति मण्डल रूपी ब्रह्माण्ड ही देश है और व्यष्टि रूप से जीव शरीर ही देश है और आयु ही कालरूप है, क्योंकि बिना काल के नियमित हुए भोग का नियम नहीं बन सकता है। उदाहरण रूप से समझ सकते हैं कि, एक मनुष्य की आयु यदि अस्सी वर्ष की नियमित हो जाय, तभी भोग का परिणाम और बाल्य, यौवन, जरा आदि अन्तर्भावों का नियमित होना सम्भव हो सकता है। इस कारण यह मानना ही पड़ेगा, कि प्रारब्ध के फल रूप से आयु की भी प्रधानता है।।१७२।।

तीसरा कहा जाता है:-

भोगश्च।।१७३।।

अनुवाद–भोग उत्पन्न होता है।।१७३।।

भाष्य--भोग के निमित्त से ही जीव जन्मान्तर ग्रहण किया करता है। एक श्रेणी का भोग जब समाप्त होता है, तब जीव जीर्ण वस्त्र को त्याग करके नवीन वस्त्र परिधान के समान एक पिण्ड को छोड़कर दूसरे पिण्ड को धारण करता है। संसार में इसी को मृत्यु कहते हैं अथवा इसी को जन्मान्तर कहते हैं। इसका प्रधान

कारण भोग है। इन तीनों फलों के विषय में योगिराज महर्षि पतञ्जलिजी ने योग दर्शन में कहा है:-

सति मूले तद्विपा को जात्यायुर्भोगः।

अर्थात् संस्कार के मूल में रहने से उसके विपाकरूप जाति, आयु और भोग प्राप्त होते हैं इन तीनों में भोग की मुख्यता है, क्योंकि भोग की समाप्ति के निमित्त ही जीव का जन्मान्तर ग्रहण अथवा पिण्डान्तर ग्रहण होता है। जिस प्रकार प्रकृति का वैभव अनन्त वैचित्र्य पूर्ण है, उसी प्रकार भोग वैचित्र्य की भी सीमा नहीं है। तो भी भोग का शास्त्रकारों ने गुणविचार से सात्त्विक, राजसिक, तामसिक रूप में विभाग किया है और दूसरी ओर सुख, दुःख और मिश्ररूप से भी त्रिविध श्रेणी में विभाग किया है।।१७३।।

जन्मान्तर गति को स्पष्ट करने के लिये कह रहे हैं:-

आतिवाहिकवैलक्षण्यं संस्कारवैलक्षण्यात्।।१७४।।

अनुवाद-संस्कार वैलक्षण्य होने से आतिवाहिक की विलक्षणता होती है।।१७४।।

भाष्य-अब यह जिज्ञासा हो सकती है कि, जन्मान्तरगति के संबंध से क्या सब जीवों का आतिवाहिक देह एक प्रकार का ही होता है? इसका समाधान यह है कि, संस्कार विभिन्न होने से जीवों के आतिवाहिक देह में भी विभिन्नता होती है। तमोभावापन्न चतुर्विध संघ भूत के जीवों का अतिवाहिक देह जड़त्वमय रहता है। जीव के मनुष्यत्व प्राप्त करने पर आतिवाहिक देह की वह जड़ता नष्ट हो जाती है। परन्तु इस उन्नत दशा में भी अतिवाहिक देह के अनेक भेद हो सकते हैं। जब जीव को यमद्तगण मृत्यु लोक में प्रेतलोक में पहुँचाते हैं तब आतिवाहिक देह की अवस्था कुछ और ही होती है ओर जब उसे नरक में ले जाते हैं उस समय आतिवाहिक देह की अवस्था अन्य प्रकार की होती है। उसी प्रकार देवदूतों के द्वारा देवलोक में पहुँचाये जाने के समय उस आतिवाहिक देह की दशा कुछ विभिन्न होती है। इस कारण यह मानना ही पड़ेगा कि, स्वाभाविक, अस्वाभाविक, शुभ, अशुभ संस्कार में वैलक्षण्य होने से आतिवाहिक देह में भी विलक्षणता होती है।।१७४।।

प्रसङ्ग से कहते हैं:-

संसरणमातिवाहिकेन।।१७५।।

अनुवाद-अतिवाहिक शरीर से गति होती है।।१७५।।

भाष्य–पहले यह सिद्ध हो चुका है कि, भोग के लिये जन्मान्तर या लोकान्तर की प्राप्ति सूक्ष्ममनुष्य शरीर ही करता है और स्थूल शरीर जिस लोक का होता है, उसी लोक के प्रधान उपादान में मिल जाता है। अब इस सूत्र के द्वारा यह स्पष्ट किया जाता है कि, आतिवाहिक देह को अपने सूक्ष्म शरीर पर धारण कर जीव एक लोक से लोकांतर में जाया आया करता है। जैसा कि, भागवत में लिखा है –

यातनादेहमावृत्य पाशैर्बद्ध्वा गले बलात्।
नयते दीर्घमध्वानं दण्डयं राजभटो यथा॥

जिस प्रकार राजकर्मचारी अपराधी व्यक्ति को कष्ट देते हुए ले जाते हैं उसी प्रकार यमदूत गण पापी के आतिवाहिक देह को घेरकर गले में फांसी लगाकर कष्ट देते हुए दूरवर्ती यमलोक पर्यन्त खींच कर ले जाते हैं। तात्पर्य यह है कि, जीव चाहे किसी लोक से इस मृत्यु लोक आवे अथवा इस मृत्यु लोक से किसी अन्य लोक में जावे, अथवा किसी अन्य एक लोक से दूसरे लोक में जावे, इस संसरण कार्य में बिना आतिवाहिक देह के सुभीता नहीं हो सकता। जीव आतिवाहिक देह रूपी ढक्कन को अपने सूक्ष्म शरीर के ऊपर धारण करके संसरण करता है।।१७५।।

लोकान्तर गति को स्पष्ट करने के लिए कहा जाता है:–

प्रेतत्वं मूर्च्छया॥१७६॥

अनुवाद–मूर्च्छा से प्रेतत्त्व होता है।।१७६।।

भाष्य–लोकान्तर गति के विचार करते समय इस श्रेणी की शंका हो सकती है कि, शुभ और अशुभ, पुण्य और पाप के संबंध से स्वर्ग और नरक लोकों का होना तो सुगमता से सिद्ध होता है; परन्तु एक तीसरी दशा रूप प्रेतत्त्व कैसे उत्पन्न होता है? और क्यों उत्पन्न होता है? इस श्रेणी की शंकाओं के समाधान में पूज्यपाद महर्षि सूत्रकार ने इस सूत्र का आविर्भाव किया है। चतुर्दश भुवनों में से दैवी और आसुरी भोगों के विचार से चोदह लोक ही शुभ भोग की समापत्ति के लिये बने हैं। भू, भुव, स्व, आदि सातों उद्धर्व लोक तो दैवी सुख भोग के लिये, और अतल, वितल, सुतल आदि सातों अधोलोक आसुरी सुख भोग के लिये बने हैं। उनमें से भूलोक के अन्तर्गत अपना मृत्यु लोक है और इसके साथ साक्षात् संबंध रखने वाला सुख भोग लोक जो इस लोक में है, उसको

पितृलोक कहते हैं। दु:खभोग के लिये नरक लोक भी इसी लोक के अन्तर्गत है अत: प्रेतलोक की क्या आवश्यकता सिद्ध होती है? इसका समाधान करके जन्मान्तर रहस्य को स्पष्ट करने के लिये कहा जाता है कि, सुख और दु:खमय इन दोनों प्रकार के लोकान्तर की गति के अतिरिक्त प्रेतलोक में प्रविष्ट होने योग्य एक तीसरी गति और है जिसको प्रेतत्व कहते हैं। मूर्च्छा से उसकी उत्पति होती है और वह लोक मृत्यु लोक का निकटस्थ है। जैसा कि, श्रुति में लिखा है:-

ये सूर्यं न तितिक्षन्त आतपन्तममुं दिवः।
अरायान् वस्तवासिनो दुर्गन्धीं लोहितास्यान्

जो प्रेतगण सूर्य तेज सहन करनें में असमर्थ होकर दिन में छिपे रहते हैं, जो देखने में श्रीहीन, मेषचर्मधारी, रक्त मुख ओर दुर्गन्ध शरीर है, उनका मंत्र शक्ति तथा द्रव्य शक्ति के द्वारा नाश करेंगे। यह वेदोक्त मंत्र प्रेतावेश छुड़ाने के लिये प्रयुक्त होता है। गीता में भी:-

"प्रेतान् भूतगणांश्चान्ये यजन्ते तामसा जनाः"

अर्थात् तामसो जीव भूत प्रेत की पूजा करते हैं ऐसा कह कर प्रेत योनि की सिद्ध की गई है। जीव जब स्थूल शरीर को छोड़ने लगता है, उस समय वह एक अन्तिम प्रबलतम संस्कार को अपने अन्त:करण में रखकर मानव पिण्ड को छोड़ता है। जिस प्रकार सप्तधातु के बीच चुम्बकमणि के रहने से अन्य सब धातु अपने स्थान पर पड़े रहते हैं, केवल लोहा ही खिंच जाता है; ठीक उसी प्रकार उस प्रबलतम संस्कार की श्रेणी की ओर बहुत से संस्कार कर्माशय से खींच कर प्रारब्ध बनते हैं और उन्हीं के द्वारा भविष्यत् में जाति, आयु, भोग बनता है। परन्तु यदि जीव की मृत्यु के समय यह सरल गति न हो और अन्तिम प्रबलतम संस्कार को उसका अन्त:करण पकड़ न सके तथा किसी कारण विशेष से मूर्च्छा आ जाय तो उस समय उस जीव की जो गति होती है, उसको प्रेतत्व कहते हैं। प्रेत लोक भी दु:ख पूर्ण लोक है, परन्तु प्रेतों में ऐसी भी मूढ़ अवस्था है, जिसमें दु:ख अनुभव नहीं होता है। इस कारण इस लोक को स्वर्ग और नरक से कुछ विचित्र ही समझ सकते हैं। प्रेतत्व बहुत थोड़े समय के लिये भी हो सकता है और बहुत दीर्घ समय के लिये भी हो सकता है। अस्तु, यह सिद्ध हुआ कि, स्थूल शरीर त्याग करते समय जीव में किसी विशेष कारण से प्रेतत्व की दशा उत्पन्न होती है।।१७६।।

प्रकृत विषय को और भी स्पष्ट कर रहे हैं:–

आसाधारण्यं तस्य॥१७७॥

अनुवाद–प्रेतत्व का असाधारणत्व है।।१७७।।

भाष्य–दुःखमय नरक लोक की गति और सुखमय नाना प्रकार के स्वर्ग लोकों की गति से यह प्रेत लोक की गति कुछ विलक्षण ही है। प्रथम तो यह सम्पूर्ण रूप से तमोगुणाश्रित मूढ़गति है। दूसरा प्रेत लोक मृत्यु लोक के ही आसपास है, इस गति में दूर जाना नहीं होता है। तीसरी बात यह है कि, जीव चाहे स्वर्ग में जाय, चाहे नरक में जाय, उसको अन्य संस्कार युक्त शरीर मिलता है, प्रेत लोक में वैसा नहीं होता, प्रेत देह पूर्व मुत्यु लोक के देह का अनुरूप ही होता है। चौथी बात यह है कि प्रेत शरीर में पूर्व संस्कार सब जाग्रत रहते हैं। अन्य शरीरों में ऐसा नहीं होता है। इन सब कारणों से यह मानना ही पड़ेगा कि प्रेत लोक कुछ विलक्षण ही है।।।१७७।।

प्रसंग से प्रेत-श्राद्ध की विशेषता कही जाती है:–

तस्माद्वैशिष्ट्यं प्रेतश्राद्धस्य॥१७८॥

अनुवाद–इस कारण प्रेतश्राद्ध की विशेषता है।।१७८।।

भाष्य–कौन जीव प्रेत होता है और कौन नहीं होता है, यह जाना नहीं जाता, इस कारण सबके लिए प्रेतश्राद्ध करके की विधि कर दी गई है। मरीचि ऋषि ने भी लिखा है:–

प्रेतान् पितृंश्च निर्दिश्य भोज्यं यत् प्रियमात्मनः।
श्रद्धया दीयते यत्र तच्छ्राद्धं परिकीर्त्तितम्॥

प्रेत तथा मृत पितरों के निमित्त अपना प्रिय भोजन जिसमें श्रद्धा के साथ दिया जाय, उस कर्म को श्राद्ध कहते हैं। यह सब श्राद्ध का शास्त्रीय लक्षण है। यही विशेषता है। विषयी लोगों का प्रेतत्व होना प्रायः सम्भब है, इस कारण प्रेतश्राद्ध की विधि श्राद्धप्रणाली में अवश्य करणीय करके मानी गई। किसको प्रेतत्व की प्राप्ति हुई किसको नहीं हुई, इसका निश्चय जब साधारण बुद्धि से नहीं हो सकता है, तो प्रेतश्राद्ध करके प्रेतत्व से विमुक्ति कर देने का प्रयत्न अवश्य करणीय है, ऐसा धर्माचार्यो का सिद्धान्त है। वस्तुतः प्रेतत्व की प्राप्ति मृत्यु लोक से चलते समय ही होती है, अन्य भोग लोकों से उसका कोई सम्बन्ध नहीं है। मनुष्य प्रेतत्व से विमुक्त होकर नरक तथा स्वर्गादि लोकों में जाता है। परन्तु उन

लोकों से लौटते समय प्रेतलोक का कोई भी संबंध नहीं रहता है। साथ ही साथ यह भी निश्चिय है, कि प्रेतत्व की प्राप्ति अन्य लोकों की प्राप्ति में एक बाधा रूप है क्योंकि मूर्च्छा से उसकी उत्पत्ति होती है इस कारण प्रेतत्व की निवृत्ति के लिये जो कुछ उपाय निर्णित हुए हैं, उनकी अवश्य ही विशेषता होनी चाहिये।।१७८।।

प्रसङ्ग से श्राद्ध का विज्ञान कहा जाता है:-

श्रद्धामूलकं श्राद्धम्।।१७९।।

अनुवाद-श्रद्धा मूलक श्राद्ध है। ।१७९।।

भाष्य-प्रेतश्राद्ध की आवश्यकता सिद्ध होने पर श्राद्ध के विज्ञान के विषय में स्वत: ही जिज्ञासा हो सकती है, इस कारण कहा जाता है कि श्राद्ध क्रिया के मूल में श्रद्धा ही प्रधान है। श्रद्धा से जो मनोमय कोष में क्रिया की उत्पत्ति होती है, उसी के द्वारा लोकान्तर में अन्य जीव की तृप्ति हुआ करती है। सूक्ष्म जगत् प्राणमय, मनोमय कोष द्वारा व्याप्त है। केवल अन्नमय कोष सब लोकों में पृथक् पृथक् होता है। वस्तुत: अन्नमय कोष ही पिण्ड शब्द वाच्य है। यह पहले ही सिद्ध हो चुका है कि अन्नमयकोष यहां पड़ा रहता है और बाकी अन्य चार कोष लोकान्तर में जाया आया करते हैं। मन सब इन्द्रियों का राजा और चालक होने के कारण क्रिया के विचार से मनोमयकोष की प्रधानता है। एक पिण्ड के मनोमयकोष से दूसरे पिण्ड के मनोमयकोष का स्वजातीय होने से घनिष्ठ सम्बन्ध है। इसी कारण एक पितृलोकवासी देवता अथवा एक प्रेतलोकवासी प्रेत को श्रद्धा से स्मरण करते ही वह स्मृति उनके मनोमयकोष तक पहुंच जाती है। ध्याता और ध्येय दोनों के मनोमयकोष के आवरण और दूरत्व को श्रद्धा दूर करती है। श्रद्धा के बल से मृत्युलोक के मनोमय कोष की शक्ति अन्य लोकों के मनोमयकोष तक पहुंच जाती है और वहां पहुंच कर तृप्ति सम्पादन करती है। श्रद्धा के तीन भेद हैं यथा सात्विक श्रद्धा, राजसिक श्रद्धा और तामसिक श्रद्धा। तामसिक श्रद्धा विश्वास प्राधान्य से, राजसिक श्रद्धा जिज्ञासा प्राधान्य से और सात्त्विक श्रद्धा ज्ञानप्राधान्य से कार्य करती है। इस कारण श्राद्ध में अन्धविश्वासमयी तामसिक श्रद्धा बहुत ही कार्य करती है। क्योंकि विश्वास सहयोगिनी तामसिक श्रद्धा तुरन्त ही लोकान्तर में द्रुत वेग से अन्त:करण की सूक्ष्मगति को पहुंचा देती है। विशेषत: श्राद्ध की क्रिया साधारणत: गृहस्थों के लिये ही विहित है। उन्नत तत्वज्ञानी आत्माओं को श्राद्ध से लाभ प्राप्त होना न होना दोनों समान है। क्योंकि वे

आत्माराम होते हैं। इस कारण संन्यासी के श्राद्ध की विधि नहीं है। आत्मज्ञानी व्यक्ति के स्मरण मात्र से ही परलोकगामी आत्माओं को यथेष्ट शांन्ति मिलती है। योगदृष्टि सम्पन्न व्यक्ति यह प्रत्यक्ष अनुभव करते हैं कि, श्राद्ध में बुलाये हुए प्रेतत्व प्राप्त जीव अथवा पितृलोकगामी जीव वैसे ही पदार्थ ग्रहण करते हैं, जैसे पदार्थ श्रद्धा से युक्त श्राद्धकारी दाता मन से प्रदान करता है। श्राद्ध क्रिया में मनःशुद्धि वाक्य शुद्धि और द्रव्य शुद्धि इस प्रकार से विविध शुद्धि की आवश्यकता रहती है। यथा योग्य पदार्थ द्वारा द्रव्य शुद्धि, यथायोग्य मंत्र द्वारा वाक्य शुद्धि और श्रद्धा द्वारा मनःशुद्धि सम्पादित हुआ करती है। इन तीनों में से श्राद्ध क्रिया के अलौकिकत्व के विचार से मनःशुद्धि प्रधान श्रद्धा ही मुख्य है। ।१७९।।

सिद्धान्त को और भी दृढ़ कर रहे हैं:-

तत्राऽतो मनःक्रियाप्राधान्यम्।।१८०।।

अनुवाद–इस कारण उसमें मानसिक क्रिया की प्रधानता है। १८०।।

भाष्य–श्रद्धा मनोधर्म होने से और श्रद्धा की प्रधानता होने से श्राद्ध क्रिया में मानसिक क्रिया की प्रधानता है, यह मानना ही पड़ेगा। सच्ची श्रद्धा मन में प्रकट होते ही मनकी त्रिविध शुद्धि सम्पादित हो जाती है। श्रद्धा से तदाकार होकर मन पवित्र हो जाता है। श्रद्धा और भक्ति श्री भगवान के दो चरणारविन्द हैं। अतः श्रद्धा से युक्त अन्तःकरण स्वतः भगवत् चरणारविन्दों से युक्त हो जाता है। सुतरां स्वतः ही श्रद्धा के द्वारा मन की आधिभौतिक शुद्धि की प्राप्ति होती है। मन श्रद्धा से युक्त होने पर स्वतः ही कर्म के नियन्ता देवताओं की कृपा प्राप्त कर लेता है क्योंकि उसका संबंध दैवराज्य से हो जाता है; तब एक पिण्ड का मन दूसरे पिण्ड का कार्यकारी होता है तो मन की आधिदैविक शुद्धि स्वतः ही हो जाती है। और श्रद्धा के बल से जब मन एकाग्र हो जाता है, तो उसके विक्षेपसमूह स्वतः ही लय को प्राप्त हो जाते हैं, उस क्षण में वह जीव शिव सायुज्य को प्राप्त करता है, यही मन की आध्यात्मिक शुद्धि है जो श्रद्धा के द्वारा अपने आप हो जाती है। श्रद्धा के द्वारा इस प्रकार से त्रिविध शुद्धि से युक्त मन श्राद्ध यज्ञ में नियुक्त होने पर उस यज्ञ में मनःक्रिया प्राधान्य होगा इसमें सन्देह ही क्या है। श्राद्ध में मनोविज्ञान का प्राधान्य है इसको अन्तर्दृष्टि सम्पन्न व्यक्ति तो प्रत्यक्ष अनुभव करते हैं और और परलोकगामी आत्मा से सम्बन्ध स्थापना करनेवाले परलोकतत्ववेत्ता थोड़े ही परिश्रम से इसका अनुभव कर लेते हैं। प्रेतगण दूरवर्ती होने पर भी स्मरण मात्र से निकटस्थ हो जाते हैं। श्राद्ध तत्व मानसिक क्रिया मूलक है इसी कारण

जिन आत्माओं का प्रेतत्व नहीं हुआ है उनके लिये किया हुआ प्रेतश्राद्ध विफल नहीं जाता है। जिसका श्राद्ध किया जाता है, वह चाहे किसी लोक में या किसी योनि में हो, उसके भोगोपयोगी पदार्थ बन कर वह श्राद्धान्न उसको तत्तत् लोक तथा तत्तत् पिण्ड में सुख और तृप्ति पहुंचाता है। ताड़ित प्रवाह को अवलम्बन करके जिस प्रकार एक देश से रूप अथवा शब्द दूसरे देश में जाकर तत्तत् रूप अथवा शब्द में प्रकट होता है ठीक उसी प्रकार श्राद्धान्न एक लोक से लोकान्तर में मन की व्यापक शक्ति के प्रभाव से उस लोक का भोग्य पदार्थ बन जाता है। यथा स्मृति में–

देवो यदि पिता जातः शुभकर्मानुयोगतः।
तस्यान्नममृतं भूत्वा देवत्वेऽप्यनुगच्छति॥
गान्धर्वे भोगरूपेण पशुत्वे च तृणां भवेत्।
श्राद्धान्नं वायुरूपेण नागत्वेऽप्यनुगच्छति॥
पानं भवति यक्षत्वे राक्षसत्वे तथामिषम्।
दानवत्वे तथा मांसं प्रेतत्वे रुधिरोदकम्॥
मानुषत्वेऽन्नपानादिनानाभोगरसो भवेत्॥

पिता ने यदि शुभ कर्म के द्वारा देव योनि को प्राप्त किया है, तो उनके निमित्त दिया हुआ श्रद्धान्न अमृतरूप होकर उनको मिलता है। इसी प्रकार गन्धर्वयोनि में भोग रूप से, पशुयोनि में तृणरूप से, नागयोनि में वायु रूप से, यक्षयोनि में मद्य रूप से, राक्षस योनि में आमिष रूप से, दानवयोनि में मांस रूप से, प्रेतयोनि में रुधिर रूप से और मनुष्य योनि में अन्नादि विविध भोज्य रूप से श्राद्धान्न प्राप्त होता है॥१८०॥

विज्ञान की और भी दृढ़ता कर रहे हैं:–

तस्माद्विशिष्यते तर्पणम्॥१८१॥

अनुवाद–इस कारण तर्पण की विशेषता है॥१८१॥

भाष्य–वेदसम्मत शास्त्रों में तर्पण महिमा बहुत कुछ कही गयी है जैसा कि शातातप स्मृति में लिखा है:–

तर्पणं तु शुचिः कुर्यात् प्रत्यहं स्नातको द्विजः।
देवेभ्यश्च ऋषिभ्यश्च पितृभ्यश्च यथाक्रमम्॥

शुचिता के साथ प्रत्यह स्नातक द्विज को यथाक्रम देवता, ऋषि और पितरों का तर्पण करना चाहिये। योगि याज्ञवल्क्य ने भी कहा है:–

नास्तिक्यभावाद् यश्चापि न तर्पयति वै सुतः।
पिबन्ति देहनिस्त्रावं पितरोऽस्य जलार्थिनः॥

नास्तिकर्ता के हेतु जो वंशज पुत्र तर्पण नहीं करता है उसके जलार्थी पितृगण उसके देहनिःस्त्राव का पान करते हैं, जिससे उसे घोर पाप में लिप्त होना पड़ता है। पूज्यपाद धर्म्माचार्यों ने असमर्थ साधाकों के लिये इतनी सुगमता तर्पण में की है कि, दैवराज्यसे सम्बन्धयुक्त ब्रह्मयज्ञ, देवयज्ञ, और भूतयज्ञ इस प्रकार से चारों महायज्ञों का साधन एक तर्पण द्वारा पूर्ण हो सकता है। तर्पणयज्ञ में केवल मन और जल की आवश्यकता होती है। अन्य किसी भी पदार्थ की आवश्यकता नहीं होती है। इसी से ही सिद्ध होता है कि तर्पणयज्ञ में कितने अलौकिक कार्य सम्पादित होते हैं। तर्पणयज्ञ में केवल श्रद्धा से युक्त होकर साधक जल मात्र के अवलम्बन से अपने मनोमयकोष को चालित करे तो उसकी मनःशक्ति पितृलोक में पहुंच कर पितरों को, देवलोक में पहुंच कर ऋषि और देवताओं को और उनके द्वारा आब्रह्मस्तम्ब पर्यन्त सबको तृप्त कर सकती है।।१८१।।

प्रकृत विज्ञान को और भी दृढ़ कर रहे हैं:–

सिकतापिण्डमापदि॥१८२॥

अनुवाद–आपत् काल में बालू पिण्ड से श्राद्ध होता है।।१८२।।

भाष्य–मनः शक्ति तथा श्रद्धा की महिमा इतनी है कि आपत् काल में बालुका पिण्ड देने पर भी पितरों को तत्तत् लोक में अन्न रूप से मिलता है। यह भी श्रद्धा मूलक श्राद्ध विज्ञान का प्रत्यक्ष प्रमाण है। ऐसी शास्त्रों में आज्ञा है कि यदि आपत् काल हो और श्राद्धकारी के पास कुछ भी न रहे तो वह योग्य एकान्त स्थान में जाकर रोता हुआ यदि बालु का पिण्ड दे, तो उससे भी पितरों की तृप्ति होती है। वस्तुतः श्रद्धायुक्त मन के द्वारा ही श्राद्ध के सब कार्य हो सकते हैं। और उसके द्वारा ऋषि, देवता और पितृगण कैसे तृप्त हो सकते हैं, सो पूर्व सूत्र में प्रकाशित किया है। केवल मानस योग और श्राद्ध विज्ञान पर साधारण लोगों का विश्वास नहीं उत्पन्न होता है, और न उसकी मनःशक्ति साधारण उपाय से प्रकट हो सकती है, इस कारण श्राद्ध यज्ञ के अन्याय साधन करने पड़ते हैं। नहीं तो यदि सच्ची श्रद्धा से युक्त होकर श्राद्धकारी व्यक्ति अपनी असमर्थता और अयोग्यता दिखाकर दुःखी हो तथा तीव्र श्रद्धा से बालु को अवलम्बन करके मानस पिण्ड देवे, तो श्राद्ध का पूर्ण फल हो सकता है। यह श्रद्धा की महिमा मानसयोग की शक्ति का ही परिचायक है। शास्त्रों में भी कहा है:–

उत्तमो मानसो यागो बाह्यपूजाऽधमाधमा।

वस्तुतः बाह्य पूजा में अर्पण की हुई वस्तु फल, पुष्प नैवेद्यादि साक्षात् रूप से देवलोक में नहीं पहुंच सकती है; केवल उन पदार्थों की धारणा से युक्त हो कर श्रद्धा के द्वारा संस्कृत मन उन पदार्थो को रूपान्तरण से सूक्ष्म जगत् में पहुंचा देता है। बाह्य पूजा में यह विस्तृत प्रणाली कार्यकारी होती है। दूसरी ओर मानस योग द्वारा ये सब कार्य तुरन्त ही सिद्ध हो सकते हैं, परन्तु उसमें मानसिक योग्यता की अपेक्षा अवश्य ही रहती है।

मानस योग की श्रेष्ठता के संबंध से बालु का पिण्ड देना सिद्ध होने पर यह शंका हो सकती है कि क्या पितरों को वालु ही मिलता है? बालु से कैसे जीव की तृप्ति हो सकती है? इत्यादि श्रेणी की शंकाओं का समाधान पहले ही किया गया है कि, बालु के पिण्ड देने के लिये आपद्ग्रस्त श्राद्धकर्ता श्राद्ध नहीं करता है, वह अति दरिद्र श्राद्ध के लिये कोई भी पदार्थ का प्रबंध न कर सकने पर बालु के अवलम्बन से पिण्ड बनाकर मानस योग के द्वारा अपने पितरों को तृप्त करता है। ओर दूसरी बात यह है कि, उस समय पितरों की तृप्ति के पदार्थों को मन से प्रदान करता है। तात्पर्य यह है कि ऐसे योग में मनःसंकल्पित पदार्थों का ही अर्पण विधेय है। अब यह शंका हो सकती है कि, शास्त्रों में जो लिखा है कि:–

"पितरो वाक्यमिच्छन्ति भक्तिमिच्छन्ति देवताः"

इस शास्त्र वाक्य का इस विज्ञान के साथ क्या संबंध है? इस विज्ञान को समझने के लिये सबसे प्रथम श्रद्धा और भक्ति इन दोनों के लक्षण के समझने की आवश्यकता है। श्रद्धा विश्वास मूलिका है और भक्ति अनुराग मूलिका है। किसी क्रिया अथवा किसी देश, काल, पात्र में दृढ़ विश्वास रहने से श्रद्धा की उत्पत्ति होती है। परन्तु भक्ति का मधुर प्रवाह साधक के अन्तःकरण में तब तक प्रवाहित नहीं हो सकता जब तक साधक का अन्तःकरण किसी इष्ट विशेष में आसक्त न हो जाय, क्योंकि शास्त्रों में भक्ति के विषय में कहा है:–

"सा पराऽनुरक्तिरीश्वरे"

इससे यही सिद्ध हुआ कि देवता अर्थात् इष्टदेव में पूर्ण अनुराग होने पर भक्ति होती है और भक्ति के द्वारा ही वे प्रसन्न होते हैं। यही उपासना यज्ञ का रहस्य है। परन्तु पितृयज्ञ श्राद्धादि का रहस्य कुछ और ही है। श्राद्ध में साधारण

रीति से श्रद्धा उत्पन्न करने के लिये वाक्य रूपी मन्त्रों पर ही विश्वास करना पड़ता है। तर्पण और श्राद्ध जैसे यज्ञों में मानस योग का रहस्य न जानने वाला साधारण यज्ञकर्ता जब तक मन्त्रों पर दृढ़ विश्वास नहीं रखेगा तब तक उसका अन्तःकरण श्रद्धा की सहायता से त्रिविध शुद्धि को नहीं प्राप्त कर सकता है। इस कारण साधारण रीति के अनुसार पितृ यज्ञों में वाक्य रूपी मन्त्रों की ही आवश्यकता मानी गयी है।।१८३।।

पुनः प्रकृत विषय का अनुसरण किया जाता है:-

संस्कारवैचित्र्यं कार्यकारणभेदात्।।१८३।।

अनुवाद–कार्य कारण भेद से संस्कार वैचित्र्य है।।१८३।।

भाष्य–स्वाभाविक संस्कार एक होने पर भी अस्वाभाविक संस्कार अनन्त वैचित्र्य पूर्ण होता है। इसका तात्पर्य यह है कि कारण और कार्य में भेद रहा करता है। संस्कार कर्म का कारण हो जाता है और कर्म संस्कार का कारण हो जाता है जैसे बीज वृक्ष और वृक्ष बीज का कारण हो जाता है। इसी प्रकार अस्वाभाविक संस्कार में भेद पड़ते पड़ते संस्कार अन्नत वैचित्र्य पूर्ण रूप को धारण कर लेते हैं। कुछ संस्कार के द्वारा एक नियमित जाति, आयु भोग उत्पन्न हुआ; उस जाति, आयु, भोग में अनन्त जाति, आयु भोग के उपयोगी कर्म बनें और उसी से अनेक वैचित्र्य पूर्ण संस्कार संगृहीत हुए। इसी प्रकार से संस्कारों की विचित्रता बढ़ जाया करती है।।१८३।।

अब शंका समाधान किया जाता है:-

अन्योऽन्याश्रयित्वं समस्य।।१८४।।

अनुवाद–वह समभावापन्न होने पर अन्योन्याश्रित होता है।।१८४।।

भाष्य–अब जिज्ञासुओं को यह शंका हो सकती है कि ऐसे वैचित्र्य पूर्ण संस्कार से नियमित जाति, आयु भोग कैसे होता है? इस प्रकार की शंकाओं के समाधान में इस सूत्र का आविर्भाव हुआ है। जब संस्कार समभावापन्न होते हैं अर्थात् एक श्रेणी के होते हैं तब वे परस्पर आश्रय करने वाले होते हैं। जैसे वक और हंस श्रेणी अन्योन्याश्रित होती है, उसी प्रकार समभाव के संस्कार एक दूसरे के निकट पहुंचने वाले होते हैं। इसी कारण वे मिलकर एक नियमित जाति, आयु भोग रूपी जन्म को उत्पन्न कर देते हैं। एक स्थूल शरीरपात के अनन्तर तथा दूसरे स्थूल शरीर उत्पन्न होने से पूर्व एक प्रबल संस्कार अपने स्वश्रेणी के कुछ

संस्कारों को समभावापन्न होने के करण स्वतः ही खींच लेते हैं। और तब वे सब बीजरूप का वृक्ष रूप नूतन पिण्ड धारण कराकर नूतन भोग जीवन उत्पन्न कर देते हैं।।१८४।।

प्रसंग से संस्कार शुद्धि का प्रमाण दे रहे हैं:–

तच्छुद्धौ वेदाः प्रमाणम्।।१८५।।

अनुवाद–संस्कार शुद्धि में वेद प्रमाण है। ।१८५।।

भाष्य–किस प्रकार से संस्कार की शुद्धि होती है, और वह शुद्ध संस्कार किस प्रकार क्रिया शुद्धि और क्रिया शुद्धि से अभ्युदय तथा निःश्रेय का कारण बनता है, इसके लिये वेद ही प्रमाण है। संस्कार शुद्धि से क्रिया शुद्धि होकर अभ्युदय और निःश्रेयस दोनो हो सकता है। अस्वाभविक संस्कार शुद्ध होकर स्वाभाविक संस्कार से मिलकर उसके द्वारा किस प्रकार निःश्रेय को प्राप्त करा सकते हैं, किस प्रकार परिशुद्ध संस्कार आवागमन चक्र की निवृति करके कैवल्याधिगम कराता है, यह सब विषय पहले भलीभांति सिद्ध हो चुका है। अब यदि जिज्ञासुओं के हृदय में शंका हो कि कर्म की गति और संस्कार की गति अति दुर्ज्ञेय है, कैसे कर्म से कैसे संस्कार और कैसे संस्कार से कैसे कर्म उत्पन्न होंगे और कैसे संस्कार उत्पन्न होने से भविष्य में अभ्युदय और निःश्रेयस का मार्ग सरल होगा, यह जानना लौकिक बुद्धि से अगम्य है। इस कारण ज्ञानमय वेद ही इसमें प्रमाण है

यथा स्मृति में–

प्रत्यक्षेणानुमित्या वा यस्तूपायो न बुध्यते।
एनं विदन्ति वेदेन तस्माद् वेदस्य वेदता।।

प्रत्यक्ष और अनुमान के अतीत अलौकिक विषय वेद के द्वारा जाना जाता है, यही वेद का वेदत्व है। वेद तथा वेदसम्मत शास्त्र अभ्रान्त होने से उनके आज्ञाधीन होकर संस्कार संग्रह करते रहने पर अवश्य ही कल्याण की प्राप्ति होती है।।।१८५।।

प्रकृत विषय को और भी दृढ़ कर रहे हैं:–

अज्ञानपिहितस्य तदाश्रयाच्छ्रेयः।।१८६।।

अनुवाद–अज्ञानी का वेद के आश्रय से श्रेय होता है।।१८६।।

भाष्य–अधिकारी तीन श्रेणी के होते हैं; यथा उत्तम, मध्यम और अधम।

उत्तम अधिकारी योगानुशासन के अधीन स्वतः ही रहते हैं, इस कारण वे सदा आत्मा में युक्त होने से उनके संस्कार प्रथम तो शुद्ध ही बनते हैं और दूसरे उनको बाहर के परामर्श की आवश्यकता नहीं रहती है। परन्तु मध्यम राजसिक अधिकारी में सन्देह रहने के कारण और अधममनुष्य अधिकारी में प्रमाद रहने के कारण उनके लिये वेद की आज्ञा ही प्रधान अवलम्बनीय है। इसी कारण आचार और कर्म में युक्ति और विचार रहित हो कर वेद और स्मृति की आज्ञा मानना उचित है। भगवान मनु ने भी कहा है:-

श्रुतिस्मृत्युदितं धर्ममनुतिष्ठन् हि मानवः।
इह कीर्त्तिमवाप्नोति प्रेत्य चानुत्तमं सुखम्॥
श्रुतिस्तु वेदो विज्ञेयो धर्मशास्त्रं तु वै स्मृतिः।
ते सर्वार्थेष्वमीमांस्ये ताभ्यां धर्मो हि निर्वभौ॥

श्रुति और स्मृति में कहे हुए धर्म का आचरण करके मनुष्य इह लोक में कीर्ति तथा परलोक में अत्युत्तम सुख को प्राप्त करता है। श्रुति वेद को और स्मृति धर्मशास्त्र को कहते हैं। इन्हीं से धर्म प्रकाशित हुआ है, इसलिये इनके विषय में विचार या तर्क नहीं करना चाहिये।।१८६।।

अब संस्कार परिणाम का रहस्य कह रहे हैं:-

संस्कारपरिणामो बीजपरिणामवत्॥१८७॥

अनुवाद–बीजपरिणामवत् संस्कार परिणाम होता है।।१८७।।

भाष्य–जिस प्रकार बीज से अंकुर, अंकुर से वृक्ष, वृक्ष से फल और फल से पुनः बीज होकर वृक्ष से बीज और बीज से वृक्ष का चक्र सदा विद्यमान रहता है, उसी प्रकार संस्कार से कर्म, कर्म से शुभाशुभ फल, पुनः कर्म, पुनःसंस्कार इस प्रकार से चक्र सदा बना रहता है। अर्थात् एक संस्कार से कर्म उत्पन्न होकर उस संस्कार की विमुक्ति हो जाने पर भी बीज वृक्ष का चक्र क्रम वर्तमान रहता है, और जीव का आवागमन चक्र बना ही रहता है। जीव मुक्त होने नहीं पाता है।।१८७।।

अब संस्कार से विमुक्ति का रहस्य कह रहे हैं:-

अकामे भृष्टबीजवत्॥१८८॥

अनुवाद–कामना का नाश होने पर वह भृष्टबीजवत् हो जाता है।।१८८।।

भाष्य–संस्कार की ऐसी दुर्दमनीय प्रबल शक्ति को देखकर उससे बचने के उपाय जानने की स्वतः ही इच्छा होती है, इस कारण कहा जाता है कि यद्यपि संस्कार की ऐसी प्रवल बंधकारिणी शक्ति है, परन्तु साथ ही साथ ऐसा भी उपाय है कि जिसके द्वारा संस्कार सृष्टि उत्पन्न करने के विषय में नपुंसक के समान हो जाता है। जैसा कि भागवत में लिखा है:–

"भर्जितः क्वथितो धानः प्राथो बीजाय नेष्यते"।

भुना हुआ तथा क्वथित धान अंकुरोत्पादन में समर्थ नहीं होता है। कामना नाश के फल के विषय में श्रीभगवान् ने निजमुख से श्री गीतोपनिषद् में कहा है:–

प्रजहाति यदा कामान् सर्वान्पार्थ मनोगतान्।
आत्मन्येवात्मना तुष्टः स्थितप्रज्ञस्तदोच्यते॥
अनाश्रितः कर्मफलं कार्यं कर्म करोति यः।
संन्यासी च योगी च न निरग्निर्न चाक्रियः॥
नैव किंचित् करोमीति युक्तो मन्येत तत्ववित्।
पश्यन्श्रृण्वन्स्पृशञ्जिघ्रन्नश्नन्गच्छन्स्वपन्श्वसन्॥
प्रलपन्विसृजन्गृह्णन्नुन्मिषन्निमिषन्नपि।
इन्द्रियाणीन्द्रियार्थेषु वर्त्तन्त इति धारयन्॥
ब्रह्मण्याधाय कर्माणि संगं त्यत्तवा करोति यः।
लिप्यते न स पापेन पद्मपत्रमिवाम्भसा॥
आपूर्यमानमचलप्रतिष्ठं समुद्रमापः प्रविशन्ति यद्वत्।
तद्वत् कामा यं प्रविशन्ति सर्वे स शांतिमाप्नोति न कामकामी॥

अस्वाभाविक संस्कार का मूल कारण वासना है। जीव जब पंचकोष की पूर्णता को प्राप्त कर मनुष्य योनि में आकर स्वाधीन हो जाता है तब वह पूर्ण शक्ति विशिष्ट जीव नई नई वासनाओं को संग्रह करने में समर्थ होता है। वासना की प्रतिच्छाया जो अन्तःकरण में पड़ती है उसी से अस्वाभाविक संस्कार उत्पन्न होता है। यदि तत्त्व ज्ञान के उदय से वासना एक बार ही नष्ट हो जाय, तो उस जीव के द्वारा कर्म तो होते हैं, परन्तु वासना के न रहने से उससे संस्कार संग्रह नहीं होता है। अथवा यों कह सकते हैं कि, उसके कर्मों के द्वारा जो कुछ संस्कार उसके अन्तःकरण में अंकित होता है वह भ्रष्ट बीज के समान होता है। जैसे भूना हुआ चना खाने के काम तो आता है, परन्तु उससे अंकुरोत्पत्ति नहीं होती है, वैसे ही वासना रहित मनुष्य के द्वारा जो संस्कार संगृहीत होते हैं, उनसे फल की उत्पति नहीं होती है। ।१८८॥

संस्कार विमुक्ति कैसे होती है सो कहा जाता है:-

क्रियामुक्तेस्तद्‌विमुक्तिः॥१८९॥

अनुवाद–क्रिया मुक्ति से उसकी विमुक्ति होती है।।१८९।।

भाष्य–जिस प्रकार आम का बीज (गुठली) बो देने से जब उसमें अंकुरात्पत्ति होकर वृक्ष हो जाता है, तो उस बीज की विमुक्ति समझी जा सकती है, उसी प्रकार संस्कार रूपी कारण से जब कर्म रूपी कार्य उत्पन्न हो जाता है, तब उस संस्कार की विमुक्ति हो जाती है ऐसा समझना उचित है। वासना न रहने से संस्कार का संस्कारत्व ही ठीक नहीं रहता, केवल नाम के लिये तथा स्मृति उत्पन्न करने के लिये वह संस्कार कहा जा सकता है.; वस्तुतः वह संस्कार भ्रष्टबीजवत् होता है जैसा कि पहले कहा गया है। परन्तु वासना के रहते हुए अर्थात् संस्कार के अपने पूर्ण स्वरूप में रहने पर वह बिना कार्य उत्पन्न किये लय को प्राप्त नहीं होता है।।१८९।।

यदि वैसा न हो तो क्या होता है, सो कहा जाता है :-

तदभावे बीजस्थितिवत्॥१९०॥

अनुवाद–उसके अभाव में बीज स्थितिवत् होता है। १९०।।

भाष्य–यदि पूर्व सूत्र के विज्ञान के अनुसार बीज से वृक्ष की उत्पत्ति न हो अर्थात् संस्कार से क्रियारूपी भोग सिद्धि न होने पावे तो बीज रक्षा के तुल्य होता है। जैसे कृषक लोग अन्न के बीज की रक्षा करते हैं और देश काल के मिलने पर वह बीज बोया जाता है वैसे ही यदि अस्वाभाविक संस्कार समूह से क्रियारूपी भोग की उत्पत्ति न होने पावे तो वे सब संस्कार कर्माशय में सुरक्षित रहते हैं।।१९०।।

उनके स्थायित्व का रहस्य कहा जाता है:-

सत्त्वतमसोर्हेतुत्वं संस्कारस्थितौ॥१९१॥

अनुवाद–संस्कार की स्थिति में सत्व और तम का हेतुत्व है।।१९१।।

भाष्य–दो अवस्थाओं में संस्कार क्रियाशील नहीं होते हैं–एक सत्वगुण की अवस्था में और दूसरे तमोगुण की अवस्था में। तमोभाव प्रकृति के आश्रित है और सत्वभाव स्वरूप प्रवण है। परन्तु दोनो ही अद्वैत भावमय है। उदाहरण दिया जाता है कि उद्‌भिद् से लेकर मनुष्य पर्यन्त जो अद्वैतभावमय क्रमोन्नति हो, वह

तमोमय प्रकृति की आश्रितगति है। जीवन्मुक्त महापुरुष और सप्तमलोक प्राप्त महर्षि में शुद्ध सत्वभावमय अलौकिक स्वरूपप्रवण गति है। सहज पिण्ड और मुक्तात्मा इन दोनों के साथ इन दोनों का यथाक्रम संबंध है। दो अवस्था के लिये दो उदाहरण दिये गये। एक अवस्था पूर्ण तमोगुण की है और दूसरी पूर्ण सत्वगुण की है। यही दोनों अवस्थाएं पुनःज्ञानी व्यक्तियों में भी रूपान्तर से पायी जाती हैं। मुक्तात्माओं में जो कर्मयोगी होते हैं वे कर्म के प्रवाह में अपने आप को जड़वत् बहा देते हैं, और जो ज्ञानयोगी होते हैं वे सचेष्ट होकर आत्मानात्मा का विचार करते हुए आगे बढ़ते हैं। श्री गीतोपनिषदुक्त कर्मयोगी चतुर्विध भूतसंघ के समान अग्रसर होते हैं और दोनों ही प्रकृति-प्रवाह के अधीन रहते हैं। और सांख्योगी सप्तमलोक प्राप्त महात्माओं के सदृश ज्ञान को आश्रय करके आगे बढ़ते हैं। यथा श्री गीतोपनिषद् में कहा है–

सांख्ययोगौ पृथग्बालाः प्रवदन्ति न पण्डिताः।
एकमप्यास्थितः सम्यगुभयोर्विन्दते फलम्॥
यत्सांख्यैः प्राप्यते स्थानं तद्योगैरपि गम्यते।
एकं सांख्यञ्च योगच्च यः पश्यति स पश्यति॥

अर्थात् ज्ञान योग और कर्मयोग को अज्ञानी लोग पृथक्-पृथक् कहते हैं ज्ञानी नहीं। एक का अच्छी तरह से अवलम्बन करने पर दोनों का फल मिलता है, ज्ञानी लोग जिस स्थान को प्राप्त करते हैं, योगी भी उसी को प्राप्त करते हैं। जो सांख्य और योग को एक जानते हैं वे ही वास्तव में जानते हैं।

संस्कार से कैसे क्रिया की उत्पति होती है, संस्कार के कितने प्रधान भेद हैं, संस्कार से आवागमन चक्र और जन्मान्तर का क्या संबंध है, संस्कार होते हुए भी वह भ्रष्ट बीजवत् निष्फल कैसे हो जाता है और यदि भ्रष्टबीजवत् न हो और फलवान् भी न हो सके तो वह कैसे एकत्रित रहता है, यह सब विज्ञान पहले भली भांति सिद्ध हो चुका है। अब पूज्यपाद महर्षि सूत्रकार यह दिखा रहे हैं कि तत्त्वज्ञानी महापुरुष के कर्माशय के संस्कार समूह कैसे नाश न होने पर भी क्रियाहीन होकर एकत्रित रह सकते हैं और उसकी मुक्ति में बाधा नहीं देते हैं। उदाहरण रूप से जीव की अवस्था की दो स्वतंत्र दशा ऐसी ऊपर दिखायी गयी हैं कि जिन दोनों दशाओं में संस्कार निष्फल रहते हैं। उसी उदाहरण से समझना उचित है कि तत्त्वज्ञानी महापुरुष दो श्रेणी के होते हैं। उन्ही दोनों श्रेणियों की अवस्था में संस्कार समूह एकत्रित रहने पर भी निष्फल हो जाते हैं। उन दोनों अवस्थाओं का उदाहरण श्री गीतोपनिषद् से दिया जाता है:–

सर्वकर्म्माणि मनसा संन्यस्यास्ते सुखं वशी।
नव द्वारे पुरे देही नैव कुर्व्वन्न कारयन्॥
ब्रह्मण्याधाय कर्माणि संगं त्यक्त्वा करोति यः।
लिप्यते न स के पापेन पद्मपत्रमिवाम्भसा॥

जितेन्द्रिय शरीर धारी मन द्वारा सर्व कर्मों को त्याग करके नवद्वार विशिष्ट पुरी के समान देह में स्वयं न करते न कराते हुये सुख से वास करते हैं। आसक्ति के त्याग पूर्वक ब्रह्म में समर्पण कर के जो कर्म करते हैं वे जल में कमल पत्रवत् पाप से लिप्त नहीं होते हैं।

स्वस्वरूप के निकट पहुंचने योग्य महापुरुषों में ये दोनों अवस्थाएं स्वतः होती हैं। पहली अवस्था सांख्य की है और दूसरी अवस्था योग की है। पूर्व कर्म के अनुसार ये अवस्थाएं स्वतः उपस्थित होती हैं। किसी की सांख्य-प्रधान अवस्था होती है और किसी की योग प्रधान अवस्था होती है। पहली अवस्था सत्वाश्रित है तथा दूसरी अवस्था तमाश्रित है। पहली अवस्था में आत्मज्ञान एक मात्र अवलम्बनीय है और दूसरी अवस्था में अपनी वासना छोड़कर प्रकृति का प्रवाह एक मात्र अवलम्बनीय है। इन दोनो अवस्थाओं में संस्कार रूपी बीज समूह सुरक्षित रह जाते हैं; देही को अवलम्बन नहीं कर सकते हैं। और देही संस्कार के फन्दे से बच जाता है।।१९१।।

अब विपरीत अवस्था का वर्णन कर रहे हैं–

न रजसो तद्धेतुत्वात्॥१९२॥

अनुवाद–अंकुरोत्पत्ति का हेतु होने से रजोगुण में उसकी सिद्धि नहीं होती है।।१९२।।

भाष्य–सत्वगुण और तमोगुण जिस प्रकार परिधि तक पहुंच जाता है, उस प्रकार रजोगुण नहीं पहुंचता है। रजोगुण चार शक्ति विशिष्ट है। रजोगुण ही सत्वगुण और तमोगुण में क्रिया उत्पन्न करता है। इस कारण रजोगुण में अंकुरोत्पत्ति हो जाती है। संस्कार रूपी बीज में जब रजोगुणरूपी जल का सिञ्चन होता है, तो बिना अंकुरोत्पत्ति हुए नहीं रह सकता है। इस कारण रजोगुण की दशा में संस्कार समूह सदा क्रिया-शील और फलोन्मुख होते रहते हैं। जीव की साधारण दशा सभी रजोगुण की कोटि के ही समझे जा सकते हैं। जिसका फल आवागमनचक्र की स्थिति है। और इस दशा से मनुष्य पिण्ड और देवपिण्ड का सदा संबंध रहता है, जब तक मुक्ति न हो।।१९२।।

उससे क्या सिद्धि होती है सो कहा जाता है:-

ततः शुभंवाऽशुभं वा॥१९३॥

अनुवाद—उससे शुभ अथवा अशुभ होता है। ।१९३॥

भाष्य—क्रियाशील रजोगुण से प्रधानत: दो अवस्थाएं उत्पन्न होती है। एक जीव के लिये शुभकारिणी और दूसरी अशुभकारिणी होती है। जैसे एक मात्र काल विभक्त होकर दिन और रात उत्पन्न करता है, उसी प्रकार रजोगुण शुभ और अशुभ फल उत्पन्न करता है, जीव की जो क्रमोन्नति करे वह शुभ और जो बाधा दे वह अशुभ है। लोकान्तर में यही शुभाशुभ फल की उत्पत्ति भी करते हैं। और आवागमन चक्र को चलाते रहते हैं॥१९३॥

अब सृष्टि की हेतुभूता ब्रह्म शक्ति कैसी है सो कहा जाता है:-

ब्रह्मशक्तिरचिन्त्या दाहशक्तिवदनलस्य॥१९४॥

अनुवाद—अग्नि की दाहिका शक्ति के समान ब्रह्म शक्ति अचिन्त्या है॥१९४॥

भाष्य—ब्रह्माण्ड और पिण्ड सृष्टि का निकटस्थ कारण संस्कार का रहस्य वर्णन करके अब मौलिक रहस्य के परिज्ञात होने के अभिप्राय से सबसे प्रथम अचिन्त्या ब्रह्म शक्ति के विषय में लक्ष्य करा रहे हैं। जिस प्रकार अग्नि से दाहिका शक्ति स्वतन्त्र नहीं हो सकती, जिस प्रकार अग्नि और दाहिका शक्ति अभिन्न है, और जिस प्रकार दहन आदि कार्य दाहिका शक्ति के द्वारा ही सम्पन्न होता है, और अग्नि से दाहिका शक्ति पृथकता अचिन्म्त्य हैं, उसी उदाहरण के अनुसार ब्रह्म और ब्रह्म शक्ति का अचिन्त्य संबंध समझना उचित है॥१९४॥

अब सृष्टि कैसे अग्रसर होती है सो कहते हैं:-

पुरुषसंबन्धोऽव्यक्तेन॥१९५॥

अनुवाद—पुरुष का संबंध अव्यक्त से होता है॥१९५॥

भाष्य—अग्नि और दाहिका शक्ति जिस प्रकार अभिन्न है, उसी प्रकार जब तक अद्वैत भाव रहता है अथवा जहां अद्वैत भाव रहता है, वहां सृष्टि का सर्वथा अभाव होता है। सृष्टि आविर्भूत होते समय प्रकृति की स्वतन्त्र सत्ता अनुभूत होती है, वही निर्गुण अवस्था से सगुण अवस्था की दशा है। वही अवस्था अव्यक्त से

पुरुष का संबंध होना कहलाती है। उस समय अव्यक्त प्रकृति और सच्चिदानन्दमय पुरुष का संबंध स्थापित होता है।

जैसा कि उपनिषद् में कहा है–

मयान्तु प्रकृतिं विद्यान्मायिनं तु ह्येश्वरम्।

प्रकृति को माया और महेश्वर को मायी जानो। यही अवस्था सृष्टि का मूल कारण है। इसी अवस्था में प्रकृति का परिणाम प्रारम्भ होता है और इसी प्रकृति-आलिङ्गत पुरुष भाव को सगुण ब्रह्म कहते हैं॥१९५॥

दूसरा परिणाम कह रहे हैं:–

ततः कालो व्यक्तश्च॥१९६॥

अनुवाद–उससे काल और व्यक्त का आविर्भाव होता है॥१९६॥

भाष्य–प्रकृति के दूसरे परिणाम में व्यक्त और काल का आविर्भाव होता है। प्रकृति के सत्त्व, रज, तम तीन गुण दिखाई देते हैं अर्थात् जब प्रकृति गुणमयी होकर स्वतन्त्र सत्ता को धारण करती है, वही प्रकृति की व्यक्तावस्था कहलाती है। इसी अवस्था में काल का भी आविर्भाव साथ ही साथ होता है। क्योंकि बिना काल के प्रकृति की व्यक्तावस्था अनुभूत नहीं होती है। पूर्व कथित अवस्था में प्रकृति अपनी स्वतंत्र सत्ता दिखा कर निर्गुण ब्रह्म को सगुण पदवी दिलाती है और इस द्वितीय अवस्था में अपनी अव्यक्त दशा से काल को प्रसव करती है। काल के परिचय के विषय में स्मृति शास्त्र में कहा है:–

तदेतत् सर्वमेवासीद् ताव्यक्तास्वरूपवत्।
तथा पुरुषरूपेण कालरूपेण च स्थितम्॥
परस्य ब्रह्मणो रूपं पुरुषः प्रथमं द्विज।
व्यक्ताऽव्यक्ते तथैवान्ये रूपे कालस्तथा परम्॥
प्रधानपुरुषो व्यक्तः कालानां परमं हि यत।
पश्यन्ति सूरयः शुद्धं तद्विष्णोः परमं पदम्॥

अर्थात् व्यक्त, अव्यक्त, पुरुष और काल ये चतुर्विधात्मक सब ब्रह्म ही है। हे द्विज! परब्रह्म का प्रथम रूप पुरुष, द्वितीय और तृतीय रूप व्यक्त तथा अव्यक्त और चतुर्थ रूप काल है। प्रधान पुरुष अव्यक्त, और काल इन चारों का शुद्ध रूप ज्ञानीगण अवलोकन करते हैं, वही विष्णु का परम पद है। ॥१९६॥

अब देश का रहस्य कहा जाता है–

व्यक्तदेशयोस्तादात्म्यम्॥१९७॥

अनुवाद–व्यक्त और देश का तादात्म्य है। ।१९७॥

भाष्य–द्वैतमान की उत्पत्ति होते ही प्रथम काल प्रकट होता है और उसके अनन्तर तथा साथ ही साथ देश प्रकट होता है। ब्रह्म शक्ति रूपिणी ब्रह्मप्रकृति जब तक अद्वैत रूप से ब्रह्म में लीन रहती है और उसकी स्वतन्त्रसत्ता अनुभूत नहीं होती, वही अवस्था ब्रह्मपदवाच्य है। उस अवस्था में प्रकृति सम्पूर्ण रूप से लीन रहती है। जब प्रकृति की स्वतन्त्र सत्ता प्रकट होती है, उस समय पुरुष और प्रकृति के संयोग से जो प्रथम अनुभव होता है वही काल का परिचायक है; काल चित्सत्ताव्यञ्जक है। द्वैतभान होते ही काल का ज्ञान सबसे प्रथम होना स्वतः सिद्ध है। भांति और अस्ति दोनों में प्रथम भाति और उसके अनन्तर अस्ति का अनुभव होता है। इस कारण प्रथम काल की उत्पत्ति होने पर उसके अनन्तर व्यक्ताभावापन्ना प्रकृति के विलास क्षेत्र रूपी देश का अनुभव हुआ करता है। इसलिये यह कहना ही पड़ेगा कि, व्यक्तभाव और देश ये तादात्म्य भाव युक्त है। ।१९७॥

अब यह परिणाम कहा जाता है:–

गुणसाम्याद्गुणव्यञ्जकं महत्॥१९८॥

अनुवाद–गुण साम्य से गुणव्यञ्जक महत् उत्पन्न होता॥१९८॥

भाष्य–गुण का कार्य जब प्रकट होता है, उसी समय महत् की उत्पत्ति होती है। जैसा कि विष्णु पुराण में लिखा है:–

गुणसाम्यात् ततस्तस्मात् क्षेत्रज्ञाधिष्ठितान्मुने!।
गुणव्यंजनसम्भूतिः सर्गकाले द्विजोत्तम!।
प्रधानतत्त्वमुद्भूतं महान्तं तत् समावृणोतत्।

परमात्मा के अधिष्ठान द्वारा साम्यस्थ प्रकृति में वैषम्य होकर महत्त्व उत्पन्न हुआ। सांख्यदर्शन में लिखा है "प्रकृतेर्महान्" प्रकृति से महत्त्व प्रकट हुआ। इससे पूर्वावस्था में त्रिगुण का साम्य रहता है। उस समय केवल भावातीत, बुद्धि से अग्राह्य देश और काल का अनुभव समझना उचित है। तदनन्तर परिणाम में त्रिगुण की सत्ता स्वतन्त्र रूप से प्रकट होते ही महत्त्व की उत्पत्ति हो जाती है पूर्वापर विज्ञान को इस प्रकार से भी समझ सकते हैं कि, जब प्रकृति की स्वतन्त्र सत्ता

नहीं रहती और ब्रह्म प्रकृति ब्रह्म में लीन रहती है, वही अद्वैत ब्रह्मसत्ता है। जब प्रकृति ब्रह्म से पृथक् प्रकट होती है वही सगुण अवस्था काल और देश का उत्पादक है; ये दोनों अवस्थाएं पूर्वापर निकटस्थ हैं। इस अवस्था में प्रकृति तो प्रकट होती पर गुण की स्वतन्त्र सत्ता प्रकट नहीं होती है। जब गुण की व्यंजक अवस्था प्रथम प्रकट होती है, तब महत्तत्त्व प्रकट होता है। महत्व में सत्त्व का पूर्ण प्रकाश विद्यमान रहता है। गुण का कार्य इसी अवस्था से प्रारम्भ होता है। वस्तुतः इसी अवस्था में ब्रह्माण्ड और पिण्डात्मक सृष्टि प्रारम्भ होती है। शुद्ध सत्त्वमयी प्रकृति में इसी अवस्था से द्रष्टादृश्यमय संबंध स्थापित होता है। यो बुद्धेः परतस्तु सः" आदि शास्त्रों से जिस शुद्ध बुद्धि का निर्देश किया जाता है, उस परिशुद्ध बुद्धितत्त्व से इस महत्तत्व का सम्बन्ध है॥१९८॥

विज्ञान को स्पष्ट कर रहे हैं:-

त्रिगुणं तत्॥१९९॥

अनुवाद-वह त्रिगुणात्मक है॥१९९॥

भाष्य-महत्तत्व त्रिगुणव्यञ्जक होने से यह मानना ही पड़ेगा कि, महत्तत्व के आविर्भाव के साथ ही साथ प्रकृति के तीन गुण सत्त्व, रज, तम प्रकट हो जाते हैं। केवल गुणप्राकट्य का यह नियम है कि जब तमोगुण प्रकट होता है तब सत्वरज अप्रकाशित रहते हैं, जब रजोगुण का प्राकट्य होता है, तब तम और सत्त्व अप्रकाशित रहते हैं और जब सत्वगुण का प्राकट्य होता है, तब रजोगुण और तमोगुण अप्रकाशित रहते हैं। महत्तत्व त्रिगुणात्मक होने पर भी शुद्ध सत्त्व गुण-प्रधान है। इस कारण इस अवस्था में केवल सत्व-गुण का उदय रहता है अवशिष्ट दो गुण अस्त रहते हैं॥१९९॥

अव्यक्तमावृतं महता त्वग्बीजवत्॥२००॥

अनुवाद-त्वक् द्वारा बीज के आवृत होने के समान अव्यक्त महत् द्वारा आवृत रहता है॥२००॥

भाष्य-अव्यक्त भावापन्न प्रकृति ही दृश्य प्रपञ्च का मूल करण है। पुरुष निर्लिप्त और उसका द्रष्टामात्र है। यही द्रष्टा दृश्य संबंध का प्रथम कार्य महतत्व है। वह महत्तत्व प्रकट होते ही अव्यक्त को इस प्रकार से ढंक लेता है, जैसे त्वग् बीज को ढंक लेता है। त्वक् के रहने से यथार्थ बीज उसके भीतर छिपा रहता है। उसी प्रकार महत्तत्व के प्रकट होने पर अव्यक्त भाव छिप जाता है। इसी कारण प्रकृति-पुरुषात्मक सृष्टि लीला में महत्तत्व ही सबसे सूक्ष्माति सूक्ष्म प्रधानत्त्व माना

ही प्रकृति कार्य करती है, यह सांख्य का सिद्धान्त है; उसी प्रकार प्रकृति के सब विकार से उत्पन्न जो तत्त्व हैं, उन तत्त्वों के भी पृथक् पृथक् देवता हैं, वे ही उनके अधिदैव कहलाते हैं। और उनके पद में सात्त्विक अहंकार स्थित रहता है। और राजसिक अहंकार से दश इन्द्रियां उत्पन्न हुईं यह स्वत:सिद्ध है, क्योंकि रजागुण का धार्म क्रिया है और इन्द्रियों के द्वारा ही प्रपञ्च में क्रिया होता है। इस प्रकार से अहंकार से सूक्ष्म प्रपञ्च की सृष्टि होती है। इस विज्ञान को अन्य तरह से भी समझ सकते हैं। कि, आनन्दमय कोष और विज्ञानमयकोष कारण प्रपंच हैं और मनोमयकोष तथा प्राणमयकोष ये सूक्ष्म प्रपञ्च हैं प्राण ही इन्द्रियादि की यावत् क्रिया उत्पन्न करता है। इस कारण प्राणमयकोष भी सूक्ष्म प्रपञ्च के अन्तर्गत है। ।२०२।।

अब अन्तिम परिणाम कह रहे हैं।

स्थूलजातमन्ते।।२०३।।

अनुवाद–स्थूल अन्त में उत्पन्न होता है। ।२०३।।

भाष्य–पञ्चीकृत महाभूत का कार्य स्थूल प्रपञ्च कहलाता है। ब्रह्माण्ड और पिण्ड उसका स्वरूप है। स्थूल शरीर का वर्णन पहले बहुत कुछ आ चुका है और पिण्ड कितने प्रकार के हैं उसका भी वर्णन पहले आ चुका है। यही पिण्ड समूह और ब्रह्माण्ड का स्थूलांश जिसके साथ स्थूल प्रकृति का संबंध है अर्थात् जो कुछ सूक्ष्म प्रकृति का कार्यरूप है, वे ही सब स्थूल प्रपञ्च कहलाते हैं।।२०३।।

सृष्टि प्रसङ्ग से कहा जाता है:–

पिण्डवदुत्पत्तिविनाशौ ब्रह्माण्डस्य।।२०४।।

अनुवाद–ब्रह्माण्ड का उत्पत्ति विनाश पिण्डवत् होता है। ।२०४।।

भाष्य–संस्कार रूप कारण से जैसे पिण्ड को उत्पत्ति होती है, वैसे ही ब्रह्माण्ड की उत्पत्ति होती है। सञ्चित संस्कार आगे बढ़कर जब अंङ्कुरित होते हैं, वे ही प्रारब्ध कहलाते हैं। और प्रारब्ध के द्वारा ही मनुष्य को पिण्ड रूपी स्थूल शरीर प्राप्त होता है। उसी प्रकार "यथा पूर्वमकल्पयत्" रूपी वैदिक विज्ञान के अनुसार एक ब्रह्माण्ड के पूर्व संस्कारों को स्मरण करके ब्रह्मारूपी सगुणब्रह्म एक ब्रह्माण्ड को सृष्टि करते हैं। प्रारब्ध भोग होने के अनन्तर जैसे पिण्ड का नाश होता है, उसी प्रकार एक ब्रह्माण्ड की सृष्टि प्रारब्ध भोग हो जाने के अनन्तर वह ब्रह्माण्ड भी महाप्रलय के गर्भ में लय हो जाता है।।२०४।।

प्रसङ्ग से ब्रह्माण्ड की उत्पत्ति का कारण स्पष्ट कर रहे हैं:–

कारणवारि जन्महेतुः॥२०५॥

अनुवाद—कारण वारि जन्म का हेतु है॥२०५॥

भाष्य—मनुष्यपिण्ड और देवपिण्ड के साथ जिस प्रकार कर्माशय का संबंध है, उसी उदाहरण के अनुसार ब्रह्माण्ड के साथ कारण वारिका संबंध समझना उचित है। जीव के कर्माशय रूपी कोष में अनन्तकोटि जन्म के कर्मबीज-संस्कार सुरक्षित रहते हैं, उनमें से जो संस्कार प्रारब्ध बनकर ऊपर के स्तर में आ जाते हैं वे ही नवीन पिण्ड को उत्पन्न करते हैं। उसी प्रकार एक ब्रह्माण्ड का समष्टि संस्कार कारण-समुद्र अथवा कारणवारि कहलाता है, भगवान् मनु ने कहा है:-

अप एव ससर्जादौ तासु बीजमवासृजत्।
तदण्डमभवद्धैमं सहस्त्रांशुसमप्रभम्॥

सबसे प्रथम जल की सृष्टि की गयी है, उसमें बीज डाला, सूर्य के समान प्रकाशमान हिरण्यमय अण्ड हुआ, एक ब्रह्माण्ड की उत्पत्ति होते समय उस कारण समुद्र से संस्कार राशि एकत्रित होकर एक ब्रह्माण्ड के समष्टि प्रारब्ध को उत्पन्न करते हैं। अत: कारण समुद्र ही एक ब्रह्माण्ड की उत्पत्ति का हेतु है॥२०५॥

प्रसंग से कहा जाता है:-

तत्र त्रिमूर्तिः॥२०६॥

अनुवाद—उसमें त्रिमूर्ति प्रकट होती है॥२०६॥

भाष्य—एक ब्रह्माण्ड की उत्पत्ति का कारण रूप समष्टि प्रारब्ध बीज अङ्कुरित होकर जब उस ब्रह्माण्ड की उत्पत्ति प्रारम्भ होती है, उस समय पूर्वोल्लिखित विज्ञान के अनुसार प्रकृति का परिणाम समष्टि रूप से होता है। उस त्रिगुणात्मक परिणाम के अनुसार तीनों गुणों के अधिष्ठाता रूप से ब्रह्मा, विष्णु, महेश रूपी त्रिदेव आविर्भूत होते हैं। जैसा कि मनु भगवान् ने कहा है:-

तदण्डमभवद्धैमं सहस्त्रांशुसमप्रभम्।
तस्मिञ्जज्ञे स्वयं ब्रह्मा सर्वलोकपितामहः॥

वह बीज सूर्य के समान चमकने वाला, सोन का सा अण्डा बन गया। उसमें सब लोकों का सिरजने वाला ब्रह्मा स्वयं आविर्भूत हुआ। ये ही तीनों वस्तुत: ब्रह्माण्ड के ईश्वर होते हैं। एक सृष्टि कार्य,. दूसरे स्थिति-कार्य, तीसरे प्रलय-

कार्य के अधिनायक होते हैं। उस ब्रह्माण्ड का अध्यात्म, अधिदैव और अधिभूत, सब प्रपञ्च यथाक्रम उन्हीं के आज्ञाधीन रहता है।।२०६।।

प्रसंग से और भी कहा जाता है–

ततश्चतुर्दशकलं गोलकम्।।२०७।।

अनुवाद–ततपश्चात् चतुर्दश भागसम्पन्न गोलक उत्पन्न होता है।।२०७।।

भाष्य–दृश्य प्रपंच का मौलिक अधिदैव स्वरूप वर्णन करके अब उसका अधिभूत स्वरूप कहा जाता है। त्रिमूर्ति के प्रकट होने के साथ ही साथ चतुर्दश भाग में ब्रह्माण्ड-गोलक विभक्त होता है। कारण अवस्था में प्रकृति त्रिगुणात्मिका होने पर भी कार्य सप्त भाग में विभक्त होते हैं। काल, यथा सप्ताह में विभक्त है, रश्मि यथा सप्त ज्योति में विभक्त है, अन्धकार, जिस प्रकार सप्त छाया में विभक्त है; ज्ञान और अज्ञान जिस प्रकार सप्त सप्त भूमिकाओं में विभक्त है, उसी प्रकार ब्रह्माण्ड भी सप्तदेव लोक और सप्त असुर लोक में विभक्त है। ये चतुर्दश भुवन कहलाते हैं। ।।२०७।।

त्रिमूर्त्तियों में उत्पादक कौन है सो कहा जाता है:–

उत्पादको ब्रह्मा।।२०८।।

अनुवाद–ब्रह्मा उत्पादक हैं।।२०८।।

भाष्य–जब ब्रह्म प्रकृति तुरीया अवस्था में रहती है अर्थात् ब्रह्म में लीन रहती है, तब वही अद्वैतपद ब्रह्म कहलाता है। तदनन्तर जब प्रकृति तुरीया अवस्था को त्याग करके सूक्ष्मावस्था को धारण करती हुई स्वतन्त्र रूप से अपना वैभव प्रारम्भ करती है, तब प्रकृति की उस सूक्ष्मावस्था में प्रकृति आलिङ्गत परम पुरुष ईश्वर, पुरुष विशेष अथवा प्रजापति कहलाते हैं। तदनन्तर जब प्रकृति के कारण अवस्था में त्रिगुण का विकार स्पष्ट हो जाता है, और तीनों गुण अपने स्वतन्त्र स्वतन्त्र कार्य में तत्पर होते हैं, तब उन्ही तीनों गुणों के अधीश्वर त्रिमूर्त्ति कहलाते हैं। उन तीनों में से भगवान् ब्रह्मा प्रथम है। इस विषय में श्रुति ने कहा है कि–

"ब्रह्मा देवानां प्रथमः सम्बभूव विश्वस्य कर्ता भुवनस्य गोप्ता।"
"हिरण्यगर्भं जनयामास पूर्वम्।"
"यो वै ब्रह्माणं विदधाति पूर्वम्"

समस्त दैवी सृष्टि के पहले विश्वकर्ता भुवनगोप्ता ब्रह्मा प्रकट हुए।

परमात्मा ने ब्रह्मा को ही प्रथमः प्रकट किया। रजोगुण से सृष्टि होती है क्योंकि रजोगुण प्रवृति मूलक है। सुतरां रजोगुण के अवलम्बन से सगुण ब्रह्म का जो स्वरूप कार्य करता है, वही श्री भगवान् ब्रह्मा है। एक ब्रह्माण्ड का यावत राजसिक कार्य उन्हीं के अधिष्ठान से सुसिद्ध होता है। सृष्टि विज्ञान को और स्पष्ट करने के लिये कहा जाता है कि जब अद्वैत स्वरूप से द्वैतभावमय दृश्य प्रपञ्च का उदय होता है उस सृष्टि की प्रथम अवस्थाओं को दो स्तर में विभक्त कर सकते हैं। एक प्रजापति अर्थात् सगुण ब्रह्म की सृष्टि और तदनन्तर जगत् कर्ता ब्रह्मा की सृष्टि। सबसे प्रथम ब्रह्माण्ड गोलक की आदि अवस्था अर्थात् जीवोत्पत्ति से पहले जीव के वासोपयोगी अण्ड-गोलक सगुण ब्रह्म की इच्छा-अनिच्छा रूप इच्छा से अर्थात् प्रकृति के स्वभाव से प्रकट होता है। यह सृष्टि का प्रथम स्तर है। तदनन्तर उस ब्रह्माण्ड में त्रिमूति का आविर्भाव होते ही वह गोलक दो भाग में विभक्त होकर जब सप्त ऊद्र्ध्वलोक तथा सप्त अधोलोक इस प्रकार चतुर्दश भुवनों विभक्त होता है और उन भुवनों में त्रिविध जीवपिण्ड समूह प्रकट होते हैं तब वह सृष्टि ब्राह्मी सृष्टि कहलाती है। ब्राह्मी सृष्टि से ही यथार्थ में जीव सृष्टि प्रारम्भ होती है, जिसके त्रिविध पिण्डों का वर्णन पहले आ चुका है।।२०८।।

स्थितिकर्ता कौन हैं सो कहा जाता है:-

स्थितिहेतुर्विष्णुः।।२०९।।

अनुवाद-विष्णु स्थिति करने वाले हैं।।२०९।।

भाष्य-यह पहले ही सिद्ध हो चुका है कि, रज और तम की जहां समता होती है वही सत्त्व गुण का उदय होता है। रज से सृष्टि और आकर्षण तथा तम से लय और विकर्षण का सम्बन्ध है। उदाहरण की रीति पर समझ सकते हैं कि, सृष्टि होते समय सब परमाणुओं का आकर्षण होता है और लय होते समय सब परमाणुओं का विकर्षण होता है। जब इन दोनों क्रियाओं का समन्वय होता है, तभी ब्रह्माण्ड पिण्डात्मक सृष्टि की स्थिति अवस्था बनी रहती है। सत्वगुण का ही यह कार्य है। सृष्टि की इस सात्त्विक क्रिया के अधिष्ठाता श्री भगवान् विष्णु हैं। सृष्टि प्रपंच में जो कुछ सत्त्वगुण का कार्य है, वह उन्हीं के अधिष्ठान से होता है। ।२०९।।

अब प्रलय करने वाला कौन है सो कहा जाता है:-

संहर्त्ता रुद्रः॥२१०॥

अनुवाद–रुद्र संहार करने वाले हैं। ।२१०॥

भाष्य–सृष्टि, स्थिति, लय इन तीनों में से अन्तिम क्रिया प्रलय की है। इस कारण शास्त्रों में प्रमाण मिलता है कि रुद्र की आयु सबसे बड़ी है। ब्रह्माण्ड पिण्डात्मक सृष्टि प्रपंच में जहां कहीं कुछ लय की क्रिया होती है, उन सबों के अधिष्ठाता श्री भगवान् रुद्र है। ब्रह्मा, विष्णु, महेश, ये तीनों पद हैं और ये तीनों के पदधारी ही एक ब्रह्माण्ड के ईश्वर कहलाते हैं। एक रुद्र की आयु के परिणाम एक ब्रह्माण्ड की आयु होती है और एक रुद्र की आयु में अनेक विष्णु बदल जाते हैं और एक विष्णु की आयु में अनेक ब्रह्मा बदल जाते हैं परन्तु ये तीनों पद नित्य स्थित है। अनादि अनन्त प्रकृत्ति राज्य में सादिसान्त एक ब्रह्माण्ड के ये तीनों सादि सान्त पदधारी सगुण ब्रह्म ही कहते हैं। जिस प्रकार प्रकृति के परिणाम के लिए पुरुष की आवश्यकता होती है, उसी प्रकार प्रत्येक गुण को क्रिया के लिये भी एक अधिदैव का होना अवश्यसम्भावी है। इसी नियम के अनुसार प्रलय-कारक तमोगुण के अधिष्ठाता श्री भगवान् शिव है। ।२१०॥

प्रसङ्ग से सर्ग का मौलिक विभाग निर्णय किया जाता है:–

स्थावरसर्गः सप्तधातुमयः॥२११॥

अनुवाद–स्थावर सृष्टि सप्त धातुमय है। ।२११॥

भाष्य–स्थावर सृष्टि पूर्वकथित मौलिक सप्त विभाग के अनुसार सप्त धातु में विभक्त होती है। सृष्टि दो प्रकार की होती है, एक स्थावर और दूसरा जंगम अर्थात् एक जड़ भावापन्न और एक चेतन भावापन्न। प्रस्तर, मृत्तिका आदि स्थावर-सृष्टि के अन्तर्गत है और यावत् पिण्ड पिण्ड सृष्टि जङ्गम सृष्टि अन्तर्गत हैं। स्थावर सृष्टि में सुवर्णादि सप्त धातुओं का प्राधान्य है, और उन्हीं धातुओं के तारतम्य से उनमें वैद्युतिक शक्ति आदि स्थूल शक्तियों का तारतम्य होता है और उसी तारतम्य के अनुसार उनमें गुण का विकास होता रहता है। पूज्यपाद आचार्यों का यह सिद्धान्त है कि, जितनी स्थावर सृष्टि है, उनमें सुवर्ण, लोहा आदि सात धातुओं का तारतम्य रहता ही है। और उसी के अनुसार उनमें ताड़ित आदि सप्त स्थूल शक्ति का आकर्षण और विकर्षण होता रहता है, तदनुसार उनमें वैसे ही गुणों का विकास भी होता रहता है। इन्हीं सप्त धातुओं के तारतम्य से यावत् स्थावर-सृष्टि से फलोत्पत्ति होती है।

शंका समाधान के लिये कहा जा रहा है कि, संसार में और भी जो धातु प्रति धातु सुनने में आते हैं और दिन प्रतिदिन उनका आविष्कार भी होता जाता है, और पदार्थ विधा यह सिद्ध करती है कि, धातु अनेक है इसका समाधान क्या है? पूज्य महर्षियों का समाधान यह है कि संसार में जितने नये धातु और उपधातु हैं और जिनका आविष्कार भविष्यत में होगा, वे सभी शास्त्रोंक्त सप्त धातु के अन्तर्विभाग समझे जायेंगे। वस्तुतः उनमें भी इन प्रधान सप्त धातुओं का रूपान्तर रहता है। दूसरी शंका स्थूल प्रकृति के सप्त विभाग के विषय में हो सकती है। उसका समाधान यह है कि, तुरीयशक्ति, कारणशक्ति और सूक्ष्मशक्ति के अतिरिक्त जो पञ्चीकृत पञ्च भूतों में तथा स्थावर जङ्गमात्मक सृष्टि में व्याप्त स्थूल शक्तियां हैं; पूज्यपाद धर्माचार्यों ने उस स्थूल शक्ति को भी सप्त भागों में विभक्त किया है। वैद्युतिक आदि स्थूल शक्तियां उसी शक्ति के अन्तर्गत हैं पदार्थविद्या के जाननेवालों को इन शक्तियों का कुछ कुछ पता लगता जाता है। परन्तु लौकिक सृष्टि से इन सबों का ठीक ठीक पता लगना सम्भव नहीं है। इन्हीं स्थूल शक्तियों की सहायता से स्थूल प्रपञ्च में यावत् परिणाम हुआ करते हैं। वह परिणाम चाहे सृष्टिमूलक हो, चाहे स्थिति मूलक हो, चाहे लयमूलक हो, सभी उन्ही शक्तियों की सहायता से हुआ करती है। और स्थूल प्रपञ्च में सप्त धातुओं की सहायता से ही इनका आकर्षण विकर्षण होता है। ।२११।।

अब दूसरे को कह रहे हैं:-

तथा जङ्गमः।।२१२।।

अनुवाद-जङ्गम भी उसी प्रकार है। ।२१२।।

भाष्य :-जिस प्रकार स्थावर में सुवर्णादि सप्त धातु का संबंध है, उसी प्रकार जङ्गम में रक्त मांसादि सप्त धातु स्वभावसिद्ध है। आयुर्वेद शास्त्र का यह सिद्धान्त है कि रक्त, अस्थि, मज्जा आदि सप्त धातु द्वारा ही सब प्रकार के पिण्ड स्वस्थ रहते हैं, और इन्ही सातों धातुओं के द्वारा जीव का स्थूल शरीर निर्मित होता है। उक्त उपवेद का यह भी सिद्धान्त है कि शरीर में सत्त्व, रज, तम इन तीनों गुणों के प्रतिनिधि रूप से यथाक्रम पित्त, वात और कफ ये तीनों विद्यमान है। जिस प्रकार सत्व, रज, तम इन तीनों की समता होने से प्रकृति साम्यावस्था में पहुंचती है, और प्रकृति के साम्यावस्था से ही मुक्तिपद का उदय होता है, उसी प्रकार स्थूल शरीर में पित्त, वात और कफ इन तीनों की समता से शरीर स्वस्थ रहता है और यहां तक कि इन तीनों की समता मुक्तिपद को भी उदय करने में

सहायक होती है। उसी शास्त्र का यह भी सिद्धान्त है कि पित्त, वात और कफ की समता से ही रक्त मांसादि सप्तधातुओं का सामञ्जस्य शरीर में बना रहता है और उसी से स्वास्थ्य की रक्षा होती है। किसी-किसी आयुर्वेदाचार्य की यह सम्मति है कि पुरुष में सप्तम धातु वीर्य है और स्त्री में वीर्य और रज दोनों होने से उनमें आठ धातुओं का होना सिद्ध होता है। यही स्त्री जाति की सृष्टि क्रिया में विशेष शक्ति का परिचायक है। परन्तु स्त्री जाति में जो रज होता है, उसको वीर्य के अन्तर्गत ही मानने से सप्त धातु-विज्ञान का विरोध नहीं हो सकता है। ।२१२।।

और भी कहा जाता है:-

ओंकारतः शब्दसर्गः सप्तविधः।।२१३।।

अनुवाद-ओंकार से सप्तविध शब्दमयी सृष्टि होती है।।२१३।।

भाष्य-प्रकृत विज्ञान की पुष्टि के लिये सृष्टि-प्रकरण के और भी विभाग को दिखाया जाता है कि शब्दमयी सृष्टि जो प्रथम उत्पन्न होती है उसके भी षड़ज, ऋषभ, गान्धार, आदि सात विभाग हैं। प्रणव की उत्पत्ति के विषय में शास्त्रकारों ने ऐसा कहा है:-

कार्यं यत्र विभाव्यते किमपि तत्स्पन्देन सव्यापकं।
स्पन्दश्चाऽपि तथा जगत्सु विदितःशब्दान्वयी सर्वदा।।
सृष्टिश्चपि तथादिमाकृतिविशेषत्वादभूत्स्पन्दिनी।
शब्दश्चौदभवत्तदा प्रणव इत्योंकाररूपः शिवः।।

अर्थात् जहां कुछ कार्य होता है, वहां कम्पन होता है जहां कम्पन है वहां शब्द अवश्य होगा। सृष्टि-क्रिया एक प्रकार का कार्य है और प्रकृति के प्रथम हिल्लोल से जो कम्पन होता है, तथा उससे जो कुछ शब्द होता है, वही मंगलकारी ओंकार रूप प्रणव है।

साम्यावस्था प्रकृति से जिस प्रकार प्रणव का संबंध है वैषम्यावस्था प्रकृति से उसी प्रकार सप्त स्वरों का संबंध है। शब्दमयी सृष्टि का मूल कारण षड़जादि सप्त स्वर हैं और ये ही सप्त स्वर प्रणव से उत्पन्न और प्रणव ध्वनि के विभाग रूप से माने गये हैं। यावत् शब्द सृष्टि का मूल कारण सप्त स्वर है। इसका प्रमाण यह है कि, ऐसा कोई शब्द नहीं है कि, जो सप्त स्वर ग्राम के द्वारा प्रकट नहीं किये जायें। सुतरां एक अद्वितीय ओंकार से सप्त विध स्वर की उत्पत्ति होकर यावत् शब्द-सृष्टि प्रकट होती है। ।।२१३।।

तथा-

तथेतरे॥२१४॥

अनुवाद—अन्य उसी प्रकार है।।२१४।।

भाष्य—रसादि की सृष्टि भी सात सात प्रकार का है। शब्द सृष्टि से अतिरिक्त अन्य सब प्रकार की सृष्टियां भी इसी वैज्ञानिक नियम के अनुसार सप्त विभागों में विभक्त देखी जाती हैं। यथा शास्त्रों में प्रमाण है-

परं यथार्थस्त्वेकाऽद्वितीयाऽहं न संशयः। अन्ये भेदाश्च भो देवाः? श्रूयन्तां सप्तधा मम॥ स्थूलसूक्ष्मप्रपंचेषु व्याप्ताऽस्मि सप्तरूपतः। अज्ञानज्ञान-योरस्मि भूमयः सप्त सप्त च॥ उद्ध्र्वलोकाश्च ये सप्त ह्यधोलोकाश्चसप्त ये। अहमेवाऽस्मि ते सर्वे सप्तप्राणस्तथैव च॥ सप्त व्याहृतयः सप्त समिधः सप्तदीप्तयः। अहमेवाऽस्मि भो देवाः? सप्त होमा न संशयः॥ वारा वै सप्त भूत्वाथ कालं हि विभजाम्यहम्। सप्तभूम्यनुसारेण ज्ञानस्य त्रिदिवौकसः॥ सप्त ज्ञानाधिकाराश्चोपासनायास्तथैव ते। सप्त कर्माधिकाराश्च सर्वे ते ऽसम्यहमेव भोः।"

महाशक्ति भगवती कहती है- वास्तव में मैं निःसंदेह एक और अद्वितीय हूं! हे देवतागण! मेरे सात प्रकार के भेद सुनिये। मै सप्त रूप से स्थूल और सूक्ष्म प्रपञ्च में परिव्याप्त हूं! सप्त ज्ञान भूमि मैं हूं और सप्त अज्ञान भूमि भी मैं हूं। जो सप्त ऊद्ध्र्वलोक और सप्त अधोलोक हैं वे सब मैं ही हूं और उसी प्रकार हे देवगण! सप्तप्राण, सप्तदीप्ति, सप्तसमिधा, सप्तहोम और सप्तव्याहृति, निश्चय मैं ही हूं और सप्त दिन होकर मैं ही काल को विभक्त करती हूं। हे देवगण! सप्त ज्ञान भूमि के अनुसार कर्म, ज्ञान और उपासना के सप्त अधिकार मैं हूं। इस प्रकार से स्थूल और सूक्ष्म प्रपञ्च में सब जगह सात भेद सुगमता से अनुभव करने योग्य हैं। जैसे पिण्डान्तर्गत सप्त धातु तथा स्थावर ब्रह्माण्ड में सप्त धातु होकर सृष्टि सात भागों में विभक्त होती है और स्वर सृष्टि भी सप्त विभाग में ही है जैसा कि पहले कहा गया है, ऐसे ही ऊपर कथित शास्त्रीय वचनों से भी अन्तर्जगत् तथा बहिर्जगत् सभी जगह सृष्टि के सात सात भेद होना प्रमाणित होता है।।२१४।।

रूप सृष्टि का विशेषत्व रहे गये हैं-

रूपसर्गश्चतुर्दशविधो ब्रह्माण्डवत्॥२१५॥

अनुवाद—ब्रह्माण्ड की तरह रूप-सृष्टि चौदह विभाग में विभक्त है।।२१५।।

भाष्य—सृष्टि के नाना अङ्गों के सप्त विभागों का वर्णन करके अब रूप का रहस्य वर्णन के अर्थ कहा जाता है कि, ब्रह्माण्ड जिस प्रकार चतुर्दश विभाग

में विभक्त है, उसी प्रकार रूप सृष्टि भी चतुर्दश विभाग में विभक्त है। यह ब्रह्माण्ड चतुर्दश लोकमय है। ऊपर के भूः भुवः आदि सप्त लोक और नीचे के अतल, वितल आदि सप्त लोक हैं। ऊपर के सप्त लोक देव लोक और नीचे के सप्त लोक आसुरी लोक कहलाते हैं। ये दोनों श्रेणी के लोक मिलकर चतुर्दश भुवन कहलाते हैं। दृश्य सृष्टि सब रूपमयी है यह विज्ञान सिद्ध है। इस कारण रूप सृष्टि भी चतुर्दश भाग में विभक्त होना युक्तिसंगत है। वे ही चतुर्दश रूप सृष्टि के दो विभाग है यथा सप्त ज्योति और सप्त छाया। शास्त्रों में लिखा है कि सूर्यदेव के सम्मुख रथ में सप्त ज्योतिरूप से सप्त अश्व रथ को खींचते हैं और उनके रथ के पीछे सप्त छाया रहा करती है। तात्पर्य यह है कि, प्रकाश सप्त ज्योतिर्मय है और अन्धकार सप्त छायामय है। चित्रकारी विद्या में भी सप्तरङ्ग और सप्त छाया बनाकर दृश्य बनाया जाता है। सुतरां यावत् रूप सृष्टि इस प्रकार से चतुर्दश विभाग में विभक्त है।।२१५।।

और भी कहा जाता है:–

आधिक्यं शब्दरूपयोर्नामिरूपात्मकत्वाद्विश्वस्य नामरूपात्मकत्वाद् विश्वस्य।।२१६।।

अनुवाद–शब्द और रूप का आधिक्य है विश्व के नामरूपात्मक होने से।।२१६।।

भाष्य–सृष्टि प्रपञ्च तथा उसके सब विभाग नाम रूपात्मक है। जहां सृष्टि है और जो कुछ सृष्ट पदार्थ है, उसका नाम भी है और रूप भी है, न बिना नाम के दृश्य हो सकता है और न बिना रूप के दृश्य हो सकता है। सुतरां यह संसार नाम रूपात्मक है यह स्वतः सिद्ध है। इस कारण नाम रूप का विस्तार सबसे अधिक होगा इसमें सन्देह ही क्या है। संस्कार जन्य समिष्ट व्यष्टि सृष्टि में नाम रूप का ही अति विस्तार है। इस सूत्रोक्त विज्ञान के समझने के लिये सबसे पहले यह समझना उचित है कि मनवाणी के अगोचर अद्वितीय ब्रह्मपद में जब द्वैतप्रपञ्च प्रकट होता है वह नामरूपात्मक ही होता है। और जो कुछ दृश्य प्रकट होता है सो पूर्व संस्कार जन्य ही होता है। इस कारण संस्कार जन्य सृष्टि सभी नाम रूप के आश्रय से चलती है। जब कारण में नाम रूप है तो कार्य में भी नाम रूप का आधिक्य होगा इसमें सन्देह ही क्या। जब तक सृष्टि का अस्तित्व है तब तक नाम रूप का भी अस्तित्व है। वह नामरूपात्मक विज्ञान सत्य मूलक है ऐसा देखने में भी आता है। जिस पदार्थ का जैसा बाहरी रूप होता है, उसका भीतरी रूप

भी ऐसा ही पाया जाता है। उसी विज्ञान के अनुसार रूप देख कर मनुष्य की प्रकृति पहचानी जाती है। इसी विज्ञान के अनुसार आर्य जाति में नामकरण की रीति प्रचलित है और इसी कारण नामकरण एक संस्कार माना गया है जिसका वर्णन पहले आ चुका है।

इस सूत्र में विश्व के नाम रूपात्मक होने के विषय में जो द्विरुक्ति है वह नाम रूपात्मक विज्ञान की अधिकतर पुष्टि तथा महत्त्व प्रति पादनार्थ ही की गयी है ऐसा समझना चाहिये।।२१६।।

इतिश्री महर्षि-भरद्वाज-कृत-कर्ममीमांसा दर्शन के
भाष्य के भाषानुवाद का संस्कारपाद नामक
द्वितीय पाद समाप्त हुआ।

श्लोकानुक्रमणिका

द

ध

न